Entwürfe für die Zukunft
- Psyche -

Sammelband V
(Buch 31- 37)

Kontakt: www.HarryEilenstein.de
Harry.Eilenstein@web.de
Harry Eilenstein bei youtube

Verlag: BoD · Books on Demand GmbH, Überseering 33, 22297 Hamburg, bod@bod.de
Druck: Libri Plureos GmbH, Friedensallee 273, 22763 Hamburg

ISBN: 978-3-8192-4631-9

Inhaltsverzeichnis

Warum 12?

Alle Booklets dieser Reihe haben genau 12 Kapitel – was sich ja auch in den Titeln dieser Booklets widerspiegelt. Warum?

In diesen Büchern wird der Tierkreis als Matrix von 12 verschiedenen Sichtweisen auf die Welt verwendet, um das Thema des Buches möglichst umfassend in 12 Kapiteln zu betrachten. Dadurch wird eine ausgewogenere, umfassendere und tiefere Einsicht in das jeweilige Thema erlangt als es ohne ein solches Raster, ohne eine solche Matrix möglich wäre.

Der Tierkreis wird in dieser Buch-Reihe als Forschungs-Hilfsmittel benutzt, durch das die Einseitigkeiten in der Betrachtung zumindest vermindert werden können. Weiterhin werden durch dieses Vorgehen diese 12 Sichtweisen auch als Ergänzungen zueinander, als organische Teile eines Ganzen deutlich.

Die Inspiration zu diesem Vorgehen stammt aus Hermann Hesses Roman "Das Glasperlenspiel", für das er 1946 den Literatur-Nobelpreis erhielt. In diesem Roman beschreibt er die öffentlichen Darstellungen von Übersichten und Gesamtbetrachtungen, die mithilfe von verschiedenen allgemeinen Strukturen wie z.B. dem Ba Gua aus dem chinesischen Feng-Shui angefertigt und aufgeführt werden.

Diese Booklet-Reihe ist ein Versuch, Hesse's Idee im ganz Kleinen konkret zu verwirklichen.

Die Blickwinkel der 12 Tierkreiszeichen sind:

♈	Widder:	Spontaner
♉	Stier:	Genießer
♊	Zwilling:	Neugieriger
♋	Krebs:	Familienmensch
♌	Löwe:	Egozentriker
♍	Jungfrau:	Handwerker
♎	Waage:	Schöngeist
♏	Skorpion:	Tiefgründiger
♐	Schütze:	Idealist
♑	Steinbock:	Realist
♒	Wassermann:	Theoretiker
♓	Fische:	Träumer

Die 12 Grundlagen der Beziehungen

Entwürfe für die Zukunft — Band 31

Inhaltsübersicht

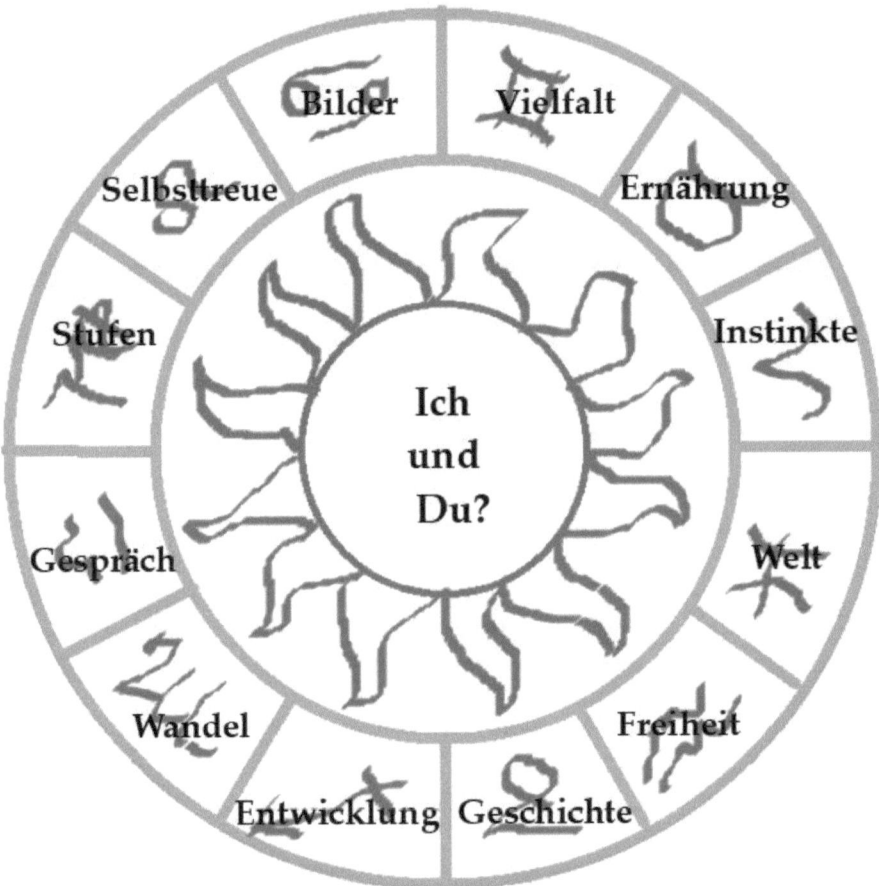

1. Instinkte

♈

Beziehungen sind so ziemlich das anspruchsvollste im Leben. Sie können glücklich machen, aber einen Menschen auch verzweifeln lassen – Liebeskummer ist eine häufige Ursache für Selbstmordversuche. Der Wunsch nach der Gemeinsamkeit mit einem Partner ist offensichtlich sehr intensiv.

Wenn man einmal von den bewussteren Wünschen wie Lebensplanung, guten Gesprächen und gegenseitiger Unterstützung einmal absieht, liegen diesem intensiven Bindungswunsch auch mindestens drei Instinkte zugrunde:

> 1. die Sexualität, die dafür sorgt, dass es Kinder gibt,
> 2. die sogenannten Brutpflegeinstinkte, die die Kinder beschützen, und
> 3. der Sippeninstinkt, der die Sippe gegen Gefahren beschützt.

Diese drei Instinkte sind tief in der Psyche verankert – schließlich sollen diese drei Instinkte das Überleben der Menschen absichern. Und nur die Lebewesen, die das Überleben ihrer Art absichern, werden auch weiterhin als Art existieren. Ohne diese Instinkte kann keine Art von Lebewesen überleben.

Auch diese Buch-Reihe entspringt letztlich diesem Instinkt, da sie das Ziel hat, angesichts der derzeitigen Krisen das Überleben der Menschen auf der Erde – und ein möglichst gutes Überleben – zu sichern. Diese Motivation ist der Überlebens-Instinkt, der von der eigenen Person auf die eigenen Kinder, dann auf die Sippe und schließlich auf die Menschheit ausgedehnt worden ist – aufgrund der Einsicht, dass wir Menschen nur als Gemeinschaft dafür sorgen können, dass die Erde nicht durch die Klimaerwärmung zur Wüste oder durch Kriege zu einer radioaktiv verseuchten Landschaft oder sich durch das Artensterben immer mehr einer öden humanoiden Monokultur annähert.

Diese Instinkte sind sehr geradlinig: Das Verlangen nach Sex ist einer der größten Antriebe für das Handeln der Menschen; das Beschützen nicht nur der eigenen Kinder ist geradezu ein Reflex; und das Beschützen der eigenen Sippe ist – wenn es nicht durch bewusste Überlegungen überlagert wird – auch spontan wirksam, wenn man einen Menschen in Gefahr sieht.

Dieser letzte Instinkt – der Sippenschutzinstinkt – ist allerdings durch das Zusammenleben von so großen Gemeinschaften wie in den heutigen Städten ein wenig abgestumpft: Es gibt ja genügend andere, die sich um den Menschen in Gefahr kümmern können – ich selber habe es gerade sehr eilig … Das ist auch das Hauptproblem bei den heutigen Krisen wie der Klimakrise: Die anderen können sich ja darum kümmern.

Je abstrakter eine Situation oder eine Gefahr ist, je mehr Denken und Einsicht man benötigt, um die Gefahr als solche zu erkennen, desto weniger können die Instinkte wirksam werden … und die Menschen werden gleichgültig gegenüber dieser abstrakten Gefahr. Unsere Motivation hängt nun einmal in hohem Maße von unseren Instinkten ab – und unsere Instinkte lenken einen Großteil unserer Gefühle und unsere Gefühle lenken wiederum unsere Taten. Keine aktivierten Instinkte → nur wenige Gefühle → nur wenige Handlungen …

Das bewusste Ich eines Menschen ist in Bezug auf die Instinkte dieses Menschen ein bisschen in derselben Lage wie ein Reiter auf einem sehr eigensinnigen Pferd: Das Pferd läuft dahin, wo sich das Pferd hingezogen fühlt, und der Reiter kann nur ein bisschen lenken, damit das Pferd den besseren Weg läuft und sich nicht verletzt. Und wenn das Pferd mal keine Motivation zum Traben hat, kann der Reiter es noch so sehr antreiben – da geschieht dann einfach nichts außer vielleicht einem langsamen Schritt. Doch wenn das Pferd von sich aus zu galoppieren beginnt, kann der Reiter nur noch schauen, dass das Pferd nicht gegen den nächstbesten Baum rennt.

Das Wachbewusstsein, das man normalerweise als das eigene Ich ansieht, ist nicht der „Bestimmer" in der eigenen Psyche, sondern nur der, der die Impulse, die aus dem Unterbewusstsein kommen, und die Einsichten über die Welt, die aus dem Verstand kommen, miteinander zu einer möglichst sinnvollen Einheit kombiniert.

Natürlich kann man lernen, sein Leben planen, Pläne schmieden, Unternehmen gründen und dergleichen mehr – doch wenn die Instinkte erwachen und etwas wollen, fällt es ihnen überhaupt nicht schwer, sich die Vorfahrt gegenüber allen Gedanken, Plänen und bewussten Absichten zu erzwingen.

Das Ich ist eher ein guter Kutscher als der Auftraggeber für die Kutschfahrt. Das heißt nicht, dass der Kutscher bedeutungslos ist – keineswegs – aber es hilft dem Kutscher sehr, wenn er seine eigene Rolle erkennt. Es geht auch nicht darum, dass der Ich-Kutscher die Psyche-Kutsche woanders hin lenkt, als es die Instinkt-Pferde wollen, sondern nur darum, dass der Kutscher erkennt, dass er nur ein Teil einer größeren Einheit ist, die er nicht vollständig bestimmen kann.

Die sinnvolle Haltung für das Ich ist es, in dem Augenblick, in dem es gerade ist, wach zu sein, die inneren und äußeren Strömungen zu spüren. Das ist wie bei dem Kapitän eines Segelschiffes, der die Strömungen des Meeres und die Richtung des Windes erkennt, und dann die Segel so setzt und das Steuerruder so ausrichten lässt, dass das Schiff an seinen Zielhafen gelangt.

Man kann sich natürlich fragen, wie zutreffend dieses Bild ist und ob der Ich-Kapitän sein Psyche/Leib-Schiff wirklich so unabhängig zu einem Ziel-Hafen lenken kann und ob nicht die Instinkt-Strömungen das Schiff an einen anderen Ort bringen werden als an den, zu dem der Kapitän das Schiff lenken wollte.

Unabhängig davon, wie groß man das Maß der eigenen Selbstbestimmtheit – d.h. der Fähigkeit des Wachbewusstseins, die eigenen Taten zu lenken – einschätzt, ist es offensichtlich, dass der Menschen noch immer zu einem großen Teil von seinen Instinkten gelenkt wird.

Und das trifft auch für die Beziehungen des Menschen zu.

2. Ernährung

Die Instinkte führen zu Beziehungen – wobei das Ich ein wenig lenken darf – aber wenn die Beziehung da ist, muss das Ich schauen, was nun alles nötig wird. Es wird eine gemeinsame Wohnung gebraucht, und auch Nahrung, Kleidung und noch so manches andere.

Solange man noch ein kleines Kind ist, sorgen die eigenen Eltern für diese Dinge; der Jugendliche sorgt dann für sich selber; dann wird man Vater oder Mutter und sorgt für die eigene Familie; dann, wenn die Kinder aus dem Haus sind, sorgt man nur noch für sich als Paar; und schließlich sorgt der Staat mit der Rente für die alten Menschen.

Dieses „für die Familie sorgen" ist nur rudimentär durch Instinkte abgesichert, die vor allem in Notsituationen aktiv werden, aber nicht dann, wenn man morgens zu dem Amt geht, in dem man arbeitet, oder wenn man Anzeigen liest, um eine günstigere Wohnung zu finden, die trotzdem noch groß genug für die ganze Familie ist.

Diese nicht durch die Instinkte abgedeckten Tätigkeiten für die Familie brauchen aber auch eine Motivation. Dies ist die Liebe zu dem Partner und zu den eigenen Kindern – wenn man sich bewusst macht, warum man so viel arbeitet und warum man so viele mühsame Dinge tut, dann kann man die Motivation aus den eigenen Instinkten in diese Arbeit und in diese mühsamen Dingen lenken.

In der Regel wird das jedoch nur dann funktionieren, wenn man sich in der Familie wohlfühlt, wenn man gerne in der Familie ist, wenn man sich die meiste Zeit mit seinem Partner gut versteht – sonst fehlt dieses haltgebende Wohlfühlen. Man muss das Beisammensein auch oft genug genießen können, um weiterhin gerne so zu leben wie es jetzt gerade ist.

Wenn dieses Wohlfühlen zu wenig wird, entsteht der Fluchtreflex: Man will an einen anderen Ort, sucht einen anderen Beruf oder man sucht – was die häufigste Reaktion ist – nach einer anderen Beziehung.

Die Instinkte drängen dazu, eins Beziehung zu beginnen und sie helfen auch in Notlagen, doch den Alltag muss man von seinem Verstand her so organisieren, dass man zusammenleben kann – dass man gerne zusammenlebt. Doch das ist nicht immer einfach.

Es gibt viele Dinge, die man als so selbstverständlich ansieht, dass man gar nicht auf die Idee kommt, sie infrage zu stellen und über sie nachzudenken. Wenn der Mann nach Hause kommt, hat er vielleicht die Vorstellung, dass seine Arbeit jetzt zuende ist und er sich ausruhen kann – die Frau hat vielleicht die Vorstellung, dass ihre alleinige Aufsicht über Kinder und den Haushalt zuende ist, wenn der Mann nach Hause kommt und dass sie sich jetzt ausruhen kann. Beide haben ein Bild in sich, dass für sie vollkommen selbstverständlich ist – und sie werden missmutig oder wütend, wenn der andere sich nicht diesem Bild entsprechend verhält. Erst wenn beide merken, was da eigentlich vorgeht, können sie die Situation klären und gemeinsam nach einer Lösung suchen.

Eine weitere Prägung ist das Vorbild der eigenen Eltern: Man verhält sich, wenn man eine Familie gegründet und Kinder hat, erst einmal so, wie man es von seinen eigenen Eltern kennt. Wenn einem das auffällt und man sich zu fragen beginnt, welches Verhalten man eigentlich selber gut fände, ist schon einmal sehr viel gewonnen – dann kann es eine Entwicklung geben. Wenn einem das nicht auffällt, wird es wahrscheinlich zu Streit und Leid kommen.

Dieses Eltern-Vorbild hat natürlich nicht nur schlechte Seiten, sondern auch gute, die man ebenso nachahmt – und das ist sehr hilfreich, da man dann nicht ganz von vorne anfangen muss, sondern sich eben in vielen Situationen an diesem Eltern-Vorbild orientieren kann. Doch wenn einem dieses Eltern-Vorbild bewusst wird, kann man damit beginnen, dieses Eltern-Vorbild stückchenweise zu verändern, so dass es einem selber, dem Partner und den Kindern mit dem eigenen, weiterentwickelten Verhalten noch besser geht als zuvor.

Manchmal stellt man auch erst dann, wenn gemeinsame Kinder da sind, fest, dass man selber und der eigene Partner in manchen Bereichen völlig verschiedene Werte, Ansichten und Vorstellungen haben. Dann wird es notwendig, zum einen in einem ersten Schritt sich der eigenen Werte und Ansichten wirklich ganz klar zu werden, und zum anderem diese Werte und Ansichten in einem zweiten Schritt dem anderen darzulegen – und schließlich in einem dritten Schritt nach einer Möglichkeit zu suchen, wie man die Werte und Ansichten der beiden zu etwas Kreativem kombinieren kann. Das ist zwar möglich, aber nicht gerade einfach. Das ist nicht zuletzt deshalb schwierig, weil es ziemlich anspruchsvoll ist, die Werte und Ansichten eines anderen wirklich zu verstehen, da man zunächst einmal – was ja auch gar nicht anders möglich ist – denkt, dass alle so ähnlich gestrickt sind wie man selber.

Am ehesten kann die Deutung der Horoskope der beiden den beiden deutlich machen, wie verschieden sie sind – und wie grundverschiedenen Menschen ganz allgemein sein können. Das vergrößert dann zwar das Verständnis füreinander, aber es bringt nicht notwendigerweise auch schon eine gelungene Kooperation mit sich.

Man könnte nun natürlich auch vorschlagen, zusätzlich zu den beiden Geburts-

Horoskopen dieses Paares ihnen auch noch das Partner-Horoskop zu deuten, um die Dynamik zwischen ihnen deutlicher werden zu lassen. Doch die Erfahrung hat gezeigt, dass Paare, die in einer Krise sind und einen Astrologen um Rat fragen, sich meistens schon getrennt haben, bevor der Astrologe mit der Deutung der beiden Geburts-Horoskope und des Paar-Horoskops fertig ist, was ja mindestens drei Abende dauert.

Daher wäre es hilfreich, wenn sich die meisten Menschen bereits selber gut kennen würden, wenn sie eine Beziehung beginnen – doch davon sind wir in unserer Kultur noch sehr weit entfernt …

Es wäre auch förderlich, wenn der Unterschied zwischen Männer und Frauen allgemein klarer bekannt wäre. Dieser Unterschied läßt sich im Grunde recht einfach beschreiben:

Männer	Frauen
Männer haben innen eine große Vielfalt, also verschiedene Ziele, aber sind außen einsgerichtet.	Frauen streben also verschiedene Ziele jeweils mit maximaler Vehemenz an.
Männer streben verschiedene Ziele mit denselben Methoden an.	Frauen streben also ständig dasselbe Ziel mit den verschiedensten Methoden an.
Folglich sind Männer in dem, was sie gerade im Außen tun, sehr klar, während sie im Innen durchaus eine Vielfalt von Zielen haben.	Folglich sind die in dem, was sie im Außen tun, kaum faßbar und ständig wieder anders, während sie im Innen klar auf ein Ziel, das sie erreichen wollen, das sie beharrlich auf die verschiedenste Weisen verfolgen.
Daraus ergibt sich bei Männern eine Ausrichtung auf die äußere Form, die sie fest und klar haben wollen.	Daraus ergibt sich eine Ausrichtung auf das innere Ziel, von dem sie nicht abweichen.
Folglich denken und argumentieren Männer gerne.	Folglich spüren und lavieren Frauen gerne.
Sie haben im Innen Geschmeidigkeit und im Außen Festigkeit.	Sie haben im Innen Festigkeit und im Außen Geschmeidigkeit.
Sie lagen sich auf das fest, was sie gerade tun – aber nicht darauf, daß sie morgen noch dasselbe wollen.	Sie legen sich auf das fest, was sie wollen – aber nicht auf die Art und Weise, wie sie das reichen.
Männer sind nach außen hin einsgerichtet – was sich auch an ihren Genitalien zeigt.	Frauen sind nach innen hin einsgerichtet – was sich auch an ihren Genitalien zeigt.

3. Vielfalt

⚏

Bei „Beziehung" denkt man hierzulande in der Regel an „Vater, Mutter, Kind", doch das ist keineswegs selbstverständlich überall und zu allen Zeiten die übliche Form des Zusammenlebens gewesen. Wenn man sich in den verschiedenen Kulturen umschaut, kann man eine große Vielfalt von Formen des Zusammenlebens finden.

Nun gibt es zunächst einmal keinen Grund, von der üblichen „Vater, Mutter, Kind"-Familie abzuweichen, wenn man damit glücklich ist. Falls es einem mit diesem Modell jedoch nicht gut gehen sollte oder wenn man feststellt, dass man das zwar will, aber dass es einem einfach auch beim siebten Anlauf noch immer nicht gelingen will, könnte es ratsam sein, sich mal umzuschauen, was es sonst noch so alles gibt. Vielleicht passt ja eine andere Form für einen selber viel besser …

Die möglichen Beziehungsstrukturen lassen sich zunächst einmal von den in ihr beteiligten Menschen her betrachten. Dabei ergeben sich zunächst von der Kombination her fünf verschiedene Möglichkeiten:

- ein Mann und eine Frau
- ein Mann und mehrere Frauen
- eine Frau und mehrere Männer
- mehrere Männer und mehrere Frauen
- Gruppensysteme (Sippe, Dorf, Stamm, Patchwork-Familie)

Die zweite und die dritte Möglichkeit sind nicht im Gleichgewicht, d.h. Mann und Frau haben nicht dieselben Möglichkeiten. Daher sind diese beiden Formen als allgemeines Prinzip nicht erstrebenswert. Im individuellen Fall können diese Kombinationsformen jedoch das sein, was ein bestimmtes Paar gut findet. Die Wahrscheinlichkeit ist jedoch sehr hoch, dass ein solches Arrangement instabil ist und entweder zur Einehe zurückkehrt, zu einer für beide offenen Beziehung führt oder auseinanderbricht.

In der offenen Beziehung ist ein Paar das Zentrum, also der feste Kern eines Systems von weiteren Beziehungen, die mehr oder weniger dauerhaft sind.

In einem Gruppensystem sind alle Menschen in ungefähr gleicher Weise miteinander

15

verbunden – zumindest gibt es keine „Kern-Paare".

Da es jedoch recht wahrscheinlich ist, dass immer wieder besonders enge emotionale Bindungen zwischen zwei Menschen entstehen (dauerhaft oder für eine gewisse Zeit), ist die „offene Beziehung" das Modell, das am vielversprechendsten aussieht. Aus diesem Modell oder aus der Folge von Trennungen und neuen Verbindungen ergibt sich dann die Patchworkfamilie. Die Verbindungen in ihr sind in der Regel die Kinder, die aus diesen Beziehungen entstanden sind, aber auch beendete Beziehungen, die als Freundschaften weiterbestehen, können solche komplexen Bindungsformen entstehen lassen.

Wenn man Beziehungen von der Form der Bindung her betrachtet, kommt man ebenfalls zu fünf Formen von Beziehungen:

- vollkommen freie Systeme ohne engere Bindungen
- wechselhafte, aber zeitweise stabile Systeme
- lebenslange Systeme
- offene Systeme (Kern mit Anhang)
- Inzest-Regeln und andere Ausnahmen

Die vollkommen freien Systeme ohne engere Bindungen widersprechen dem menschlichen Bedürfnis nach Sicherheit und Geborgenheit und auch den Erfordernissen der Kinder, die in solchen Systemen aufwachsen. Daher wird diese Form zwar hin und wieder vorkommen, aber eher die Ausnahme bilden. Am wahrscheinlichsten tritt sie in der Pubertät und im höheren Alter auf, also bevor eigene Kinder geboren werden und nachdem diese Kinder dann erwachsen geworden sind.

Das lebenslange System ist möglich – insbesondere die Einehe. Wenn zwei Menschen miteinander glücklich sind, gibt es keinen Grund, etwas anderes zu leben …

Die Wahrscheinlichkeit, dass drei oder mehr Menschen ein Leben lang miteinander eine „Gruppen-Beziehung" leben, ist recht klein – es gibt ja schon nur sehr wenige Paare, die eine lebenslange, erfüllte Beziehung leben.

Die wechselhaften, aber zeitweise stabilen Systeme sind vermutlich die tragfähigste Form – egal, ob dies nun eine Folge von Einehen ist, eine offene Beziehung oder eine noch komplexere Konstruktion mit noch mehr Beteiligten. Innerhalb dieser Möglichkeiten scheint die offene Beziehung, also die Paar-Beziehung als Kern mit „Anhang" am wahrscheinlichsten zu sein, da sie sowohl das Bedürfnis nach Geborgenheit, nach fester Bindung, einem Rahmen für die Kinder und auch genügend Freiheit bietet. Es sind natürlich auch zeitweilige enge Bindungen zwischen mehr als zwei Partnern möglich.

In den meisten, aber nicht in allen Kulturen gibt es auch weiterhin Inzest-Regeln, Gesetze zum Schutz von Minderjährigen u.ä. geben – wobei sich diese Vorschriften je nach dem Erkenntnisstand immer wieder einmal ändern.

Die Stellung der Kinder ist ein wichtiger Faktor innerhalb der Dynamik einer Familie, Sippe oder sonst einer Gruppe von Menschen. Hier gibt es vier Grundformen:

- Kinder bei der Mutter
- Kinder gehören dem Vater
- gemeinsame Kinder eines Paares
- Kinder gehören der Sippe

Wenn die Kinder dem Vater gehören, d.h. wenn Kinder bei einer Trennung prinzipiell bei dem Vater bleiben, hat der Mann eine große Macht über die Frau, da kaum eine Mutter ihre Kinder verlassen wird.

Wenn die Kinder der Mutter gehören, d.h. wenn die Kinder bei einer Trennung prinzipiell bei der Mutter bleiben, hat die Frau die stärkere Stellung. Da die Bindung zwischen einer Mutter und ihren Kindern im Allgemeinen etwas stärker und beständiger ist als die Bindung zwischen einem Vater und seinen Kindern, ist diese Regelung etwas passender als die vorige – aber sie ist trotzdem alles andere als ideal.

Wenn die Kinder beiden Eltern gehören, d.h. wenn nach einer Trennung sowohl die Mutter als auch der Vater ein Recht auf das Kind haben, ergibt sich der Streit darüber, bei welchem Elternteil die Kinder leben und in welcher Weise der andere Elternteil seine Kinder sehen darf. Meines Wissens gibt es für dieses Problem noch keine brauchbare Lösung – da die Eltern sich aufgrund von Unstimmigkeiten getrennt haben, findet sich diese Unstimmigkeit sehr wahrscheinlich auch in der Art der Trennung und in dem Zustand nach der Trennung wieder. Hier ist offensichtlich viel Kreativität und guter Wille von beiden Seiten erforderlich …

Das Konzept „Kinder gehören der Sippe" ergibt nur dann einen Sinn, wenn eine intakte, lebendige Sippe vorhanden ist, als deren Teil sich alle Beteiligten erleben. Man kann solch ein Arrangement bei einigen Naturvölkern und heute auch in manchen Patchworkfamilien finden, in denen sich die Kinder selber aussuchen, bei wem sie leben wollen und in denen sie ihre eigenen Strukturen mit anderen Kindern und Erwachsenen aufbauen.

Auch die soziale Stellung von Männern, Frauen und Kindern spielt eine große Rolle bei der Bildung von Beziehungsstrukturen. Die Stellung der Menschen in ihren Beziehungen hängt von mindestens acht Faktoren ab:

- Zuordnung der Kinder zu einem oder beiden Elternteilen
- Regelung des Besitzes (Haus, Geld u.a.)
- die Frau oder die Frauen sind der Besitz des Mannes
- der Mann ist der Besitz der Frau (diese Form ist unbekannt)
- Sklaven
- rechtliche Stellung
- Priester/Priesterin
- Krieger/Kriegerin

Der große Einfluss der Zuordnung der Kinder zu der Mutter, zu dem Vater oder zu beiden Elternteilen ist bereits erwähnt worden.

Die Regelung der Besitzverhältnisse hat ebenfalls einen großen Einfluss auf die Beziehungsstrukturen. Wenn dem Mann alles gehört, hat er auch die Macht über die Frau und die Kinder; wenn der Frau alles gehört, hat sie zwar auch prinzipiell die Macht, aber Frauen scheinen diese Form der Macht nicht so auszunutzen wie Männer. Wenn beide etwas besitzen können, sind sie beide zumindest prinzipiell gleichberechtigt und eigenständig.

Eine Extremform ist die Auffassung, dass die Frau oder die Frauen der Besitz des Mannes sind – das christliche Ehegelöbnis, in dem die Frau verspricht, dem Mann überall hin zu folgen, ist nicht so sehr weit von diesem „Besitzen der Frau" durch den Mann entfernt … Die umgekehrte Variante, in der die Frau einen oder mehrere Männer besitzt, ist aus keiner Kultur bekannt. Frauen mit Beziehungen zu mehreren Männern gibt es hingegen durchaus – aber eben nicht den „Besitz von Männern".

Eine Variante dieser Formen des Besitzes von Menschen ist deren Haltung als Sklaven, die oft auch sexuell ausgenutzt worden sind. Die gesetzlich legalisierte Form dieser sexuellen Ausbeutung von Sklaven ist der Harem – obwohl nicht jeder Harem eine Zwangseinrichtung sein muss.

Es gibt noch viele weitere rechtliche Regelungen, die die Strukturen innerhalb von Beziehungen mitprägen, und um die daher immer wieder einmal heftig gestritten wird: Wie werden Unterhaltszahlungen festgesetzt? Wann sind Abtreibungen erlaubt und wer bestimmt die Regelungen dafür? Wie wird die Vererbung von Besitz geregelt? Wer darf vor Gericht Anklage erheben? Wie können sich Frauen vor häuslicher Gewalt schützen? Wer hat ein Anrecht auf eine psychologische Behandlung? Wer erhält bei einer Trennung eine finanzielle Unterstützung durch den Staat? Alle Regelungen dieser Art bestimmen die Möglichkeiten, die ein Mann oder eine Frau in einer bestimmten Situation in ihrer Beziehung hat …

Ein weiterer Punkt, der jedoch nur noch am Rande mit Beziehungen zu tun hat, ist die Frage, wer Priester oder Priesterin werden darf – und ob diese Menschen dann noch eine Beziehung haben dürfen. Die Regelungen in diesem Bereich können unter Umständen zu Machtgefällen und zu heftigen inneren Konflikten, zu verdrängten Begierden und zu Missbrauch u.ä. führen.

Ein ähnlicher Punkt ist die Frage, wer ein Krieger bzw. eine Kriegerin werden darf. Dieser Punkt hat durchaus einen Einfluss auf das Selbstverständnis vor allem der Frauen. Darf eine Frau wehrhaft sein? Darf sie sich gegen Männer durchsetzen? Darf sie stark sein? In diesem Punkt ist zwar schon vieles besser geworden, aber hier besteht noch immer Entwicklungsbedarf im Selbstverständnis der Frauen – und auch im Selbstverständnis der Männer.

Möglicherweise wäre es hilfreich, sich einzelne dieser Formen zunächst in Schilderungen des Lebens von Naturvölkern, anderen Kulturen, Kommunen u.ä. anzuschauen und dann evtl. auch selber auszuprobieren. In der heutigen Zeit des Internets und der vielen Kontakt-Foren sollte es nicht schwer sein, andere Menschen zu finden, die dasselbe ausprobieren wollen wie man selber.

Dass das Argument, dass nur die „Vater, Mutter, Kind"-Beziehungsform wirklich innig und lebendig sein kann, falsch ist, wird man recht schnell feststellen können, wenn man andere Menschen trifft, die wirklich ernsthaft nach der für sie passenden Beziehungsform suchen.

4. Bilder

♋

Wenn man nicht direkt beim ersten Versuch den richtigen Partner findet, mit dem man sein ganzes Leben lang zusammenbleiben will, wird man feststellen, dass man immer wieder dasselbe erlebt. Manchmal findet man natürlich auch beim dritten Anlauf endlich den „Richtigen", doch wahrscheinlicher ist es, dass man erkennt, dass es den aus der Psychologie gut bekannten Wiederholungszwang tatsächlich gibt und dass der ziemlich beharrlich sein kann.

An solch einer Stelle könnte man es z.B. einmal mit Familienaufstellungen versuchen, um herauszufinden, was die prägende Angst oder Sucht oder was auch immer die Ursache sein mag, eigentlich ist. Wenn das gelingt und man anschließend einen Partner findet, mit dem man gut zusammenleben kann, braucht man nicht mehr weiterzusuchen.

Sollte jedoch auch die Familienaufstellung nicht helfen, das alte, leidvolle Beziehungsmuster aufzulösen, dann muss man noch etwas tiefer forschen. Dabei kann eine Betrachtung des Aufbaus der Psyche helfen.

Für diese Betrachtung ist zunächst einmal die Kenntnis der heilen Entwicklung und der möglichen Störungen wichtig:

> In der **oralen Phase** des Babys (0-1 Jahre) sollten die Geborgenheit und die innere und äußere Fülle entstehen. Wenn dies nicht gelingt, entsteht ein grundlegendes Mangel-Gefühl. Dieser Mangel kann dann entweder zu einer „lauten" Gier oder zu einer „leisen" Askese werden.

> In der **analen Phase** des Kleinkindes (1-3 Jahre) sollten die Kraft und die Klarheit entstehen. Wenn dies nicht gelingt, entsteht eine grundlegende Angst. Diese Angst kann dann entweder zu dem „lauten" Angriff des Täters oder zu der „leisen" Flucht des Opfers werden.

> In der **phallischen Phase** des Kindes (ab 3 Jahre) sollte die Selbstliebe entstehen. Wenn dies nicht gelingt, entsteht ein Gefühl von Selbstzweifeln. Diese Selbstzweifel können dann entweder zu einer „lauten" Angeberei oder zu einer „leisen" Schüchternheit werden.

Daraus ergeben sich 12 verschiedene Grundstrukturen eines Menschen, also zwölf Verhaltens-Typen:

- **orale Gruppe**: 1. Zufriedener (Fülle); bei Mangel: 2. Süchtiger, 3. Asket, 4. abwechselnd Süchtiger und Asket;

- **anale Gruppe**: 5. Gelassener (Kraft); bei Angst: 6. Täter, 7. Opfer, 8. abwechselnd Täter und Opfer;

- **phallische Gruppe**: 9. Strahlender (Selbstliebe); bei Selbstzweifeln: 10. Angeber, 11. Schüchterner, 12. abwechselnd Angeber und Schüchterner.

Man kann nun einmal genauer betrachten, was es bedeutet, zu einem dieser 12 Typen zu gehören und welchen Einfluss das auf das eigene Leben und vor allem auf die eigenen Beziehungen hat.

Am Anfang steht ein erster Impuls, eine erste Form: die befruchtete Eizelle. Diesen Anfang, diese Mitte, diesen ersten Impuls kann man in sich selber z.B. in der Meditation wiederfinden. In den meisten Fällen wird dieser Ursprung als die eigene Seele angesehen. Wenn man an die Reinkarnation glaubt, ist diese Mitte das, was sich in einem Menschen inkarniert hat. Diese Mitte ist, wenn man sie in sich selber findet und erlebt, das geschlechtsneutrale Selbstbild.

Als Graphik ist sie ein Kreis:

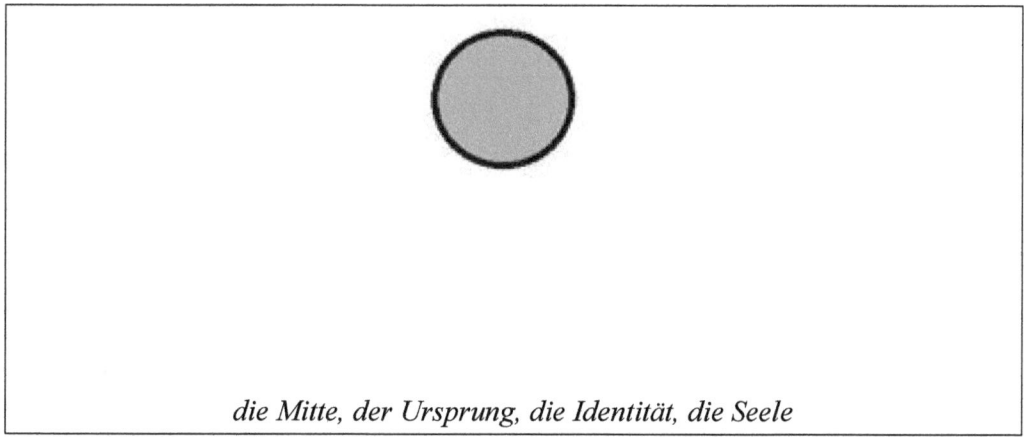

die Mitte, der Ursprung, die Identität, die Seele

Die erste Differenzierung dieses zentralen Bildes ist seine zweifache Darstellung als das innere Männerbild und das innere Frauenbild: zwei halbe Kreisringe um den zentralen Kreis. Man kann diese beiden Bilder auch als zwei polare Spiegelungen der Seele auffassen.

Das innere Männerbild ist das Selbstbild eines Mannes und das innere Frauenbild ist sein „Suchbild". Bei Frauen ist es umgekehrt.

In der folgenden Graphik ist das innere Frauenbild durch ein Karo und das innere Männerbild durch ein Dreieck gekennzeichnet.

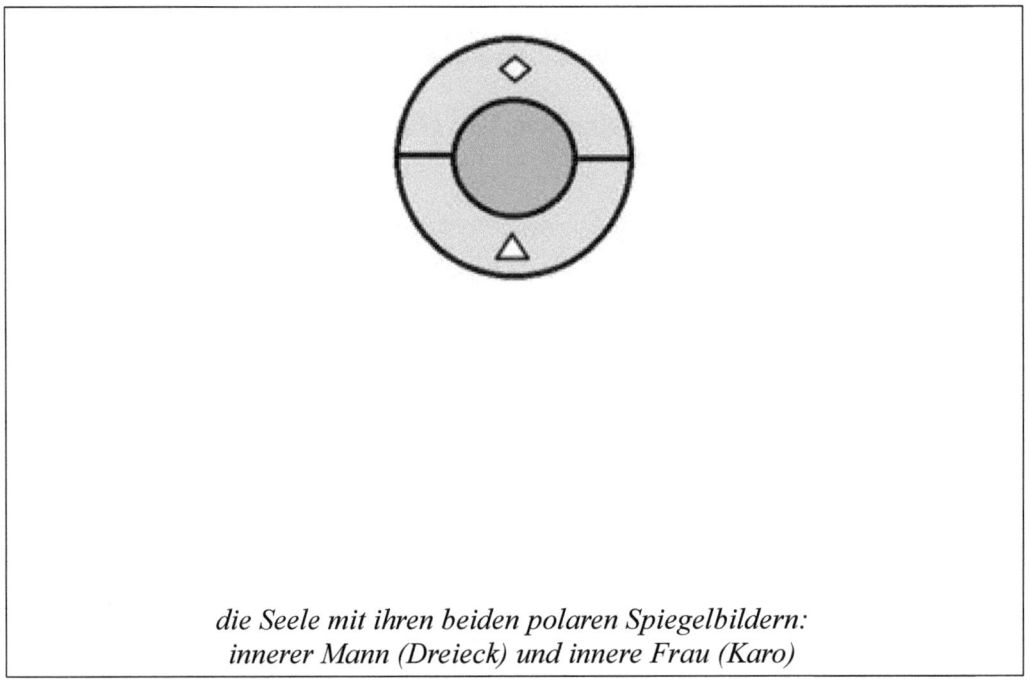

die Seele mit ihren beiden polaren Spiegelbildern:
innerer Mann (Dreieck) und innere Frau (Karo)

Die zweite Differenzierung dieser inneren Bilder geschieht, wenn der betreffende Mensch etwas erlebt, wodurch er von seinem eigentlichen Kurs abweicht und z.B. durch den Verlust der Fülle in den Mangel gerät und zu einem Asketen wird. Wenn der Betreffende ein Mann ist, wird sein bewusstes Selbstbild zu einem männlichen Asketen. Dabei bricht sein inneres Männerbild sozusagen in einen männlichen Asketen und in einen männlichen Süchtigen – der der Gegenpol des Asketen ist – auseinander. Diese zwei neuen Bilder legen sich dann als neue Schicht außen um das ursprüngliche, heile Männerbild.

Es entstehen bei dem Auseinanderbrechen eines heilen Bildes immer zwei polare Bilder: aus dem Zufriedenen der Süchtige und der Asket; aus dem Gelassenen der Täter und das Opfer; und aus dem Strahlenden der Angeber und der Schüchterne. Diese beiden Bilder trägt man immer in sich, wenn man das heile Bild verloren hat: Der Süchtige weiß genau, wie sich der Asket fühlt und verhält – und auch der Asket weiß das vom Süchtigen; der Täter weiß genau, wie sich das Opfer fühlt und verhält – und auch das Opfer weiß das vom Täter; der Angeber weiß genau, wie sich der Schüchterne fühlt und verhält – und auch der Schüchterne weiß das vom Angeber.

Diese beiden polaren Bilder gehören stets zusammen zu einem einzigen Verhaltensmuster: kein Süchtiger ohne Asket – und umgekehrt; kein Täter ohne Opfer – und umgekehrt; kein Angeber ohne Schüchternen – und umgekehrt

Dieselbe Polarisierung wie in dem hier gewählten Beispiel bei dem Männerbild geschieht auch mit dem inneren Frauenbild, sodass es in dem Betreffenden auch die Bilder einer Asketen-Frau und einer Süchtigen-Frau gibt, die sich als neue Schicht rings um das innere Frauenbild legen.

Die Polarität dieser vier neuen Bilder ist in dem Diagramm als hell („laut": Süchtiger, Täter, Angeber) und dunkel („leise": Asket, Opfer, Schüchterner) dargestellt worden. Diese vier Bilder sind in dem Diagramm die vier äußeren Viertelkreise.

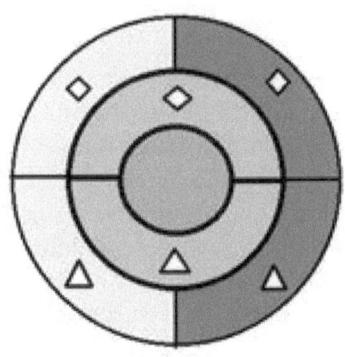

Mitte: Seele
zwei Halbkreise: heiler innerer Mann (Dreieck) und heile innere Frau (Karo)
vier Viertelkreise: die beiden polarisierten inneren Männerbilder (Dreiecke) und die
beiden polarisierten inneren Frauenbilder (Karos)

Sehr wahrscheinlich entsteht bei der Homosexualität eine Identifizierung mit einem inneren Bild, dessen Geschlecht dem physischen Geschlecht des betreffenden Menschen entgegengesetzt ist. Bei Menschen, die sowohl Männer als auch Frauen sexuell anziehend finden, liegt anscheinend keine feste Bindung an eines der männlichen oder weiblichen inneren Bilder vor.

Da sich bei Schwulen und Lesben jedoch fast immer eine Neigung entweder zu der „lauten" Rolle oder zu der „leisen" Rolle feststellen lässt, identifizieren sie sich vermutlich nicht mit einem der beiden männlichen oder mit einem der beiden weiblichen Bilder, sondern mit den beiden „lauten" oder „leisen" Bilder – also mit einer Rolle („laut" oder „leise") und nicht mit einem Geschlecht.

Doch das ist zunächst einmal noch eine Arbeitshypothese – und ob sie in irgendeiner Weise von Nutzen sein kann, muss sich noch zeigen.

Aus diesem Mandala ergibt sich eine interessante und weitreichende Konsequenz: Der Mann in diesem Beispiel lebt als Asket, d.h. er lebt nur die eine Hälfte seines ursprünglichen Männerbildes – und die beiden Frauenbilder lebt er ebenfalls nicht. Er drückt in seinem Leben also nur ein Viertel seines eigentlichen Potentials aus.

Da es aber offenbar nicht möglich ist, einen Teil seines Potentials gar nicht zu leben, suchen sich die anderen drei Viertel neue Wege, um sich auszudrücken. Das bedeutet, dass man sich Stellvertreter für diese ungelebten Teile der eigenen Psyche in sein Leben holt – natürlich nicht bewusst sondern unbewusst, aber trotzdem sehr effektiv und präzise.

In diesem Beispiel eines männlichen Asketen sind dies:

Das Bild des männlichen Asketen wird von dem betreffenden Mann, der die Askese als Überlebensstrategie ausgewählt hat, selber gelebt: das bewusste **Selbstbild**.

Das Bild des männlichen Süchtigen wird zu dem **Feindbild** des betreffenden Mannes, da es den Gegenpol zu seiner eigenen Strategie ausdrückt. Dieses ungelebte Bild des männlichen Süchtigen in seiner Psyche wirkt wie eine Einladung an die Menschen in seiner Umgebung, diese Rolle in dem Leben des betreffenden Mannes zu übernehmen. Mit etwas Übung kann man diese „Einladungs-Bilder" auch bei anderen Menschen spüren – sie zeigen sich u.a. darin, wie man auf die anderen Menschen reagiert.

Das Bild der weiblichen Süchtigen ist für den Asket-Mann hingegen das anziehendste Bild überhaupt – es hat eine doppelte Polarität zu ihm: männlich-weiblich und asketisch-süchtig. Der hier als Beispiel betrachtete Mann wird sich daher mit großer Wahrscheinlichkeit eine süchtige Frau als **Partnerin** suchen.

Die asketische Frau kann für den betreffenden Mann zur **Freundin** werden: Sie haben dieselben Probleme und verstehen einander. Es hat den Anschein, als ob die ähnliche Problematik, die durch die Wahl desselben Polarisierungs-Poles entsteht, die erotische Spannung des gegensätzlichen Geschlechtes aufheben würde.

Schließlich kann der männliche Asket auch noch auf andere männliche Asketen treffen. Diese können dann seine **Freunde** werden, von denen er jedoch weitgehend unabhängig bleibt, da er ja schon selber dieses Bild des männlichen Asketen lebt.

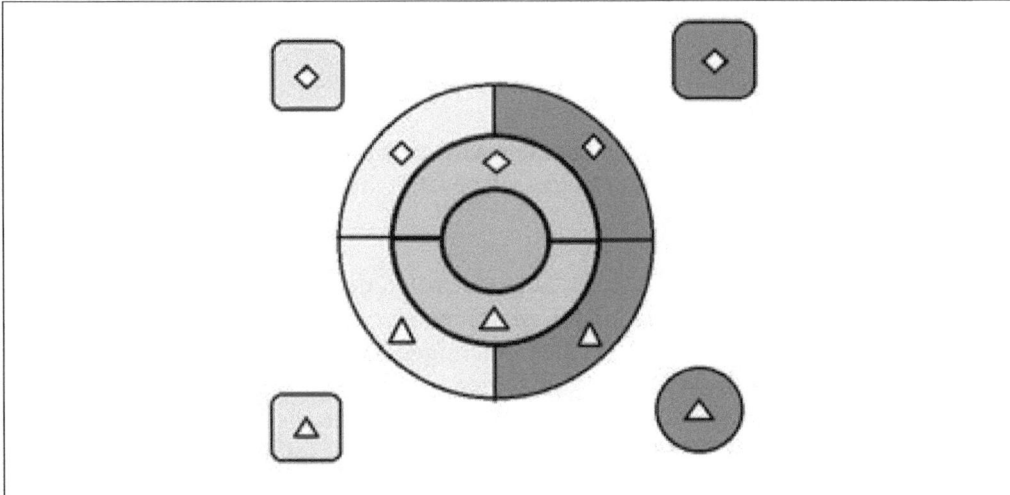

*der Asket in diesem Beispiel spielt das innere Asketen-Männerbild (Kreis rechts
unten); die Rollen des Süchtigen (Quadrat links unten), der Asketin (Quadrat rechts
oben) und der Süchtigen (Quadrat links oben) in diesem „Asketen-Drama" werden
von drei anderen Personen übernommen*

Diese vier Bilder, von denen der Asket eines selber lebt und die drei anderen auf
andere Menschen projiziert, bilden die Grundlage seines Lebensdramas.

Solange dieser Asket seine Askese nicht als ein Krankheitssymptom erkennt und es
heilen kann, wird es in dem Leben dieses Asketen so gut wie immer einen süchtigen
Mann geben, der durch seine Gier alles gefährdet oder sogar zerstört, was der Asket
mühsam aufgebaut hat. Da können ihm auch seine Asketen-Freunde und seine
Asketen-Freundin nur wenig helfen. In seiner Beziehung zu der Süchtigen-Frau sieht
es nicht anderes aus, da auch deren Gier seine Sparsamkeit aushebelt – und sie ihm
durch ihr Verhalten zeigt, was er selber als Sucht verborgen in sich trägt.

Aus diesen vier Bildern lassen sich viele unangenehme Dramen erschaffen …

Bei dem Asketen und dem Süchtigen ist der Mangel das Thema des Dramas, bei dem
Täter und dem Opfer ist die Angst das Thema des Dramas, und bei dem Angeber und
dem Schüchternen ist die Selbstliebe das Thema des Dramas.

Aus diesem Drama ergeben sich die Rollen, die man innerhalb eines solchen Dramas
spielen kann – wobei die Rollen, bei der jemand ständig zwischen beiden Polen hin-
und herwechselt, der Einfachheit halber hier nicht mit aufgeführt sind.

Um die Schilderungen anschaulicher zu gestalten, werden in der folgenden Übersicht bestimmte häufige – und ein wenig krassere – Ausformungen dieser möglichen Rollen geschildert.

die drei Grundformen des Beziehungs-Mandalas				
Ebene mit der Störung	**Rolle im Mandala**			
	Mann		*Frau*	
	„laut"	*„leise"*	*„laut"*	*„leise"*
oral	Süchtiger: der *„Alkoholiker"*, der in seinem Leben nichts geregelt kriegt	Asket: der *„Prinzipienreiter"*, der alles kontrollieren und ordnen will und das „zum Besten der anderen" macht	Süchtige: die *„Klette"*, die immer alles wissen muss und niemanden loslassen kann und oft zur „Drama-Queen" wird	Asketin: die bemutternde *„Glucke"*, die sich immer um alles kümmert
anal	Täter: der herrische, cholerische *„Chef"*, der jeden anbrüllt und nebenher seine Angestellten zu verführen versucht	Opfer: der blasse, stotternde, schüchterne *„Buchhalter"*, der noch nie eine Freundin hatte	Täterin: die intrigante *„Femme fatale"*, die Männer verführt und sie dann fortstößt und der alle immer alles opfern – ihr Geld und ihr Herz	Opfer: die einsam lebende, *„missbrauchte Frau"*, die einen verborgenen Haß auf alle Männer hat
phallisch	Angeber: der *„Salonlöwe"*, der es nicht ertragen kann, wenn auch ein anderer die Aufmerksamkeit des Publikums erlangt	Schüchterner: der *„Untertan"*, der alles dafür tut, einmal ein Lächeln seines Königs zu erhalten	Angeberin: die *„Diva"*, die sich durch Macht, Geld und Erotik und viel Geschick in den Mittelpunkt der Aufmerksamkeit bringt	Schüchterne: die *„graue Maus"*, die ihren Mann, den weltberühmten Professor, verehrt und alles für ihn tut

Die Heilung dieser Fixierung auf eine bestimmte Rolle und der sich daraus ergebenden Beziehungs-Muster besteht vor allem in der Auflösung der Polarisierungen. Die Beschreibung dieser Heilung würde jedoch den Rahmen dieses Buches sprengen.

Eine detaillierte Darstellung findet sich in: Harry Eilenstein – „Das Beziehungs-Mandala".

5. Selbsttreue

♌

In Beziehungen trifft das zusammen, was zwei Menschen in sich tragen: ihre Absichten, ihre Gefühle, ihre Gedanken, ihre Vorstellungen und auch ihre Prägungen und nicht zuletzt auch ihre beiden Horoskope. Beziehungen sind daher eine so komplexe Angelegenheit, dass es eigentlich unvermeidbar ist, dass es auch zu Spannungen zwischen den beiden kommt.

Die ganze eigene Komplexität und auch die des anderen zu verstehen und für alle Gegensätzlichkeiten eine Lösung zu finden ist vermutlich eine endlose Unternehmung. Wenn beide das eigene Horoskop und das Horoskop des anderen kennen und verstehen, wird das Verständnis für einander schon einmal einen großes Stück tiefer – aber eine Lösung für den Umgang mit diesen Unterschieden ist das noch nicht.

Ein wichtiger Ansatz in dieser Lage, der sowohl einem selber als auch dem anderen nützt, ist das Streben nach Selbsterkenntnis und nach der Auflösung der Gefühle von Mangel, Angst und Selbstzweifeln. Wenn es gelingt, diese Gefühle zu heilen – falls man sie in sich selber finden sollte – wird das Zusammenleben für beide schon deutlich einfacher.

Mangel führt dazu, dass man wie ein Süchtiger immer mehr von dem anderen will oder wie ein Asket nur geben kann, aber nicht weiß, was man selber will. Meist lebt der andere dann ebenfalls in einem inneren oder äußeren Mangel. Das geht anfangs gut, weil der Süchtige haben will und der Asket geben will. Doch irgendwann wird das dem Asket zu viel: „Ich gebe Dir weniger, weil Du immer mehr willst!" Daraufhin antwortete ihm der Süchtige mit aller Berechtigung: „Ich will immer mehr, weil Du immer weniger gibst!" Und schon ist der Mangel zu dem prägenden Beziehungsthema geworden ... Meistens geht es dabei um Nähe – der Süchtige ist das hilflose Kind und der Asket der helfende Vater oder die helfende Mutter.

Angst führt dazu, dass man entweder als Täter aggressiv wird und alles bestimmen will oder dass man als Opfer furchtsam wird und sich gehorsam unterordnet. Der andere, mit dem man zusammen ist, spielt dabei dann die Gegenpol-Rolle zu der eigenen Rolle. Das geht erst einmal gut, weil der Täter jemanden hat, dem er befehlen kann und das Opfer jemanden hat, der ihn lenkt – beide haben das, was sie brauchen.

Doch irgendwann wird das dem Opfer zu einseitig: Ich gehorche nicht mehr, weil Du immer mehr bestimmen willst!" Darauf wird er recht sicher sofort eine Antwort erhalten: „Ich befehle Dir immer mehr, weil Du nicht mehr gehorchst! Wenn Du was anderes tust als das, was ich Dir sage, geht alles den Bach runter!". Hier ist die Angst vor äußeren Bedrohungen zu dem prägenden Beziehungsthema geworden. Wenn sich das dann noch mehr steigert, wird der aggressive Täter zum Sadisten und das ängstliche Opfer zum Masochisten.

Selbstzweifel führen dazu, dass man entweder als angeberischer Star immer im Mittelpunkt stehen will oder dass man als schüchterner Fan zu seinem Idol aufschaut. Auch hier tun sich Star und Fan zu einem Paar zusammen – dann kann der Fan den Star bewundern und der Star erhält die Bewunderung, die er braucht. Doch irgendwann wird es dem Fan dann doch zu viel: „Ich bewundere Dich nicht mehr so viel, weil Du immer mehr Lob haben willst!" Die Antwort wird nicht lange auf sich warten lassen: „Ich lobe Dich immer weniger, weil Du immer mehr Lob haben willst!" Und schon sind die Selbstzweifel und der Mangel an Selbstwertgefühl zu dem prägenden Thema der Beziehung geworden. Der weltberühmte Professor und seine Frau, die „graue Maus" …

Aus diesem Dilemma – der Prägung der Beziehung durch Mangel, Angst und Selbstzweifeln – kommt man nur heraus, indem man diese Gefühle in sich selber heilt. Diese drei Gefühle binden einen Menschen aus Not heraus an einen anderen Menschen:

> - Der hilflose Süchtige braucht jemanden, der ihm etwas gibt, und der hilfswütige Asket braucht jemanden, dem er etwas geben kann;

> - der aggressive Täter braucht jemanden, den er beherrschen kann, und das ängstliche Opfer braucht jemanden, der ihn lenkt;

> - der angeberische Star braucht jemanden, der ihn lobt, und der schüchterne Fan braucht jemanden, den er loben kann.

Diese Art der Bindung ist eine Handlung aus innerer Not heraus, weshalb es unvermeidbar ist, dass diese Not irgendwann zu dem Beziehungsthema der beiden wird. Diese Art der Bindung ist daher ein Ausdruck von Unselbständigkeit: Man braucht den anderen, weil man in Not ist. Folglich ist man von dem anderen abhängig – und das aus existentiellen Not-Gefühlen heraus. Das kann nicht gut gehen …

Daher ist die Selbsterkenntnis und die durch sie ermöglichte Selbstheilung so wichtig für Beziehungen. Nur nach solch einer Heilung dieser inneren Not hat man die Möglichkeit, eigenständig zu werden. Nur dann hat man die Möglichkeit, sich selber zu fühlen. Nur dann hat man die Möglichkeit, sich selber auszudrücken. Dann hat man die äußere Schicht des Beziehungs-Mandalas – die Polarisierung des heilen inneren Männerbildes und des heilen inneren Frauenbildes in je zwei kranke polare Bilder – aufgelöst. Dann kann das, was man wirklich ist, endlich weitgehend ungehindert nach außen strahlen.

Dieses ungehinderte Strahlen der eigenen Seele, der eigenen Identität durch die eigene Psyche in jede eigene Haltung und in jede eigene Handlung ist die Grundlage für jede gute Beziehung. Natürlich muss man das nicht in vollkommener Weise erreicht haben, bevor man eine gute Beziehung führen kann, aber je näher man dieser Heilung kommt, desto einfacher wird die Beziehung.

Durch die Selbsterkenntnis, die Selbstheilung und die sich daraus ergebende Eigenständigkeit ist nicht mehr die innere Not die Motivation zum Eingehen einer Beziehung, sondern der eigene Selbstausdruck – und das ist etwas ganz anderes, denn dann bleibt man auch in der Beziehung eigenständig. Man ist mit dem anderen zusammen, aber man ist immer noch in erster Linie man selber … und man ruht weiterhin in sich selber, auch wenn man beschlossen hat, mit dem anderen zusammenzuleben.

Wenn man diese Eigenständigkeit erreicht hat, wird man auch selbsttreu werden – man wird sein eigener Halt, seine eigene Kraft, sein eigener Mittelpunkt. Dann entsteht Selbstliebe. Aus dieser Selbstliebe heraus wird die Liebe zu einem anderen zu etwas ganz anderem als wenn man aus einer inneren Not mit einem anderen zusammen ist, denn dann trägt man auch Fülle und Kraft in sich. Dann lebt man in der eigenen Fülle, in der eigenen Kraft und in der eigenen Selbstliebe und lässt diese drei in alles strahlen, was man tut. Dann ist man glücklich und teilt sein Glück mit anderen. Das ist etwas ganz anderes als aus Not heraus einen anderen zu suchen, der die eigene Not beendet.

Wenn man sich aus einer Beziehung heraus weiterentwickelt, kommt es manchmal vor, dass sich der, mit dem man zusammen ist, ebenfalls weiterentwickelt. Dann kann man sich zusammen weiterentwickeln. Häufig ist es jedoch so, dass der andere in dem bisherigen Zustand und Verhalten bleiben will. Das wird dann früher oder später zu dem Ende der Beziehung führen.

6. Stufen

♍

Beziehungen sind nicht etwas, was man einmal erschafft und was dann immer so bleibt – Beziehungen sind etwas, das sich ständig weiterentwickelt.

Die erste Beziehung ist die zu der eigenen Mutter während der Zeit des Ungeborenen in ihrem Bauch. In dieser Zeit ist die Mutter alles, was es für das Kind gibt. Es ist warm, es ist schwerelos, es gibt kein Atmen, kein Essen, kein Trinken, es gibt nichts zu tun … **„Sein …"**

Die zweite Beziehung ist die zu der eigenen Mutter und evtl. auch noch zu dem eigenen Vater und zu den Geschwistern nach der Geburt. Nun ist das Baby ein eigenständiges Wesen in einer viel größeren Welt als zuvor. Doch das Baby ist noch vollständig von seiner Mutter abhängig und könnte ohne sie (oder einen Mutter-Ersatz) nicht überleben. Es lebt im vollständigen Vertrauen zu ihr. Seine Haltung ist: **„Ja"**

Im Alter von ca. 1 Jahr kann das Kleinkind nun sprechen und laufen und erlebt sich als handlungsfähig – und es kann auch mal etwas anderes wollen als seine Mutter, die noch immer der Hauptbezugspunkt ist, auch wenn die Geschwister und andere Menschen eine zunehmend größere Rolle spielen. Das Kleinkind unterscheidet deutlich zwischen „angenehm" und „unangenehm" und beginnt bei „unangenehm" nun nicht einfach zu weinen, sondern geht weg oder wehrt sich. Es lernt ein neues Wort: **„Nein!"**

Ab dem Alter von ca. 3 Jahren erlebt sich das Kind als eigenständiges Wesen, entdeckt seinen eigenen Willen und beginnt mit anderen Kindern zu spielen. Sein wichtigstes Wort ist: **„Ich!!!"**

Im Alter von ca. 12-18 Jahren erforscht der Jugendliche sich selber, entdeckt seine Sexualität, knüpft Freundschaften und erste Beziehungen und beginnt sich seine eigene Welt zu erschaffen. Seine Frage lautet daher: **„Du?"**

Mit der Gründung einer Familie wird das Leben noch einmal anders. Nun steht nicht mehr das Elternpaar im Mittelpunkt – auch wenn diese Beziehung weiterhin lebendig bleiben sollte – sondern die Kinder. Daraus entsteht nun ein: **„Wir."**

Wenn dann 20-25 Jahre später die Kinder erwachsen geworden und aus dem Haus sind, ändert sich die Situation wieder. Nun rückt die Paar-Beziehung wieder in den Vordergrund, aber sie wird durch neue Freundschaften und eine Weitung des Umfeldes ergänzt. Es werden neue Interessen verfolgt und man wird evtl. auch zu einem Lehrer für andere. Dadurch kommen neue Qualitäten in das eigene Leben: **„Anderes …"**

Schließlich lässt das Interesse an Neuem nach und man sucht im Alter eher die Stille und die Weisheit und fühlt sich dem Ganzen verbunden und erlebt sich als Teil des Ganzen. Dadurch entsteht eine Beziehung zur Welt: **„Alles"**

Die Entwicklung eines Menschen lässt sich daher recht kurz zusammenfassen:

„Sein" – „Ja" – „Nein!" – „Ich!!!" – „Du?" – „Wir." – „Anderes …" – „Alles"

Natürlich gibt es lebenslange Freundschaften und auch Beziehungen, die ein Leben lang halten, aber die Bereitschaft für die Weiterentwicklung und den Wandel der Freundschaften ist sehr hilfreich, wenn man am „Puls der Zeit" bleiben will und auch seine Beziehungen und Freundschaften wachsen und sich entfalten lassen will … bis sie schließlich damit enden, dass einer der beiden stirbt …

7. Gespräch

♎︎

Man könnte das Gespräch als die Essenz von Beziehungen ansehen – oder noch treffender als einen der wesentlichen Bausteine einer Beziehung. Von ähnlich großer Bedeutung sind vermutlich nur noch das Gefühl der Geborgenheit in einer Beziehung und die Sexualität.

In einer Beziehung und noch mehr in einer Familie ist es wichtig, dass man einander versteht, denn sonst sind Koordination und Kooperation fast unmöglich – und diese Kooperation ist in einer Familie dringend notwendig, damit sie gedeihen kann. Man muss einander kennen und verstehen und die Bedürfnisse und Gefühle des anderen begreifen, damit man gemeinsam einen für beide förderlichen Umgang miteinander finden kann.

Diese „konstruktiven Gespräche" sind auch kollektiv von sehr großer Bedeutung, da sie das Urbild für die „konstruktiven Gespräche" sind, die die Menschheit braucht, um die in der heutigen Zeit so drängenden Probleme wie die Kriege, die Klima-erwärmung, den Hunger usw. endlich beenden zu können. Diese Art von Gesprächen, bei der man selber standfest ist, sich zeigt und zugleich den anderen zu verstehen versucht und nach einer gemeinsamen Lösung sucht, die für beide bereichernd ist, sind das Element, das gerade kollektiv am dringendsten gebraucht wird.

Diese Art von Gespräch ist nur möglich, wenn zwei Grundlagen vorhanden sind: Zum einen müssen beide einigermaßen sicher in sich selber ruhen können und nach Möglichkeit auch ihre innere Fülle, Kraft und Selbstliebe gefunden haben – und zum anderen müssen sie in der Lage sein, das Ziel oder das Problem zu erfassen, seine Wurzeln zu sehen und sich dann – bildlich gesprochen – nebeneinander zu stellen und gemeinsam die Lage zu betrachten und gemeinsam nach einem Weg zu suchen.

Leider ist diese Art des Gespräches und diese Art der Betrachtungsweise etwas, das man in sehr vielen Fällen weder in seiner Herkunftsfamilie noch in der selber gegründeten Familie lernt. Die Gespräche, in denen sich jemand durchzusetzen und ganz einfach das eigene Ziel zu erreichen versucht und dabei auch vor Lügen und Manipulation nicht zurückschreckt, sind sehr viel weiter verbreitet.

Ein anderes Hindernis ist die Ansicht eines der beiden Gesprächspartner, dass er der Höherstehende, der Mächtigere, der Klügere usw. ist und dass der andere folglich zu tun hat, was man sagt. Daraus entstehen in der Familie, im Beruf und in anderen

Lebensbereichen Hierarchien, die auf Macht beruhen. Die einzigen Hierarchien, die jedoch das Gedeihen fördern, sind die, die auf der offensichtlichen Sachkenntnis einer Person und ihrer darauf beruhenden natürlichen Autorität ergeben.

Es gibt auch noch eine dritte Art von Gesprächen, die weit verbreitet ist und die ein wesentliches Element von Beziehungen und Freundschaften ist und die wesentlich zu der „Wärme" in einer Beziehung oder Freundschaft beiträgt. Dies sind die Gespräche, in denen man sich gegenseitig ohne klares Ziel einfach erzählt, was man erlebt hat, was einen gerade bewegt oder was man gerne erreichen würde. Diese Art von Gespräch hat eine erleichternde Wirkung, sie gibt beiden Halt und oft entwickeln sich dabei auch „ganz nebenbei" neue Einsichten und Ideen.

Eine weitere Art von Gespräch, die jedoch nicht allzu oft verwendet wird, ist das „philosophische Gespräch", in der der eine eine Idee oder einen Plan vorträgt und der andere nach Widersprüchen in dem sucht, was ihm gerade erzählt wird. Diese Fehlersuche dient jedoch nicht dazu, den anderen zu kritisieren oder sein Selbstwertgefühl zu untergraben, sondern ganz schlicht dazu, Fehler in den Überlegungen und Planungen zu entdecken, bevor sie bei der Umsetzung diese Pläne offensichtlich werden und dann evtl. einen großen Schaden anrichten können. Der Begründer dieser Art von Gespräch war Sokrates, der griechische „Vater der Philosophie".

Als letztes gibt es noch das Selbstgespräch, in dem man selber oft zwei verschiedene Rollen einnimmt, um ein Thema genauer betrachten zu können und evtl. vorhandene Irrtümer und Fehler zu entdecken.

8. Wandel

♏

Was ist die Motivation für eine Beziehung? Ein wenig Klarheit über diesen Punkt hilft, dahin zu kommen, wo man eigentlich hinkommen will. Und ein wenig Aufrichtigkeit bei diesem Punkt hilft, andere nicht zu sehr zu verletzen.

Was will man von einem bestimmten Menschen? Eine Freundschaft? Oder eine Beziehung? Oder eher eine Freundschaft mit erotischer Komponente? Vielleicht ist es auch eine von diesen wertvollen Begegnungen, die man am ehesten „Herz-Begegnungen" nennen könnte …

Wenn man ergründet und verstanden hat, was man von einem bestimmten Menschen will, heißt das dann noch lange nicht, dass man nach drei Monaten noch immer dasselbe von diesem Menschen will. Und es könnte sein, dass man dann bereits jemand anderen viel interessanter findet. Das muss natürlich nicht so bewegt sein, aber es kommt deutlich häufiger als „nur selten" vor.

Je nach Alter kann sich die Motivation auch verändern. Vielleicht hat man als Jugendlicher einfach nur das Verlangen, alles auszuprobieren. Vielleicht will man auch sofort die „Liebe des Lebens" finden und sich ewig binden. Möglicherweise entsteht dieser Wunsch nach einer festen Bindung auch erst dann, wenn man gemeinsame Kinder hat. Vielleicht will man auch die feste Beziehung nicht verlieren, aber gleichzeitig auch noch ein paar erotische Abenteuer erleben. Und im Alter lässt bei manchen Menschen das Verlangen nach Sex deutlich nach. Oder es werden mit der Zeit gute Freundschaften wichtiger als Beziehungen. Vieles ist auch bei diesem Thema in einem ständigen Wandel …

Manche üben sich auch in der Kunst der Verführung und entwickeln dabei ein beeindruckendes Talent. Andere hingegen merken nicht einmal, wenn jemand versucht, einen zu verführen. Nicht nur die Bedürfnisse, sondern auch die Neigungen, die Talente und die Vorgehensweisen können sehr verschieden sein. Um die eigenen Motivationen und auch die sinnvollen eigenen Vorgehensweisen besser zu verstehen, ist möglicherweise die Deutung des eigenen Horoskops hilfreich – immerhin wird dann der eigene Stil deutlicher.

Es kann auch hilfreich sein, wenn man lernt, etwas klarer zwischen Glück, Freude und Lust zu unterscheiden, da dies die drei wichtigsten positiven Motivationen sind. Die dazugehörigen negativen Motivationen sind: Glück – Vermeiden von Leid; Freude – Vermeiden von Trauer; Lust – Vermeiden von Schmerz.

Um diese grundlegenden Gemütszustände besser unterscheiden zu können, hilft es, sich ihre Dynamik anzuschauen.

Freude entsteht, wenn man mit etwas gemeinsam schwingen kann: beim Gespräch mit einem Freund, wenn man etwas Verlorenes wiedergefunden hat, wenn man einen inneren Widerspruch aufgelöst hat, wenn man ein Rätsel gelöst hat, wenn man eine alte Freundin wiedertrifft … Bei der Freude begegnen sich immer zwei Menschen oder ein Mensch und eine Sache oder zwei Dinge im eigenen Inneren, die dann gemeinsam zu schwingen beginnen. Aus zwei Einzelnen wird ein Gemeinsames. Die Freude gehört daher zum Kopf – von den Chakren her gesehen, gehört sie zum *Scheitelchakra*.

Lust entsteht, wenn man ein Ziel erreicht hat: einen Orgasmus, einen Sieg, manchmal auch das Fertigstellen einer Arbeit … bei der Lust hat sich eine große Kraft und Motivation, ein bestimmtes Ziel zu erreichen, aufgestaut und drängt danach, dieses Ziel zu erreichen. Solange das Ziel nicht erreicht ist, steht diese Motivation unter Druck und versucht, alle Hindernisse zur Seite zu schieben und aus dem Weg zu räumen und endlich ans Ziel zu kommen. Wenn dann das Ziel endlich erreicht ist, löst sich dieser Druck endlich auf und die Motivation – Man könnte auch „Lebenskraft" sagen – kann endlich wieder frei fließen. Lust ist der Moment der Befreiung der Lebenskraft, sie ist das Öffnen des Dammes, sie ist das freie Fließen. Daher folgt auf die Lust die Entspannung. Dieses Gefühl gehört zum Unterleib und zu den Genitalien – von den Chakren her gesehen gehört es zum *Wurzelchakra*.

Glück entsteht, wenn man sich selber vollkommen treu ist. Wenn man weiß und vor allem wenn man spürt, dass man genau das tut, was man will, dass man mit sich selber ganz im Reinen ist, dann entsteht dieses leise Lächeln, dieses „Honigkuchen-pferd-Grinsen", dieses grundlose Glück, das man wie eine Wärme in der Mitte der Brust erleben kann, die dort in Selbstliebe aufglüht. Das Glück gehört zur Brust und zum Herzen – von den Chakren her gesehen gehört es zu dem *Herzchakra*.

Es hilft zu erkennen, was man gerade sucht – Freude, Lust oder Glück. Alle drei Gefühle oder besser Gemütszustände sind grundverschieden, treten in verschiedenen

Situationen auf und auch der Weg zu ihnen ist verschieden.

Generell ist es förderlich, wenn man die Bereitschaft zum Wandel hat, denn keine Motivation hält ewig oder ist zumindest nicht immer gleich stark und gleich präsent. Man sollte dafür offen sein, was gerade im Augenblick geschieht – sowohl in einem als auch um einen herum – und dabei aber auch die eigenen Grundsätze und langfristigen Zeile nicht aus den Augen zu verlieren.

9. Entwicklung

Welches Ziel hat man? Was ist das eigene Ideal? Ist das, was man bisher für das eigene Ideal gehalten hat, wirklich das eigene Ideal? Oder ist es nur das, was man im Augenblick am besten findet? Oder ist es vielleicht nur ein Ausschnitt aus einem umfassenderen Ziel?

Es ist hilfreich, das eigene Ziel einigermaßen klar zu haben. Und es ist ebenso sinnvoll, sich selber gut zu kennen, denn sonst wird das Ziel, wenn man es erreicht hat, einem zeigen, dass es da noch einige andere Dinge gibt, die einem wichtig sind, aber die man nicht bedacht hat.

Und wenn man nicht weiß, wo man hinwill, braucht man sich nicht zu wundern,
wenn man ganz woanders ankommt ...

Es gibt grundlegende Dinge, die das ganze Leben über gleich bleiben: Der eine braucht viele Gespräche und viel Harmonie, der andere Freiheit für jegliche Spontanität, der dritte Verlässlichkeit, der vierte Abenteuer ... Diese Dinge ändern sich – wenn überhaupt – nur sehr langsam.

Es gibt andere Dinge, die sich des öfteren verändern: Wen man gerade am liebsten sehen würde, oft auch in wen man verliebt ist, wo man gerade am liebsten wäre, mit wem man gerne in Urlaub fahren würde usw. Diese Dinge ändern sich häufig.

Schließlich gibt es noch die Dinge, die immer nur sehr kurzfristig sind wie der Appetit auf etwas Bestimmtes, oder der Rat, den man von jemandem braucht, oder der Besuch, den man für den Abend einladen möchte usw.

Dann gibt es auch Zeiten im Leben, in denen die eigenen Ziele generell sehr unklar sind und die von der Suche nach diesen Zielen geprägt sind: in der Pubertät, in der Midlife-Crisis, wenn die Kinder gerade ausgezogen sind ... In diesen Situationen sollte man sich die Zeit lassen, die eigene Situation und auch die neuen eigenen Ziele zu erkennen.

Man erreicht sein Ziel nur selten, wenn man losrennt,
bevor man eigenes Ziel klar erkannt hat.

Schließlich sind diese Ziele in Beziehungen immer nur die eine Hälfte – schließlich hat der oder die andere auch ihre eigenen Ziele. Man muss also schauen, inwieweit diese Ziele zusammenpassen, ob man einige Dinge gemeinsam machen kann, aber andere besser getrennt unternimmt, ob die Gemeinsamkeiten überhaupt für eine Beziehung ausreichen oder ob Unterscheide so groß sind, dass eine solche Beziehung eher zu Leid, Trauer und Schmerz als zu Lust, Glück und Freude führen würde.

Nach gescheiterten Beziehungen ist es für manche Menschen sehr schwierig, loszulassen und sich neu wieder zu orientieren.

Ein gemeinsames Leben braucht ausreichend ähnliche Ziele bei beiden.

10. Geschichte

VŞ

Die übliche Beziehungsform hat sich im Laufe der Geschichte mehrfach verändert. Wenn man seinen eigenen Beziehungen zufrieden ist, ist das weitgehend ohne Bedeutung – falls man jedoch noch nicht so ganz zufrieden sein sollte, könnte die genauere Betrachtung dieser Veränderungen möglicherweise hilfreiche Anregungen für die eigenen Beziehungen geben.

Altsteinzeit

Die Altsteinzeit ist in Europa, in Mesopotamien und den angrenzenden Gebieten schon vor 12.500 Jahren geendet, sodass man zur Rekonstruktion der damaligen Beziehungen auf archäologische Funde wie die Höhlenmalereien, die Statuetten aus dieser Zeit und auf Beobachtungen bei Naturvölkern aus historischer Zeit sowie auf Plausibilitätsüberlegungen angewiesen ist.

Zunächst einmal lässt sich feststellen, dass damals die Mutter im Zentrum der Sippe gestanden hat. Dies ist zum einen aus den vielen Frauenstatuetten ersichtlich, die nahtlos in die Statuen der Muttergöttinnen der historischen Zeit übergehen, und zum anderen dadurch, dass die Mutter in der Psyche der Menschen das zentrale Bild ist.

Vermutlich wird die Orientierung in der Sippe daher matrilinear, also auf die Mutter bezogen gewesen sein, weil die Mutter im Zentrum der Psyche und des Weltbildes steht. Man wird also nicht „X, der Sohn bzw. die Tochter des (Vaters) Y" gesagt haben, sondern „X, der Sohn bzw. die Tochter der (Mutter) Y". Diese Form der Orientierung ist aus mehreren alten Kulturen wie Sumer und Ägypten gut bekannt.

Da es in der Altsteinzeit kaum nennenswerten Besitz gegeben hat, hat es damals auch noch keine „Reichen" und keine „Armen" gegeben, sodass der Besitz keine Bedeutung für die Familienstrukturen gehabt hat.

Zumindest in Nord-Eurasien ist es während der Eiszeit, die vor 600.000 Jahren begonnen hat und die zusammen mit der Altsteinzeit um 10.500 v.Chr. geendet ist, sehr kalt gewesen – was auch Auswirkungen auf die Beziehungen gehabt hat. Die Kinder hatten damals die größten Überlebenschancen, wenn sie im Frühjahr geboren wurden, sodass sie den Sommer über wachsen und widerstandsfähiger werden und dadurch den nächsten Winter sicherer überleben konnten.

Das bedeutet, dass die Kinder neun Monate vor Frühjahrsanfang gezeugt werden mussten – es hat also ungefähr zur Sommersonnenwende ein allgemeines Zeugungsfest gegeben, sozusagen eine Brunstzeit. Reste von diesem Zeugungsfest lassen sich bei vielen Kulturen in Eurasien und in Amerika finden – in Europa z.B. das Walpurgisfest (Walpurgisnacht in der Nacht zum 1. Mai).

Diese kollektive Zeugung der Kinder bildet zusammen mit der Mutter-Orientierung einen Hintergrund, der vermuten lässt, dass die Beziehungen damals vermutlich anders ausgesehen haben werden als heute.

Nebenher kann man aus diesem Zeugungsfest und der Geburt der Kinder zu Frühlingsanfang schließen, dass die Menschen in der Altsteinzeit in Eurasien fast alle das Sternzeichen „Widder" gehabt haben …

Die genaue Form der damaligen Beziehungen lässt sich nur ansatzweise rekonstruieren. Da die damaligen Menschen in kleinen Gruppen von ca. zehn bis zwanzig Menschen zusammengelebt haben, wird eine solche Lebens- und Jagdgemeinschaft in viel stärkerem Maße noch als die heutigen Familien eine Einheit gebildet haben. Man wird sicherlich ab und zu andere Gruppen getroffen haben und vermutlich hat es auch einmal im Jahr (vorzugsweise im Sommer) eine größere Versammlung gegeben, wie dies von vielen Naturvölkern (und auch von einigen Tierarten) bekannt ist – eben das Zeugungsfest – aber im Wesentlichen haben die Menschen damals in diesen kleinen Sippen von ein bis zwei Dutzend Menschen zusammengelebt.

Für diese Ansicht spricht auch, dass die Menschen damals nur bis ungefähr 15 oder vielleicht 20 zählen konnten. Dies liegt daran, dass das damalige Zahlensystem aus der Addition der „1", der „2", der „4" und der „8" bestanden hat, sodass die größte Zahl, die damit bilden konnte, die „15" gewesen ist: „8+4+2+1". Es gab natürlich auch die Möglichkeit, z.B. „8+8+4" zu sagen, aber die reguläre Bildung der Zahlen endete bei „15". Wenn die damaligen Menschen des öfteren präzise Zahlen gebraucht hätten, die größer waren als „15", hätte es sicherlich zu der „1", „2", „4" und „8" auch noch die „16" gegeben. Und die genaue Anzahl der Mitglieder der Sippe ist sicherlich eine der wichtigsten Zahlen gewesen.

Auch die Lagerplätze aus der damaligen Zeit, die erhalten geblieben sind, bestehen aus drei bis vier kleinen Hütten von der Größe eines Iglus oder einer Schwitzhütte, in denen jeweils höchsten vier oder fünf Menschen Platz gehabt haben werden. Diese „Wohngemeinschaften" werden vermutlich noch einmal Untereinheiten in der Sippe gebildet haben. Die Form dieser „Untereinheiten" ist jedoch zunächst einmal unbekannt. Am wahrscheinlichsten scheint, dass in jeder Hütte eine erwachsene Frau das

Zentrum gebildet hat – eben eine Mutter mit ihren Kindern, zu der dann noch der eine oder andere Mann hinzukam.

Somit ergibt sich zunächst einmal das folgende Szenario:

- Sippen von ca. 15 Menschen in 3 bis 4 kleinen Hütten;
- Untereinheiten von 4-5 Menschen, deren Zentrum eine Mutter gewesen ist, in jeder der Hütten;
- ein Zeugungsfest ungefähr an Mittsommer, bei dem sich mehrere Sippen getroffen haben;
- die meisten Menschen damals sind von ihrem Sonnenzeichen her „Widder" gewesen.

Die genauere Form der Beziehungen ist nicht bekannt, da es mehrere generelle Möglichkeiten gibt und sich auch bei den Naturvölkern verschiedene Formen finden.

Eine extreme und daher nicht allzu wahrscheinliche Variante ist die Vereinigung des stärksten Mannes mit der stärksten Frau, die als einzige die Nachkommen zeugen und gebären. Diese Form ist nicht besonders effektiv, da es dann weniger Kinder gibt als möglich wäre. Diese Form findet sich z.B. in Wolfsrudeln – sie kann also nicht völlig uneffektiv sein, wobei eine Wölfin allerdings in der Regel auch mehrere Welpen gleichzeitig gebiert.

Es könnte sich auch der stärkste Mann mit allen Frauen vereint haben – wie dies z.B. von Hirschen bekannt ist und somit zumindest ein denkbares Modell darstellt. Dies widerspricht jedoch der Mutter-Zentrierung, da in diesem „Hirsch-Modell" der stärkste Mann die Macht über alle Frauen und die gesamte Sippe hat. Diese Form dürfte auch für eine recht große Unruhe in der Sippe gesorgt haben, da dann die meisten Männer ihren Fortpflanzungsdrang hätten unterdrücken müssen – was für eine Jagdgemeinschaft, die auf ein hohes Maß an Kooperation angewiesen ist, ziemlich ungünstig gewesen sein müsste.

Eine noch aus historischer Zeit bekannte Variante hat als Zentrum die Gemeinschaft der Frauen, also die „Mütter der Sippe". Diese wählen die Männer, mit denen sie eine Nacht verbringen wollen. Insgesamt sind die Männer gewissermaßen der „äußere Kreis" um das Zentrum der Mütter. Die Kinder sind sozusagen de „Kinder des Dorfes", um die sich dann – neben der Mutter des jeweiligen Kindes – alle Männer gleichermaßen kümmern. Dieses Modell passt gut zu dem Zeugungsfest, da es die sexuelle Vereinigung nur einmal im Jahr für vielleicht zwei Wochen bei dem Sommertreffen gegeben hat.

Die sexuelle Vereinigung müsste damals diesem Modell zufolge daher deutlich stärker als dies heute der Fall ist von der Bindung der Sippenmitglieder untereinander unterschieden worden sein. Es hat daher vermutlich die Sippengemeinschaft mit den Müttern in ihrem Zentrum als primäre Orientierung gegeben, zu der sich einmal im Sommer die Zeugung hinzugesellte, die vermutlich im Rahmen des Treffens mehrerer Sippen stattgefunden hat. Die heute weitestgehend übliche Koppelung von Bindung/ Familie und Sexualität würde in dieser Variante so gut wie keine Rolle spielen. Man orientierte sich nicht an einem Partner, sondern an der Sippe und insbesondere an den Müttern.

Dazu passt auch, dass sich bei diesem Sommerfest die Frauen möglicherweise nicht nur mit einem Mann vereinten, sondern mit mehreren – so wie das auch bei den historisch überlieferten Beispielen für diese soziale Organisationsform üblich ist. Aus der Unkenntnis über den Vater ergibt sich zwangsweise, dass die Kinder die „Söhne und Töchter ihrer Mütter" waren, aber nicht die „Söhne und Töchter ihrer Väter". Diese Form der Verwandtschafts-Orientierung ist aus so gut wie allen alten Kulturen bekannt. Diese „matrilineare Orientierung" bestätigt noch einmal, dass die Mütter die Mitte der Sippe waren und es vermutlich keine feste Paarbindung im heutigen Sinne gegeben hat.

Durch die Unwissenheit darüber, welche Kinder von welchem Mann stammen, sind die Kinder zum einen die „Kinder einer bestimmten Frau" gewesen und haben zum anderen unter dem Schutz aller Männer der Sippe gestanden, die die Kinder sozusagen als die „kollektiven Nachkommen der Sippe" angesehen worden sein werden. Auch dieser Aspekt ist noch aus historischer Zeit von Stämmen mit einer solchen sozialen Organisationsform bekannt.

Dieser Schutz aller Kinder der Sippe durch alle Männer der Sippe wird durchaus effektiv gewesen sein – alle fühlen sich für alle verantwortlich. Dass alle Frauen der Sippe zusammen mit allen Männern der Sippe bei dem Zeugungsfest ein „Paar für eine Nacht" bilden konnten, wird ebenfalls einen sehr großen Zusammenhalt innerhalb der Sippe erschaffen haben.

In der damaligen Zeit ist die Muttergöttin das wichtigste religiöse Bild gewesen. Wie die Malereien und Gravuren aus der späten Altsteinzeit (50.000-10.000 v.Chr.) zeigen, wurde sie als zweifache Göttin aufgefasst, die eng mit der Kuh assoziiert worden ist und ein Füllhorn in ihrer Hand hält. Sie war fruchtbar wie eine Kuh und gab reichlich Milch wie eine Kuh.

Die Ankunft der Seele im Jenseits stellte man sich wie die Ankunft im Diesseits vor: Die Toten wurden von der Jenseits-Mutter im Jenseits wiedergeboren und dann wiedergestillt – dem ging bei den Männern noch eine Wiederzeugung voraus. Die zwei Seiten der Muttergöttin sind die „Diesseits-Mutter" und die „Jenseits-Mutter". Sie wurde oft mit einem erhobenen linken Arm (Diesseits auf der Erde) und einem nach unten weisenden rechten Arm (Jenseits unter der Erde) dargestellt. Das zentrale Bild der Mutter ist also auch mit dem Jenseits, der Wiedergeburt und allgemein mit der Seele assoziiert worden.

Die Altsteinzeit entspricht der oralen Phase des Säuglings: als Teil des Ganzen leben.

Jungsteinzeit

In der Jungsteinzeit wurden durch den Ackerbau und die Viehzucht größere Gemeinschaften möglich, die unter anderem auch in der Lage waren, steinerne Tempel wie in Göbekli Tepe am oberen Euphrat zu errichten. Diese Gemeinschaften waren nun weitgehend sesshaft – im Gegensatz zu den vorwiegend nomadisch lebenden Jägern der Altsteinzeit.

Die Mütter werden weiterhin das Zentrum der Sippe gebildet haben. Als neues Element kam damals jedoch der Besitz an Äckern und Viehherden und Häusern hinzu. Wahrscheinlich werden sie zunächst einmal den Müttern gehört haben, da die Vererbung des Besitzes von der Mutter zur Tochter selbst noch im frühen Königtum ab 3250 v.Chr. üblich gewesen ist.

Durch die festen Häuser gab es einen besseren Schutz vor der Kälte im Winter, sodass das Zeugungsfest zu Mittsommer nun keine Überlebensnotwendigkeit für die Neugeborenen mehr war – zudem hatte auch die Eiszeit geendet. Dieses Zeugungsfest ist allerdings als Fest bis in das Königtum hinein bestehen geblieben – z.B. als „Hieros gamos", d.h. die Vereinigung des Königs mit der Hohepriesterin in Sumer. Heute in Europa findet man im Karneval noch heute Überreste dieses Festes – die Kreißsäle der Krankenhäuser sind neun Monate nach Karneval, also im November, ziemlich überfüllt …

Diese Unabhängigkeit der Zeugung von der Jahreszeit ermöglichte eine neue Rolle der Sexualität im Leben der Menschen in Eurasien (in Afrika hat es keine Eiszeit und daher auch kein solches Zeugungsfest gegeben). Vermutlich haben sich zu dieser Zeit auch persönlichere Beziehungen zwischen Männern und Frauen, also Beziehungen im heutigen Sinne gebildet.

Die Wohnhütten sind in den ersten beiden Jahrtausenden der Jungsteinzeit weiterhin eher klein gewesen, aber dann nach und nach etwas größer geworden. Spätestens ab 7000 v.Chr. hat es dann auch Dörfer gegeben, die aus 50 und mehr kleinen Häusern bestanden haben, die alle aneinander gebaut gewesen sind und in deren Inneres man vor allem durch Luken in den Dächern gelangte.

Diese Dörfer werden zu neuen sozialen Strukturen geführt haben. Wahrscheinlich wird es einen allmählichen Übergang von der Orientierung an den Müttern zu einer Orientierung an dem „Leiter der Arbeiten" gegeben haben, an den allmählich auch die Verfügungsgewalt über die Äcker, das Vieh und die Häuser übertragen worden sein wird. Dieser „Leiter der Arbeiten" ist der Vorgänger der späteren Fürsten im Königtum.

Möglicherweise ist die stärkere Bildung von Paaren durch diese wachsenden Macht zumindest einiger Männer in der Sippe entstanden, die sich sozusagen den Sex mit bestimmten Frauen sichern wollten – und auch die Gewissheit, dass bestimmte Kinder von ihnen und nicht von anderen Männern gezeugt worden sind.

Das Inzest-Verbot stammt vermutlich aus der mittleren bis späteren Jungsteinzeit, als die Gemeinschaften immer größer wurden und sich zunehmend einzelne Familien gebildet haben. Das Inzest-Verbot kann zwei Ursachen gehabt haben: zum einen den Schutz der sexuellen Beziehung zwischen Vater und Mutter, der sonst durch die Töchter und Söhne gefährdet werden könnte (die Ursache wäre dann der Egoismus der Eltern); und zum anderen die Vermeidung der Isolation einzelner Familien innerhalb der Dorfverbandes durch die angestrebte Verbindung der einzelnen Familien miteinander (also der Schutz des Dorffriedens).

In gewissem Sinne ist das Inzest-Verbot auch der Nachfolger des Zeugungsfestes bei dem Sippen-Treffen zu Mittsommer, durch das sichergestellt wurde, dass sich die Gene einer größeren Population vermischt haben – es ist allerdings sehr unwahrscheinlich, dass dies der Grund für das Zeugungsfest und das Inzest-Verbot gewesen ist, denn woher sollten die damaligen Menschen etwas über den Vorteil der möglichst großen Vermischung der Gene gewusst haben?

Aus dem Zeugungsfest und den Wiedergeburts-Vorstellungen sind mehrere religiöse Motive entstanden.

Die Symbolik des Zeugungsfestes wurde auf den Ackerbau und die Viehzucht übertragen, wodurch das Ritual der „heiligen Hochzeit" entstanden ist, durch das magisch durch die sexuelle Vereinigung von König und Hohepriesterin auch die erfolgreiche Zeugung des Viehs und das Gedeihen des Getreides abgesichert werden sollte. Dieses Ritual ist bis in das frühe Königtum hinein erhalten geblieben.

Bereits in der frühen Jungsteinzeit ist die Kundalini-Schlange mehrfach dargestellt worden – an dem Hinterkopf einer Männerstatue, an Totempfählen, an Tempelsäulen u.ä. Da das Erwecken der Kundalini eng mit dem Erlernen der Astralreise verwandt ist (ca. 3/4 der Übungen sind dieselben), ist das Erwachen der Kundalini mit der Seele (Astralkörper), den Nahtod-Erlebnissen und der Wiedergeburts-symbolik assoziiert worden.

Dadurch ist die rituelle Verwendung der sexuellen Vereinigung für magische und religiöse Zwecke entstanden. Am bekanntesten davon ist heute vermutlich das Tantra-Yoga, aber am weitesten verbreitet ist die sexuelle Vereinigung in den damaligen Tempeln als Teil des Kultes gewesen, die in der heutigen Literatur irreführenderweise meistens „Tempelprostitution" genannt wird. Dabei lebten junge Frauen für eine Weile in einem Tempel und vereinten sich mit den Männern, die dort an dem Kult teilnahmen. Diese Form der Religionsausübung hat sich in manchen Tempeln wie z.B. in Alexandria im Nildelta bis ins Römische Reich hinein gehalten.

Diese sexuelle Vereinigung mit religiös-magischen Zielen zeigt, wie eng die Sexualität mit dem Gedeihen der Gemeinschaft, mit der Muttergöttin, mit der Vermehrung der Viehherden, mit dem Wachstum des Getreides und generell mit dem Wohlergehen verbunden gewesen ist. Die Sexualität ist in der Altsteinzeit und zumindest auch in dem größten Teil der Jungsteinzeit deutlich weniger als heute eine persönliche Angelegenheit gewesen, sondern war etwas, das die Gemeinschaft als Ganzes betraf und sie gedeihen lassen sollte.

Diese Stellung der Sexualität und die zentrale Bedeutung der Mutter zeigen, dass Beziehungen lange Zeit etwas deutlich anderes gewesen sind als das, was man heute darunter versteht.

Die Landwirtschaft brachte es mit sich, dass die damaligen Menschen in Zyklen zu denken begannen (Jahreszeiten). Es ist möglich, dass dies auch Auswirkungen auf die Vorstellungen über die Beziehungen gehabt hat, aber darüber ist nichts Konkretes bekannt – wenn man einmal von dem Ritual der „Heiligen Hochzeit" („Hieros gamos") absieht, das das Gedeihen von Vieh und Feldern fördern sollte.

Königtum

Das Königtum brachte die bis dahin größten Änderungen in den Beziehungen mit sich. Zunächst einmal blieb die Orientierung an der Mutter noch erhalten, aber die zentrale Organisation des Reiches durch einen König ließ ein neues prägendes Vorbild entstehen: die Einmaligkeit des Königs und seinen umfassendes Einfluss.

Durch die Zentralverwaltung war die Koordination von sehr viel größeren Gebieten und sehr viel mehr Menschen möglich geworden, die zu einer effektiveren Landwirtschaft durch großräumige Bewässerungsanlagen und somit zur Vermeidung von Hungersnöten geführt hat. Zur Bewältigung der Verwaltungsaufgaben war die Erfindung eines effektiveren Zahlensystems und der Schrift notwendig geworden, ohne die keine verlässliche Buchhaltung über die Zahl der Menschen, die Getreidevorräte, die Anzahl der Rinder u.ä. möglich war.

Aus der Beschreibung der Welt durch Zyklen wurde jetzt eine Beschreibung durch einmalige Ereignisse – so wurde z.B aus den jährlichen Überschwemmungen die Sintflut.

Dieses Prinzip der „umfassenden Einmaligkeit" führte zunächst wie z.B. im Alten Ägypten zu einer Einehe, in der Frauen und Männer eigenständig waren und in der sich beide von dem jeweils anderen trennen konnten.

Durch die Macht des Königs stieg jedoch auch die Macht seines Verwaltungsapparates und damit allgemein die Macht der Männer, sodass die Männer schließlich den Besitz von den Frauen übernahmen und alleine über ihn verfügten – die Gesellschaft wurde patrilinear (Vererbung vom Vater zum Sohn) und patriarchal (Herrschaft der Männer). Damit endete zunächst einmal die Gleichberechtigung. In diesem Zusammenhang ist auch der Harem entstanden, also eine Gruppe von Frauen als „Besitz" des Herrschers.

Die Einmaligkeit des Königs führte auch dazu, dass es einen obersten Gott und dann schließlich nur noch einen einzigen Gott gab – der Monotheismus ist in Analogie zum Königtum entstanden. Entsprechend wurde auch eine Weltanschauung angestrebt, die alles Existierende aus einer einzigen Ursache heraus erklärte – diese Erste Ursache in der Philosophie ist eine Analogie zu dem allmächtigen König und zu dem allmächtigen Gott. Dieses Prinzip der „ewigen Einmaligkeit" führte in den Beziehungen schließlich zu der lebenslangen Einehe.

Materialismus

Als um ca. 1500 n.Chr. durch Forschungen, Erfindungen, Industrialisierungen und die allmähliche Löslösung des Weltbildes von der Religion das Zeitalter des Materialismus entstand, wurde zunächst einmal das Prinzip der Einehe beibehalten, das sich jedoch nach und nach auflöste, sodass Scheidungen und weitere Heiraten möglich wurden.

Durch die Entstehung der Psychologie ab ca. 1880 wurde eine ganz neue Betrachtung von Beziehungen möglich, die sich nicht an den allgemeinen Strukturen der Gesellschaft orientiert, sondern von der individuellen Situation ausgeht. Dies ermöglichte im Verlauf der nächsten 100 Jahre einen zunehmend bewussteren Umgang mit Beziehungen, der schließlich in der Hippie-Zeit dazu geführt hat, dass die bisherigen Beziehungsstrukturen generell in Frage gestellt wurden.

In ungefähr derselben Zeit entstand der Feminismus, der für die Gleichberechtigung der Frauen gekämpft hat und weitgehend parallel zur Entwicklung der Psychologie verlaufen ist.

Als dritte Bewegung ist eine Wiederbelebung von alten Religionen und alten Formen des Kultes zu beobachten gewesen, die schließlich zu neuen Formen der Spiritualität geführt hat.

Eine vierte Entwicklung in demselben Zeitraum war das Entstehen des ökologischen Bewusstseins.

Schließlich ergänzte noch die Friedensbewegung diesen Wandel hin zu einem neuen Weltbild.

Globalisierung

Die fünf Ansätze aus den letzten 80 Jahren des Materialismus (1880-1960) – also Wissenschaft/Industrie, Psychologie, Feminismus, Spiritualität, Ökologie – führten ab ca. 1960 zu einer generellen Umwandlung des Weltbildes zu einem globalen Bewusstsein, in dem zunehmend die beiden Prinzipien der Verantwortung für das Ganze und das Vertrauen in das Ganze das gestaltende Element wurden. Man begann die Menschheit als eine große Familie aufzufassen.

Ab der Hippie-Zeit ist die Beziehungsform der lebenslangen Einehe zunehmend infrage gestellt worden, auch wenn sie nach wie vor die vorherrschende Form ist. Diese erste Phase der Auflösung ist von vielen Experimenten, vom Ausleben der eigenen Bedürfnisse, von Fehlschlägen, Ratlosigkeit und neuen Ideen geprägt gewesen.

Mittlerweile hat sich jedoch aus den konkreten Erfahrungen und aus der Suche nach funktionierenden Modellen ein Bodensatz an Erfahrungen und Weisheit und an neuen Beziehungsmodellen gebildet. Die drei wichtigsten Konzepte sind vermutlich die „Lebensabschnittspartnerschaft" (kein besonders romantischer Begriff …), die „Patchworkfamilie" und die „offene Beziehung". Allen drei Konzepten ist gemeinsam, dass nichts ewig währt und dass alles im Fluss ist und dass daher eine Vielfalt von Beziehungen zu einem Netzwerk kombiniert werden muss, um ein neues funktionierendes Modell zu finden.

In diesem neuen Modell ist offensichtlich sehr viel mehr Eigenständigkeit, Kreativität und Koordination erforderlich als in der lebenslangen Einehe – aber es bietet auch die Möglichkeit zu einer deutlich aufrichtigeren Lebensweise, in der alle Bedürfnisse integriert und erfüllt werden.

Eine ausführliche Darstellungen dieser Entwicklungen und Möglichkeiten findet sich in: Harry Eilenstein: „Liebe und Eigenständigkeit".

11. Freiheit

~~~

Man hat die Freiheit, das zu tun, was man will – und die eigenen Beziehungen so zu leben, wie man will. Doch was ist die Beziehungs-Utopie? Was ist die Form von Beziehungen, die man erreichen will? Letztlich muss das jeder für sich selber herausfinden, aber es lassen sich doch zumindest ein paar Dinge dazu sagen, wie Beziehungen – unabhängig von der Form, die man wählt – gedeihen können.

Die Liebe zu anderen Menschen braucht als Grundlage die Selbstliebe und sie kann sich nur dann entfalten, wenn man seinen eigenen „Weg des Herzens" geht.

Es ist förderlich, stets aufrichtig zu sein und nicht primär nach Beständigkeit zu streben, sondern nach Lebendigkeit.

Die Beständigkeit liegt in dem Schöpfer, nicht in der Schöpfung. Man sollte daher sich selber treu sein und stets das Wahre, Intensive und Richtige in sich selber suchen und nicht die Beständigkeit im Außen.

Man sollte seine Liebe einfach leuchten lassen und hemmungslos im eigenen Selbstausdruck sein. Dazu gehört ein gewisses Maß an Risikobereitschaft – man ist vollkommen aufrichtig. Dabei hilft es, zu erkennen, dass kein Mensch für das eigene Leben existentiell wichtig ist.

Damit die Selbstliebe einigermaßen ungestört heranwachsen kann, ist die Liebe der Eltern zu ihren Kindern ausgesprochen förderlich – der Mangel an der Liebe durch die Eltern macht die Selbstliebe und die eigenständige Liebe zu anderen Menschen zwar nicht unmöglich, aber er erschwert die Entwicklung dieser Lebenshaltung doch beträchtlich.

Schau, was wirklich zu Dir passt: Ergründe die Wurzeln Deiner eigenen Wünsche. Erkennen Deine ursprünglichen Wünsche, damit Dir das erreichte Ziel auch wirklich Glück, Freude und Lust bereitet.

Es ist notwendig, die Selbstliebe von der Liebe zu anderen zu unterscheiden. Die Selbstliebe ist die Wärme der Identität, die alle Teile der Psyche zusammenhält. Die Liebe zu einem anderen ist ein Wunsch und daher Teil des eigenen Selbstausdrucks.

Liebe ist die Orientierung beim Lebens-Tanz. Liebe ist eine Blüte am Baum des Egoismus. Wähle einen Menschen, aber lasse ihn auch wieder los, wenn es an der Zeit ist.

Bei der Suche nach dem eigenen „heilen Bild der Liebe" und nach der „richtigen Beziehung" kann man sich an dem Prinzip „eine wirkliche Lösung lässt Freude und Zuversicht entstehen" orientieren.

Tue, was Du willst. Sprich alles aus und tue es. Tue es ohne jede Scham. Sei Dein eigener roter Faden. Sei einsgerichtet. Handle einsgerichtet. Liebe – und tue.

Das Leben ist begrenzt – konzentriere Dich daher auf das Wesentliche, auf das, was Du am meisten genießen kannst. Um so leben zu können, muss Du „Ja" und „Nein" sagen können.

Sei bereit für Streit. Nur das hemmungslose Wünschen gibt dem eigenen Selbstausdruck und somit auch der eigenen Liebe Kraft. Das ist die Krieger-Haltung.

Es ist förderlich, immer mit aller Kraft das Erreichen dessen anzustreben, was man will, aber stets unabhängig vom Erreichen dieses Zieles zu bleiben – auch wenn das Erreichen oder Nicht-Erreichen über den Verlauf des weiteren Lebens entscheidet.

Genieße das Leben. Strebe immer den größten Genuss an. Tanze.

Koordination mit den anderen macht das eigene Streben und Handeln effektiver. Dabei sollte man jedoch stets den eigenen Wünschen treu bleiben – dann trifft man die Menschen, die dasselbe wollen, sodass man gemeinsam die übereinstimmenden Ziele erreichen kann. Die Menschen mit anderen Zielen treten in den Hintergrund oder gehen aus dem eigenen Leben fort.

Sei in der Gemeinschaft. Liebe verbindet den Einzelnen mit der Gemeinschaft. Die Geborgenheit bei der Mutter ist das Fundament – und die Wärme und Geborgenheit in der Muttergöttin. Sie ist die Beständigkeit im Innen.

Du bist der Schöpfer Deines Lebens. Die Liebe ist ein Teil Deiner Schöpfung. Und das Leben zeigt Dir Deine Irrtümer.

Man kann die heile Haltung durch die folgenden vier Sätze beschreiben:

> *„Ich freue mich auf das, was kommt."*
> *„Ich bin auf einer Reise durch mein Leben."*
> *„Ich wachse, also bin ich."*
> *„Schau, wo Du hin willst, und frag dann, wer mitkommt."*

12. Welt

H

Neben der Beziehung zu einem oder mehreren Menschen – Partner, Kinder, Eltern – gibt es auch noch die Beziehung zur Welt. Die eigenen Beziehungen zu den Menschen sind ein Teil dieser umfassenderen Beziehung zu der Welt, in er man lebt – beides wird auf dieselbe Weise geprägt sein. Das eigene Verhältnis zu anderen Menschen unterscheidet sich in der Regel nicht sehr von dem eigenen Verhältnis zu der eigenen Arbeit oder dem eigenen Verhältnis zur Natur, denn in allen diesen Beziehungen spiegelt sich das eigene Innere wider – oder genauer gesagt der Zustand des eigenen Inneren.

Die Welt, in der man lebt, ist zunächst einmal die Kultur, in der man aufgewachsen ist und die – neben dem Vorbild der eigenen Eltern – auch die eigenen Vorstellungen über Beziehungen prägt. Dann ist da auch noch die Epoche, in der man lebt – Altsteinzeit, Jungsteinzeit, Königtum, Materialismus, Globalisierung … Schließlich gibt es auch noch die Urbilder, derer man sich mehr oder weniger bewusst sein kann, aber die unabhängig von der Bewusstheit über sie wirksam sind, da sie unbewusst auf jeden Fall da sind.

Welche kollektiven Bilder gibt es in der eigenen Familie, in der Familientradition, aus der man stammt? Welche kollektiven Bilder gibt es in dem Dorf oder in der Stadt, in der man aufgewachsen ist? Welche kollektiven Bilder gibt es in der eigenen Kultur und welche in der Menschheit als Ganzes? All diese Bilder prägen das eigene Verhalten, da man auch die Bilder des kollektiven Unterbewusstseins in sich trägt.

Wenn das christlich-mittelalterliche Bild der „Herrschaft des Mannes über die Frau" in der eigenen Familie noch lebendig ist, wird man es nicht leicht haben, mit einer emanzipierten Frau auszukommen. Genauso schwierig ist es, wenn man aus einem Dorf stammt, in dem man durch ein Fremdgehen jegliches Ansehen verliert, nach einem Seitensprung noch sein Selbstwertgefühl aufrecht zu erhalten.

In unserer Kultur sind die lebendigsten Urbilder diejenigen, die die Suche eines Mannes nach einer Frau beschreiben. Diese Bilder stammen noch aus den alten Vorstellungen der Jenseitsreise nach dem Tod, bei der der verstorbene Mann die Jenseitsgöttin finden und sich mit ihr vereinen muss, um dann von ihr wiedergeboren zu werden.

Wenn man die „Beziehung finden"-Urbilder mit den „Beziehung leben"-Urbildern vergleicht, zeigt sich schnell, dass die „Beziehung finden"-Urbilder zum einen viel häufiger in Literatur, Film, Erzählungen und Träumen zu finden sind als die „Beziehung leben"-Urbilder. Die meisten Romane enden damit, dass der Held seine Frau gefunden hat – was dann anschließend geschieht, hat eine völlig andere Dynamik und wird meistens nicht mehr beschrieben, da man dabei von „Jugendlicher" zu „Vater" wechselt. Und das ist eine ganz andere Geschichte …

Hier könnten neue Urbilder erschaffen werden – das wäre sehr hilfreich. Doch dafür ist zuerst einmal das Finden von erstrebenswerten Bildern und Lebensweisen notwendig und dann auch noch das Vorbild von ausreichend vielen Menschen, die auf diese Weise ausreichend glücklich leben. Ohne diese Neuentwicklung und diese Vorbilder kann kein neues Urbild entstehen.

In Bezug auf dieses Beziehungs-Urbild stehen wir in der heutigen Zeit an einem Übergang: Das alte Bild der lebenslange Einehe funktioniert nicht mehr besonders gut – das haben u.a. der Feminismus, die Hippie-Kultur und die Familienaufstellungen deutlich gezeigt. Und das neue Bild ist noch nicht entstanden, sodass sich ein großer Teil der Menschen auf der Suche nach diesem neuen Beziehungs-Urbild befindet.

Dieses Urbild kann niemand alleine erschaffen. Man kann sich darüber bewusst werden, dass man in einer Umbruchszeit lebt, dass es um ein Erwachsenwerden in den Beziehungen geht, um das Finden einer neuen, kooperativen Form – und man kann danach streben, Beziehungen zu verstehen, man kann den Mut finden, Neues zu versuchen, aufrichtig zu sein, anderen zu erzählen, was man dabei erlebt hat, und anderen zuhören, was sie versucht und dabei erlebt haben. Auf diese Weise entsteht nach und nach ein Bodensatz an Erfahrungen und Erkenntnissen, aus denen dann mit der Zeit neue Beziehungs-Urbilder entstehen können.

Solch eine Suche ist nicht einfach – aber sie ist lohnend, da man durch sie ein Stückchen weiter kommt als bisher und weil man dadurch wahrscheinlich auch etwas erfülltere Beziehungen leben kann.

Die 12 Wege der Kunst

Entwürfe für die Zukunft — Band 32

Inhaltsübersicht

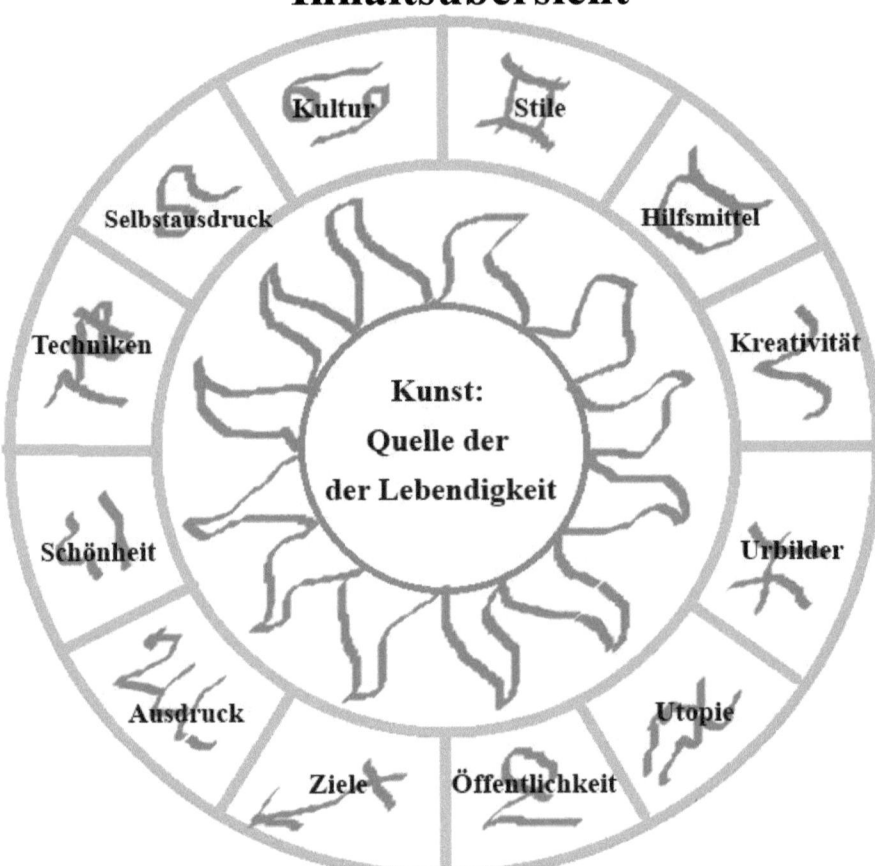

1. Kreativität

♈

Warum eigentlich Kunst? Wozu ein Hammer gut ist, ist klar – und auch, wozu ein Brot gut ist. Aber Kunst? Was bringt Menschen dazu, Kunst zu machen? Und dazu noch so eine Vielfalt an Kunst: Malerei, Bildhauerei, Musik, Dichtkunst, Tanz, Schauspiel, Körperbemalung, Stickerei, Schmuck und noch mehr …

Der Kunst muss ein Grundbedürfnis zugrunde liegen, denn sonst könnte sich nicht über Jahrtausende hinweg und bei allen Völkern eine solche Vielfalt an Kunst entwickelt haben. Aber was ist dieser Ansporn? Die Motivation ist klar, wenn man mit dem Hammer das Dach repariert oder wenn man ein Brot backt, wenn man hungrig ist: Dem Leib geht es anschließend besser.

Doch worin liegt der Vorteil von Kunst? Wo hat die Kunst ihren Ursprung? Von wo geht sie aus? Bei dem Dach, durch das es reinregnet, und bei dem Magen, der laut knurrt, ist die Motivation sofort ersichtlich – es fehlt Schutz und es fehlt Nahrung. Doch warum Kunst?

Was ist Kunst eigentlich, wenn sie fertig ist? Wenn das Dach mithilfe von Hammer, Brettern und Nägeln wieder dicht ist, entsteht Schutz, und wenn man das Brot gegessen hat, ist man satt. Doch was ist, wenn das Bild fertig ist, wenn das Gedicht geschrieben ist, wenn die Skulptur vor einem steht, wenn der Tanz zu Ende ist, wenn das Lied gesungen worden ist? Was ist dann da, was vorher nicht da war?

Das ist ein Gefühl. Und bei der Kunst, die einem Menschen wirklich wichtig wird, ist es auch ein Wiedererkennen von etwas, was man schon kennt oder zumindest ahnt. Das bedeutet, dass Kunst etwas darstellt, was vorher ohne Darstellung war, was die Menschen nur in sich getragen haben, aber was sie noch nicht im Außen als Geschichte, Gedicht, Lied, Bild, Film, Skulptur, Tanz, Stickerei oder auf sonst eine Weise haben sehen können.

Kunst macht also das Innere des Menschen sichtbar. Kunst ist ein Spiegel des Inneren des Menschen. Kunst ist daher auch ein Hilfsmittel bei der Selbsterkenntnis. Und das, was man landläufig „große Kunst" nennt, ist das, was Dinge darstellt, die in vielen Menschen etwas anklingen lässt – die „große Kunst" erinnert viele Menschen an etwas, was sie schon geahnt oder gekannt haben.

Die Kunst macht das Unterbewusstsein bewusst, sie holt die Bilder aus den Träumen der Menschen in die materielle Welt, so dass man diese inneren Bilder wachbewusst ansehen kann.

Offensichtlich ist diese Form der Selbsterkenntnis – oder bei der „großen Kunst" vielleicht sogar der Menschen-Erkenntnis – ein Grundbedürfnis der Menschen. Kunst kann helfen, die Antworten auf die beiden Fragen „Wer bin ich?" und „Was sind wir Menschen?" zu finden.

Zum einen können wir uns Kunstwerke ansehen oder anhören oder auf andere Weise erleben, die andere Menschen erschaffen haben. Zum anderen können wir auch selber künstlerisch tätig werden und selber etwas darstellen, was wir ahnen oder gespürt haben oder im Traum gesehen haben.

Es hat offenbar etwas tief Befriedigendes, wenn man in einem Film ein eigenes Problem dargestellt und gelöst sieht, wenn man in einem Bild ein eigenes Meditations-Erlebnis dargestellt findet, wenn man in einem Musikstück eine Stimmung wiederfindet, die man nur zu gut kennt. Zum einen fühlt man sich dadurch verstanden, zum anderen wird dadurch deutlich, dass auch noch andere solche Gefühle und Erlebnisse gehabt haben, und drittens findet man in diesen künstlerischen Darstellungen manchmal auch Lösungen oder zumindest Lösungsansätze oder hilfreiche Einstellungen zu einem bestimmten Problem. In dieser Hinsicht ist Kunst den Weisheitslehren wie z.B. dem Tao Tê King oder einer Psychotherapie recht ähnlich: Die Kunst, die Weisheitslehren und die Psychotherapien fördern alle drei die Selbsterkenntnis und lassen Wege zu einem besseren und erfüllteren Leben deutlich werden.

Die Kunst hat also durchaus einen ganz konkreten Nutzen – nur bezieht sich dieser Nutzen nicht auf den Leib, sondern auf die Psyche, auf das Gemüt, auf das Bewusstsein. Die Kunst ist für die Psyche das, was der Hammer und die gesamte Architektur sowie das Brot und die gesamte Kochkunst für den Leib sind.

Die Kreativität, die zur Entstehung von Kunst führt, entsteht also aus dem Drang der Psyche nach Selbsterkenntnis und nach Heilung und nach Wachstum und nach dem Erlangen eines erfüllten Lebens. Der künstlerische Selbstausdruck ist folglich eine ausgesprochen wertvolle Angelegenheit, die man bei allen Kindern – und wenn sie es als Kind nicht gelernt haben sollten – auch bei allen Erwachsenen fördern sollte.

2. Hilfsmittel

♉

In der Kunst wird eine große Menge an Hilfsmitteln verwendet, die alle irgendwann einmal erfunden worden sind. Diese Hilfsmittel sind im Laufe der Zeit auch ständig weiterentwickelt und auf immer neue Weisen verwendet worden. Daher kann ein kleiner Ausflug in die Geschichte der Kunst hilfreich sein, um all die Möglichkeiten der Kunst besser einschätzen zu können.

a) Dichtkunst

Die Formen der Dichtkunst ergeben sich aus der Logik, der Sprache und dem Weltbild der jeweiligen Epoche, wobei zu diesem Weltbild natürlich auch die Magie und die Religion gehören.

Vermutlich kann man in der **Altsteinzeit** dieser Epoche noch nicht von einer Dichtkunst sprechen – es sei denn, dass es Menschen gegeben hat, die ein besonderes Talent dafür gehabt haben, mithilfe von zwei Substantiven treffend Menschen, Dinge und Situationen zu beschreiben.

Diese frühesten „Dichter" hätten dann nicht nur solche Begriffe wie „Panther-Mann", „Kuh-Frau" und „Vogel-Seele" zur Verfügung gehabt, sondern könnten auch kreativere Kombinationen erschaffen haben wie „Baldrian-Bruder" für einen Bruder, der so bitter und mürrisch und einengend wie Baldrian ist, „Honig-Frau" für eine Geliebte, „Sonnen-Haar" für einen blonden Menschen usw.

Das wäre eine sehr schlichte, aber auch sehr bildhafte und anschauliche Form der Dichtkunst gewesen. Ob es sie tatsächlich gegeben hat, weiß man natürlich nicht, aber da es alle Voraussetzungen dafür gegeben hat und man auch noch heute fast jede derartige Wortschöpfung mühelos verstehen kann, ist es ausgesprochen wahrscheinlich, dass es auch schon in der Altsteinzeit solche Wortschöpfungs-Dichter gegeben haben wird.

Der Anfang der Sprache werden „Worte für Dinge", also Substantive gewesen sein – Verben und Adjektive, die ja deutlich abstrakter als Substantive sind, werden erst später dazugekommen sein.

Das Prinzip der Analogie, das sich in der Sprache als Grammatik zeigt, ermöglichte in der **Jungsteinzeit** ganz neue Formen der Dichtkunst. Zum einen sind damals Sätze möglich geworden, die die Darstellung komplexerer Zusammenhänge ermöglichten, und zum anderen entstand durch das Denken in Analogien auch die Möglichkeit, analoge Sätze zu erschaffen.

Dadurch sind gleich drei Dinge entstanden: das Versmaß, der grammatische Reim und der inhaltliche Reim.

- Das Versmaß wird anfangs vermutlich einfach der Wechsel zwischen einer betonten und einer unbetonten Silbe gewesen sein oder eine festgelegte Anzahl an betonten Silben pro Zeile. Das passt auch gut zu den damals noch recht einfachen, kurzen Worten (siehe das Kapitel „Sprache").

- Der grammatische Reim besteht darin, dass zwei Sätze aufeinander folgen, die dieselbe Anzahl von Worten haben und die auch denselben grammatischen Aufbau haben.

- Schließlich gibt es noch den inhaltlichen Reim, bei dem in zwei aufeinander folgenden Zeilen mit grammatischem Reim exakt dieselbe Aussage steht.

In der Regel wird das Versmaß mit dem grammatischen oder inhaltlichen Reim kombiniert. Diese Formen der Dichtkunst finden sich z.B. noch in den frühen Dichtungen von Sumer und Ägypten oder in den Zaubersprüchen der Germanen („galdr-lag").

Ein Beispiel für einen grammatischen Reim bei einem Zauberspruch ist:

> *Das Wasser tropft aus dieser Schale –*
> *Der Regen rinnt aus dieser Wolke.*

Diese beiden Verse illustrieren zudem das Prinzip des Analogie-Zaubers: Das Ausgießen von Wasser bewirkt das Regnen. Diese Reimform zeigt deutlich einen logischen Zusammenhang ohne dass sie die heute dafür notwendigen logischen Partikel „wenn … dann …" zu verwenden braucht. Der grammatische Reim übernimmt also die Funktion von logischen Partikeln im Satzbau.

Ein Beispiel für einen inhaltlichen Reim ist:

> *Der Pharao ist wie ein Löwe in der Wüste,*
> *Der König ist wie ein Panther in der Steppe.*

Da die Verdopplung in den frühen Sprachen wie in den heutigen Pidgin- und Kreolen-Sprachen eine Möglichkeit ist, einen Plural oder einen Superlativ zu bilden, wird der Pharao durch diese Verse auch als der Stärkste (Superlativ) dargestellt. Eine dritte

Verwendung der Verdopplung eines Wortes ist die Schaffung eines Substantivs aus einem Verb oder Adjektiv. In Altägyptischen hat z.B. „(w)ben" die Bedeutung „aufsteigen, aufgehen der Sonne". Daher ist „benu" der Phönix, d.h. die am Morgen aufgehende, wiedergeborene Sonne, und „benben" bezeichnete die vergoldete Spitze der Pyramiden, d.h. die aufgehende Sonne, die ein Symbol der Wiedergeburt gewesen ist.

Der Inhalt dieser Dichtungen werden zu einem großen Teil die Kult-Texte und die Geschichte des Stammes gewesen sein. Auch die frühesten erhaltenen Dichtungen haben bei fast allen Völkern diese beiden Bereiche zum Thema.

Im **Königtum** ist das Formular erfunden worden, mit dessen Hilfe einzelne Aspekte der großen Vielfalt erfasst werden konnten: die Anzahl der Bewohner eines Dorfes, die Größe der Felder dieses Dorfes, die Anzahl der Rinder in diesem Dorf usw.

Daher wurde auch die Dichtkunst formaler: Es gab nun zum einen lange Listen von Eigenschaften des Sonnengottes; detaillierte Ausführungen, was der Eine Gott alles erschaffen hat; Gerichtsverhandlungen im Jenseits, die poetisch formulierte Listen enthalten; usw.

Auch die Art des Reimes wurde mit der Zeit formaler, auch wenn sie sich noch lange Zeit vor allem auf das Verfassen von Hymnen mit festem Versmaß beschränkt hat.

Erst spät kamen dann auch die formaleren Reimformen auf, die z.B. aus dem gut bekannten Endreim bestanden, aber es gab auch sehr viel kreativere Reimformen, die vor allem von den Germanen sehr fein ausgefeilt worden sind und z.B. Regeln wie „ein Widerspruch wie 'hoch – tief' in jeder vierten Zeile", „ein Superlativ am Anfang jeder zweiten Zeile", „zwei Halbreime wie 'Hund – Hand' in jeder zweiten Zeile" oder „mindestens drei Worte pro Zeile mit demselben Anfangsbuchstaben" (Stabreim).

In der Epoche des **Materialismus** wurden die Gedichte zum einen sehr viel individueller und stellten nicht mehr den Einen Gott oder den König dar, sondern eben persönliche Erlebnisse – und zum anderen wurden die Gedichtformen immer vielfältiger und freier und lehnten manchmal absichtliche jegliche Reimform als einengend ab.

Die Dichter wurden zudem oft zu Schriftstellern, die Romane verfasst haben – oder die letztlich aufgrund ihres Sprachtalents ein Dasein als Werbetexter fristen mussten.

Es wäre gut denkbar, dass in der heutigen Epoche der **Globalisierung** zur schlüssigen Darstellung von Gesamtzusammenhängen alle Dichtkunst-Elemente der bisherigen Epochen verwendet und kombiniert werden:

1. **Altsteinzeit**: die Möglichkeit der anschaulichen Wortneuschöpfung, um be-

stimmte Sachverhalte deutlich zu machen wie z.B. „globales Dorf".

2. **Jungsteinzeit**: der Aufbau von Argumentationen in Analogie wie z.B.: „Vertrauen bedeutet, dass der Einzelne vom Ganzen getragen wird – Verantwortung bedeutet, dass das Ganze vom Einzelnen getragen wird."

3. **Königtum**: der schlüssige Aufbau der Argumentation, die von einem Ziel ausgeht und von ihm die notwendigen Schritte ableitet

4. **Materialismus**: die sorgfältige Analyse der Situation, mögliche neue Erfindungen und derzeitige Wahlmöglichkeiten

5. **Globalisierung**: die Berücksichtigung aller Zusammenhänge, aller Betroffenen und aller Folgen

Es fällt auf, dass seit dem Beginn dieser Epoche in der Literatur die Sciencefiction-Werke und die Fantasy-Bücher eine immer größere Rolle spielen. Dort werden wieder Magie und Götter in das Weltbild integriert und die Kooperation in einer Gruppe von oft sehr gegensätzlichen Helden ist ausgesprochen wichtig. Das ist eine Rückkehr zu den Urbildern des magisch-mythologischen Weltbildes der Jungsteinzeit, die die wichtigsten Motive des kollektiven Unterbewusstseins sind.

b) Musik

Die Entwicklung der Musik verläuft zwar in derselben Weise wie die Dichtkunst, also in denselben Epochen-Stufen, aber die einzige direkte Verbindung zwischen der Sprache und der Musik ist der Gesang – und es gibt ja auch viel Musik ohne Gesang.

Die archäologischen Finde zeigen, dass es schon in der **Altsteinzeit** einige Musikinstrumente gegeben hat:

- Gesang (möglicherweise seit 1.000.000 Jahren),

- Trommeln aus Fellen, die auf einen Rahmen (ursprünglich zum Gerben) aufgespannt worden sind (seit mindestens 600.000 Jahren),

- Flöten aus Geier-Flügelknochen (seit mindestens 45.000 Jahren – archäologische Funde), und

- die Sehnen von Bögen, die der Ursprung der Saiteninstrumente gewesen sind (seit mindestens 30.000 Jahren – Erfindung des Bogens).

Die Löcher auf den damaligen Flöten lassen vermuten, dass es damals eher einfache und auch viele verschiedene Tonleitern gegeben hat. Man kann zudem vermuten, dass der Gesang zunächst pentatonisch gewesen ist, da dies die einfachste Tonleiter ist, d.h. die Tonleiter, deren Töne am einfachsten zu finden sind und die zusammen mit dem Grundton am harmonischsten klingen.

Es ist fraglich, ob es bereits einen Takt gegeben haben wird – möglicherweise nur beim Trommeln.

Aufgrund der damaligen Begrenztheit der Sprache wird es vermutlich im Gesang nur einzelne, wiederholte Worte oder spontane Rufe gegeben haben.

Viele Elemente der Musik entstehen durch Wiederholungen: der Takt, der Rhythmus, der Refrain und das musikalische Thema. Da die Wiederholung eine Form der Analogie ist, kann man davon ausgehen, dass diese Elemente in der **Jungsteinzeit** entstanden sind, deren Kultur durch Wiederholung, Rhythmus, Takt, Zyklus, Analogie usw. geprägt gewesen ist. Diese musikalischen Formen entsprechen der Grammatik in der Sprache.

In dieser Epoche wird es auch das einfache Lied – vermutlich meistens mit einem gemeinsam gesungenen Refrain – gegeben haben.

Die Instrumente werden in dieser Epoche weiterentwickelt worden sein und nicht mehr so sehr einem Geier-Flügelknochen, einem zum Gerben aufgespannten Fell oder einem Bogen geähnelt haben. Der Bogen ist z.B. mit einem Klangkörper versehen worden, wodurch die Bogenharfe entstanden ist. Flöten sind auch aus Ton und später aus Metall hergestellt worden und die Trommeln haben einen größeren Klangkörper erhalten.

Zudem ist anzunehmen, dass in dieser Epoche auch mehrere Instrumente in demselben Takt dieselbe Melodie gespielt haben werden und von Trommeln begleitet worden sind.

Die Musikstücke werden hauptsächlich traditionelle Weisen gewesen sein, zu denen ab und zu einmal eine neue Melodie oder ein neues Lied hinzukam.

Im **Königtum** wurde Musik zunehmend systematischer und komplexer gestaltet. Zudem wurde sie von größeren Gruppen von Musikern ausgeübt. Es wird zudem eine Normierung der Tonhöhen („Kammerton A") gegeben haben.

In der Spätphase des Königtums entstanden dann die großen, formal durchstrukturierten Musikformen wie die Fuge, die Sinfonie, die Oper und ähnliches.

Diese großen Musikwerke erforderten eine zentrale Leitung durch einen Dirigenten und sie hatten auch einen einzelnen Komponisten als Urheber und beruhten nicht mehr auf der Tradition wie zuvor in der Jungsteinzeit.

Die späte Epoche des Königtums ist die Epoche der klassischen Musik – sowohl in Europa als auch in Asien.

Die Musik hat sich erst einige Zeit nach dem Ende der Epoche des Königtums, also in der Epoche des **Materialismus**, weiterverwandelt. Die Epoche des Materialismus hat zwar um ca. 1500 begonnen, aber das Königtum fand erst um ca. 1850 ein allgemeines Ende – es gab also eine Übergangszeit von 350 Jahren.

Die „neue Musik", die sich durch die Betonung des Rhythmus, durch individuelle Texte, eine größere Emotionalität und eine größere Vielfalt an Instrumenten auszeichnet, entstand erst ab ca. 1920. Nach dem Zweiten Weltkrieg hat die Musik dann durch die elektrischen Instrumente (E-Gitarre, Hammond-Orgel, Synthesizer u.a.) noch einmal ein größeres klangliches Spektrum erhalten.

Eine neue Form der Musik in der Epoche der **Globalisierung** ist bislang noch nicht erkennbar – wenn man einmal von der Tendenz, die verschiedensten Musikrichtungen miteinander zu verbinden, absieht.

c) Tanz

Der Tanz ist eine Bewegung des Körpers, die keinem konkreten Zweck wie Jagen oder Kochen dient, sondern ein Gefühl ausdrückt.

Vermutlich hat es in der **Altsteinzeit** Tänze gegeben, in denen die Tänzer die Tiere dargestellt haben, deren Eigenschaften sie haben wollten. Wahrscheinlich werden sie bei diesen Tänzen die Felle, Hörner, Federn usw. dieser Tiere getragen haben. Diese Tänze waren somit Magie-Tänze, deren Tier-Pantomimen magisch wirken sollten.

Wahrscheinlich wird sich jeder Tänzer weitgehend eigenständig bewegt haben, da dies der damaligen Musik und der damaligen Sprache entsprochen haben wird.

In der **Jungsteinzeit** kam in dem Tanz die Analogie hinzu, d.h. der Takt und der Rhythmus. Aus dieser Epoche sind auch Darstellungen von Tiertänzen bekannt, insbesondere Tänze von losen Gruppen von Panther-Tänzern, die recht wahrscheinlich Schamanen gewesen sein werden. Es ist gut denkbar, dass die Schamanen damals schon Ekstase-Tänze gekannt haben.

Auf den Abbildungen aus dieser Zeit sind auch Gruppentänze zu sehen, bei denen die Tänzer in Reihen tanzen. Es hat den Anschein, als ob Männer und Frauen stets getrennt voneinander in Reihen getanzt hätten. Vermutlich haben diese Tänze große Ähnlichkeit mit einfachen Volkstänzen gehabt.

Im **Königtum** wurden die Tänze immer stärker geregelt und wurden daher immer formaler.

Zunächst waren dies die Tempeltänze, die halb-pantomimisch die Mythen der Götter dargestellt haben.

Gegen Ende dieser Epoche entstanden schließlich die Bälle an den Königshöfen und das Klassische Ballett und ähnliche streng choreographierte Tänze in anderen Kulturen.

Im **Materialismus** wurden die Tänze wie die Musik ab ca. 1920 immer freier und individueller und zugleich auch wilder, emotionaler und teilweise auch aggressiver. Der Tanz wurde zu einem Ausdrucksmittel für die eigenen Gefühle.

Man kann zumindest vermuten, dass es in der Epoche der **Globalisierung** wieder zu mehr Gemeinschaftstänzen kommen wird, die allerdings keiner vorgegebenen Choreographie folgen werden, sondern eher eine gemeinsame Improvisation sein werden, bei der man jedoch die anderen Tänzer wahrnimmt und sich gegenseitig miteinbezieht.

d) Schauspielerei

Das Schauspiel stellt etwas dar, was konkret nicht vorhanden ist. Dies ist auch ein Element der Magie und teilweise auch der Religion. Es gibt daher auch einen fließenden Übergang vom Schauspiel zu den pantomimischen Tänzen.

Das Tragen von Tierfellen sowie von Hörnern und Federn bei den Tiertänzen in der **Altsteinzeit** geht schon in die Schauspielerei über, wobei diese Schauspielerei allerdings eine ganz konkrete magische Wirkung haben sollte. Die bekanntesten Motive aus dieser Epoche sind die Statuetten, Höhlenmalereien und Felsgravuren, die Panther-Männer, Hirsch-Männer und Kuh-Frauen darstellen.

Möglicherweise gab es auch ganz praktische Schauspielerei wie bei den Indianern, die sich teilweise Wolfsfelle umhingen, um sich näher an Bison-Herden anschleichen zu können. Ob es in der Altsteinzeit solche Jagd-Verkleidungen gegeben hat, lässt sich allerdings nicht mehr feststellen auch wenn es gut denkbar ist.

Wahrscheinlich wird es in der **Jungsteinzeit** im Kult Verkleidungen und die Darstellung von Gottheiten, Urahnen, Tieren usw. gegeben haben. Evtl. sind auch die Erzählungen der Stammesgeschichte von Verkleidungen unterstützt worden – so wie es sie noch heute z.B. im tibetischen Buddhismus gibt.

Die Kult-Schauspiele aus der Epoche des **Königtums**, die aus den meisten frühen Kulturen wie z.B. Ägypten bekannt sind, wurden nach und nach in Schauspiele im engeren Sinne umgewandelt, in denen individuelle Situationen, Schicksale und Erlebnisse dargestellt worden sind: die Komödie und die Tragödie.

Das „individuelle Theater", also das Theater, das nicht primär von religiösen Themen geprägt war, ist um ca. 600 v.Chr. in Griechenland entstanden. Dies ist dieselbe Zeit, in der von China bis Europa die verschiedenen Weisheitslehren und Mysterienkulte entstanden sind, die die Eigenverantwortung und die Eigenständigkeit der Menschen zum Ziel hatten. Das „individuelle Theater" ist somit ein Aspekt der Eigenständigwerdung der Menschen in Eurasien um diese Zeit.

Im **Materialismus** ist das Theater noch sehr viel individueller und meistens auch realitätsnäher geworden, d.h. es werden psychische Konflikte dargestellt und soziale Missstände angeprangert.

Das Theater ist in dieser Epoche wie der Materialismus selber vollkommen unreligiös geworden. Oft wird der Alltag eines ganz normalen Menschen dargestellt.

Das Theater der neuen Epoche der **Globalisierung** kann man bisher nur ahnen. Es ist auffällig, dass in den neuen Kinofilmen (die das Theater weitgehend ersetzt haben) die Superhelden, die oft magische Kräfte besitzen, offenbar an die Stelle der Götter getreten sind und dass die Bildung von Gruppen, die zusammenarbeiten eine große Rolle spielen.

Das sind beides Aspekte, die gut zu der Epoche der Globalisierung passen, in der zum einen die Religion und die Magie wieder integriert werden und in der zum anderen die Kooperation das zentrale Element ist.

Dieselben beiden Phänomene finden sich auch in den online-Gruppenrollenspielen: Man spielt die Rolle eines Menschen mit besonderen Fähigkeiten und man hat meistens nur dann Erfolg, wenn man mit anderen kooperiert.

e) Malerei

Die Malerei lässt sich bis in die späte Altsteinzeit zurückverfolgen. Sie ist die Form der Kunst, über die es aus der Alt- und Jungsteinzeit die meisten Funde gibt: An über 300 Orten befinden sich teilweise bis zu 1000 Einzelbilder.

Die ältesten erhaltenen Bilder stammen aus der **Altsteinzeit** und sind ca. 50.000 Jahre alt und befinden sich in Höhlen, weshalb sie „Höhlenmalereien" genannt werden. Es gibt auch „Felsmalereien", die sich im Freien unter Felsüberhängen befinden, aber diese sind deutlich jünger, da sie anfälliger für Verwitterung sind.

Diese altsteinzeitlichen Malereien bestehen zu über 99% aus Tieren, die damals folglich die prägenden Symbole in der Psyche der Menschen gewesen sein müssen.

Die Häufigkeit der dargestellten Tiere entspricht weder ihrer Häufigkeit in der Natur noch ihrer Häufigkeit in dem „Speiseplan" der damaligen Menschen. Daraus ergibt sich, dass diese Tiere eine symbolische Bedeutung haben müssen. Diese Schlussfolgerung wird dadurch bestätigt, dass die verschiedenen Tierarten auch innerhalb der Höhlen ungleichmäßig verteilt sind – es gibt verschiedene Mischungen von Tierarten in den verschiedenen Höhlenbereichen, also im Eingangsbereich, in den Gängen, in den Hallen und in den Nischen.

Weiterhin finden sich in den Höhlen auch Ritualplätze, die von Steinen freigeräumt worden sind und in denen Sitzsteine im Kreis liegen.

Die Tier-Bilder haben keine bestimmte Anordnung an einem Ort – es gibt z.B. kein allgemeines „Unten". Sie sind teilweise sogar übereinander gemalt worden. Der Zusammenhang zwischen einzelnen Bildern wird nur durch die Nähe und Ferne zueinander deutlich. Es gibt lediglich einige wenige kleine Szenen, in denen mehrere Motive klar zueinander gehören wie z.B. das von einem Speer verletzte Wisent, der liegende Jäger und der Seelenvogel auf einem Stab in der Darstellung eines Jagdunfalls. Der Vogel-Stab ist der Vorläufer des Totempfahls.

Diese Form der Darstellung entspricht dem Prinzip der Assoziation.

Ein interessantes Motiv ist die „zweifache Frau" bzw. die Frau, die mit ihrem linken Arm nach oben und mit ihrem rechten Arm nach unten weist. Beide Motive sind ein Hinweis auf die „zwei Welten", also auf Diesseits und Jenseits. Die Frau ist daher die „Mutter der Menschen im Diesseits und im Jenseits".

Eine wichtige Neuerung in den Malereien der **Jungsteinzeit** ist die Darstellung von Gruppen: Reihen von Tänzern, Gruppen von Panther-Tänzern (Schamanen), Reihen von Hütten, mehrfache Darstellungen von Geiern (Muttergöttin der Seelenvögel) in einem Tempel und ähnliches.

Es gibt nun in den Darstellungen ein allgemeines „Unten".

Auch die Abbildung von Szenen wie z.B. Bestattungen oder die detaillierte Darstellung von Gebäuden oder erste einfache Landkarten der näheren Umgebung sind in dieser Epoche zu finden.

Weiterhin wurden auch Portraitbilder, die offensichtlich konkrete Menschen darstellen, üblicher als in der Altsteinzeit, in der sie zwar vorhanden, aber noch extrem selten waren.

In der Epoche des **Königtums** verändert sich die Malerei sehr deutlich: Alles wird geordnet – was dem Charakter der Zentralverwaltung mit ihren Formularen entspricht.

Zunächst einmal wird die Standlinie eingeführt, auf der alle an einer Szene beteiligten Personen, Tiere und Dinge stehen. Weiterhin werden die Menschen, Tiere und Dinge auch auf eine einheitliche Weise, d.h. in einem festgelegten Stil dargestellt.

Auch die Schrift, die zu Beginn des Königtums aus Buchführungsgründen entwickelt worden ist, ist zunächst einmal eine Gruppe von „standardisierten Bildern" mit einer eng festgelegten Bedeutung.

In den Darstellungen finden sich nun fast nur noch Szenen bestimmter Abläufe oder Zusammenhänge. Es tauchen zudem die ersten Landkarten auf, die größere Bereiche darstellen.

Im Verlauf des Königtums werden die Malereien immer komplexer bis gegen Ende dieser Epoche die in den Bildern dargestellten Gestalten auch einen Hintergrund erhalten.

Prägend für diese Epoche sind die Formalisierung, die Stilisierung und die Darstellung von Gesamtzusammenhängen (meistens mit einem Gott oder dem König im Zentrum). Zu dieser Gemäldeform gehört auch das Mandala.

Es gab auch schon in der Jungsteinzeit vereinzelt Symbole, aber erst im Königtum fanden sie eine weitere Verbreitung – sehr wahrscheinlich durch die Entwicklung der Schriftzeichen angeregt, die ja auch Symbole waren.

Im **Materialismus** wird die Malerei sehr individuell und teilweise auch verfremdeter und abstrakter – der Einzelne lebt seine Freiheit im Umgang mit der Farbe aus. Es gab nun auch weitaus mehr Arten von Farbe als zuvor: Pastellkreiden, Ölfarbe, Aquarellfarben, Gouache, Acryl, Farbspray usw.

Eine neue Form der Malerei, die der Epoche der **Globalisierung** entspricht, ist bisher noch nicht klar erkennbar, doch man kann immerhin eine „Multi-Media-Malerei", die stabile und nachhaltige Gesamtzusammenhänge darstellt, als Entwicklungstendenz vermuten. Ein eindeutig neues Element sind mithilfe von KI (künstlicher Intelleigenz) hergestellten Bilder.

f) Körperbemalung, Tätowierung und Piercing

Man kann das Schmücken des Körpers mit Farbe als einen Zweig der Malerei ansehen, aber da er sich eigenständig entwickelt hat, wird er hier auch gesondert betrachtet.

Aus der **Altsteinzeit** ist nur die Verwendung des roten Ockers als Symbol des Blutes und somit auch des Lebens bekannt. Da sich dieser rote Ocker auch in großen Mengen auf dem Boden von Wohnhöhlen findet, kann man davon ausgehen, dass sich die Menschen damals in Ritualen mit dieser roten Farbe angemalt haben, um ihre Lebenskraft zu stärken.

Ob das Piercing aus dieser oder aus der nächsten Epoche stammt, ist nicht ganz sicher – vermutlich gab es diesen Brauch schon in der Altsteinzeit, in der die Zähne, Stacheln und Federn der Tiere, die man dabei benutzt hat, dann einen symbolischen Charakter gehabt haben werden und dazu gedient haben, eine Verbindung zu dem betreffenden Tier herzustellen.

Es gibt zwar aus der **Jungsteinzeit** keine direkten sicheren Funde, aber aus späteren Kulturen (Amerika, Afrika, Ozeanien), die noch auf die dieselbe Weise wie in der Jungsteinzeit gelebt haben.

Es lassen sich zwei Formen der Körperbemalung unterscheiden: zum einen die großflächige, unstrukturierte Bemalung vor Kämpfen und zum anderen die Streifenbemalung vor Ritualen, die ausgeführt wird, indem man die Finger in Farbe taucht und dann über den Körper streicht.

Aus dieser Epoche stammen auch die ersten bekannten Tätowierungen (Skythen). Sie stellen vor allem Tiere und nur selten Menschen oder Dinge dar.

Während des **Königtums** findet sich die Körperbemalung nur ganz am Anfang und kann daher als ein Nachklang der Jungsteinzeit angesehen werden. Am bekanntesten ist die rituelle Bemalung aus dem frühen Ägypten – dort wurden Teile des Gesichtes mit Symbolen bemalt. Es ist allerdings wenig Genaues über die Verwendung der damaligen „Schminkpaletten" bekannt.

In der Epoche des **Materialismus** wird die Tätowierung, das Piercing und die Körperbemalung (vor allem als Schminken) zu einer Form des persönlichen Selbstausdrucks.

Eine neue Entwicklung, die der Epoche der **Globalisierung** entspricht, lässt sich bisher noch nicht beobachten.

g) Bildhauerei

Zu der Bildhauerei zählen hier neben der Steinbearbeitung auch das Töpfern, das Schnitzen und das Schmieden.

Aus der **Altsteinzeit** sind neben den vielen Frauenstatuetten aus Stein oder Ton auch Elfenbein-Schnitzereien von Panther-Männern und lebensgroße Ton-Statuen von Bären in Höhlen bekannt.

Auch die Bearbeitung von Stein zur Herstellung von Steinwerkzeugen (Faustkeil, Schaber, Spitzen usw.) gehört zunächst einmal noch zur Bildhauerei. Die Anfänge der Bildhauerei, die anfangs noch eine „Werkzeughauerei" gewesen ist, reichen daher 2,5 Millionen Jahre zurück.

Vermutlich hat es jedoch noch einiges mehr gegeben, das sich nicht erhalten hat. So weist z.B. der Vogel-Stab in der Höhlenmalerei und die Vielfalt der steinernen Totempfähle zu Beginn der Jungsteinzeit darauf hin, dass es während der späten Altsteinzeit bereits eine differenzierte Tradition von großen Totempfählen aus Holz gegeben haben muss – anders ließe sich auch die weltweite Verbreitung der Totempfähle (außer in Afrika) nicht erklären.

Man kann also in der Altsteinzeit von einer differenzierten und technisch hochstehenden Bearbeitung von Stein und Holz mit einer sehr langen Tradition ausgehen. Es hat sich jedoch erst vor ca. 50.000 Jahren aus der „Werkzeughauerei" auch eine Bildhauerei entwickelt.

Den vor ca. 300.000 Jahren in Bilzingsleben in Thüringen am Rande von mehreren Wohnhütten errichteten Altar, auf dem ein Stierschädel sowie mehrere Fragmente von Menschenschädeln gelegen haben, kann man als die älteste Installation (Arrangement von Gegenständen) ansehen. Aus dieser Zeit stammen auch einige geometrische Ritzungen auf Knochen.

Eine ähnliche Installation ist der Schädel eines Neandertalers in einer Tropfsteinhöhle, der zwischen mehrere Tropfsteine gelegt worden ist.

Die Werke der Bildhauerei wurden in der **Jungsteinzeit** größer, differenzierter und wurden dem Bau der ersten Tempel in Göbekli Tepe und Umgebung im Norden von Mesopotamien eingegliedert. Es gab weiterhin sowohl Statuen aus Stein als auch aus zunächst noch ungebranntem Ton.

Ein Zweig der Bildhauerei in der frühen Jungsteinzeit war die Herstellung der

„kubistischen" Pfeiler der Tempel, die stark stilisierte Menschen darstellen. Diese rechteckigen Pfeiler waren bis zu 6m hoch.

Aus diesen Pfeilern sind dann durch Vereinfachung die Menhire in den Steinkreisen und in den Steinalleen geworden. Auf diesen Menhiren finden sich nur noch vereinzelte Gravuren.

Es gab in der mittleren Jungsteinzeit in Mesopotamien auch eine Tradition der Herstellung von lebensgroßen Portraitköpfen mit deutlich individuellen Gesichtszügen. Diese Tradition stand sehr wahrscheinlich im Zusammenhang mit dem Totenkult.

Auch die Bildhauerei wurde von der Analogie-Magie geprägt. So ist z.B. aus Mesopotamien eine Sichel bekannt, deren Griff als Antilopenkopf geschnitzt worden ist. Diese Sichel sollte offenbar das Getreide genauso schneiden können wie es die Zähne der Antilopen können, die die mühsam angelegten Getreidefelder plünderten.

Die Bildhauerei wurde während des **Königtums** wie auch die übrige Kunst stark formalisiert, stilisiert, idealisiert und in den Dienst der Königs- und Gottes-Verherrlichung gestellt. Teilweise wurden die Werke der Bildhauer riesig wie der bronzene „Koloss von Rhodos", also der 30m hohe Sonnengott Helios, die Heere von lebensgroßen Ton-Kriegern in den Gräber der chinesischen Kaiser oder die fast 150m hohen, glänzend-glatt polierten ägyptischen Pyramiden zeigen.

Die Bildhauerei wurde während des **Materialismus** wieder sehr viel privater und individueller und auch kleiner. Zudem bildeten sich verschiedene Zweige der Bildhauerei, in denen mit den verschiedensten Materialien gearbeitet wird und die bis hin zur „Verpackungskunst" und zur „Installation" reichen.

Eine neue Entwicklung in der Bildhauerei, die sich auf die Epoche der **Globalisierung** bezieht, ist bisher noch nicht erkennbar.

h) Architektur

Der Bau von Hütten und Häusern reicht über zwei Millionen Jahre weit zurück bis in die frühe Altsteinzeit.

Schon vor 1 Millionen Jahren wurden in der frühen **Altsteinzeit** die ersten Hütten errichtet – nur 500.000 Jahre, nachdem die Steinbearbeitung erfunden worden ist.

Diese Hütten bestanden aus einer kreisförmigen Mauer von aufeinandergelegten Steinen mit einem kuppelförmigen Dach aus Ästen, Fellen, Laub und ähnlichem.

Diese Hütten sahen ungefähr wie eine Halbkugel aus und glichen weitgehend den heutigen Iglus – wobei der kurze Gang vor der Hütte erst zum Beginn der Eiszeit vor 600.000 Jahren hinzukam, um die Wärme besser in der Hütte halten zu können.

Hütten, die nur aus Stöcken und Laub bestanden haben, wird es schon deutlich länger als 1 Millionen Jahre gegeben haben – sie haben jedoch keine archäologisch erfassbaren Spuren hinterlassen.

Diese Hütten wurden als der Bauch der Mutter empfunden. Zu Beginn der Eiszeit entwickelte sich daraus die Schwitzhütte: eine mit glühenden Steinen beheizte Wohnhütte, in der die Muttergöttin, die Ahnen und die Tiergeister gerufen wurden.

Es ist interessant, dass die Reste einer Hütte gefunden wurden, die ganz aus Mammut-Knochen hergestellt worden war. Vermutlich ist die Muttergöttin nicht nur (wie die Höhlenmalereien und die frühen schriftlichen Religionen zeigen) als Kuh aufgefasst worden, sondern auch als Mammut.

Diese Hütten standen manchmal in kleinen Gruppen von bis zu fünf Hütten beieinander. Sie hatten keine bestimmte Anordnung, sondern orientierten sich am Gelände – so wie man dies auch bei den Tipis bei Indianer-Treffen beobachten kann.

Manchmal wohnten die damaligen Menschen auch in Höhlen, aber das ist eher selten – weil es nicht viele Höhlen gab.

In der **Jungsteinzeit** gab es zunächst weiterhin die runden Hütten, die in ungeordneter Form in kleinen Gruppen beieinander standen.

Die Schwitzhütten wurden nun mit größerem Aufwand hergestellt und wurden zu den ersten Tempeln:

- Sie bestanden aus einer äußeren Ringmauer mit einer Äste/Felle-Kuppel – der Bauch der Mutter.

- Darin befand sich eine zweite, innere Ringmauer mit einer Äste/Felle-Kuppel – das Kind im Bauch der Mutter.

- Beide Kreismauern waren mit einer kurzen Mauer verbunden – die Nabelschnur.

- Zu der äußeren Ringmauer führte ein Gang aus zwei Steinmauern und einem Äste/Felle-Dach – die Vagina der Mutter.

- Vor dem Gang stand eine Steinplatte mit einem Loch, durch das hindurch man in den Gang kriechen konnte – die Scham der Mutter.

- Links und rechts neben diesem Eingang stand je ein steinerner Panther – die Kraft der Mutter, die auch eine Jagdgöttin war.

- In der inneren Mauer standen meistens acht Steinpfeiler, die stark stilisierte Menschen dargestellt haben und die Nachfolger der Totempfähle waren – die schützenden Ahnen.

- In der Mitte standen zwei große Steinpfeiler – die Urbilder von Leib und Seele.

Durch das Fortlassen der Mauern und die Reduzierung auf die Pfeiler in diesen Mauern entstand der Steinkreis, der durch eine Steinallee ergänzt wurde, die dem Gang entsprach: die Kultplätze der Megalithkultur.

Durch die Errichtung von Schwitzhütten aus Steinen und Erde für die Toten entstanden die Hügelgräber – auch sie enthalten eine zentrale Kammer und einen Gang, der zu ihr führt.

Ab ungefähr 8500 v.Chr., als der Ackerbau und die Viehzucht erfunden wurden, errichtete man nicht nur die Schwitzhütten-Pfeiler in rechteckiger Form („Archäo-Kubismus"), sondern auch rechteckige Tempel und die Wohnhütten, die dadurch zu „Häusern" wurden.

Die Wohnhäuser standen ohne Lücke eng aneinander gebaut und hatten den Eingang auf dem Dach. Dadurch waren diese Häuser wie ein einziges großes Haus mit vielen Zimmern und Eingängen. Man gelangte über die Dächer der anderen Häuser zu ihnen – es gab keine Straßen, Wege und Plätze in dieser Art von Dorf. Derartige Häuser-Gruppen finden sich auch bei den Indianern in Nordamerika vor allem in den Canyons der südlichen USA – vor allem bei den Pueblos der Anasazi.

Diese Dörfer hatten sozusagen eine natürliche Stadtmauer – die Mauern der Häuser, die am Außenrand dieser Häusergruppe standen.

Erst gegen Ende der Jungsteinzeit wurden auch Dörfer aus vereinzelt stehenden Häusern errichtet.

Während des **Königtums** blieb die Form der Häuser weitgehend erhalten. Sie hatten allerdings nun einen ebenerdigen Eingang, also eine Öffnung in der Mauer. Sie standen weiterhin in Gruppen aneinander gebaut, allerdings nur noch in Reihen, sodaß die Eingänge zu den Wegen zwischen diesen Reihen frei blieben.

Es kamen nun deutlich größere Tempel, Totentempel (wie z.B. die Pyramiden) und Königspaläste hinzu. Insbesondere in der späteren Zeit der Epoche des Königtums wurden diese Großbauten konzentrisch angelegt.

Während des **Materialismus** war die Haupt-Wohnform das mehrstöckige Haus in der Stadt. Sie standen an dem Rand von Straßen. In der Mitte dieser Häuser-Reihen an den Straßen entstand ein Innenraum, der oft zur Anlage von Gärten genutzt wurde.

In der Spätzeit des Materialismus entstanden Wohnsilos und Hochhäuser.

Eine neue Wohnform der **Globalisierungs**-Epoche ist bislang nicht erkennbar – wenn man von einigen Ansätzen wie z.B. hufeisenförmige angelegten Gebäuden mit ca. 50 Wohneinheiten mit einem kleinen Park mit Spielplatz im Zentrum absieht.

i) Städtebau

Über den Städtebau ist in der Beschreibung der Architektur schon einiges gesagt worden, aber es gibt noch mehr erwähnenswerte Merkmale.

In der **Altsteinzeit** standen die wenigen Hütten einer Niederlassung in loser Form beieinander – so, wie es sich aus der Bodenbeschaffenheit, dem Gefälle, dem Verlauf des Baches, dem Seeufer, dem Waldrand usw. ergab.

In der **Jungsteinzeit** wurden die Häuser in rechteckiger Form errichtet und standen ohne Lücke aneinander. Die Eingänge waren auf dem Dach. An Hängen standen die Häuser auch in Schichten übereinander, wobei diese Häuser-Schichten stufenweise nach hinten, also hangaufwärts, zurückwichen. Die Außenmauern dieser Häuser bildeten eine natürliche Schutzmauer.

Die Häuser-Konglomerate der Jungsteinzeit lösten sich zu Beginn des **Königtums** in Häuser-Reihen auf und die Eingänge wanderten vom Dach (Luke) zur Außenmauer (Tür). Es gab auch lose und einzeln stehende Gruppen von Häusern. Nach und nach bildeten sich verschiedene Formen von Dörfern – links und rechts einer Straße, an den vier Ecken einer Straßenkreuzung, rings um einen Dorfplatz, völlig lose mit weiten Abständen zwischen den einzelnen Höfen usw.

Die Städte, die nun entstanden, waren meistens von einer Stadtmauer zum Schutz gegen Raubtiere und Räuber umgeben.

Die meisten frühen Städte von Ägypten über Mesopotamien bis Westindien bestanden aus zwei Teilen – einem östlichen Teil (Sonnenaufgangs-Seite), in der die Menschen wohnten, und einem westlichen Teil (Sonnenuntergangs-Seite), in dem die Toten wohnten. Auf der Westseite befanden sich die Gräber, die Totentempel, die Pyramiden und die Göttertempel sowie oft auch ein künstlicher See, durch den (symbolisch-rituell) die Sonne in ihrer Barke fuhr. In vielen Fällen lagen diese beiden Hälften der Stadt auf der Ostseite und auf der Westseite eines Flusses. Diese Form des Städtebaus findet sich vom Nil über den Euphrat und den Tigris bis hin an den Indus.

In der Spätzeit des Königtums wurden auch konzentrisch aufgebaute Städte errichtet, in deren Mitte der Tempel eines Gottes oder der Palast des Königs stand.

Die Städte des **Materialismus** sind rings um einen Kern gewachsen und haben schließlich alle Vororte mit in die Großstadt einbezogen. Diese Großstädte haben in der Regel keine geplante Form, sondern sind stückweise aus dem bereits Vorhandenen entstanden.

Sie haben sich zudem vor allem in ihrem Zentrum auch vertikal ausgeweitet: nach oben hin als Hochhäuser und nach unten hin als U-Bahnen und Tiefgaragen.

Einen überzeugenden und allgemein anerkannten neuen Entwurf für die Städte in der Epoche der **Globalisierung** gibt es bislang noch nicht. Ein grundlegendes Problem für die Städte ist ihr großes Wachstum. Vermutlich wird es erst dann eine neue Städteform geben, wenn das grundlegende Problem der Überbevölkerung gelöst worden ist und die Anzahl der auf der Erde lebenden Menschen von derzeit 8 Milliarden allmählich wieder auf 1-2 Milliarden geschrumpft.

Dieses grundlegende Problem der Überbevölkerung ist u.a. eindringlich in den beiden MCU-Filmen „Infinity-War" und „Endgame" beschrieben worden.

Die „neuen Städte" werden auf jeden Fall ökologisch sein müssen, d.h. sie versorgen sich mit regenerierbarer Energie, verwenden vorwiegend nachwachsende Rohstoffe, sind auch klimaneutral und belasten die Umwelt nicht mit Müll und Abwässern.

j) Kleidung

Auch die Kleidung hat eine Entwicklung durchgemacht – wobei man natürlich streiten kann, ob die Schneiderei ein Handwerk oder eine Kunst ist.

Die Menschen der **Altsteinzeit** konnten in Eurasien während der Eiszeit, die vor 600.000 Jahren begonnen und erst vor 12.000 Jahren geendet ist, nur überleben, wenn sie eine beheizbare Hütte und warme Kleidung hatten, die deutlich über ein umgehängtes Fell hinausging. Diese Kleidung umfasste mindestens einen Kittel mit Ärmeln, Leggings (Hosenbeine an einem Gürtel) und Schuhe. Dies war alles aus Fell hergestellt.

Die dafür notwendigen Werkzeuge sind aus der Eiszeit, also grob gesagt dem letzten Fünftel der Altsteinzeit, gut bekannt: Stein- oder Muschel-Schaber zum Reinigen der Felle, Klingen zum Zuschneiden der Felle, und Stichel zum Herstellen von kleinen Löchern in den Fellen, die dem Zusammennähen mithilfe von verzwirntem Tierdarm dienten.

Fortschrittlichere Werkzeuge wie Nadeln mit Öhr gibt es erst seit der späten Altsteinzeit vor ca. 40.000 Jahren.

Zunächst einmal blieb die Kleidung in der **Jungsteinzeit** genauso wie in der Altsteinzeit. Sie gleicht weitestgehend der Lederkleidung der nordamerikanischen Prärie-Indianer.

Als um 8500 v.Chr. der Ackerbau und die Viehzucht entwickelt wurden, kam die Kleidung aus Wolle hinzu, die dann schnell zum Standard wurde. In der Regel bestand diese Kleidung nur aus einem Kittel. Felle trug man dann nur noch zu besonderen Gelegenheiten.

Auch während des **Königtums** bleib die Wollkleidung zunächst noch allgemein üblich, aber sie wurde komplexer. Aus dem Kittel entwickelte sich u.a. die Tunika und aus dem Umhang die Toga.

Es wurden nun auch Fäden aus Leinen, Brenneseln und anderen Pflanzen hergestellt und diese dann zu Stoffen verwoben.

Insbesondere in der Spätzeit der Epoche des Königtums wurde die Kleidung der höheren Schichten immer prunkvoller.

In der Epoche des **Materialismus** hat sich die Baumwolle generell durchgesetzt und wurde durch chemische Fasern ergänzt. Die Standardkleidung besteht aus Unterwäsche, Hose, Hemd und Schuhen. Es gibt jedoch auch weiterhin ältere Formen der Kleidung wie lange, lose Gewänder, Umhänge, Toga-ähnliche Umhänge, um die Hüfte geschlungene Tücher u.ä.

Der Kittel wurde bei den Frauen zum Rock und zum Kleid, bei den Männern wurde der Kittel zum Hemd und wurde durch eine Hose ergänzt, die eine Weiterentwicklung der in den kalten Gegenden üblichen Leggings ist.

Bislang sind noch keine neuen Entwicklungs-Tendenzen in der Epoche der **Globalisierung** erkennbar. Es gibt lediglich ein gestiegenes Interesse an der Kleidung fremder Völker.

k) Färben und Sticken

Die Menschen haben schon immer die Neigung gehabt, ihre Kleidung auf verschiedene Weisen zu schmücken.

Aus der **Altsteinzeit** kann man nur die Verwendung besonders schöner Felle als „schöne Kleidung" oder evtl. besonders buschige Felle als Kragen und am unteren Ende des Kittels vermuten.

In der späten Altsteinzeit tauchen geschnitzte Knochenperlen auf, die teilweise zu Hunderten an einem Kittel befestigt worden sind. Ähnliche Techniken sind auch von den Prärie-Indianern bekannt. Solche Kittel waren sehr aufwendig herzustellen. Es sind auch kleine Röhrenknochen, kleine Sanduhr-förmig geschnitzte Knochen (sie wurden an der dünnen Stelle auf das Leder genäht), Federn und Stachelschwein-borsten als Schmuckelemente an der Kleidung denkbar – wie sie ebenfalls von Indianern bekannt sind. Hier finden sich die Anfänge des Stickens.

Das Nacktsein wird in dieser Epoche noch normal gewesen sein.

In der frühen **Jungsteinzeit** blieb die Kleidung zunächst noch dieselbe wie in der späten Altsteinzeit.

Ab dem Anbau von Pflanzen ab 8500 v.Chr. gab es auch Pflanzenfasern und somit auch Pflanzenstoffe, die man durch Pflanzensäfte färben konnte. Durch die Verwendung von gefärbten Fäden beim Weben konnte man Muster erzeugen. Weiterhin konnte man mit gefärbten Fäden auch Muster sticken.

Da aus der Zeit um 7000 v.Chr. aus Çatal Höyük in Anatolien Wandgemälde bekannt sind, die sehr deutlich Stickereien nachahmen, muss es damals bereits gestickte Wandbehänge gegeben haben.

Die mögliche Vielfalt nahm also deutlich zu – aber die Standard-Kleidung wird noch lange Zeit einfach „naturweiß" gewesen sein, so wie sie u.a. auch von den Ägyptern bekannt ist.

Auch in dieser Epoche gibt es noch keine Anzeichen dafür, daß es üblich war, immer bekleidet zu sein.

Während des **Königtums** wurden nun nach und nach auch feinere und weichere Stoffe hergestellt. Kostbarere und aufwendig hergestellte Stoffe finden sich jedoch erst in der Spätzeit dieser Epoche.

In der ersten Hälfte dieser Epoche war Nacktheit noch normal, wie u.a. die vielen Darstellungen nackter Bauern auf den Feldern zeigen.

Aufgrund der fortgeschrittenen technischen Möglichkeit während des **Materialismus** bei der Herstellung von Fäden, dem Webens, dem Zuschnitts, dem Bedruckens von Stoffen usw. gibt es in dieser Epoche eine große Vielfalt verschiedener Kleidung – sofern man sie sich leisten kann.

Zu Beginn der Epoche der **Globalisierung** ist eine deutliche Tendenz zu ökologisch erzeugten und verarbeiteten und zugleich haltbareren Textilien und zu gerechten Preisen für die Hersteller erkennbar.

l) Schmuck

Für den Schmuck gilt dasselbe wie für die „schönen Stoffe" in dem letzten Kapitel: Die Menschen haben schon immer eine Neigung zum Schönen und zum Schmücken gehabt.

Aus der **Altsteinzeit** ist als Schmuck eigentlich nur die Körperbemalung bekannt. Es hat aber durchaus ein Interesse an den schönen und besonderen Dingen gegeben wie z.B. der Fund einer Sammlung von etlichen Meteoriten zeigt, die von Menschen in der Altsteinzeit angelegt worden ist.

Das Schmücken mit Federn im Haar u.ä. ist gut denkbar, aber leider nicht direkt nachweisbar. Auch das Durchstechen der Ohrläppchen, in die dann ein geschnitzter Knochen gesteckt wird, ist gut denkbar, aber ebenfalls nicht direkt nachweisbar. Da es jedoch beides (und ähnliche andere Schmuckformen) bei Naturvölkern häufig vorkommt, wird es beides auch schon in der Altsteinzeit gegeben haben.

Aus der frühen **Jungsteinzeit** gibt es auch keine direkten Nachweisee für Schmuck. Allerdings wurde in der mittleren Jungsteinzeit das Schmieden entdeckt, sodass es nun Ringe, Amulette u.ä. gab. Auch Perlen aus gebranntem und bemaltem Ton wurden hergestellt.

Es scheint allerdings keinen allgemeinen Brauch, sich zu schmücken, gegeben zu haben.

Aus der ersten Hälfte der Epoche des **Königtums** sind vor allem aufwendig hergestellte Halsketten bekannt. In der zweiten Hälfte dieser Epoche wurden dann auch Halsreifen, Ringe, Haarreifen, Kronen u.ä. üblich.

Derartiger Schmuck scheint aber weiterhin den höheren Schichten vorbehalten gewesen zu sein.

In der **Materialismus**-Epoche wurde der industriell hergestellte und damit auch billige Schmuck allgemein erschwinglich. Es handelt sich dabei vor allem um Ringe, Halsketten, Ohrringe und seltener auch Armreifen.

An neuen Entwicklungstendenzen während der Epoche der **Globalisierung** ist lediglich ein Interesse an „Tribal Art", also an Schmuck und Ornamenten von Naturvölkern erkennbar.

3. Stile

Ⅱ

In der Kunst wird oft über Stile geredet – wobei die Maler eher über neue Farben und Pinsel als über Stile reden und sich auch die Bildhauer ebenfalls eher über eine andere Art Hammer, Schmirgelpapier oder Meißel unterhalten. Aber es gibt die Stile – und der vorherrschende Stil wechselt von Zeit zu Zeit.

So gibt es in der Malerei das Einzelmotiv wie das Mammut an der Wand der Höhle oder es gibt die Gruppe von zusammengehörigen Motiven wie in der Jungsteinzeit, die Standlinie der Figuren wie im Königtum, die Abstrakte Malerei im Materialismus usw. Dieser Aspekt der Stile zeig die innere Ordnung der Bilder in den Menschen: die lose Assoziation in der Altsteinzeit, die Analogie und die Wiederholung und die Gruppe in der Jungsteinzeit, das Prinzip und die systematische Ordnung im Königtum, und die persönliche Freiheit im Materialismus.

Andere Stilelemente sind die naturalistische Darstellung, die idealistische Darstellung, der Pointillismus, der Impressionismus, der Expressionismus, der Kubismus usw. Dieser Aspekt der Stile stellt eine bestimmte Absicht oder Stimmung dar: Der Naturalismus will ein möglichst genaues Abbild der Natur erschaffen, der Pointillismus versucht den Eindruck der vagen Erinnerung an ein Traumbild hervorzurufen, der Impressionismus strebt danach, eine bestimmte Stimmung wiederzugeben, der Expressionismus will eine bestimmte Wirkung hervorrufen, der Kubismus reduziert das Komplexe auf die wesentlichen Grundformen usw.

Ein weiteres Element, das den Stil prägt, ist in der Malerei die Art der verwendeten Farbe, die einen großen Einfluss auf die Ausstrahlung des Bildes hat. Es gibt auch verschiedene spezielle Maltechniken mit derselben Farbe wie beim Aquarellieren z.B. „naß in naß" oder „Schichttechnik", mit denen man bestimmte Effekte hervorrufen kann. Man kann auch Mischtechniken, also verschiedene Farben in einem Bild verwenden, was heute weit verbreitet ist.

Diese Vielfalt an Stilen gibt es auch in allen anderen Kunstrichtungen wie z.B. beim Tanz die Betonung des Rhythmus, die Betonung der Armbewegungen, die Verwendung von Gesten, Stampfen, Sprünge usw. Selbst in der Stickerei gibt es die Weißstickerei, das Klöppeln, die Filigranstickerei, die Verwendung von Goldleder usw.

Ein Künstler kann also, wenn er den Impuls zu einem Kunstwerk in sich spürt, aus eine großen Palette von Kunstrichtungen (Malerei, Dichtung Tanz …), Stilen (afrikanischer Tanz, Flamenco, Headbanging …) und Materialien (Holz, Speckstein, Labradorit …) das auswählen, was für ihn gerade am besten passt.

Er kann natürlich auch jederzeit neue Stile erfinden wie z.B. Salvadore Dali die zerfließenden Formen und er kann auch seiner Kunst eine Geschichte zugrunde legen, wie es z.B. die Band „Yes" und der Maler Roger Dean mit seinen Cover-Entwürfen für diese Band, die eine Geschichte erzählen, gemacht haben.

Der künstlerische Ausdruck hat kaum eine Grenze und es steht jedem offen, noch eine weitere neue Möglichkeit zu entdecken. Allerdings wird ein Kunstwerk niemals nur dadurch gut, dass der Künstler einen neuen Stil entdeckt und verwendet hat oder in sonst einer Weise „neu" ist.

Kunst lebt immer durch ihren Inhalt – durch das, was in dem Betrachter beim Erleben des Kunstwerks anklingt.

4. Kultur

♋

Kunst findet immer in einem Zusammenhang statt: im Leben des Künstlers, in Bezug auf die ihm wichtigen Menschen, in Bezug auf seine Kultur, in Bezug auf die Epoche, in der er lebt, in Bezug auf das vorherrschende Weltbild zu seiner Lebenszeit …

Während seine eigene Biographie und die ihm wichtigen Menschen viele Anregungen für das Erschaffen seiner Kunstwerke liefern werden, prägen die Kultur und das Weltbild den Künstler meistens auf eine ihm nicht unbedingt bewusste Weise. So orientiert sich z.B. fast die gesamte Kunst des Königtums auf den Ursprung, auf das Ideal, auf die Idee, auf den König, auf den einen Gott des Monotheismus, auf die Wahrheit. Dieses eine Grundprinzip, das alles prägt und von dem sich alles herleitet, wird dargestellt. Die Kunst in dieser Epoche zeigt, wie etwas sein sollte.

Diese Prägung bezieht sich natürlich auf alle Arten der Kunst in einer bestimmten Kultur – es gibt also eine Einheit der Kunst zu einem bestimmten Ort und Zeitpunkt, d.h. in einer bestimmten Kultur. Diese Einheit umfasst auch die zu dieser Zeit übliche Logik, das Weltbild, die vorhandene Technik, das Gesellschaftsleben, die Beziehungsformen, die politische Organisation usw. Die Kunst ist zwar das „Geschöpf des Künstlers", aber immer auch ein „Kind ihrer Zeit".

Die Kunst der **Altsteinzeit** zeigt das einzelne Wichtige: die Malerei der fruchtbaren Herdentiere, die Tonskulptur des starken Bären, die Gravur der Mutter, die Elfenbeinschnitzerei des Panther-Jägers, der hölzerne Totempfahl des Seelenvogels …

Die Kunst der **Jungsteinzeit** zeigt die Wiederholung, die Gruppe, die Reihe von Gleichem, den Jahreslauf, den Rhythmus, die Analogie …

Die Kunst des **Königtums** zeigt – wie schon beschrieben – das Prinzip, das Ideal, die Ordnung, die Regel, das Gesetz.

Die Kunst des **Materialismus** zeigt auf vollkommen freie, uneingeschränkte Weise den Einzelnen, seine Gefühle, seine Absichten.

Die Kunst der Epoche der **Globalisierung** hat sich noch nicht so weit entfaltet, dass man schon Genaueres über sie sagen könnte.

Wenn man ein Kunstwerk verstehen will, ist es daher hilfreich, wenn man die Kultur, aus der es stammt, zumindest in den Grundzügen kennt. Es ist zwar schon hilfreich zu wissen, dass ein Bild z.B. aus dem Königtum stammt, aber da z.B. das Königtum des Alten Ägypten, das Königtum im altchinesischen Reich und das Königtum der Inkas zwar dieselbe Grundstruktur und auch dieselben zentralen Symbole haben, ist es dennoch hilfreich, auch die unterschiedliche Symbolik zu kennen.

Man kann aber natürlich auch fragen, welche Bedeutung ein Kunstwerk für einen Betrachter haben kann, wenn man ihm dieses Kunstwerk erst einmal erklären muss – und ob es dann überhaupt eine Bedeutung für ihn haben kann. Doch selbst wenn man keine Hieroglyphen und auch kein Sanskrit lesen kann und auch die komplexe Symbolik der altägyptischen oder der altindischen Kultur nicht kennt, kann man doch das leise, von Seelenfrieden erfüllte Lächeln einer altägyptischen Statue oder einer Buddha-Statue aus Nordindien sofort verstehen.

Ein Kunstwerk kann also zum einen eine spontan zugängliche Ebene haben – die das eigentlich Wertvolle an ihm ist – und zum anderen auch eine Ebene, die man erst einmal erforschen muss – und die dann mit etwas Glück dem Verstand Nahrung bieten kann. Die spontan zugängliche Ebene eines Kunstwerks spricht das in einem an, was in dem Kunstwerk etwas sieht, was man wiedererkennt oder was man zumindest auch selber sucht. Die kulturelle Ebene eines Kunstwerks ist hingegen etwas, was mit dem Verstehen der Welt, der Menschheitsgeschichte, der geschichtlichen Epoche, den verschiedenen Kulturen usw. zu tun hat. Diese zweite Ebene kann durchaus auch bereichernd sein, aber direkter wirksam und meistens auch länger nachwirkend ist jedoch das, was man spontan beim Betrachten eines Kunstwerks erlebt. Diese Kunstwerke – oder Replikationen von ihnen sind diejenigen, die man sich auch gerne in sein eigenes Wohnzimmer stellen würde.

5. Selbstausdruck

♌

Bisher ist die Kunst nur als Eindruck beschrieben worden, also als etwas, das man erlebt. Doch für den Künstler selber ist das Kunstwerk auch ein Selbstausdruck. Das lässt sich ganz einfach erkennen, wenn eine Schulklasse das erste Mal Portrait-Zeichnen hat: Man kann an dem gezeichneten oder gemalten Gesicht zwar oft nicht erkennen, wer gemalt worden ist, aber man kann recht gut sehen, wer es gemalt hat – das Bild ist dem Maler ähnlicher als dem Modell.

Das Prinzip des Selbstausdrucks gilt natürlich auch dann noch, wenn der Maler schon deutlich geübter geworden ist und z.B. die Gesichter anderer Menschen so zeichnen kann, dass man die Gemalten anhand des Bildes sofort wiedererkennen kann. Aber trotzdem hat der Maler ja einen Grund, weshalb er malt – und dieser Grund liegt in aller Regel in ihm selber. Natürlich gibt es auch Auftragsarbeiten oder Maler, die danach gehen, was sich am besten verkaufen lässt, aber das Grundprinzip bleibt trotzdem der Selbstausdruck.

Manchmal werden auch die intimsten Erlebnisse gemalt. So hat z.B. Salvadore Dali seine erste innere Begegnung mit seiner Seele in dem Bild „Der Bahnhof von Perpignan" dargestellt.

Es ist auch möglich, mithilfe des „Ba Gua"-Rasters aus dem chinesischen Feng Shui genau zu beschreiben, in welcher Verfassung und Stimmung ein Maler sein Bild gemalt hat.

Dieses Raster aus drei mal drei Feldern ist auf eine schlichte, logische Weise aufgebaut:

- Die linke Spalte ist die Vergangenheit, die mittlere Spalte ist die Gegenwart und die rechte Spalte ist die Zukunft (das ist durch die Sonne geprägt worden, die auf der Nordhalbkugel immer von links nach rechts läuft);

- die untere Zeile ist wenig Energie, die mittlere Zeile ist mittelviel Energie und die obere Zeile ist viel Energie.

Aus der Kombination dieser beiden Qualitäten ergeben sich dann die Qualitäten der neun Felder. In der unteren der vier Zeilen in jedem der neun Felder steht jeweils *kursiv* die klassische chinesische Bedeutung des Feldes, und darüber die Herleitung dieser Bedeutung.

viel Energie	viel Energie	viel Energie
+ Vergangenheit	+ Gegenwart	+ Zukunft
= Sponsor, Helfer	= Krönung, Ruhm	= Ziel, Ideal
Fülle, Gedeihen	*Ruhm, Ansehen*	*Beziehungen, Liebe*
mittlere Energie	mittlere Energie	mittlere Energie
+ Vergangenheit	+ Gegenwart	+ Zukunft
= Herkunftsfamilie	= Zentrum, Mitte, Thema	= eigene Familie
Eltern, Rückhalt	*Ich, Kraft, Gesundheit*	*Kinder, Kreativität*
wenig Energie	wenig Energie	wenig Energie
+ Vergangenheit	+ Gegenwart	+ Zukunft
= Ausgangspunkt, Lernen	= Fundament, Halt	= Ausruhen, Scheitern
Wissen, Lernen	*Beruf, Erspartes*	*Reisen, Helfer*

Wenn man dieses Verfahren z.B. auf das Bild „Sternennacht" von Vincent van Gogh anwendet, kommt man zu der folgenden Beschreibung:

Rechts oben (Ziel) ist der Mond als das auffälligste Element auf dem Bild – er war offenbar die Motivation für das Malen. Der Mond weist auf die Nacht und die Träume hin – man kann als Thema des Bildes also Gefühle, Wünsche und innere Bilder annehmen. Der Mond – also das auffälligste Motiv des Bildes – steht am Ort der Ziele, der Ideale, der Wünsche und der Liebe. Es wir hier also um einen Wunschtraum gehen.

Unten ist eine Stadt auf der Ebene des niedrigen Energie-Niveaus im Bild – van Gogh wollte mit dem Mond über diese Ebene hinausgelangen.

Links ragt ein Thuja, eine Zypresse o.ä. dunkel in die Höhe – das Streben nach einem höheren Energieniveau hat in der Vergangenheit nicht weit geführt hat, da es dunkel bleibt. Der Mond ist also das Symbol für das Ziels, das man in der Vergangenheit nicht erreicht hat. Der dunkle Thuja bzw. die Zypresse hindert den Maler daran, von der Vergangenheit links im Bild zu der Gegenwart in der Bild-Mitte und zu dem Ziel rechts oben zu gelangen. Der Thuja ist folglich eine Blockade im Leben des Malers.

Von links unten ragen Berge nach rechts Mitte empor – unten eine dunkle Reihe Berge, darüber eine hellere Reihe Berge. Die nach rechts aufsteigende Linie ist die

Bewegung der Hoffnung auf bessere Zeiten (ein in Richtung Zukunft ansteigendes Energieniveau). Das Helle über dem Dunklen hat dieselbe hoffnungsvolle Bedeutung – diese Bewegung Richtung Mond (Ziel) ist allerdings durch den dunklen Thuja blockiert.

Von links oben kommt ein heller Wirbel in die Mitte hinein und läuft dann jedoch nach rechts Mitte hin aus. Das ist eine Hoffnung auf Hilfe von außen – vielleicht auch die Hoffnung auf die Zustimmung einer Frau auf eine Beziehung, da die Linie rechts in der Mitte endet, wo sich die selber gegründete Familie befindet. Dort rechts außen in der Mitte ist der Gegensatz von dunkel und hell auch am stärksten – die Essenz der Dramatik der Gefühle, die diesem Bild zugrunde liegen. Der helle Wolkenwirbel versucht das Mond-Ziel zu erreichen, aber er scheitert an dem krassen Gegensatz zwischen der dunklen Erde-Realität und dem hellen Mond-Traum über ihm.

Wenn man in van Goghs Biographie nachschlägt, was er zu der Zeit erlebt hat, in der er dieses Bild gemalt hat, stellt man fest, dass er zu diesem Zeitpunkt auf heftige Weise unglücklich verliebt gewesen ist.

Der bisher in diesem Kapitel beschriebene Selbstausdruck ist sehr unbewusst, doch es gibt natürlich auch den bewussten Selbstausdruck wie das bereits angeführte Bild von Salvadore Dali zeigt, in dem er eine für ihn sehr wichtige Vision gemalt hat.

Die Beispiele hier stammen alle aus der Malerei, weil sie dort am einfachsten zu beschreiben sind. Am leichtesten zugänglich sind die einem Kunstwerk zugrunde-liegenden Gefühle jedoch in der Musik – sie ist eine internationale Sprache, die niemand erst zu erlernen braucht.

Was bedeutet nun „Selbstausdruck" für den, der sich da in einem Kunstwerk selber ausdrückt? In der Regel wird er sich selber oder die Dinge, die ihm wichtig sind – also letztlich auch wieder sich selber – in seinen Kunstwerken darstellen. Warum sollte er auch etwas, das ihm unwichtig ist darstellen wollen? Das Erlebnis, erfolgreich sich selber oder ein wichtiges eigenes Erlebnis oder etwas Ähnliches in einem Kunstwerk dargestellt zu haben, kann man im Grunde nicht beschreiben, sondern nur erleben. Möglicherweise ist dies am einfachsten beim Musik-Improvisieren möglich.

Dieses Gefühl ist ein Ankommen, eine tiefe Zufriedenheit, eine Genugtuung, eine Selbstbestätigung, eine Selbstgewissheit … man hat eine innere Erkenntnis oder man hat eine Selbsterkenntnis im Außen verankert. Das gibt dieser Erkenntnis eine neue Form der Realität, die sie vorher noch nicht gehabt hat.

6. Techniken

♍

Techniken sind etwas, wofür sich vor allem die Künstler selber interessieren und weniger die Kunstbetrachter – manchmal schauen auch die Kunstkritiker auf die Techniken, doch wirklich wichtig sind sie vor allem für die Künstler selber.

- Welches Reimschema eignet sich für dieses Lied am besten?

- Mit welcher Methode kann man am besten eine Forelle in einem Bach malen?

- Welches Holz ist für Skulpturen im Außenbereich empfehlenswert?

- Wie kann ich am besten etwas in diesen Kupferring gravieren?

- Worauf muss man achten, damit ein Musikstück wie ein Reggae klingt?

- Mit welchem Garn stickt man auf einer Altardecke am besten die Gesichter?

- Welcher Edelstein passt zu diesem Ohrring?

- Welches Tattoo passt zu mir?

- Welche Saiten passen am besten zu dieser alten Laute?

- Welche Tänze wollt ihr auf eurer Hochzeit haben?

- Welches Öl kann ich als Firnis für dieses Bild benutzen?

- Welches Schmirgelpapier gibt dem Goldring den besten Glanz?

- Welche Personen sollten in diesem Schauspiel auftreten?

Das ist nur eine kleine Auswahl der technischen Fragen, mit denen Künstler ständig konfrontiert werden. Künstler leben zwar viel aus dem Gefühl und der Ästhetik heraus, doch sie müssen zu einem gewissen Grad auch gute Handwerker sein. Nur ein perfekter Handwerker zu sein führt jedoch auch nicht weit, weil dann die Form vollkommen, aber ohne Inhalt ist. Die besten Kunstwerke entstehen natürlich dann, wenn jemand wirklich „etwas zu sagen hat" und zugleich auch ein guter Handwerker ist.

Das Kunstwerk beginnt damit, dass der Künstler ein Bild in sich findet, das er ausdrücken will. Zunächst einmal muss er dieses Bild klar genug greifen, dann wird er evtl. eine Skizze anfertigen und sich dann fragen, welches Material und welche Technik er benutzen will, damit das Kunstwerk den Ausdruck bekommt, den es haben soll. Das ist nicht ganz einfach und ohne ein wenig Übung und Erfahrung kaum wirklich sicher zu entscheiden.

Natürlich gibt es auch Kunstwerke, die anders entstehen. So wird z.B. von vielen modernen Liedern zuerst die Melodie erschaffen und dann ein passender Text dazu gesucht – und manchmal wird dieser Text dann auch noch gegen einen neuen Text ausgetauscht – wie z.B. bei „Echos" von Pink Floyd, in dem ursprünglich eine Weltall-Szenerie und keine Meeres-Szenerie beschrieben worden ist. Auch „Yesterday" von den Beatles ist zuerst nur eine Melodie mit dem Arbeitstitel „Srambled Eggs" („Rührei") gewesen, zu der erst nachträglich ein Text entworfen worden ist.

In der Malerei gibt es das Verfahren, dass man einfach mal zu malen anfängt und schaut, was dabei herauskommt. Doch bei den meisten Kunstwerken, die eine größere Wirkung entfaltet haben, hat es eine klare Absicht gegeben, die die Quelle dieses Kunstwerks gewesen ist. Diese Absicht ist dann anschließend sozusagen das „Herz" oder die „Seele" des Kunstwerks.

Eine spezielle Form der Kunst kann man bei Handwerkern finden, die ihr Leben lang z.B. nur eine bestimmte Art von Tontöpfen auf der Töpferscheibe gedreht und anschließend mit immer denselben traditionellen Mustern bemalt haben. Nach etlichen Jahrzehnten derselben Tätigkeit bekommt das, was dabei erschaffen wird, auch ohne die bewusste Anstrengung des Handwerkers schließlich eine Tiefe, die man kaum nachahmen kann. Dies liegt einfach dran, dass sich der Handerker durch seine endlosen Wiederholungen derselben Tätigkeit schließlich ganz mit dieser Tätigkeit verbunden hat.

Er wird sozusagen – ohne jemals in einem Zen-Kloster gewesen zu sein – zu einem Zen-Mönch, der ganz bei der einen Sache ist, die er tut und die dadurch eine schlichte Tiefe erhält.

Ein anderes Beispiel für diese Art von Kunst ist der Maler, der sein Leben lang nichts anderes als den heiligen japanischen Berg Fujiyama gemalt hat, oder der alte Gitarrenbauer, der immer nur Flamenco-Gitarren gebaut hat und immer nur Flamencos gespielt hat. Wenn man ihn dann mit 75 Jahren auf einer seiner Gitarren spielen hört, ist das unnachahmlich.

7. Schönheit

♎

Kann man eigentlich etwas Allgemeingültiges über die Schönheit sagen? In dem Sprichwort heißt es doch „Wat dem een sing Uhl, iss dem anneren sing Nachtigall!" oder auf Hochdeutsch: „Was für den einen wie eine Eule klingt, klingt für den anderen wie eine Nachtigall."

Es lässt sich aber trotzdem einiges über die Schönheit sagen.

Zunächst einmal ist die Schönheit etwas, was die Allermeisten als eine positive Eigenschaft ansehen würden – obwohl mein Freund einmal meinte „Ästhetik stört mich nicht." Es gibt eben auch die Pragmatiker, die vor allem interessiert, ob etwas funktioniert oder nicht – und nicht wie das, was funktioniert, aussieht.

Andererseits wird es wohl kaum jemanden geben, der nicht sagen kann, welche Frau oder welchen Mann er bzw. sie schön findet – wobei die Meinungen da sehr weit auseinandergehen können. Schönheit scheint also auch subjektiv zu sein. Man kann daher zumindest vermuten, dass Menschen andere Menschen oder Dinge als schön empfinden, wenn sie ihnen entweder ähnlich sind oder sie an etwas erinnern, was sie sich wünschen, wenn die Kunstwerke die Menschen also an ein Ideal erinnern.

Dann kann man auch noch allgemein sagen, dass Schönheit eine der Eigenschaften des Ideals ist, das in der Epoche des Königtums, des Monotheismus und der Philosophie angestrebt wird. Daher ist die „zeitlose Schönheit" die Qualität, die die Künstler in dieser Kunst dieser Epoche zu erreichen versuchen. Dieses Ideal ist auch das, was das Ziel aller Menschen in dieser Zeit gewesen ist. In manchen Kulturen gab es sogar ein explizites Bild und einen Namen für dieses Menschen-Ideal wie im Judentum „Adam Kadmon", im Buddhismus „Buddha" und im Taoismus das „Wu Wei". Im Christentum gibt es nur eine kollektive Darstellung dieses Ideals: das Neue Jerusalem aus der Johannes-Offenbarung.

In der Epoche des Materialismus steht hingegen die Darstellung heftiger Gefühle im Mittelpunkt, die von den Gemälden von Faunen und Zentauren durch Arnold Böcklin über die sozialkritischen Werke von Berthold Brecht bis hin zu der Rockmusik im Stil der Rolling Stones – z.B. „Sympathy for the Devil" – reichen.

Es gibt auch noch eine weitere notwendige Voraussetzung dafür, dass ein Kunstwerk schön aussieht: die Selbstähnlichkeit.

Nur wenn ein gemalter Mensch, die Statue einer Gottheit, ein Tempel, ein Gedicht oder ein Lied in sich schlüssig ist, kann es als schön empfunden werden. Diese

Schlüssigkeit, die eine notwendige Eigenschaft der Schönheit ist, besteht darin, dass alle Teile des Ganzen „aus einem Guss" sind, dass sie alle dieselbe Qualität haben, dass sie als organische Teile eines Ganzen erkennbar sind

Es gibt natürlich auch Kunstwerke, bei denen das nicht der Fall ist, in denen es große Spannungen gibt – aber diese Kunstwerke wird man eher spannend oder dramatisch als schön und ästhetisch empfinden.

Diese Selbstähnlichkeit kann man z.B. bei jedem Menschen finden, da bei ihnen jeder einzelne Teil seines Leibes denselben Stil hat. Dieser Stil lässt sich z.B. durch das Horoskop des Betreffenden beschreiben. Dieses „aus einem Guss sein" zeigt sich auch darin, dass man mithilfe der Handlinien, der Fußreflexzonenmassage, der Iris-Diagnose, der Ohr-Diagnose usw. jeweils zu derselben Diagnose gelangt – der Charakter des Ganzen zeigt sich in allen seinen Teilen. Dadurch wird das Ganze sowohl als organisch und auch als lebendig und nicht als tot erkannt. Die Selbstähnlichkeit entsteht dadurch, dass jedes Lebewesen aus einer einzigen befruchteten Eizelle heraus entstanden ist, deren Charakter sich in allen ihren Tochterzellen und schließlich in dem ganzen Lebewesen zeigt. Das Horoskop ist eine Beschreibung dieser grundlegenden Qualität, dieser jedes Detail prägenden Eigenschaft.

Wenn ein Kunstwerk daher schön werden soll, d.h. wenn es die Qualität der Selbstähnlichkeit haben soll, muss der Künstler es entweder sehr schnell erschaffen, sodass es den Zustand in dem Augenblick, in dem der Künstler es erschaffen hat, widerspiegelt, oder der Künstler muss es aus einem lebendigen inneren Bild heraus, aus einer Vision heraus erschaffen haben. In dem zweiten Fall wird die Ausstrahlung des Kunstwerks deutlich größer und die Schönheit des Kunstwerkes offensichtlicher sein als in dem ersten Fall.

Wenn sich diese Vision dann noch auf etwas bezieht, das alle Menschen in ähnlicher Weise kennen oder erlebt haben, dann kann das Kunstwerk eine intensive Schönheit ausstrahlen – zumindest dann, wenn sich die Vision des Künstler auf den lebendigen Idealzustand eines Menschen oder einer Sache bezogen hat.

Das Ideal der Epoche des Königtums ist eine Weiterentwicklung der „Richtigkeit" der Jungsteinzeit gewesen, die bei manchen Völkern auch als „Schönheit" bezeichnet worden ist. Diese Richtigkeit ist die Geradheit des Pfeils, die Zentriertheit der Achse der Töpferscheibe, die Rundheit des Rades, die Schärfe des Messers, die Süße des Honigs, die Festigkeit der Hausbalken, der passende Aussaattermin usw. Wenn alle Dinge in dieser Weise „richtig" waren, dann konnten die Menschen leben und gedeihen.

Aus diesem eher handwerklich-praktischen Schönheits-Verständnis wurde nach und nach die zeitlose Schönheit der Epoche des Königtums, das aus der ständig wiederholten richtigen Handlung wie z.B. dem Stimmen der Harfe das Urbild der Richtigkeit erschuf. Daher erhielt der Sonnengott als Erhalter der Richtigkeit bei den Griechen, den Germanen und den Kelten eine Harfe als Symbol: die drei „Harfen-Götter"

Apollon, Bragi und Dagda.

Schließlich wurde auch noch das Verhalten selber als schön, d.h. als richtig angesehen, das zu dem kollektiven Gedeihen führte. Den Charakter, den diese Richtigkeit in der Jungsteinzeit gehabt hat und die die Grundlage für die Schönheit war, kann man gut anhand der Begriffe aus den alten Kulturen, in denen diese jungsteinzeitliche Vorstellung noch lebendig ist bzw. war, erkennen:

Germanen:	*sidr*	„althergebrachte Weise"
Chinesen:	*tao*	„Weg"
Römer:	*ritus*	„Rad"
Hethiter:	*aya*	„Rad"
Inder (alt):	*rita*	„Rad"
Perser:	*asha*	„Rad"
Inder (neu):	*dharma*	„Versmaß"
Kelten:	*fhirinne*	„Wahrheit"
Slawen:	*prawda*	„Wahrheit"
Griechen:	*dikaios*	„Gerechtigkeit"
Ägypter:	*ma'at*	„Mutter"
Sumerer:	*me*	„Mutter"
Tibeter:	*tashi*	„glückliches Schicksal"
Navahos:	*ho'zhong*	„Schönheit"

usw.

Diese Richtigkeit und Schönheit ist folglich der traditionelle Weg zu leben, der richtig wie die Rundheit eines Rades und schlüssig wie ein gutes Versmaß ist und daher die Wahrheit enthält und zur Gerechtigkeit führt. Diese Qualität der Richtigkeit ist ein Geschenk der Muttergöttin, die durch diese Richtigkeit den Menschen ein glückliches Schicksal und die Schönheit gibt.

Die Navaho-Indianer haben viele rituelle Lieder über diese Richtigkeit, die von ihnen „Schönheit" genannt wird. Diese Schönheit ist die Weise, in der sie zu leben trachten, sie ist die Qualität, die aus der Selbsttreue und aus der Treue zu der Gemeinschaft und aus dem Bewahren des Lebens heraus entsteht – eine Qualität und eine Haltung, die auch wir heute in der beginnenden Epoche der Globalisierung sehr gut brauchen können:

I walk in beauty before me,
I walk in beauty behind me,
I walk in beauty above me,
I walk in beauty below me.

I walk in beauty all around me,
as I walk my life the beauty way,
as I walk my life the beauty way.

My thoughts will all beautyful,
My words will all beautyful,
My actions will all beautyful,
as I walk my life the beauty way,
as I walk my life the beauty way.

Diese Auffassung von Schönheit ist deutlich tiefer und umfassender als die Auffassung, die heute weit verbreitet ist und die sich eher am Taillenumfang und an dem vermuteten Preis der Kleidung orientiert ...

Es gibt aber durchaus auch Ansätze, die eine neue, der Epoche der Globalisierung entsprechende Vorstellung von Schönheit künstlerisch darstellen. So hat z.B. eine CD der Band Nightwish die Evolution des Lebens auf der Erde zum Thema und trägt den Titel „Endless Forms most beautiful".

8. Ausdruck

♏

Was ist das, was den Künstler zu der Erschaffung des Kunstwerkes bewegt hat? Was empfindet der Betrachter des Kunstwerks? Und was kann das Kunstwerk bewirken? Und gibt es vielleicht sogar eine von dem Künstler gewollte Wirkung? Was ist die Motivation in der Kunst?

Vermutlich gibt es darauf keine allgemeingültige Antwort, aber man kann immerhin sagen, dass ein Kunstwerk nur dann wichtig werden kann, wenn es dem Betrachter in irgendeiner Form „unter die Haut geht". Das ist dann der Fall, wenn das Kunstwerk von etwas ausgeht, was in dem Künstler mit intensiven Gefühlen aufgeladen ist, und wenn es diese oder sehr ähnliche Gefühle auch in dem Betrachter gibt.

Bei manchen Kunstwerken ist das offensichtlich. So hat Arnold Böcklin 1877 in dem Bild „Schlafende Diana, von zwei Faunen belauscht" zwei Faune dargestellt, von der sich der eine über die halbnackte schlafende Göttin hermachen will, aber von dem anderen Faun festgehalten wird. Das Gefühl und den inneren Widerstreit, der hier dargestellt wird, braucht man niemandem zu erklären.

In dem Bild „Die Toteninsel" hat Böcklin 1883 ein Boot dargestellt, das mit einem Toten zu einer Insel fährt, auf der er bestattet werden soll – wenn man das Bild sieht, wird man plötzlich ganz still, weil die Endgültigkeit des Todes so deutlich zu spüren ist. Dieses Bild hat den russischen Komponisten Sergei Rachmaninow so sehr beeindruckt, dass er dazu 1909 eine sinfonische Dichtung geschrieben hat, die diese betroffene Stille deutlich wiedergibt.

Auch das Bild „Die Erscheinung", das Gustave Moreau 1876 gemalt hat, in der Salome den von ihr geforderten Kopf von Johannes dem Täufer vor sich sieht, hat dieses Erschrecken, wenn man das Bild zum ersten Mal erblickt.

Ein anderes Beispiel ist der 1. Satz der 5. Sinfonie von Ludwig van Beethoven, den die meisten Menschen zumindest in der westlichen Zivilisation kennen werden, weil er derart eindrücklich ist.

Ähnlich ist es mit der Toccata und Fuge von Johann Sebastian Bach. Auch dieses Orgelstück hat eine Intensität und derart heftige Gefühle, dass es unter den klassischen Musikstücken sofort auffällt.

Es gibt solche Werke aber auch aus neuerer Zeit. So hat der Maler Roger Dean für die Band Yes für deren Live-Album „Yessongs" ein Innencover gemalt, auf dem ein Hirsch über einen unüberwindbaren Abgrund zu einem anderen Hirsch auf der anderen Seite des Abgrundes hinüber blickt. Auch hier sind die dargestellten Gefühle sofort deutlich.

Dasselbe gilt für das Lied „Yesterday" von den Beatles, das durch Text und Melodie die Gefühle nach dem plötzlichen, unerklärten Ende einer Beziehung darstellt, die auch sehr vielen Menschen bekannt sein werden.

Eine ganz andere Form von „ergreifender Kunst" findet sich z.B. auf dem Petersplatz vor dem Vatikan in Rom. Auf den beiden Viertelkreis-Kolonaden stehen die Statuen von insgesamt 80 Heiligen und oben auf der Vorderfront des Petersdoms zwischen den beiden Kolonaden stehen Christus und die zwölf Apostel. Wenn man dort auf dem Petersplatz ein wenig still wird, kann man die Präsenz und die Qualität dieser Versammlung sehr deutlich spüren.

Es hat den Anschein, als ob die meisten der „ergreifenden Kunstwerke" mit voller Absicht so erschaffen worden sind, wie sie dann geworden sind. Der Künstler hat etwas gespürt oder sich nach etwas gesehnt, dem er dann eine Form gegeben hat. Dieser Vorgang ist nicht immer gleich bewusst abgelaufen, aber es hat den Anschein, als ob dabei jedes Mal etwas Wesentliches aus der Psyche an die Oberfläche gelangt sei.

Viele Kunstwerke – Bilder, Musik, Gedichte, Statuen und anderes – berühren fast jeden, der sie sieht oder hört wie z.B. das Gedicht „Der Zauberlehrling" von Johann von Goethe, das die Unvorsichtigkeit darstellt, oder „Der römische Brunnen" von Conrad Ferdinand Meyer, das den ständigen Wandel beschreibt.

Andere Kunstwerke stellen weniger allgemeine Gefühle dar und sind daher auch nur für weniger Menschen zugänglich wie „Der gute Mensch von Sezuan", das Berthold Brecht über Lao tse geschrieben hat, oder „Sympathy for the Devil", das die Rolling Stones über das Wirken des Teufels auf der Erde komponiert haben. Doch auch wenn diese Kunstwerke weniger grundlegende Themen aufgreifen – oder dies in einem Stil tun, der nicht alle anspricht – entspringt der tiefe Eindruck, den diese Kunstwerke bei vielen Menschen hinterlassen, doch einem intensiven Gefühl. In dem Beispiel von Brechts Gedicht ist dies die Notwendigkeit, sich selber darum zu kümmern, dass das Leben besser wird, und im Beispiel des Songs der Rolling Stones die Brutalität, mit der die Menschen sich in den Kriegen und oft auch im Frieden gegenseitig behandeln.

Kunstwerke können nur dann eine tiefe Wirkung haben, wenn sie etwas Wesentliches auf eine intensive Weise ausdrücken.

9. Ziele

Was soll Kunst bewirken? Soll sie eigentlich etwas bewirken? Oder bewirkt sie einfach manchmal etwas, auch wenn das nicht gewollt ist?

Manchmal gibt es eine klare Absicht wie z.B. bei der Anlage des Petersplatzes in Rom – dort ist die geordnete Versammlung der Apostel und der Heiligen rings um Christus eindeutig und eindrucksvoll und wird zudem noch durch den altägyptischen Obelisken auf der Mitte des Platzes gebündelt und zu Gott Vater „im Himmel" in Bezug gesetzt. Solch eine Architektur und solch eine Bildhauerkunst kann nicht zufällig entstehen.

Auch solche Werke wie „Das Glasperlenspiel" von Hermann Hesse, in der der „Spielmeister" in mehrtägigen Reden anschaulich die Zusammenhänge innerhalb eines Themas und auch die Zusammenhänge zu anderen Themen sowie die Analogie im Aufbau zwischen dem betrachteten Thema und anderen Themen schrittweise entfaltet und darlegt, haben eine sehr klare Absicht. Im Fall dieses Hesse-Romans ist diese Absicht die Vertiefung und ein organisches Zusammenwachsen des Wissens, das dann wieder zur Weisheit führt. Das ist etwas, das ganz offensichtlich auch heute noch dringend gebraucht wird.

Bei manchen gesungenen Hymnen ist die Absicht des Kunstwerkes offensichtlich – z.B. bei den Nationalhymnen der verschiedenen Völker, aber auch bei den im Kult der verschiedenen Religionen gesungenen Liedern, von denen viele ebenfalls Hymnen sind.

Auch die indischen und thailändischen Tempeltänze und auch die afrikanischen und indianischen Ritualtänze haben eine klare Absicht: Sie rufen in den meisten Fällen eine Gottheit oder die Ahnen oder die eigene Seele herbei.

Wenn ein Kunstwerk eine Absicht hat, dann ist es eigentlich immer auf ein Ideal ausgerichtet und stellt dieses Ideal dar, um es denen, die dieses Kunstwerk – meistens ein Bild, eine Statue, ein Lied oder ein Tanz – erleben, dabei zu helfen, diesem Ideal näher zu kommen. Das muss nicht unbedingt ein religiöses Lied sein – auch wenn das in den meisten Fällen so sein wird – sondern es kann sich auch um ein politisches Lied wie z.B. „Brüder, zur Sonne …" handeln, das in diesem Fall ursprünglich aus der Arbeiterbewegung in Russland stammte, aber von vielen anderen Arbeiterbewegungen bis nach dem 2. Weltkrieg gesungen worden ist.

Ein Kunstwerk, das eine Wirkung haben soll, ist ein Mittel zum Zweck, also ein

Handwerkszeug, das eine Veränderung in der Welt hervorrufen soll. Auch viele Kolossalbauten wie die Ka'aba in Mekka, der buddhistische Tempel Borobudur auf Java, der Kölner Dom, aber auch Bauten wie das World Trade Center oder die Hochhäuser im Zentrum von Frankfurt am Main sollen eine Botschaft verkünden – entweder eine religiöse Botschaft oder wie im Fall der genannten Hochhäuser die Proklamation der eigenen Größe.

Manche Kunstwerke – vor allem die, die mit einem großen Aufwand erschaffen worden sind, haben eine Absicht, sie sollen eine Wirkung ausüben, sie sollen etwas verkünden. Auch die meisten der sieben Weltwunder der Antike haben eine solche Aufgabe gehabt.

- **die Pyramiden von Gizeh**: Sie wurden zwischen 2620 und 2500 v.Chr. als Grabmale für drei Pharaonen errichtet und sind 147m, 144m und 65m hoch. Die Pyramide war die Mitte der Welt und das Tor zum Jenseits.

- **die hängenden Gärten der Seramis**: Diese vermutlich um ca. 580 v.Chr. fertiggestellten Terassengärten hatten eine Fläche von 120m x 120 m, besaßen einen Höhenunterschied von 30m und wurden künstlich bewässert. Sie hatten wie ein heutiger Park vor allem eine ästhetische Funktion.

- **der Tempel der Artemis in Ephesos**: Er wurde um ca. 530 v.Chr. fertiggestellt und war der größte Tempel der Antike mit einer Grundfläche von 112m x 58m. Er diente der Verehrung der wichtigsten kleinasiatischen Muttergöttin.

- **die Zeus-Statue von Olympia**: Diese 13m hohe, aus Gold und Elfenbein bestehende Statue, die auf einem Thron aus Ebenholz saß, wurde um 430 v.Chr. fertiggestellt. Sie stellte den Göttervater dar, der die kultische Wettkampfkampfstätte beschützte.

- **das Mausoleum von Halikarnassos**: Das um 350 v.Chr. errichtete Grabmal des Maussolos hatte eine Grundfläche von 32m x 39m und eine Höhe von 46m. Solche Grabmäler dienen zum einen der Selbstverherrlichung des Toten, aber zum andern sind sie auch Darstellungen des Jenseitstores und gehen wie die Pyramiden, die Tempel und die Steinkreise auf die frühjungsteinzeitlichen Tempel von Göbekli Tepe zurück, die ihrerseits steinerne Schwitzhütten sind.

- **der „Koloss von Rhodos"**: Er ist eine um 292 v.Chr. fertiggestellte, 30m hohe Bronze-Statue des griechischen Sonnengottes Helios über der Einfahrt zum Hafen, der die Insel Rhodos beschützen sollte.

- **der Leuchtturm von Alexandria**: Er wurde um 279 v.Chr. fertiggestellt und war sowohl der erste Leuchtturm als auch mit einer Höhe zwischen 115m und 160m bis in die Neuzeit hinein der höchste Leuchtturm. Er hatte eine rein technische Funktion.

10. Öffentlichkeit

V3

Wenn Kunst in der Öffentlichkeit gezeigt wird oder explizit für die Öffentlichkeit erschaffen wird, geschieht dies meistens mit einer sehr klaren Absicht. Diese Absicht hängt davon ab, wer der Initiator dieser Kunst ist.

So haben z.B. sehr hohe Kolossalstatuen von Politikern bereits eine lange Tradition:

Vallabhbhai Patel (indischer Politiker, 1875-1950)	182m
Chimalli-Krieger (Indianer, Mexiko)	65m
Guan Yu (chinesischer General, 160-219 n.Chr.)	61m
Guan Yu (chinesischer General, 160-219 n.Chr.)	48m
José Maria Morelos (Mexiko, Freiheitskämpfer; 1765-1815)	40m
Soldat des 2. Weltkriegs (Russland)	36m
Nero (Römischer Kaiser)	35m
Jalesveva-Jayamahe (indonesischer Marineoffizier)	31m
Arminius (BRD; germanischer Feldherr; 17v.Chr. - 21n.Chr)	27m
Ramses II (ägyptischer Pharao, Feldherr 1303-1213 v.Chr.)	20m

Immerhin findet sich bei dieser Auflistung von Heerführern auch ein Freiheitskämpfer (Patel, ein Mitstreiter von Mahatma Gandhi) und eine Statue für die Opfer der Krieger (Indianer).

Ähnlich wie diese Feldherren-Statuen sind die drei „Heimat-Stauten":

Mutter Heimat (Russland)	85m
Mutter Ukraine (Ukraine)	62m
Afrikanische Familie (Senegal)	49m

Auch einer allgemeine politisch-gesellschaftliche Qualität (Freiheit) und einem Entdecker (Kolumbus) ist eine der großen Statuen geweiht worden:

Freiheitsstatue (USA)	46m

Christoph Kolumbus (Spanien)   45m

Der weitaus größte Teil – ca. ¾ der Statuen – sind Darstellungen von Gottheiten, Erleuchteten und Heiligen.

Buddha (Myanmar)	116m
Buddha (China)	108m
Buddha Amitabha (Japan)	100m
Buddha Avalokiteshvara (China)	99m
Buddha (Thailand)	93m
Buddha Avalokiteshvara (Japan)	92m
Buddha Avalokiteshvara (Japan)	88m
Buddha Siddhartha (China)	88m
Buddha Avalokiteshvara (Japan)	80m
Buddha Avalokiteshvara (China)	78m
Buddha Avalokiteshvara (China)	76m
Vishnu (Indien)	75m
Buddha Avalokiteshvara (Japan)	73m
Buddha Maitreya (Taiwan)	72m
Buddha Avalokiteshvara (Japan)	68m
Kuan Yin (chinesische Göttin)	62m
Buddha Avalokiteshvara (Japan)	62m
Buddha (Thailand)	59m
Buddha Avalokiteshvara (Japan)	57m
Buddha Avalokiteshvara (Japan)	56m
Buddha Avalokiteshvara (Japan)	50m
Santa Rita de Cássia (Brasilien)	50m
Buddha Avalokiteshvara (Japan)	49m
Heilige Maria (Venezuela)	47m
Buddha (Thailand)	45m
Shiva (Nepal)	44m
Murugan (indischer Kriegsgott; Malaysia)	43m
Buddha Avalokiteshvara (Japan)	42m
Buddha Samantabhadra (China)	42m
Hanuman (Indien, Affengott)	41m
Buddha Avalokiteshvara (China)	41m
Buddha Siddhartha (Bhutan)	40m
Heilige Maria (Bolivien)	37m

Jesus Christus (Polen)	36m
Heilige Maria (Bolivien)	34m
Heilige Maria (Frankreich)	33m
Jesus Christus (Vietnam)	32m
Jesus Christus (Philippinen)	31m
Jesus Christus (Indonesien)	30m
Heilige Maria (Ecuador)	30m
Helios (Koloss von Rhodos)	30m

Es fällt auf, dass 25 dieser 41 religiösen Statuen Buddha darstellen – und dass unter den 21 höchsten Statuen nur zwei sind, die nicht Buddha darstellen. Es fällt ebenfalls auf, dass es unter diesen 41 Statuen nur 7 weibliche Statuen gibt – und dass diese auch eher klein sind. Die größte von ihnen ist die chinesische Muttergöttin Kuan Yin. Die 10 christlichen Statuen, von denen 5 Maria, 4 Christus und eine Santa Rita darstellen, finden sich vor allem am unteren Ende dieser Liste.

15 der 25 Buddha-Statuen stellen Buddha Avalokiteshvara dar, den Buddha des Mitgefühls. Die chinesische Göttin Kuan Yin, der die größte der Göttinnen-Statuen geweiht ist, ist die weibliche Entsprechung zu Buddha Avalokiteshvara. Wenn man dann noch die zehn christlichen Statuen hinzunimmt, die die Nächstenliebe verkörpern, kommt man auf 25 Statuen, die die Liebe zwischen den Menschen darstellen. Auch die übrigen 10 Buddha-Statuen verkörpern ein friedliches Leben und ebenso die drei Heimat- und Familien-Statuen, sodass immerhin 38 „Friedens-Statuen" den 10 kriegerischen Statuen (die Indianer-Statue wurde hier nicht mitgerechnet, dafür jedoch der kriegerische Gott Murugan) gegenüberstehen.

Gemessen an diesen Statuen besteht also noch Hoffnung auf Frieden auf Erden.

Bei dem Thema „Kunst in der Öffentlichkeit" lassen sich die großen Statuen leicht erfassen. Doch auch die Malerei, der Tanz, der Gesang, das Schauspiel, die Architektur usw. gehören zu der Kunst, die in der Öffentlichkeit in Erscheinung tritt.

Diese öffentliche Kunst lässt sich im Grunde leicht in Gruppen einteilen: Während der Altsteinzeit und der Jungsteinzeit hatte alle Kunst einen magisch-mythologisch-religiösen Hintergrund. Das blieb auch während des Königtums weiterhin so – lediglich der König selber, der sich als „Sohn eines Gottes", „Gott auf Erden" oder als „König von Gottes Gnaden" ansah, ließ auch für sich selber Kunstwerke – Paläste, Statuen, Bilder, Hymnen usw. – erschaffen. Bis zu dem Ende der Epoche des Königtums wurde auch fast ausschließlich der Idealzustand von etwas oder manchmal auch der Weg dorthin dargestellt.

Erst im Materialismus löste sich diese klare Ordnung auf und die Kunst begann vielfältiger und individueller zu werden, als die Künstler damit begannen, nicht mehr nur die Ideale, sondern auch den Alltag oder die Schattenseiten der Welt darzustellen und darüber hinaus zu diesen allgemeinen Darstellungen von kollektiven Werten oder Ereignissen auch Darstellungen von eigenen Erlebnissen und Gefühlen hinzuzufügen. Dadurch entstanden auch die ersten Museen, die solche individuellen Werke sammelten. In der Zeit vor dem Materialismus gab es nur selten bekannte Künstler – in der Regel zählte das Kunstwerk und das durch das Kunstwerk dargestellte Ideal und nicht der Künstler.

Eine Zwischenform gab es in der Zeit zwischen dem magisch-mythologischen Weltbild der Jungsteinzeit und dem monotheistisch-philosophischen Weltbild des Königtums. In dieser Übergangsphase wurden wie z.B. auf der altgriechischen Vasenmalerei eine Vielfalt von mythologischen Themen dargestellt.

Generell kann man sagen, dass die Kunst bis zum Ende der Epoche des Königtums religiös geprägt gewesen ist und danach allmählich individueller und zum Teil auch politischer geworden ist.

11. Utopie

≈

Welche kollektive Wirkung hat die Kunst? Welche kollektive Wirkung sollte sie haben? Wie sollte sie heute wirken?

In der Religion, die bis vor 500 Jahren das fast die gesamte Kunst prägende Thema gewesen ist, wurde das Ideal dargestellt. Die Kunst gab den Menschen damals ein anschauliches Weltbild und daher auch eine Orientierung in der Welt. Durch die Tempel, die Götterstatuen, die Malerei, die Lieder, die Tänze usw. sowie durch den gesamten Kult mit all seinen Bräuchen, Ritualen und Festen wurde das richtige Verhalten, das zu einem erfüllten Leben führt, dargestellt. Die religiöse Kunst war damals das, was heute die Schulen sind: Die Kunst zeigte damals, wie die Welt ist – sie erklärte das aktuelle Weltbild, das sich damals nur sehr, sehr langsam veränderte.

Die Kunst hat daher früher einen weitaus größeren Eindruck auf die Menschen gemacht als in der heutigen Zeit, in der es neben den Dingen des Alltags die Bücher, das Fernsehen, das Internet, die Kinos usw. gibt. Früher gab es neben den Feldern, den Viehweiden und den Dörfern nur noch die Kirche und die Feste – und für die Gebildeten ein paar wenige Bücher. In solch einem Zusammenhang hat die Kunst eine ganz andere, sehr viel prägendere Wirkung.

Allerdings hat sich die heutige Kunst durchaus auch auf diese veränderte Situation eingestellt, um eine Wirkung ausüben zu können. So ist der Film an die Stelle des Schauspiels und der stillen Betrachtung der Bilder, die innen an die Wände der Kirchen gemalt worden waren, getreten. In Filmen wie „Star Wars" oder den MCU-Filmen treten zudem Gestalten auf, die man durchaus als Halbgötter auffassen kann und die auch „Helden" oder „Superhelden" genannt werden. Wenn man in einer Grundschule arbeitet oder auf dem Pausenhof die Aufsicht hat, kann man an den Spielen der Kinder deutlich sehen, wie sehr diese Filme die inneren Bilder dieser Kinder geprägt haben – ähnlich wie die Kunst vor 1000 Jahren, die damals fast ausschließlich religiös gewesen ist. Auch noch heute prägen die Darstellungen von Helden-Vorbildern die inneren Bilder der Kinder.

Die Kunst hat auch heute noch eine solche Bild-gestaltende Wirkung auf die Menschen wie früher. Auch solche Statuen wie die der Freiheitsstatue oder solche schlichten Bilder bzw. Symbole wie die Fahnen der einzelnen Länder dienen auch noch heute als Kristallisationspunkte für Ideen, Weltanschauungen und nationale Identitäten. Die kollektive Wirkung der Kunst ist also nach wie vor sehr groß – auch wenn sich die Medien, die in der Kunst benutzt werden, deutlich geändert haben.

103

Ein Grund, warum die Kunst auch heute in dem Zeitalter der Informations-Überfülle noch eine Wirkung haben kann, liegt daran, dass vor allem in den Filmen auch Themen aufgegriffen und durchdacht und Konsequenzen durchgespielt werden, die auch aktuell von großer Brisanz sind. Daher kann die Kunst noch immer Lösungsvorschläge für Konflikte und andere Schwierigkeiten bieten. Zu diesen Themen gehören die künstliche Intelligenz („Matrix", „Age of Ultron"), das Zusammenfinden von Individuen zu einer Gemeinschaft („Avengers"), der Umgang mit Behinderten („Was ist schon normal?"), die Selbstfindung („Und täglich grüßt das Murmeltier") und die Überbevölkerung („Infinity War"; „Endgame").

Im Idealfall stellt die Kunst also auch heute noch das Ideal und den Weg dorthin dar – einschließlich der Schwierigkeiten und Konflikte auf diesem Weg sowie der Bewältigung dieser Probleme.

12. Urbilder

H

Ein Kunstwerk berührt einen Menschen am meisten, wenn es etwas Wesentliches darstellt und ein Bild in dem Menschen anklingen lässt. Die wichtigsten Bilder im Menschen sind die Urbilder, die Archetypen, die zu einem sehr großen Teil mit den Göttern und Göttinnen identisch sind. Daher sind die Götter auch lange Zeit die wichtigsten Themen in der Kunst gewesen: angefangen von den Mutter-Statuetten und den Pantherjäger-Statuetten, den Stiertänzer-Gravuren und den Seelenvogel-Totempfählen in der Altsteinzeit über die Vielfalt der Gottheiten in der Jungsteinzeit bis zu dem Einen Gott und den Engeln in der Epoche des Königtums. Im Materialismus wurden vorübergehend die einzelnen Erlebnisse und Gefühle der Menschen dargestellt, doch am Anfang der Epoche der Globalisierung scheint es eine „Rückkehr zu den Göttern" einschließlich der Magie in der Form der Helden und Superhelden zu geben.

Die religiöse Kunst stellt die Urbilder der jeweiligen Kultur dar und entwickelt sie ihrerseits durch die Darstellung weiter. Die Gesamtheit dieser Götter und Göttinnen – bzw. Helden und Heldinnen – mitsamt den kleineren Gottheiten und ihrer Taten ist das kollektive Unterbewusstsein. Die Kunst macht also im Idealfall das kollektive Unterbewusstsein sichtbar.

Wenn in einer Kultur oder in der Menschheit als Ganzes neue Probleme und Herausforderungen auftauchen, wird irgendjemand damit beginnen, eine Geschichte dazu zu schreiben oder einen Film dazu zu drehen, in dem dieses Thema auf dramatische Weise betrachtet wird. Diese Darstellungen werden dann zu Bildern in der Psyche der Zuschauer und wenn der Film erfolgreich ist und von vielen gesehen wird, werden diese Bilder schließlich zu Urbildern – wie z.B. die Lichtschwerter und die beiden intelligenten, aber sehr verschiedenen Roboter R2D2 und C3PO aus „Star Wars".

Manche dieser Filme tragen auch viele Elemente aus den verschiedensten Quellen zusammen und verbinden sie zu einer neuen, lebendigen Einheit. Das beste Beispiel ist vermutlich der Film „Avatar": Die Story benutzt viele Motive der „Indianer und Cowboy"-Filme; die Story, die Eingeborenen von Pandora und der Bösewicht entstammen der „Onkel Dagobert"-Geschichte „Rückkehr zu den Zwergindianern" von Don Rosa; die futuristischen Hubschrauber sind den „Spirou und Fantasio"-Comics über „Zyklotrop" von André Franquin entlehnt; der Heimatbaum stammt aus dem Film „Pocahontas" von Disney; die leuchtenden Pflanzen sind eine Darstellung der hellseherischen Wahrnehmung der Lebenskraft aus den Darstellungen in der psychedelischen Kunst sowie in den „Star Wars"-Filmen („Machtblitze") und in den MCU-Filmen („Dr. Strange"); das Volk auf Pandora hat Ähnlichkeiten mit den Gestalten in dem Musical „Cats"; die Landschaften, die fliegenden Berge und die Drachen entstammen den Schallplatten-Covern von Roger Dean; das Avatar-Prinzip entstammt den PC-Rollenspielen; usw. Trotzdem – oder gerade deshalb – ist dieser Film sehr beeindruckend, da er das heutige technisierte Leben dem Leben der „Wilden" in der Natur auf Pandora gegenüberstellt und auf diese Weise sehr deutlich macht, dass unsere heutige Kultur nicht das Höchste ist, was Menschen erreichen können.

Was bislang noch nicht oder nur in geringen Ansätzen geschehen ist, ist der Versuch, eine neue Art von Geschichte zu erzählen, die nicht den Kampf und die Konkurrenz, sondern die Kooperation zum Thema hat, die in der heutigen Epoche der Globalisierung so dringend benötigt wird. Einige Versuche in diese Richtung sind Hesses „Glasperlenspiel", Hans Bemmans „Stein und Flöte" oder mein eigener „Maran"-Zyklus.

Es gibt auch in den MCU-Filmen einige neue Ansätze wie die Gleichberechtigung und Tiefe der verschiedenen Kulturen: „Thor" zeigt teilweise die germanische Religion, „Black Panther" die afrikanische Kultur, „Shang Chi" die chinesische Kultur und Religion, „Miss Marvel" die indisch-pakistanische Kultur usw.

Es werden neue Geschichten und neue Urbilder gebraucht, die Geschichten über das Stiften von Frieden, Geschichten über erfolgreiche Zusammenarbeit, Geschichten über Bewusstwerdung, Geschichten über kollektive Verantwortung und über kollektives Vertrauen und über andere ähnliche Themen erzählen, die die Strukturen und Dynamiken und Ideale der gerade erst begonnenen Epoche der Globalisierung beschreiben. Durch solche Geschichten, die vorwiegend Roman-Form oder Film-Form haben werden, kann die Kunst Urbilder erschaffen bzw. die alten Geschichten und Urbilder weiterentwickeln, und den Menschen wieder Orientierung in ihrer seit 1945 stark veränderten kollektiven Lebenssituation auf der Erde Orientierung geben.

Solche neuen Geschichten und Urbilder wären eine große Hilfe. Das ist etwas, was in den meisten Fällen nicht von Wissenschaftlern oder Politikern oder Priestern erschaffen wird, sondern eben von Künstlern, die allerdings ein Verständnis für Wissenschaft, Politik und Religion haben sollten, da in der heutigen Zeit eine Synthese dieser drei Bereiche ausgesprochen sinnvoll wäre. Damit ist nicht eine alles beherrschende dogmatische Religion, die die Wissenschaft zur Unterdrückung verwendet, gemeint, sondern eine Synthese des wissenschaftlichen Weltbildes und des magisch-religiösen Weltbildes, an dem sich dann wiederum die Politiker orientieren.

Es wäre sehr erfreulich, wenn sich einige Dutzend Schriftsteller und Regisseure – am besten aus den verschiedensten Kulturen – solche „neuen Geschichten" erzählen würden. Dann hätte die Kunst wieder ihre eigentliche Aufgabe ergriffen: Die vorhandenen Urbilder sichtbar machen und die dringend benötigten Urbilder und Geschichten zu erschaffen und sichtbar zu machen, damit die Menschen wieder Vorbilder und Ideale haben, die ihnen Orientierung in ihrem Leben geben können.

Schließlich lernen die Menschen am einfachsten durch Nachahmung …

Die 12 Wurzeln eines erfüllten Lebens

Entwürfe für die Zukunft – Band 33

Inhaltsübersicht

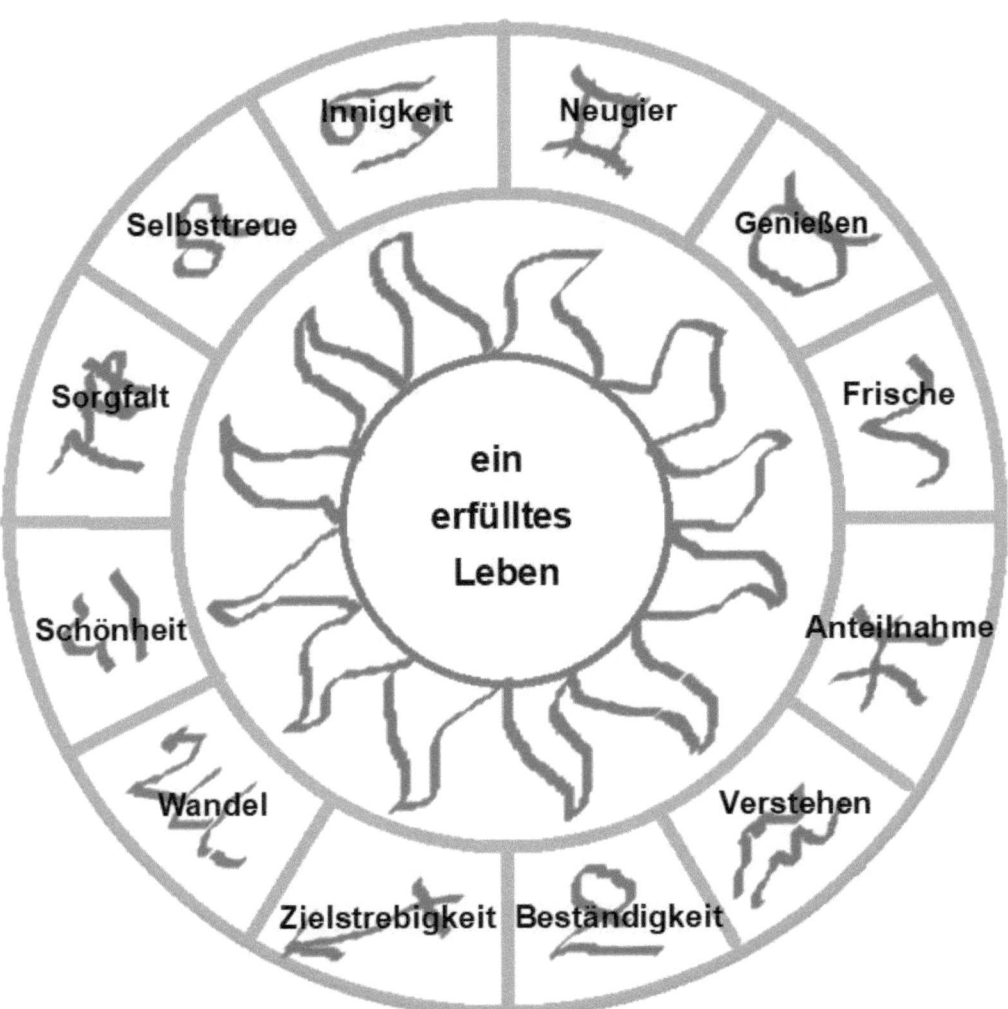

1. Frische

♈

Die erste Gabe, die hilft, ein erfülltes Leben zu führen, ist die Direktheit in der Begegnung mit Menschen, Tiere, Pflanzen und Dingen. Durch diese Unbekümmertheit kann man die Dinge weitgehend so wahrnehmen wie sie sind – man fügt noch nichts zu der eigenen Wahrnehmung hinzu und lässt auch nichts fort. Diese Gabe ist sozusagen die Friedenszeiten-Version des Mutes. Sie hilft, den Dingen wie ein kleines Kind naïv und spielend zu begegnen.

Der Lebensbereich, in dem diese Gabe gebraucht wird, ist das Hier und Jetzt, also die Situation, in der man gerade ist. Diese Gabe entfaltet sich in der Begegnung mit dem Neuen und Unbekannten und sie ermöglicht es, in jeder Lage entscheidungsfähig und handlungsfähig zu bleiben.

Wenn man diese Gabe hat, wird man zu einem „spontanen Taoisten". Dann wird man die Welt aus dem Blickwinkel der Neuschöpfung betrachten und in jedem Augenblick den eigenen Tanz tanzen können.

Diese Widder-Gabe der frischen Direktheit macht es einfach, die Dinge einfach mal anzupacken und etwas zu gründen oder zu verändern. Sie sind die stürmischen Gründer bei der Entwicklung eines funktionsfähigen und lebensförderlichen globalen Weltbildes. Sie warten nicht, bis ein anderer mit etwas Sinnvolles beginnt und machen dann mit, sondern sie sehen selber etwas und tun etwas. Sie sind alles andere als Mitläufer. Sie folgen stets dem Spruch „Wann, wenn nicht jetzt? Wer, wenn nicht ich?"

Im Bereich der Lebenskraft und der Spiritualität betont der Widder – wie in allen anderen Lebensbereichen auch – das „Sei jetzt hier". Sein wichtigster Helfer ist sein großer Mut.

Bei einem Zuviel von dieser Widder-Gabe oder durch die einseitige und ständige Anwendung nur dieser einen Gabe wird diese spontane Frische jedoch zu tollpatschiger Unbedachtsamkeit.

Hier kann ein wenig Ausgleich helfen: Die Widder-Gabe der spontanen Direktheit und die Waage-Gabe des abwägenden Entgegenkommens sind Ergänzungs-Gegensätze. Folglich sind das impulsive „aus dem Augenblick heraus Handeln" des Widders und das Miteinander-Reden der Waage als Paar kreativer als einzeln.

Mit welcher Lebensweise wird man glücklich, wenn man von der Direktheits-Gabe des Widders geprägt ist? Man braucht die Freiheit, in jedem Augenblick völlig unge-bunden entscheiden zu können, was man tut.

Wie sieht ein von diesem Mut erfülltes Leben aus? Abenteuerlich – und voller unerwarteter, spontaner Wendungen, die man nicht so sehr als Gefahr, sondern als erfrischend und belebend empfindet.

Welche Schwierigkeiten kann man beim Erreichen dieses Zieles der Ungebundenheit haben? Man könnte zu viele Menschen vor den Kopf stoßen und hin und wieder auch mal zu spontan und unbedacht sein, sodass man mit aller Kraft in die falsche Rich-tung rennt.

Was könnte die Lösung dafür sein? Nun – der gerade Weg führt zwar meistens mit dem Kopf durch die Wand … aber sich seiner selber und seiner Entscheidungen bei allem, was man tut, ganz klar bewusst zu sein, hat noch niemandem geschadet.

Im Tarot wird diese Fähigkeit des Widders durch die Karte „Magier" dargestellt, der die Initiative, aber auch die Bewusstheit und die klare Absicht darstellt. Das „As der Stäbe" stellt die Kraft an sich dar und der „Bube der Stäbe" den Beginn von neuen Handlungen.

Im I Ging finden sich zwei Sprüche, die diese Haltung beschreiben:

> *„Das Schöpferische bringt großen Erfolg."*
> *„Schwierigkeiten am Anfang – großer Erfolg."*

In der Astrologie ist der Mars, der der Gott der Taten und des Kampfes ist, mit diesem Widder-Lebensstil verwandt.

Berühmte „Doppel-Widder" (Sonnenzeichen und Aszendent sind Widder) sind u.a.: Helmut Kohl (Bundeskanzler), Joschka Fischer (Außenminister), Heath Ledger (Schauspieler), Anthony Fokker (Flugzeugkonstrukteur), Johann Sebastian Bach (Komponist) und Samantha Fox (Sängerin).

Die Weisheit des Widder-Stils lautet: **„Tue es jetzt!"**

- - -

Munter springt der Widder auf,
singt und hüpft den Hang hinauf;
lärmt und lacht – stets wild, nie sacht,
tollt und tanzt in seinem Lauf.

Er ist der, der alles beginnt,
er ist der, der Dinge ersinnt;
der erschafft, das Feuer entfacht,
und der dann aus Spaß gewinnt.

Vieles bringt ihn voll in Wut,
Er entfacht den Zorn zur Glut;
ohne Pfad – beginnt die Tat:
macht das Neue voller Mut.

- - -

(Die hier von mir gewählte Strophen- und Reimform ist von J.R.R. Tolkien erschaffen worden, um in seinen Romanen „Der Hobbit" und „Herr der Ringe" die Form und die Stimmung der altgermanischen Dichtung in etwa wiedergeben zu können.)

2. Genießen

♉

Die zweite Gabe, die hilft, ein erfülltes Leben zu führen, ist das Sammeln, Bewahren, Hüten und Genießen. Dadurch hat man stets die Dinge um sich und die Dinge zur Hand, die einem gut tun. Man schafft sich das bestmögliche Biotop. Das, was gut und wahr und richtig ist, erkennt man mit dieser Grundhaltung daran, dass man es von Herzen genießen kann.

Der Lebensbereich, in dem diese Gabe gebraucht wird, ist der Besitz: der eigene Leib, die Gesundheit, die Körperpflege, die Kleidung, die Möbel, die Wohnung, das Haus, der Wohnort, das Bankkonto. Diese Gabe entfaltet sich in der Begegnung mit dem Abstoßenden und mit dem Anziehenden und sie ermöglicht es, das Bekömmliche aufzunehmen und zu horten und alles andere fernzuhalten. Dadurch verdirbt man sich nie den Magen.

Wenn man diese Gabe hat, wird man zu einem „gemütlichen Hedonisten". Dann wird man die Welt aus dem Blickwinkel der Leckerbissen betrachten und stets einen Kuchen im Kühlschrank haben. Lieber weniger Arbeit und weniger Geld – aber dafür viel Zeit.

Diese Stier-Gabe des Beschützens des Angenehmen macht es einfach, die Notwendigkeit des Beendens der Umweltverschmutzung einzusehen und dies auch zu fördern. Sie sind die sorgsamen Bewahrer der Erde bei der kollektiven Entwicklung eines funktionsfähigen und lebensförderlichen globalen Weltbildes und eines diesem Weltbild entsprechenden Verhaltens. Sie fördern den Umweltschutz und tun etwas gegen die Klimaerwärmung und gegen das Artensterben, da sie ihr Genießen nicht gefährden wollen.

Im Bereich der Lebenskraft und der Spiritualität kümmert sich der Stier vor allem um die Heilung. Sein wichtigster Helfer ist der Schutz seines eigenen Bereichs.

Bei einem Zuviel von dieser Stier-Gabe oder durch die einseitige und ständige Anwendung nur dieser einen Gabe wird diese Genussfähigkeit jedoch zur Genußsucht und zur Völlerei.

Hier kann ein wenig Ausgleich helfen: Die Stier-Gabe des Aufnehmens des Genußvollen und die Skorpion-Gabe des Abstoßens des Unangenehmen sind Ergänzungs-Gegensätze. Folglich sind die Nahrungsaufnahme des Stiers und die Nahrungsausscheidung des Skorpions als Paar kreativer als einzeln.

Mit welcher Lebensweise wird man glücklich, wenn man von der Genießer-Gabe des Stiers geprägt ist? Man sammelt das Gute und hält das Schlechte fern. So einfach ist das.

Wie sieht ein von diesem Sammeln und Beschützen und von diesem Streben nach Behaglichkeit erfülltes Leben aus? Es besteht aus Arbeit für das Angenehme und aus dem gemeinsamen Genießen dieses Angenehmen zusammen mit Freunden und Verwandten.

Welche Schwierigkeiten kann man beim Erreichen dieses Zieles des Gedeihens haben? Zu viele Fülle, Genußsucht, Gier oder auch Trägheit und Übergewicht – aber das muss ja nicht zwangsläufig so sein.

Was könnte die Lösung dafür sein? Der zweite Satz im Orakel von Delphi nach dem berühmten „Erkenne Dich selbst" lautet „Nichts im Übermaß". Dieses Erkennen und Einhalten des rechten Maßes in allen Dingen führt zum Erblühen der Genießer-Gabe.

Im Tarot wird diese Fähigkeit des Stiers durch die Karte „Mäßigkeit" dargestellt, dessen englischer Name „temperance" besser mit „das rechte Maß" übersetzt werden sollte. Die „Herrscherin" verkörpert das Gedeihen und auch die Erdgöttin, die das Ziel bzw. das Urbild dieser Fähigkeit sind. Die „Drei der Kelche" und die „Vier der Stäbe" betonen den Aspekt des Feierns und Genießens.

Im I Ging finden sich drei Sprüche, die diese Haltung beschreiben:

> *„Es ist von Nutzen, das Land aufzubauen."*

> *„Der überlegene Mann genießt Speise und Trank."*

> *„Der überlegene Mann ist maßvoll im Essen und Trinken."*

In der Astrologie ist die Venus, die die Göttin der Liebe und der Schönheit ist, mit diesem Stier-Lebensstil verwandt.

Berühmte „Doppel-Stiere" sind u.a.: Steve Winwood (Musiker), David Beckham (Fußballer), Immanuel Kant (Philosoph), Gary Cooper (Schauspieler), George Lucas (Regisseur), Ulysses Grant (US-Präsident), Ho Chi Minh (nordvietnamesischer Politiker), Karl Barth (Theologe), Barbara Streisand (Sängerin, Schauspielerin) und Cate Blanchett (Schauspielerin).

Die Weisheit des Stier-Stils lautet: **„Pflegen bringt Segen."**

- - -

Kommt zu uns, wir essen Kuchen
an den Tischen unter Buchen;
trinkt am Stein den weißen Wein,
Freunde braucht ihr nicht zu suchen.

Schützt den Garten mit dem Zaun,
pflegt die Blumen, hegt den Baum:
unser Platz ist unser Schatz,
das ist unser Lebensraum.

Leben wollen wir bewahren,
Vögel, Tiere – alle Scharen;
lasst uns Blüten schützen, hüten,
jetzt und auch in vielen Jahren.

3. Neugier

♊

Die dritte Gabe, die hilft, ein erfülltes Leben zu führen, ist die Neugier, die hinter jede Ecke schaut und die jedes Wort ein paarmal umdreht, um zu sehen, was man noch damit machen könnte. Man entdeckt, wie abwechslungsreich die Welt und das Leben sein können. Dieser sehr bewegliche Blick und diese rasche Auffassungsgabe führen auch zu einer gewissen Pfiffigkeit in dem, was man macht und wie man es macht.

Der Lebensbereich, in dem diese Gabe gebraucht wird, ist das Erkunden der Vielfalt der Möglichkeiten, der Kontakte, der Wege und der Ansichten. Diese Gabe entfaltet sich in der Begegnung mit dem Neuen und Unbekannten und sie ermöglicht es, dem Interessanten zu folgen und das Langweilige nicht weiter zu beachten. Daher wird man auch nie um einen amüsanten Kommentar verlegen sein.

Wenn man diese Gabe hat, wird man zu einem „fröhlichen Hüpfer". Dann wird man die Welt aus dem Blickwinkel der neuesten Neuigkeiten betrachten und stets auch ein paar neue Reiseziele parat haben.

Diese Zwillings-Gabe des Einfallsreichtums macht es leicht, nach neuen Technologien zu suchen, die das Leben einfacher machen und die die aktuellen Schwierigkeiten teilweise lösen können. Sie sind die einfallsreichen Pfadfinder bei der Entwicklung eines funktionsfähigen und lebensförderlichen globalen Weltbildes.

Im Bereich der Lebenskraft und der Spiritualität hat der Zwilling wie überall keine vorgefertigte Meinung, sondern probiert die Dinge ganz offen einfach mal aus und schaut, was welche Wirkung hat. Sein wichtigster Helfer ist seine Beweglichkeit.

Bei einem Zuviel von dieser Zwillings-Gabe oder durch die einseitige und ständige Anwendung nur dieser einen Gabe wird diese Neugier jedoch zur ruhelosen Unstetigkeit.

Hier kann ein wenig Ausgleich helfen: Die Zwillings-Gabe der Orientierung in der Vielfalt und die Schütze-Gabe des Ausrichtens auf ein einziges Ziel sind Ergänzungs-Gegensätze. Folglich sind der Rundumblick des Zwillings und die Zielfixierung des Schützen als Paar kreativer als einzeln.

Mit welcher Lebensweise wird man glücklich, wenn man von der Beweglichkeits-Gabe des Zwillings geprägt ist? Man braucht eine Vielfalt von Erlebnissen und genügend Abwechslung in der täglichen Routine.

Wie sieht ein von dieser Umtriebigkeit erfülltes Leben aus? Bunt – wie sonst?

Welche Schwierigkeiten kann man beim Erreichen dieses Zieles der Begegnungs-Vielfalt haben? Flatterhaftigkeit kann ein Problem sein, auch das nicht-beenden-Können der Dinge, die man tut, oder auch das sich-Verzetteln.

Was könnte die Lösung dafür sein? Das ist auch hier die Wachheit, die Bewusstheit, die hilft, nichts Übereiltes zu tun und die die möglichen Folgen der eigenen Neugier abschätzen kann.

Im Tarot wird diese Fähigkeit des Zwillings durch die Karte „Narr" dargestellt, die die Bereitschaft verkörpert, sich Neues und Fremdes anzuschauen, auch wenn man noch gar nichts über dieses Neue weiß. Das „As der Schwerter" betont hingegen allgemein die Wachheit und der „Bube der Schwerter" die rasche Auffassungsgabe und die Bereitschaft, Dinge auszuprobieren.

Im I Ging findet sich ein Spruch, die diese Haltung beschreibt:

„Die Rede des überlegenen Mannes sollte gehaltvoll sein. "

In der Astrologie ist der Merkur, der der Gott des Denkens und der Neugier ist, mit diesem Zwillings-Lebensstil verwandt.

Berühmte „Doppel-Zwillinge" sind u.a.: Dietrich Fischer-Dieskau (Opernsänger), Rahul Gandhi (Politiker), Henry Kissinger (US-Außenmister), Richard Wagner (Komponist), Jacques Offenbach (Komponist), Dante Alighieri (Autor), Theo Lingen (Schauspieler) und Steffi Graf (Tennisspielerin).

Die Weisheit des Zwillings-Stils lautet: **„Die Welt ist bunt ..."**

- - -

Wir werden Nützlich-Neues finden,
wir werden Tat um Tat verbinden;
Ideen wecken, Rat entdecken,
und sie zu Lösungen verwinden.

Warum die alten Straßen gehen?
Wo nur die alten Mauern stehen?
Neue Wege, neue Stege –
wir woll'n den Pfad zur Zukunft sehen!

Das Handwerk, Technik – alles Wissen,
wir finden das, was wir vermissen:
mit Geschick, mit klarem Blick,
werden wir die Segel hissen!

4. Innigkeit

♋

Die vierte Gabe, die hilft, ein erfülltes Leben zu führen, ist die Tiefe des Empfindens und Fühlens. Dadurch erkennt man die Dinge von innen her, es entsteht ein inneres Bild von den Dingen und man erkennt, womit man verwandt ist und womit nicht. Aus dieser Haltung ergibt sich eine Innigkeit des Kontaktes, der Nähe und des Erlebens.

Der Lebensbereich, in dem diese Gabe gebraucht wird, ist die Familie, die Sippe und die Heimat. Diese Gabe entfaltet sich in der Begegnung mit dem Fremden und mit dem Verwandten und sie ermöglicht es, aus dem Verwandten einen „warmen inneren Kreis" zu erschaffen und das Fremde in dem kalten Draußen stehen zu lassen. Dadurch wird man nie einsam.

Wenn man diese Gabe hat, wird man zu einem „gefühlsbetonten Gemütsmenschen". Dann wird man die Welt aus dem Blickwinkel der Innigkeit betrachten und immer für ein wenig mehr Wärme und Geborgenheit bereit sein.

Diese Krebs-Gabe des Spürens der Lebenskraft macht es einfach, im Gesundheitswesen ganzheitliche Heilungsweisen zu befürworten, die u.a. auch das soziale Umfeld, die Psyche und die Lebenskraft berücksichtigen. Sie sind die einfühlsamen Heiler bei der Entwicklung eines funktionsfähigen und lebensförderlichen globalen Weltbildes.

Im Bereich der Spiritualität sieht der Krebs die Lebenskraft in allem und die Muttergöttin als die beiden wichtigsten Dinge an. Sein wichtigster Helfer ist seine Mutter. Er fördert die Massage, die Akupunktur, das Reiki, das energetische Feng Shui und ähnliche Methoden.

Bei einem Zuviel von dieser Krebs-Gabe oder durch die einseitige und ständige Anwendung nur dieser einen Gabe kann diese Innigkeit jedoch zur lästigen Bemutterung und zu einem Festklammern werden.

Hier kann ein wenig Ausgleich helfen: Die Krebs-Gabe des Schutzes des Innen und die Steinbock-Gabe des Schutzes des Außen sind Ergänzungs-Gegensätze. Folglich sind das Leben im Innen des Krebses und das Leben im Außen des Steinbocks als Paar kreativer als einzeln.

Mit welcher Lebensweise wird man glücklich, wenn man von der Empfindsamkeits-Gabe des Krebses geprägt ist? Man braucht einen Kreis von Verwandten und engen Freunden rings um sich und will alle in diesem Nest gedeihen lassen und behüten.

Wie sieht ein von dieser Weichheit erfülltes Leben aus? Voller Nähe und Geborgenheit und Anteilnahme ...

Welche Schwierigkeiten kann man beim Erreichen dieses Zieles der behüteten Empfindsamkeit haben? Möglicherweise kapselt man sich gegen das Außen ab, möglicherweise fürchtet man alles Fremde, vielleicht wird man überbehütend und zu sehr bemutternd ...

Was könnte die Lösung dafür sein? Man kann auch die anderen als Wesen sehen, die ein Innen haben, das sie beschützen, und dass es immer wieder Situationen geben kann, in denen man sich auch dem völlig Fremden vertrauensvoll öffnen kann. Auch die Zuversicht, dass man sich im Notfall immer selber schützen kann, ist hilfreich.

Im Tarot wird diese Fähigkeit des Krebses durch die Karte „Königin der Kelche" dargestellt, die die Fülle der Gefühle und den intuitiven Umgang mit ihnen repräsentiert. Das „As der Kelche" ist die Essenz und die Quelle aller Gefühle und die „Zehn der Kelche" ist die glückliche Familie, die der Lebensinhalt des Krebses ist.

Im I Ging finden sich vier Sprüche, die diese Haltung beschreiben:

> *„Der überlegene Mann übt seine Erziehungspflicht aus."*
>
> *„Ein Mädchen zu heiraten bringt Glück."*
>
> *„Er trinkt den Wein voller Vertrauen – kein Tadel."*
>
> *„Bist Du ohne Berechnung aufrichtig und gütig, so bringt das großes Glück. Die Menschen werden Deinem gütigen Wesen trauen."*

In der Astrologie ist der Mond, die die Göttin des Gemüts und der Lebenskraft sowie das Urbild der Mutter ist, mit diesem Krebs-Lebensstil verwandt.

Berühmte „Doppel-Krebse" sind u.a.: Peter Weller (Schauspieler), Henry Rider Haggard (Schriftsteller), Gustav Knuth (Schriftsteller), Ross Perot (US-Politiker), Franz Alt (Journalist), Alfred Biolek (Showmaster) und Miraya Vadra Gandhi (Tochter der Politikerin Priyanka Gandhi).

Die Weisheit des Krebs-Stils lautet: **„Seelen-Wärme heilt alle Wunden."**

- - -

All die Wärme ist hier innen,
tanzen, über Träume sinnen;
Kinder führen, Liebe spüren,
Sieh! Das Leben kann beginnen.

Das ist unser neues Nest,
unser Schutz – sehr stark und fest;
unser Heim, nie mehr allein,
Mutter, die uns nie verlässt.

Mit dem Chi den Kranken heilen,
im Gespräch mit ihm verweilen;
Nöte lindern, Ängste mindern,
und die Hoffnung mit ihm teilen.

5. Selbsttreue

♌

Die fünfte Gabe, die hilft, ein erfülltes Leben zu führen, ist die Zentrierung auf die eigene Mitte. Das ist die Wurzel der Aufrichtigkeit, der Eigenständigkeit, des Selbstausdrucks, der Selbstverwirklichung und der Selbsttreue. Durch diese Gabe gelangt man zu dem „von sich selber erfüllt sein" und beginnt zu strahlen wie eine Sonne.

Der Lebensbereich, in dem diese Gabe gebraucht wird, ist das Streben nach Selbsterkenntnis und Selbstausdruck und daher auch alle Formen der Therapie und der Meditation. Diese Gabe entfaltet sich in der Begegnung mit dem, was zu einem gehört, und mit dem, was nicht zu einem gehört. Sie ermöglicht es, das Eigene zu einem strahlenden Ich zu verschmelzen, und sich um das, was nicht zu einem selber gehört, nicht groß zu kümmern. Dadurch wird man nie von sich selber entfremdet.

Wenn man diese Gabe hat, wird man zu einem „strahlenden König". Dann wird man die Welt aus dem Blickwinkel der eigenen Mitte betrachten und sich über jede Art der Selbsterkenntnis freuen. Diese Selbsterkenntnis und die sich aus ihr ergebende Selbsttreue ist für den Löwen auch das Fundament jeglicher Weiterentwicklung der Menschheit als Ganzer.

Diese Löwe-Gabe der Selbstzentriertheit lässt es als vollkommen selbstverständlich erscheinen, dass die verschiedensten Methoden der Selbsterkenntnis, Selbstheilung und der Förderung der Selbsttreue für jeden kostenfrei zur Verfügung stehen müssen. Diese Menschen sind die vielseitigen Therapeuten bei der Entwicklung eines funktionsfähigen und lebensförderlichen globalen Weltbildes.

Im Bereich der Lebenskraft und der Spiritualität ist für den Löwen das Kennenlernen der eigenen Seele und anschließend das Leben aus seiner eigenen Seele heraus das Wichtigste. Folglich ist seine Seele auch sein wichtigster Helfer.

Bei einem Zuviel von dieser Löwe-Gabe oder durch die einseitige und ständige Anwendung nur dieser einen Gabe wird diese Selbstzentriertheit jedoch zu einer platten Egozentrik.

Hier kann ein wenig Ausgleich helfen: Die Löwe-Gabe der Hervorhebung des Besonderen an ihm selber und die Wassermann-Gabe der Hervorhebung des Allgemeingültigen bei allen sind Ergänzungs-Gegensätze. Folglich sind die Kenntnis der individuellen Ausformung des Löwen und die Kenntnis des allgemeinen Prinzips des Wassermanns als Paar kreativer als einzeln.

Mit welcher Lebensweise wird man glücklich, wenn man von der Selbstvertrauens-Gabe des Löwen geprägt ist? Man will eigenständig und selbstbestimmt das eigene Leben führen und gestalten.

Wie sieht ein von dieser Selbstliebe erfülltes Leben aus? Man fördert das, was man selber im Innersten ist – und man fördert das Erkennen dieses Samenkorns des eigenen wahren Wesens im Herzchakra, also die eigene Seele, auch bei allen anderen.

Welche Schwierigkeiten kann man beim Erreichen dieses Zieles der Selbstbezogenheit haben? Man könnte auf eine niveaulose Weise egoistisch werden, sich selber überschätzen, sich selber für das Maß aller Dinge halten und dergleichen mehr. Auch Angeberei und Schüchternheit und ebenso – wenn das rechte Maß ganz verloren gegangen sein sollte – Größenwahn und Minderwertigkeitskomplexe sind möglich.

Was könnte die Lösung dafür sein? Das Sicherste ist das Kennenlernen der eigenen Seele, da sie die eigene Essenz ist – die Eichel, aus der heraus man zur Eiche geworden ist. Durch dieses Erlebnis weiß man, wer man ist – dadurch fällt es einem dann leichter, sich selber treu zu sein und auch unabhängig von den Meinungen und Lebensweisen der anderen zu werden.

Im Tarot wird diese Fähigkeit des Löwen zunächst durch die Karte „Hängender" dargestellt, die die Selbstsuche symbolisiert; dann durch die „Sonne", die die Selbstfindung verkörpert; und schließlich durch die „Kraft", die den erfolgreichen Selbstausdruck repräsentiert.

Im I Ging finden sich fünf Sprüche, die diese Haltung beschreiben:

„Der überlegene Mann sinnt über sich selber nach voller Furcht und Umsicht."

„Der überlegene Mann prüft sich noch einmal und vervollkommnet sein Wesen."

„Den Mittelweg nehmen. Kein Tadel."

„Die Sonne steigt über der Erde auf: ein Symbol des Fortschritts."

„Das Heer erfordert Ausdauer und einen starken Mann."

In der Astrologie ist die Sonne, die die Göttin der Mitte und des Strahlens ist, mit diesem Löwe-Lebensstil verwandt.

Berühmte „Doppel-Löwen" sind u.a.: Ian Anderson (Musiker), Sri Aurobindo (Yogi), Max Heindel (Autor), Jürgen Klinsmann (Fußball-Trainer), Karlheinz Stockhausen

(Komponist), Paul Claudel (Dichter), Robert Graves (Autor) und Rani Nanjappa (Malerin).

Die Weisheit des Löwe-Stils lautet: „**Ich bin ich.**"

- - -

Selbsterkenntnis, Selbstvertrauen –
darauf kann ich wirklich bauen.
Was ich wähle? Meine Seele!
Ihr kann ich mich anvertrauen.

Seele – Same meines Wesens,
Quelle meines ganzen Lebens:
Eine Sonne! Voller Wonne!
Ende alles schweren Strebens!

Erwache in allen, pulsiere in allen!
Strahle in allen, scheine in allen!
Unser Ziel, unser Stil –
leuchtende Quelle in uns allen!

6. Sorgfalt

♍

Die sechste Gabe, die hilft, ein erfülltes Leben zu führen, ist der Blick aufs Detail. Dadurch kann man verstehen, wie die Dinge funktionieren, wie sie zusammengehören, wie sie aufgebaut sind, und auch, wie sie blockiert oder repariert, sowie verletzt oder geheilt werden können. Diese Sachkenntnis führt zu einem effektiven und wirkungsvollen Handeln.

Der Lebensbereich, in dem diese Gabe gebraucht wird, ist die Arbeit, das Handwerk, die Alltagsbewältigung, die sorgfältige Planung, ein großer Teil des Managements und natürlich auch in dem anspruchsvollsten und verantwortungsreichsten Manager-Beruf von allen: Mutter und Hausfrau. Diese Gabe entfaltet sich in der Begegnung mit der Ordnung und mit der Unordnung und sie ermöglicht es, Dinge zu reparieren und den Leib der Menschen zu heilen und ihre Psyche zu therapieren. Dadurch wird man auch in der verzwicktesten Lage nicht ratlos werden.

Wenn man diese Gabe hat, wird man zu einem „sorgfältigen Handwerker". Dann wird man die Welt aus dem Blickwinkel der Machbarkeit betrachten und jedes neue Werkzeug oder Heilmittel mit großem Interesse ausprobieren. Man kann solch einen Menschen durch Kleinigkeiten verärgern und ihn auch durch Kleinigkeiten erfreuen.

Diese Jungfrau-Gabe der Systematik macht es einfach, das allgemeine „LEGO"-Bauteile-Prinzip für alle Maschinen und Geräte einzuführen, damit möglichst viele Teile wiederverwendet werden können. Sie sind die geschickten Tüftler bei der Entwicklung eines funktionsfähigen und lebensförderlichen globalen Weltbildes.

Im Bereich der Lebenskraft und der Spiritualität sind für die Jungfrau die Systeme wie die Chakren, die Akupunktur, der Lebensbaum, das Ba Gua, das Vastu Purusha, die Astrologie usw. das, was sie am meisten fasziniert und was sie für das Nützlichste hält. Ihr wichtigster Helfer ist ihre Sorgfalt.

Bei einem Zuviel von dieser Jungfrau-Gabe oder durch die einseitige und ständige Anwendung nur dieser einen Gabe wird diese Genauigkeit jedoch zur nervtötenden Pedanterie.

Hier kann ein wenig Ausgleich helfen: Die Jungfrau-Gabe des Blicks auf das Detail und die Fische-Gabe des Blicks auf das Ganze sind Ergänzungs-Gegensätze. Folglich sind das Mikroskop der Jungfrau und das Fernglas der Fische als Paar kreativer als einzeln.

Mit welcher Lebensweise wird man glücklich, wenn man von der Genauigkeits-Gabe der Jungfrau geprägt ist? Man braucht Lebensumstände, in der gerade diese Genauigkeit erforderlich und wichtig sind: Handwerk, Heilung, Therapie, Konstruktion, Statik, Prüfung und dergleichen mehr. In diesen Bereichen kann man mit dieser Gabe aufblühen.

Wie sieht ein von dieser Detailausrichtung erfülltes Leben aus? Man heilt und repariert und therapiert und prüft und konstruiert.

Welche Schwierigkeiten kann man beim Erreichen dieses Zieles der Richtigkeit haben? Das größte Problem kann die übertriebene Perfektion sein, da sie zu Formen der Arbeit und der Anstrengung führt, die keinen weiteren Nutzen mehr haben – und sie kann zu dem Gefühl des ständigen Scheiterns am eigenen Anspruch führen.

Was könnte die Lösung dafür sein? Maßhalten auch in der Genauigkeit, Bescheidenheit in der Perfektion, Gelassenheit angesichts der Unvollkommenheit fast aller Dinge, Geduld im Angesicht des Chaos, das fast alle anderen verbreiten …

Im Tarot wird diese Fähigkeit der Jungfrau durch die Karte „Drei der Münzen" dargestellt – auf dem Bild dieser Karte beraten sich der Bauherr, der Architekt und der Handwerker miteinander. Auf sie folgt dann anschließend die „Acht der Münzen", die den sorgfältigen Handwerker verkörpert, der anschließend auf der „Sieben der Münzen" nachdenklich sein Werk betrachtet.

Im I Ging finden sich sieben Sprüche, die diese Haltung beschreiben:

> *„Der überlegene Mann schafft Ordnung aus der Unordnung."*

> *„Hartnäckigkeit in kleinen Dingen ist von Nutzen."*

> *„Dem rechten Weg treu zu bleiben bringt Glück."*

> *„Rückkehr zum rechten Weg – wie kann man dann noch getadelt werden?"*

> *„Die alten Könige komponierten Musik zu Ehren der Tugend und brachten sie Gott und den Geistern ihrer Ahnen dar."*

> *„Der überlegene Mann bedenkt die Gefahr und trifft Vorsichtsmaßnahmen."*

> *„Der überlegene Mann unterscheidet sorgsam unter den Dingen und ordnet jedem seinen Platz zu."*

In der Astrologie ist der Merkur, der der Gott des Denkens, des Redens und des Schreibens, aber auch der Gott des Handwerks und des Handels sowie der geschickten Diebe ist, mit diesem Jungfrau-Lebensstil verwandt.

Berühmte „Doppel-Jungfrauen" sind u.a.: Keanu Reeves (Schauspieler), David Copperfield (Zauberkünstler), Brian Eppstein (Manager der Beatles), Peter Sellers (Schauspieler), Leonard Cohen (Musiker), Oskar Lafontaine (Politiker), John Cage (Komponist), Lauren Bacall (Schauspielerin) und Agatha Christie (Autorin).

Die Weisheit des Jungfrau-Stils lautet: **„Förderlich ist Genauigkeit."**

- - -

Lehre mich das heilige Heilen!
Lehre mich der Weisheit Zeilen!
Deine Worte: Wissens-Horte.
Hören, um sie auch zu teilen.

Ich will ordnen, ich will pflegen,
allem Leben stets zum Segen;
Schmutz entfernen, Hilfe erlernen,
Wunde säubern, Verband anlegen.

Heilung für Gemüt und Chi,
mit Kräutern und Homöopathie;
niemand treiben, gelassen bleiben,
ja – auch in der Pandemie.

7. Schönheit

♎

Die siebte Gabe, die hilft, ein erfülltes Leben zu führen, ist der Sinn für Schönheit. Man erkennt Parallelen, Analogien, Gleichmaß, die Gestaltung aus einem Guss – eben die Harmonie. Das erschafft viele Kontakte, Austausch, Diplomatie und Frieden. Man erkennt, wie die Dinge oder wie die Menschen zusammenpassen könnten – auf eine ansprechende, stilvolle Weise.

Der Lebensbereich, in dem diese Gabe gebraucht wird, ist die Begegnung mit anderen Menschen, das Gespräch mit ihnen und schließlich die Freundschaften und die Beziehungen. Diese Gabe entfaltet sich in der Begegnung mit dem Schönen und mit dem Hässlichen und sie ermöglicht es, harmonische Beziehungsgeflechte aufzubauen. Dadurch wird man niemals um einen annehmbaren Ausgleich oder um eine gute Friedensinitiative verlegen sein.

Wenn man diese Gabe hat, wird man zu einem „humorvollen Schöngeist". Dann wird man die Welt aus dem Blickwinkel des Einklangs betrachten und stets einige beschwichtigende und friedensstiftende Worte bereit haben.

Diese Waage-Gabe der Diplomatie macht es einfach, die allgemeine konstruktive Kooperation anstelle der destruktiven Konkurrenz zwischen Käufer und Verkäufer, zwischen Mieter und Vermieter, zwischen Partei und Partei, zwischen Staat und Staat usw. zu befürworten und einzuführen. Sie sind die freundlichen Vermittler bei der Entwicklung eines funktionsfähigen und lebensförderlichen globalen Weltbildes.

Im Bereich der Lebenskraft und der Spiritualität betont die Waage vor allem die Kombination des auf der Kausalität beruhenden naturwissenschaftlichen Weltbildes und das auf den Analogien beruhenden spirituell-magisch-astrologischen Weltbildes, die zusammen eine symmetrische Entfaltung ergeben, die einem Kaleidoskop oder einem Mandala gleicht. Ihr wichtigster Helfer ist ihr Schönheitssinn.

Bei einem Zuviel von dieser Waage-Gabe oder durch die einseitige und ständige Anwendung nur dieser einen Gabe wird dieses Harmoniestreben jedoch zur Rückgrat-losigkeit.

Hier kann ein wenig Ausgleich helfen: Die Waage-Gabe des taktvollen Entgegenkom-mens und die Widder-Gabe des unbekümmerten „einfach mal raushauen" sind Ergänzungs-Gegensätze. Folglich sind der Friedensvertrag der Waage und die Unabhängigkeitserklärung des Widders als Paar kreativer als einzeln.

Mit welcher Lebensweise wird man glücklich, wenn man von der Schöngeist-Gabe der Waage geprägt ist? Man braucht Begegnungen, Freundschaften, Frieden, Harmonie und natürlich so viel Schönheit wie möglich.

Wie sieht ein von diesem Harmoniestreben erfülltes Leben aus? Man redet, vermittelt, schafft Frieden, schreibt Gedichte, reicht den anderen die Hand, lädt zur Kooperation ein …

Welche Schwierigkeiten kann man beim Erreichen dieses Zieles der Friedlichkeit haben? Es könnte passieren, dass man keinerlei Konflikte ertragen kann und harmoniesüchtig wird und die Dinge nicht mehr so sehen kann, wie sie sind, sondern alles mit einem rosa Zuckerguss überzieht – was natürlich überhaupt nicht weiterhilft …

Was könnte die Lösung dafür sein? Man könnte sich die Vielfalt der möglichen Zustände im Leben und vor allem zwischen Menschen ansehen und dann schauen, an welcher Stelle man etwas erfolgreich verändern und dadurch mehr Harmonie herstellen könnte. Man könnte auch zu der Einsicht gelangen, dass Harmonie nur ein Zwölftel der Ziele der Menschen ausmacht und man daher mit einem Zwölftel echter Harmonie in seinem eigenen Leben schon weit gekommen ist.

Im Tarot wird diese Fähigkeit der Waage durch die Karte „Zwei der Kelche" dargestellt, die eine liebevolle Begegnung verkörpert. Die Steigerung dieser Haltung ist die Karte „Liebende". Aus der Einstellung der Suche nach dem Gleichgewicht und der Ausgeglichenheit heraus ergibt sich dann schließlich auch noch die „Gerechtigkeit".

Im I Ging finden sich drei Sprüche, die diese Haltung beschreiben:

> „Auf sichere und friedfertige Weise auftreten."
>
> „Man sollte Helfer suchen."
>
> „Die Auseinandersetzung vor einen großen Mann zu tragen, bringt Glück."

In der Astrologie ist die Venus, die die Göttin der Harmonie und der Freundschaft ist, mit diesem Waage-Lebensstil verwandt.

Berühmte „Doppel-Waagen" sind u.a.: Andreas Vollenweider (Musiker), David Cameron (britischer Premierminister), Silvio Berlusconi (italienischer Ministerpräsident), Jimmy Carter (US-Präsident), Mahatma Gandhi (indischer Freiheitskämpfer), Jesse Jackson (US-Politiker), Günther Grass (Autor), Liselotte Pulver (Schauspielerin) und Daliah Lavi (Sängerin).

- - -

Forme Worte mit Wissen und Reim,
lasse niemand mit Fragen allein:
gebe Klarheit, gebe Wahrheit,
führe alle zu sich heim.

Alles findet fließend Einklang,
ohne Drängen, ohne Zwang;
ohne Norm in neue Form,
Stets mit Maß, kein Überschwang.

Schönheit ist das Maß der Dinge,
das ist das, was ich euch bringe;
Herzens-Wahlen, Herzens-Strahlen –
das ist das, wovon ich singe.

8. Wandel

♏

Die achte Gabe, die hilft, ein erfülltes Leben zu führen, ist die Fähigkeit, das Wesentliche und Wichtigste zu erfassen und sich selber zu verwandeln, andere zu Änderungen anzuregen und den eigenen Kurs zu korrigieren. Dadurch bleibt man immer auf dem bestmöglichen Kurs in einem maximal intensiven Leben.

Der Lebensbereich, in dem diese Gabe gebraucht wird, ist die Forschung, der Schutz, der Kampf, das Streben nach Intensität, die Kriminalistik, die strategische Planung, die Provokation, die Durchsetzung und ähnliches mehr. Diese Gabe entfaltet sich in der Begegnung mit dem Reizvollen und mit dem Abstoßenden und sie ermöglicht es, das, was die Welt im Innersten zusammenhält, zu ergründen und zu erleben. Dadurch wird man niemals Mangel an Lebens-Intensität haben.

Wenn man diese Gabe hat, wird man zu einem „scharfsinnigen Strategen". Dann wird man die Welt aus dem Blickwinkel des raffiniertesten Schachzugs betrachten und stets noch eine bisher verborgene Taktik in der Hinterhand haben.

Diese Skorpion-Gabe der Stressfestigkeit macht es einfach, in Krisen wie der derzeitigen Überbevölkerungen drastische Maßnahmen wie die 1-Kind-Familie als überlebensnotwendig einzusehen und durchzusetzen. Sie sind die bissigen Krisenmanager bei der Entwicklung eines funktionsfähigen und lebensförderlichen globalen Weltbildes.

Im Bereich der Lebenskraft und der Spiritualität sieht der Skorpion vor allem die Magie als Möglichkeit, die eigenen Absichten durchzusetzen. Sein wichtigster Helfer ist seine Verwandlungs-Bereitschaft.

Bei einem Zuviel von dieser Skorpion-Gabe oder durch die einseitige und ständige Anwendung nur dieser einen Gabe wird dieser Wandel zu einer ständigen Selbstüberwindung, die nur dem Erreichen von noch einem bisschen mehr Erlebnis-Intensität dient.

Hier kann ein wenig Ausgleich helfen: Die Skorpion-Gabe der Provokation und die Stier-Gabe des Abwiegelns sind Ergänzungs-Gegensätze. Folglich sind die Waffenkammer des Skorpions und die Speisekammer des Stiers als Paar kreativer als einzeln.

Mit welcher Lebensweise wird man glücklich, wenn man von der Durchsetzungskraft-Gabe des Skorpions geprägt ist? Man will sich eben durchsetzen, andere überzeugen, sie dazu bringen, das zu tun, was man selber will, man will sie verführen, man braucht die Tiefe und die Intensität.

Wie sieht ein von dieser Heftigkeit erfülltes Leben aus? Gefühlsintensiv, voller Verwandlungen, willensstark, durchsetzungsfähig, erobernd, streitend und ähnliches mehr.

Welche Schwierigkeiten kann man beim Erreichen dieses Zieles der maximalen Intensität haben? Möglicherweise brechen immer wieder Freundschaften und Beziehungen ab, vielleicht stößt man andere ein wenig zu oft vor den Kopf, vielleicht war der Tonfall etwas zu bissig, möglicherweise hat man etwas unnötig zerstört ... Da gibt es viele Möglichkeiten für Schmerzen und Konflikte, die vielleicht gar nicht nötig gewesen wären und die letztlich zumindest keine erfreulichen Früchte getragen haben.

Was könnte die Lösung dafür sein? Hilfreich ist der klare Blick auf ein Ziel und evtl. auch das Maßhalten bei den eingesetzten Mitteln.

Im Tarot wird diese Fähigkeit des Skorpions durch die Karte „Hohepriesterin" dargestellt – sie sucht nach Tiefe und Intensität. Dadurch gelangt man zum „Mond", der die eigene Innenwelt verkörpert, also das Unterbewusstsein. Dort kann man den „Teufel" finden, also den eigenen Schatten, der aus allem Verdrängten und vor allem aus den eigenen Traumata („psychische Krämpfe") besteht. Doch danach kann man zum „Tod" gelangen, der die Auflösung des Alten repräsentiert, was die Voraus-setzung für die Verwandlung zu etwas Neuem ist.

Im I Ging finden sich drei Sprüche, die diese Haltung beschreiben:

„Förderlich ist es, das große Wasser zu durchqueren."

„Der überlegene Mann stärkt sich unaufhörlich."

„Der überlegene Mann hält seine Waffen bereit, um dem Unerwarteten zu begegnen."

In der Astrologie ist der Pluto, der der Gott des Jenseits und der Verwandlung ist, mit diesem Skorpion-Lebensstil verwandt.

Berühmte „Doppel-Skorpione" sind u.a.: Friedrich Schiller (Dichter), Diego Maradona (Fußballer), Curt Goetz (Schauspieler), Sai Baba (Yogi), Grace Kelly (Schauspielerin), Grazia Patrizia (Schauspielerin), Niki de Saint Phalle (Bildhauerin),

Hillary Clinton (Politikerin) und Giorgia O'Keeffe (Malerin).

Die Weisheit des Skorpion-Stils lautet:
„Krisen sind Verwandlungen zum Besseren."

- - -

Jede Krise führt zum Wandel:
Streiten! Und kein fauler Handel!
Kämpfe immer, lüge nimmer,
Sag zur Nuss nicht „Mandel"!

Es ist ein Kommen und ein Gehen,
Es ist ein Werden voller Wehen:
mit Schmerz, doch auch mit Herz –
Du kannst es spüren, kannst es sehen.

Wandel ist das Wesen der Welt,
es steigt auf, es fliegt, es fällt,
es vergeht und es verweht:
der Fluss ist, was die Form erhält.

9. Zielstrebigkeit

♐

Die neunte Gabe, die hilft, ein erfülltes Leben zu führen, ist die Begabung, in jeder Situation und bei jedem Menschen zu erkennen, wie es jetzt ist und wie es optimalerweise sein könnte. Diese Ausrichtung auf die bessere Version von dem, wie es zur Zeit ist, treibt in allem die Weiterentwicklung zum Ideal hin an.

Der Lebensbereich, in dem diese Gabe gebraucht wird, ist die Verbesserung und die Spontanhilfe wie z.B. im Beruf des Notfallarztes, des Feuerwehrmannes, des Unternehmensberaters, des Projektleiters usw. Diese Gabe entfaltet sich in der Begegnung mit dem Vollendeten und mit dem Unvollkommenen und sie ermöglicht es, Ziele zu erkennen, loszugehen und diese Ziele auch zu erreichen. Dadurch wird es einem niemals an Ideen fehlen, wie etwas noch besser wäre.

Wenn man diese Gabe hat, wird man zu einem „zielstrebigen Idealisten". Dann wird man die Welt aus dem Blickwinkel der Begeisterung für ein Ziel betrachten und wird das eigene Streben immer noch ein bisschen mehr steigern können.

Diese Schütze-Gabe der Zielstrebigkeit macht es einfach, andere Menschen für die als notwendig erkannten Bestrebungen zu begeistern. Sie sind die anfeuernden Redner bei der Entwicklung eines funktionsfähigen und lebensförderlichen globalen Weltbildes.

Im Bereich der Lebenskraft und der Spiritualität betont der Schütze vor allem die Lebendigkeit aller Wesen und Dinge. Sein wichtigster Helfer ist sein Idealismus.

Bei einem Zuviel von dieser Schütze-Gabe oder durch die einseitige und ständige Anwendung nur dieser einen Gabe wird diese Zielstrebigkeit jedoch zu einer genussunfähigen Ruhelosigkeit.

Hier kann ein wenig Ausgleich helfen: Die Schütze-Gabe der Zielausrichtung und die Zwilling-Gabe des Umherschauens sind Ergänzungs-Gegensätze. Folglich sind die Ausrichtung des Schützen und die Orientierung des Zwillings als Paar kreativer als einzeln.

Mit welcher Lebensweise wird man glücklich, wenn man von der Zielstrebigkeits-Gabe des Schützen geprägt ist? Wenn man Ziele erreicht und – was noch sehr viel wichtiger ist – wenn man immer neue Ziel hat.

Wie sieht ein von diesem Verbesserungs-Eifer erfülltes Leben aus? Man sieht ständig in allem das ungenutzte Potential, die Entwicklungsmöglichkeiten, die noch brach-liegende Entfaltung – und will das natürlich selber anregen und in Gang und zur Entfaltung bringen und auch andere dazu motivieren, endlich damit anzufangen.

Welche Schwierigkeiten kann man beim Erreichen dieses Zieles der Ideal-Verwirk-lichung haben? Man könnte in Dauerstress kommen, man hetzt möglicherweise von Projekt zu Projekt, man kommt nie zur Ruhe und kann das Erreichte nicht wirklich genießen, weil man schon wieder die nächste Entwicklungsstufe sieht und sich fragt, wie man dorthin gelangen kann.

Was könnte die Lösung dafür sein? Die Ziele nach ihrer Wichtigkeit und nach ihrer Aktualität und sinnvollen Reihenfolge ordnen und sich dann auf die beschränken, die wirklich eine große Veränderung bewirken – und dann auch die erreichten Ziele feiern und genießen.

Im Tarot wird diese Fähigkeit des Schützen durch die Karte „Siegeswagen" darge-stellt, die dieses begeisterte und erfolgreiche Streben nach dem Ideal verkörpert. Die „Acht der Stäbe" weist auf die dafür nötigen Taten und die „Pfeile" des „Schützen" hin. Der „Ritter der Stäbe" repräsentierten dieses gesamte engagierte, kraftvolle und begeisterte Handeln.

Im I Ging finden sich zwei Sprüche, die diese Haltung beschreiben:

> *„Der überlegene Mann mehrt seine Gefolgschaft durch Güte gegenüber dem Volk."*

> *„Aufrichtigkeit führt zum Erfolg."*

In der Astrologie ist der Jupiter, der der Gott des Aufbaus und des Wohlstands ist, mit diesem Schütze-Lebensstil verwandt.

Berühmte „Doppel-Schützen" sind u.a.: Stanley Livington (Missionar, Entdecker), Bratt Pitt (Schauspieler), Bruce Lee (Kampfsportler), Jimi Hendrix (Gitarrist), Ben Becker (Schauspieler), Rudolf Scharping (Politiker), John Kerry (US-Außenminister), Heinrich Böll (Autor), Otto Graf Lambsdoff (Politiker) und Scarett Johannsson (Schauspielerin).

Die Weisheit des Schütze-Stils lautet: **„Kein Ziel ist zu weit entfernt!"**

- - -

Das Ziel gesehen und erkannt,
den Bogen schnell gespannt:
Pfeile fliegen, Mut wird siegen –
schon ist jede Not gebannt!

Das Beste werden wir erreichen,
freundlich sind die Omen-Zeichen:
Auf zur Gipfel! Auf zum Wipfel!
Alle Sperren werden weichen!

Helles Leuchten in der Ferne:
Ziele funkeln wie die Sterne!
Halte Wacht in dunkler Nacht –
Nimm die Weisheit als Laterne.

10. Beständigkeit

♑

Die zehnte Gabe, die hilft, ein erfülltes Leben zu führen, ist die Gründlichkeit, durch die Sicherheit, Verlässlichkeit und Beständigkeit erschaffen werden. Es wird stets erst nach dem tragfähigen Fundament, nach der allgemein anerkannten Autorität und nach dem vielfach überprüften Wissen gesucht, auf dem dann langsam, aber stetig alles weitere aufgebaut wird.

Der Lebensbereich, in dem diese Gabe gebraucht wird, ist die Absicherung und Festigung, was vom Buchhalter und Beamten über den Wächter und den Statiker bis hin zum Lehrer und zum Richter reicht. Diese Gabe entfaltet sich in der Begegnung mit dem, was fest wie ein Felsen ist, und mit dem, was zerfallend wie Sand ist, und sie ermöglicht es, hohe Türme auf einem festen Fundament zu errichten. Dadurch wird es einem niemals an einem „Plan B" fehlen.

Wenn man diese Gabe hat, wird man zu einem „zuverlässigen Realisten". Dann wird man die Welt aus dem Blickwinkel der Dauerhaftigkeit betrachten und stets noch ein paar Notfall-Reserven zur Hand haben.

Diese Steinbock-Gabe des klaren Realismus macht es einfach, Grenzwerte zu verstehen und einzusehen und sie auch strikt zu befolgen. Sie sind die strengen Bewahrer bei der Entwicklung eines funktionsfähigen und lebensförderlichen globalen Weltbildes.

Im Bereich der Lebenskraft und der Spiritualität schaut der Steinbock in erster Linie auf die Ahnen, die Familienaufstellungen, das Karma, die Nornen und generell auf die Vorgeschichte und auf das Schicksal. Sein wichtigster Helfer ist seine Gründlichkeit.

Bei einem Zuviel von dieser Steinbock-Gabe oder durch die einseitige und ständige Anwendung nur dieser einen Gabe wird diese Beständigkeit jedoch zu einer verknöcherten Prinzipienreiterei.

Hier kann ein wenig Ausgleich helfen: Die Steinbock-Gabe der Berufs-Orientierung und die Krebs-Gabe der Familien-Orientierung sind Ergänzungs-Gegensätze. Folglich sind das Geldverdienen des Steinbocks und die Haushaltsführung des Krebses als Paar kreativer als einzeln.

Mit welcher Lebensweise wird man glücklich, wenn man von der Absicherungs-Gabe des Steinbocks geprägt ist? Man prüft gründlich, man plant lange, man schafft ein solides Fundament und baut dann stetig darauf auf.

Wie sieht ein von dieser Beständigkeit erfülltes Leben aus? Langsam, aber stetig – und daher oft erst spät erfolgreich …

Welche Schwierigkeiten kann man beim Erreichen dieses Zieles der Sicherheit haben? Möglicherweise verpasst man das Erleben oder fürchtet sich zu sehr vor Veränderungen.

Was könnte die Lösung dafür sein? Man könnte das Verhältnis von Wandel und Beständigkeit gründlich untersuchen und sich dann anschauen, was man beständig haben will und wo man auch den Wandel willkommen heißen kann. Solange das Streben nach Dauer einigermaßen entspannt ist, ist daran ja nichts auszusetzen, doch wenn dieses Streben verkrampft und angstbesetzt ist, sollte man sich erst einmal um seine Gefühle kümmern bevor man sich auf lebenslange Projekte festlegt.

Im Tarot wird diese Fähigkeit des Steinbocks durch die Karte „Einsiedler" dargestellt – er betrachtet das Wesen der Welt und kann dadurch die Grundlagen für das, was er will, erfassen. Das „As der Münzen" verkörpert die Qualität der stetigen Arbeit, mit der der Steinbock die Beständigkeit anstrebt. Der „Herrscher" repräsentiert schließlich das erreichte Ziel der Sicherheit, der Lenkung und der Prägung der eigenen Lebensumstände.

Im I Ging finden sich fünf Sprüche, die diese Haltung beschreiben:

> *„Es ist von Nutzen, einen großen Mann aufzusuchen."*

> *„Auf alte Tugenden bauen."*

> *„Der überlegene Mann zeigt Ausdauer – im Einklang mit seinen Grundsätzen."*

> *„Fest und unerschütterlich wie ein Felsen."*

> *„Es ist von Nutzen, in der richtigen Weise Ausdauer zu zeigen."*

In der Astrologie ist der Saturn, der der Gott der Sachlichkeit und der Beständigkeit ist, mit diesem Steinbock-Lebensstil verwandt.

Berühmte „Doppel-Steinböcke" sind u.a.: Kit Carson (US-Trapper), Vivecananda (Yogi), Mao Tse-Tung (chinesischer Staatspräsident), Giulio Andreotti (italienischer Ministerpräsident), John C. Lilly (US-Erfinder) und Iris Berben (Schauspielerin).

- - -

Wir bauen steile Burgen aus Stein,
auf festem Felsen ein hartes „Nein!";
sind die Hüter für uns're Güter,
Mauern schützen uns vor Pein.

Wir wachen, prüfen und wir bauen,
Wir setzen Grenzen und wir schauen
auf Gebaren, auf Gefahren;
Wir achten auf alle, die lügen und klauen.

Wir sind die Bewahrer des Lebens,
Wir sind die Wächter des Strebens;
Wir verwalten, wir erhalten,
Wir lauschen den Nornen des Schicksal-Webens.

11. Verstehen

~~~

Die elfte Gabe, die hilft, ein erfülltes Leben zu führen, ist der Blick aufs Ganze, der es zum einen ermöglicht, von dem Konkreten zum Allgemeinen hin zu abstrahieren, und zum anderen die Fähigkeit, eine Utopie für die Zukunft zu entwerfen, in der eine ganz neue Form den Lauf der Dinge prägt und so eine bessere Welt erschaffen wird.

Der Lebensbereich, in dem diese Gabe gebraucht wird, ist die Forschung, die Lehre, das Erfinden, das Entdecken, das Entwerfen, die Suche nach einem neuen Weltbild und nach der Weltformel und ähnliches. Diese Gabe entfaltet sich in der Begegnung mit dem Allgemeingültigen und mit dem Sonderfall und sie ermöglicht es, das Wesen der Welt zu ergründen und die Stellung des Menschen in ihr zu begreifen und ein entsprechendes Menschenbild und die sich daraus ergebende sinnvolle Lebensweise zu propagieren. Dadurch wird es einem nie an dem Blick von oben auf das Ganze mangeln.

Wenn man diese Gabe hat, wird man zu einem „verrückten Professor". Dann wird man die Welt aus dem Blickwinkel der neuesten Erfindungen und der glänzendsten Utopie betrachten und jederzeit noch ein paar neue Ideen haben.

Diese Wassermann-Gabe des möglichst umfassenden Denkens macht es einfach, von der Menschheit her zu denken und der UNO einen größeren Einfluss zu geben. Sie sind die kreativen Utopisten bei der Entwicklung eines funktionsfähigen und lebensförderlichen globalen Weltbildes.

Im Bereich der Lebenskraft und der Spiritualität richtet sich der Wassermann oft auf die eigene Clan-Gottheit aus und betont aber auch den Einen Gott als Wurzel allen Bewusstseins. Sein wichtigster Helfer ist sein Überblick.

Bei einem Zuviel von dieser Wassermann-Gabe oder durch die einseitige und ständige Anwendung nur dieser einen Gabe wird diese Abstrahierung jedoch zu einer spinnerten Weltflucht.

Hier kann ein wenig Ausgleich helfen: Die Wassermann-Gabe der Weitung zur Mensch-heit und die Löwe-Gabe der Zentrierung auf sich selber sind Ergänzungs-Gegensätze. Folglich sind das Weltverbessern des Wassermanns und die Selbsterkenntnis des Löwen als Paar kreativer als einzeln.

Mit welcher Lebensweise wird man glücklich, wenn man von der Abstrahierungs-Gabe des Wassermanns geprägt ist? Man blickt von oben her auf die Dinge und Menschen und Prozesse, man bildet Netzwerke und gründet Vereinigungen, man entwirft die Utopie einer besseren Welt und strebt dann gemeinsam die Verwirklichung dieser Utopie durch eine Revolution oder zumindest durch eine sehr schnelle Evolution an.

Wie sieht ein von diesem Weltverbesserer-Geist erfülltes Leben aus? Denken, Forschen, Reden, Vereinbaren, Anregen … dadurch entsteht die Gemeinschaft der Gleichgesinnten, die die gemeinsame Utopie verwirklichen will.

Welche Schwierigkeiten kann man beim Erreichen dieses Zieles der besseren Welt haben? Möglicherweise haben nicht alle dieselbe Vorstellung von einer besseren Welt, möglicherweise stehen der Utopie handfeste Machtinteressen entgegen, vielleicht verzettelt man sich auch in Vorstellungen, die kaum noch einen Realitätsbezug haben, oder man lebt ganz in seinem Kopf und vergisst Herz und Hand.

Was könnte die Lösung dafür sein? Man könnte ab und zu in die Natur hinausgehen und einfach mal nur dem Plätschern des Baches, dem Rauschen des Windes und dem Gesang der Vögel zuhören, um von dem allgemeingültigen Abstrakten wieder zu dem konkreten eigenen Leben zurückzukehren.

Im Tarot wird diese Fähigkeit des Wassermanns durch die Karte „König der Schwerter" dargestellt – er ist das Wissen, das klare Denken, die weitgespannten Schlussfolgerungen und das klare Urteil: der Forscher. Darauf folgt dann der „Hohepriester", der die errungenen Erkenntnisse der Allgemeinheit lehrt: der Professor. Doch das genügt noch nicht, denn die Utopie soll ja auch Realität werden – daher folgt nun noch das „Gericht", die u.a. auch das Erreichen der Utopie durch den Revolutionär repräsentiert.

Im I Ging finden sich vier Sprüche, die diese Haltung beschreiben:

> *„Die Bruderschaft der Menschen: die Schar der Gleichgesinnten."*

> *„Der überlegene Mann ist grenzenlos in seinem Willen zur Unterrichtung."*

> *„Ein großer Man verbreitet das Licht und erleuchtet die vier Enden des Universums."*

> *„Revolution: Wenn der geeignete Tag naht, werden die Menschen daran glauben."*

In der Astrologie ist der Uranus, der der Gott der Erfindungen und des Unerwarteten ist, mit diesem Wassermann-Lebensstil verwandt.

Berühmte „Doppel-Wassermänner" sind u.a.: Ramakrishna (Yogi), Abraham Lincoln

(US-Präsident), Francis Bacon (Philosoph), Hans-Jörg Felmy (Schauspieler), Gene Hackman (Schauspieler) und Kim Novak (Schauspielerin).

Die Weisheit des Wassermann-Stils lautet:
„Nie weniger als die Weltformel, nie kleiner als die Utopie."

- - -

Lasst uns in die Zukunft fliegen,
dort, wo golden Städte liegen:
unser Traum und uns'rer Raum!
Unser Lebenslied wird siegen!

Auf! Auf! Die Zukunft wartet schon!
Das Ende von Mangel und Leiden und Fron!
Angst vergeht, Zweifel verweht:
Ein Leben in Glück ist unser Lohn!

Kommt zusammen, geht gemeinsam!
Niemand ist allein und einsam!
Der gold'ne Hort! Der Sonnen-Ort!
Dort ist nichts mehr Schmerz und peinsam!

12. Anteilnahme

H

Die zwölfte Gabe, die hilft, ein erfülltes Leben zu führen, ist das Gespür für die Lage, in der man ist, das Gefühl für das Unausgesprochene, die Ahnung des Zukünftigen und das Ertasten des Verborgenen. Dadurch findet man sich auch in völlig unübersichtlichen Situationen, in der das meiste verborgen bleibt, trotzdem noch immer gut zurecht.

Der Lebensbereich, in dem diese Gabe gebraucht wird, ist der Alltag mit seinen alltäglichen Begegnungen und Situationen sowie alle Hilfs-Berufe und spirituell-künstlerischen Berufe: Maler, Dichter, Sänger, Drogenberater, Krankenschwester, Priester, Nonne – aber auch Fährenkapitän, Straßenfeger, Seherin und noch viele mehr. Diese Gabe entfaltet sich in der Begegnung mit dem Normalen und dem Außergewöhnlichen und sie ermöglicht es, in jeder Situation zurechtzukommen. Dadurch wird man niemals allzu sehr ins Schwanken geraten.

Wenn man diese Gabe hat, wird man zu einem „trittsicheren Schlafwandler". Dann wird man die Welt aus dem Blickwinkel des Fließens der Ereignisse betrachten und jederzeit die Strömungen und die Winde des Lebens für den eigenen Weg nutzen können.

Diese Fische-Gabe des Gespürs für die nicht-materiellen Dinge macht es einfach, auch spirituelle, meditative, religiöse, magische und ähnliche Hilfsmittel zu benutzen. Sie sind die magisch begabten Priester bei der Entwicklung eines funktionsfähigen und lebensförderlichen globalen Weltbildes.

Im Bereich der Lebenskraft und der Spiritualität sieht der Fisch vor allem das Bewusstsein in allem. Sein wichtigster Helfer ist der sinnvolle Zufall.

Bei einem Zuviel von dieser Fische-Gabe oder durch die einseitige und ständige Anwendung nur dieser einen Gabe wird dieses Mitfließen zu einem traumverlorenen Dahindämmern.

Hier kann ein wenig Ausgleich helfen: Die Fische-Gabe des Gespürs und die Jungfrau-Gabe der Analyse sind Ergänzungs-Gegensätze. Folglich sind die Tagträume des Fischs und die Bauanleitungen der Jungfrau als Paar kreativer als einzeln.

Mit welcher Lebensweise wird man glücklich, wenn man von der Mitgefühl-Gabe des Fisches geprägt ist? Man ist am glücklichsten, wenn alle glücklich sind – das ist die Haltung der Boddhisattvas, der Sufis und der Mystiker.

Wie sieht ein von dieser Anteilnahme erfülltes Leben aus? Man ist sich selber treu, indem man anderen hilft, indem man ökologisch handelt, indem man künstlerisch tätig ist, indem man sich sozial engagiert, indem man heilt …

Welche Schwierigkeiten kann man beim Erreichen dieses Zieles der Offenheit für alle haben? Es könnte passieren, dass man das eigene Wohlergehen aus den Augen verliert und sich aufopfert oder überanstrengt – woraufhin es einem dann selber nicht mehr gut geht und man auch nicht mehr die Kraft hat, etwas für andere zu tun.

Was könnte die Lösung dafür sein? Das ist einfach: Altruismus sollte nie ein Verschieben der eigenen Aufmerksamkeit auf andere sein, sondern als „weitsichtiger Egoismus" aus der Einsicht heraus entstehen, dass alle miteinander verbunden sind und daher der Einzelne am glücklichsten sein wird, wenn er von lauter glücklichen Menschen umgeben ist.

Im Tarot wird diese Fähigkeit der Fische durch die Karte „Stern" dargestellt, die ein Sinnbild für die Auflösung der Abgrenzung gegenüber der Welt ist. Die „Zwei der Münzen" zeigt, dass alles im Fluss und im Wandel ist – das „Schicksalsrad" betont das Auf und Ab in diesem ständigen Wandel. Wenn man diesen ständigen Wandel, der auch von dem I Ging beschrieben wird, wirklich angenommen hat, gelangt man zu der „Welt" und tanzt seinen Lebenstanz.

Im I Ging finden sich drei Sprüche, die diese Haltung beschreiben:

> *„Wenn Du ehrlich bist, wird Dich Dein Nachbar bereichern."*

> *„Der überlegene Mann verteilt Reichtum an die unter ihm, ohne dabei sein Wohlwollen zu betonen."*

> *„Der überlegene Mann ist schrankenlos in seiner Unterstützung und in seinem Schutz des Volkes."*

In der Astrologie ist der Neptun, der Gott der Phantasie und des Mitgefühls, mit diesem Fische-Lebensstil verwandt.

Berühmte „Doppel-Fische" sind u.a.: Pier Paolo Pasolini (Regisseur), Johnny Cash (Musiker) und Silvia Pfeiffer (Schauspielerin).

Die Weisheit des Fische-Stils lautet: **„Ich lasse mich vom Leben führen …"**

- - -

145

Fluss und Strom und Bäche fließen,
bis sie sich ins Meer ergießen:
aus Regen geboren, zum Wandel erkoren ...
am Wasser kann das Leben sprießen.

Formlos Teil des Ganzen werden,
sich im Wasser-Wandel erden:
Teil des Ganzen – immer tanzen,
niemals starr und stetig werden.

Mit dem Chi im Körper schwingen,
das Lied des Lebenswandels singen:
in Vertrauen vorwärts schauen –
das Leben wird mir Fülle bringen.

Die 12 Bereiche des Bewußtseins

Entwürfe für die Zukunft – Band 34

Inhaltsübersicht

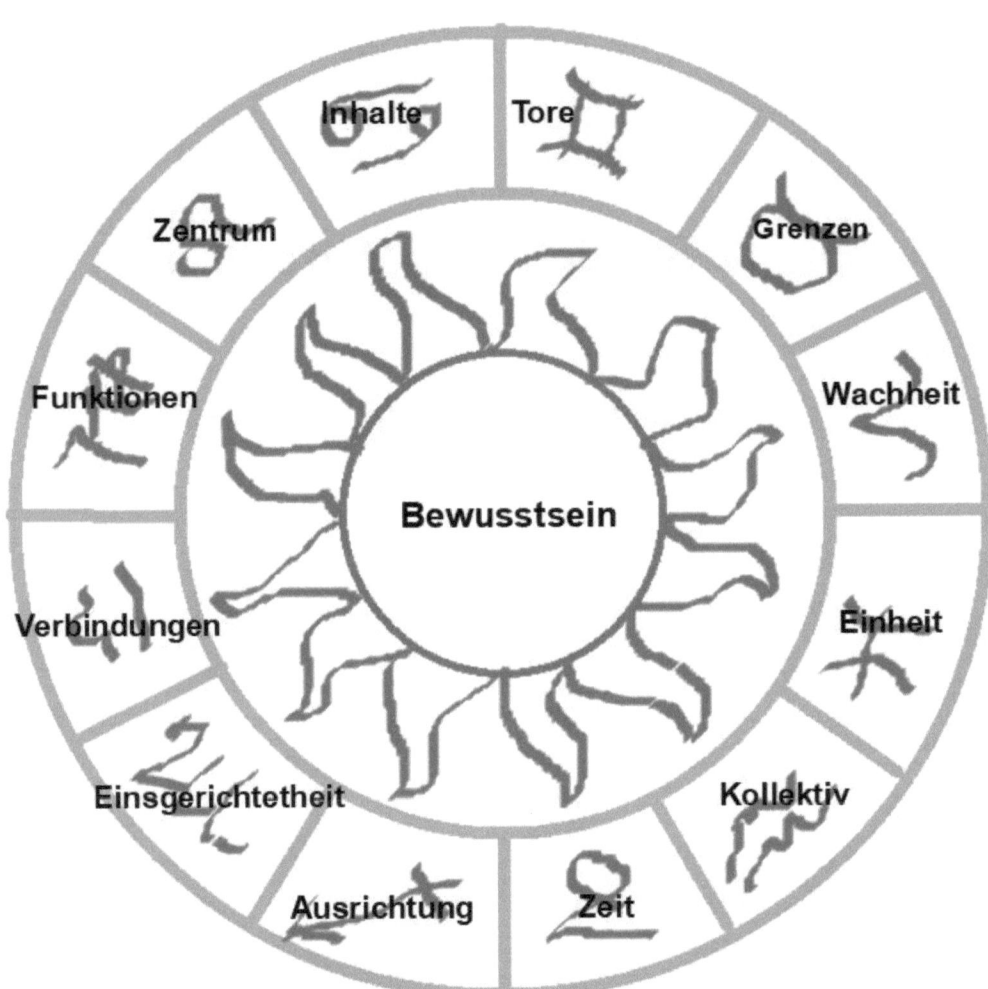

1. Wachheit

♈

Was ist Bewusstsein? Die Philosophen sagen, dass das Bewusstsein das einzig Reale ist und dass die Welt nur ein Bild im Bewusstsein ist. Die Materialisten sagen hingegen, dass die Welt das einzig Reale ist und dass das Bewusstsein nur ein elektro-chemisches Nebenprodukt ist.

Immerhin kann man aus diesen beiden Aussagen schließen, dass sowohl die Philosophen als auch die Materialisten sowohl das Bewusstsein als auch die Materie kennen: Beides ist unbestreitbar vorhanden. Da ist der, der das alles wahrnimmt und da ist auch etwas, das wahrgenommen wird. Lediglich das Verhältnis zwischen beiden ist unklar.

Es ist ebenfalls unbestreitbar, dass man beides ernst nehmen muss: Wenn das Be-wusstsein nicht aktiv ist, schläft man und kann nicht handeln – und wenn man nicht handelt und auf die Umwelt achtet, wird der nächste Unfall nicht lange auf sich warten lassen. Man braucht also sowohl das Bewusstsein als auch die Materie (d.h. den eigenen Leib und ebenso die Umwelt) zum Leben.

Zudem sagen die Philosophen, dass die Welt ein Bild im Bewusstsein ist – und die Materialisten sagen, dass das Bewusstsein nur die subjektiv wahrgenommene Verar-beitung der Sinneswahrnehmungen ist. Beide sind sich also wieder einig darüber, dass sich im Bewusstsein ein Bild der Welt befindet.

Liegt es da nicht schon der Einfachheit halber nahe, Bewusstsein und Materie als zwei Seiten derselben Sache anzusehen? Das Bewusstsein als die Innenseite und die Materie als die Außenseite? Auf diese Weise zwar der exakte Zusammenhang zwi-schen Bewusstsein und Materie zwar noch immer nicht geklärt, aber das Verhältnis zwischen beiden wäre schon einmal deutlich.

Die Beschreibung von Bewusstsein und Materie als zwei Seiten derselben Sache löst auch das Problem auf, dass es nach wie vor ungeklärt ist, wie Sinneswahrnehmungen ins Bewusstsein kommen und wie das Bewusstsein auf die Materie wirken kann. Da Bewusstsein und Materie zwei vollkommen verschiedene Dinge sind, sollten sie ja eigentlich nicht aufeinander wirken können – wenn sie hingegen die Innenseite und die Außenseite derselben Sache sind, erübrigt sich die Frage, wie beides aufeinander wirken kann.

Man kann diesen Zusammenhang auch anders beschreiben: Bewusstsein ist die sub-jektive Wahrnehmung – also der Blick von innen her – und Materie ist die objektive

Wahrnehmung – also der Blick von außen her.

Natürlich kann man sich auch auf den Standpunkt stellen, dass man immer von innen her auf die Welt schaut – anders ist das ja gar nicht möglich. Man ist immer der Wahrnehmende – ohne diese Wahrnehmung ist da nichts, worüber man reden könnte.

Als Materie erscheinen die Dinge, wenn man die Vorgänge innerhalb der eigenen Wahrnehmungen betrachtet – also in der Beobachtung der Welt.

Andererseits kann man auch sagen, dass in dieser Beobachtung immer etwas da ist, das man beobachtet – die Welt ist also immer da, sobald man hinschaut.

Sowohl Bewusstsein als auch Materie sind also real und es ist immer beides gleichzeitig da. Auch das spricht dafür, dass Bewusstsein und Materie einfach zwei Seiten derselben Sache sind.

Bewusstsein ist die Innenseite der Materie – und Materie ist die Außenseite des Bewusstseins.

Bei dem Wort „Bewusstsein" denkt man meistens an das Wachen, doch auch das Träumen ist eine Form des Bewusstseins.

Ebenso ist auch der Tiefschlaf eine Form des Bewusstseins, die jedoch vor allem unter Zen-Buddhisten bekannt ist: Man geht in die innere Stille, d.h. man ist nur noch Bewusstsein, dass sich seiner selbst bewusst ist – ohne jegliche Bilder, Gedanken oder Gefühle. Dass dies derselbe Bewusstseins-Zustand wie der Tiefschlaf – oder zumindest ein sehr ähnlicher Bewusstseins-Zustand – ist, zeigt sich darin, dass diese innere Stille dieselbe EEG-Frequenz wie der Tiefschlaf hat.

Neben dem Wachen, dem Träumen und dem Tiefschlaf, die alle ihre eigenen EEG-Frequenzen haben, gibt es schließlich noch die Ekstase, also die Einsgerichtetheit des Bewusstseins. Diese tritt auf, wenn das Bewusstsein ganz auf eine einzige Sache fixiert ist, also bei Lust, Schmerz, Angst, Ekel, Gefahr, einem Trauma, aber auch in manchen Formen der Meditation.

Es gibt mindestens vier verschiedene und deutlich unterscheidbare Zustände im Bewusstsein: Wachen, Träumen, Tiefschlaf und Ekstase.

---

1. Zusammenfassung

Bewusstsein ist die Innenseite der Materie – und Materie ist die Außenseite des Bewusstseins.

Es gibt mindestens vier verschiedene und deutlich unterscheidbare Zustände im Bewusstsein: Wachen, Träumen, Tiefschlaf und Ekstase.

2. Grenzen

♉

Das Bewusstsein ist nicht nur ein gestaltloses Etwas und es hat auch nicht nur die vier verschiedenen Zustände – Wachen, Träumen, Tiefschlaf, Ekstase – als Variationen, sondern es hat auch noch Grenzen. Es hat sogar gleich zwei verschiedene Arten von Grenzen.

Die eine Grenze befindet sich zwischen den vier Bewusstseins-Arten, zwischen den vier verschiedenen Zuständen des Bewusstseins. Diese Übergänge sind zum größten Teil jedoch nicht bewusst – lediglich das Erwachen am Morgen ist den meisten Menschen gut bekannt. Dies ist der Übergang vom Träumen zum Wachen. Das Einschlafen bewusst zu erleben, ist hingegen sehr viel schwieriger, da man danach eben nicht mehr wach ist … Auch der Übergang zwischen Träumen und Tiefschlaf ist nur sehr schwer – wenn überhaupt – fassbar. Hingegen sollte man meinen, dass der Übergang zwischen Wachen und Ekstase leicht zu erkennen ist, da man in beiden Zuständen wach ist, doch auch dieser Übergang ist nur schwer greifbar, da man in der Ekstase eben ganz auf eine einzige Sache ausgerichtet ist und daher nicht mehr über das nachdenkt, was man da gerade erlebt. Die Ausnahme ist der Eintritt in den einsgerichteten Meditations-Zustand, da man sich dabei in einem außergewöhnlich wachen Zustand befindet.

> Es gibt drei Grenzen zwischen den vier Bewusstseins-Zuständen (Wachen, Träumen, Tiefschlaf, Ekstase).

Warum gibt es eigentlich diese vier verschiedenen Bewusstseins-Zustände? Welchen Vorteil hat das in der Evolution gehabt? Wie sind sie entstanden? Und warum gibt es solch klare Grenzen zwischen ihnen?

Diese Fragen lassen sich am ehesten beantworten, wenn man sich die Funktionen dieser Bewusstseins-Zustände und der Grenzen zwischen ihnen genauer anschaut.

Das normale **Wachbewusstsein** hat offensichtlich die Aufgabe, das eigene Handeln zu lenken. Daher werden hier die Informationen gebraucht und verarbeitet, die für die augenblickliche Situation von Bedeutung sind. Daher sollten alle wichtigen Informationen im Bewusstsein sein, aber auch nicht zu viele, da dann die Übersicht verlorengehen kann. Im Wachbewusstsein befinden sich also immer *einige Informationen*.

Die Wahrnehmung des Drucks durch das eigene Gewicht am eigenen Hintern während des Sitzens auf einem Stuhl wird hingegen fast immer als „nicht relevant" ausgeblendet, während man schreibt. Hat man jedoch zu lange gesessen und beginnt der Rücken zu schmerzen, wird diese Information relevant und wird folglich in das Wachbewusstsein eingelassen.

Im Wachbewusstsein werden Dinge gegeneinander abgewogen, Bewertungen gemacht, Entscheidungen getroffen. Daher enthalten die Inhalte im Wachbewusstsein fast immer auch eine Bewertung. Zudem wird im Wachbewusstsein stets ein möglichst realistisches Abbild der Welt erschaffen, in der man sich bewegt.

Das Wachbewusstsein ist sozusagen ein Schreibtisch in einem Büro, auf dem die Dinge liegen, die gerade bearbeitet werden.

Im **Träumen** sieht das alles ganz anders aus. Dort befinden sich die ganzen Erinnerungen, die – wie die Träume zeigen – assoziativ geordnet sind. Dort befinden sich auch die Sinneswahrnehmungen. Von dort gelangen alle Erinnerungen und Sinneswahrnehmungen in das Wachbewusstsein, wenn sie als für die augenblickliche Situation relevant erachtet werden.

Das Traumbewusstsein, das meistens „Unterbewusstsein" genannt wird, ist also ein Art Archiv, in dem alles aufbewahrt wird und in das auch ständig alle Sinneswahrnehmungen gelangen und in „wichtig" und „unwichtig" sortiert werden. Das Archiv enthält *alle Informationen*.

Offensichtlich gibt es in diesem Archiv so etwas wie einen Archivar, der die ganzen Informationen dort so ordnet, dass bei einer bestimmten Wahrnehmung wie z.B. einem Verkehrsschild oder dem Messer in der Hand eines wütenden Mannes alle Erinnerungen sofort verfügbar sind und auch wachgerufen werden, die für dieses Schild oder dieses Messer von Bedeutung sein könnten.

Im Träumen wandert man offenbar durch dieses Archiv.

> *Die Bewusstseins-Grenze zwischen dem Traumbewusstsein des „Archivs" und dem Wachbewusstsein des „Büros" ist offensichtlich notwendig, damit das Büro nicht mit lauter unwichtigen Informationen aus dem Archiv oder direkt aus den Sinneswahrnehmungen überflutet wird.*

Die **Ekstase** ist die Ausrichtung des Wachbewusstseins auf *einen einzigen Inhalt* – entweder einem besonders lustvollen oder einem besonders bedrohlichen Inhalt.

Daher kann man sich diesen Zustand wie das Spotlight der Schreibtischlampe auf dem Schreibtisch in dem Büro des Wachbewusstseins vorstellen – wobei diese Lampe nur bei Bedarf eingeschaltet wird.

> *Die Bewusstseins-Grenze zwischen dem „Büro" des Wachbewusstseins und dem „Spotlight" der Ekstase ist bildlich gesprochen der Schalter dieser Lampe. Dieser Schalter ist notwendig, damit das Wachbewusstsein die meiste Zeit seiner normalen Tätigkeit des Betrachtens, Sortieren, Bewertens, Urteilens und Entscheidens nachgehen kann.*

> *Würde die Spotlight-Lampe ständig brennen, wäre das Bewusstsein ständig nur auf eine einzige Sache ausgerichtet und könnte sich nicht mehr einen Überblick verschaffen und weitsichtige Entschlüsse fassen.*

Der **Tiefschlaf** ist *ohne Inhalte* – er ist Stille. Das bedeutet jedoch nicht, dass er eigenschaftslos ist. Wenn man in der Meditation in die Stille geht – die dem Tiefschlaf entspricht – entsteht eine „formlose Fülle" und eine „innere Wärme" und man beginnt zu lächeln … so wie Buddha oder wie die meisten altägyptischen Statuen lächeln.

In diesem Zustand kehrt man zur eigenen Identität zurück, die präsent ist, ohne dass sie dafür in Worte, Bilder oder Gefühle gefasst werden müsste.

Dieses Tiefschlaf-Bewusstsein entspricht offensichtlich dem „Haus", in dem sich das „Archiv" des Traumbewusstseins, das „Büro" des Wachbewusstseins und die „Schreibtischlampe" der Ekstase befinden.

> *Über die Bewusstseins-Grenze zwischen Träumen und Tiefschlaf lässt sich nur wenig sagen – außer dass der Tiefschlaf wie die Leinwand für die Bilder der Bewusstseins-Inhalte ist. Wäre diese Leinwand nicht da, gäbe es auch keine Bilder.*

> *Der Übergang vom Traumbewusstsein zum Tiefschlaf ist offensichtlich das Loslassen aller Bewusstseins-Inhalte, also das Stillwerden.*

Es ist denkbar, dass diese vier Bewusstseins-Arten durch ihre Frequenzen getrennt werden. Diese Frequenzen – die sich mithilfe eines EEG messen lassen – sind:

Tiefschlaf	⌀	3 Hz
Träumen	⌀	6 Hz
Wachen	⌀	12 Hz
Ekstase	⌀	24 Hz

Diese vier Bewusstseins-Arten sind außerdem noch mit den u.a. aus dem Yoga und der Meditation bekannten Chakren verbunden, die man – ein wenig bildlich gesprochen – als „Bewusstseins-Organe" auffassen kann. Das indische Wort „Chakra" bedeutet „Rad" und bezieht sich darauf, dass man diese Chakren als Drehen, Pulsieren und Schwingen erleben kann – was ja alles Bilder für eine Frequenz sind.

Dieser Zusammenhang zwischen der EEG-Frequenz der vier Bewusstseins-Arten und der Frequenz des Vibrierens bzw. Rotierens der Chakren, das man in der Meditation erleben kann, ist sehr schlicht. Die Chakren sind in der folgenden Übersicht so angeordnet, wie sie im menschlichen Körper übereinander liegen.

Scheitelchakra:	Ekstase	⌀ 24 Hz
Drittes Auge:	Wachen	⌀ 12 Hz
Halschakra:	Träumen	⌀ 6 Hz
Herzchakra:	Stille	⌀ 3 Hz
Sonnengeflecht:	Träumen	⌀ 6 Hz
Hara:	Wachen	⌀ 12 Hz
Wurzelchakra:	Ekstase	⌀ 24 Hz

Das Bewusstsein mit seinen vier verschiedenen Bewusstseins-Arten ist offensichtlich auch eine Art komplexes, symmetrisches Schwingungs-System.

Es gibt vier verschiedene Bewusstseins-Arten, die verschiedene Aufgaben haben, sich in ihrer EEG-Frequenz unterscheiden und zu verschiedenen Chakren gehören. Dies sind

1. das „Haus" des Tiefschlafs (3 Hz, Herzchakra),

2. das „Archiv" des Träumens (6Hz, Sonnengeflecht und Halschakra),

3. das „Büro" des Wachbewusst-seins (12Hz, Hara und Drittes Auge), und

4. die Ekstase der „Spotlight-Lampe" (24Hz, Wurzelchakra und Scheitelchakra).

Neben den drei inneren Grenzen zwischen Tiefschlaf/Träumen, Träumen/Wachen und Wachen/Ekstase gibt es auch noch eine Grenze nach außen hin: Unser Bewusstsein beschränkt sich normalerweise auf unseren eigenen Körper plus die als Sinneswahrnehmungen erlangten Informationen über die Außenwelt.

Das Bewusstsein ist normalerweise auch nach außen hin abgegrenzt.

2. Zusammenfassung

Bewusstsein ist die Innenseite der Materie – und Materie ist die Außenseite des Bewusstseins.

Es gibt vier verschiedene, deutlich unterscheidbare und voneinander abgegrenzte Zustände mit grundlegend verschiedenen Aufgaben im Bewusstsein:
>   1. Tiefschlaf („Haus", 3Hz, Herzchakra, Fundament),
>   2. Träumen („Archiv", 6Hz, Sonnengeflecht und Halschakra, Erinnerung),
>   3. Wachen („Büro", 12Hz, Hara und Drittes Auge, Urteilen),
>   4. Ekstase („Spotlight-Lampe", 24Hz, Wurzelchakra und Scheitelchakra, Einsgerichtetheit).

3. Tore

Ⅱ

Da Grenzen in einem organischen System schädlich wären, wenn es in diesen Grenzen keine Tore gäbe, die den Austausch zwischen den verschiedenen Bereichen ermöglichen, gibt es auch Bewusstseins-Tore in den drei Grenzen zwischen den vier Bewusstseins-Bereichen.

Über das **Tiefschlaf/Traum-Tor** lässt sich zunächst einmal nicht viel sagen: Es ist der Übergang zwischen der Stille und dem Träumen.

Das **Wachen/Ekstase-Tor** kann recht einfach beschrieben werden: Wenn eine Sinneswahrnehmung oder ein Entschluss auftaucht, der von existentieller Bedeutung ist – Lust, Leid, Gefahr u.ä. – dann werden alle Wahrnehmungen und Informationen, die nicht dieses eine Wichtige betreffen, vom „Büro" ins „Archiv" zurückgeschoben, d.h. sie werden unbewusst.

Am vielfältigsten sind die Vorgänge am **Wachen/Traum-Tor**. Es lohnt sich, sie alle einmal einzeln genauer anzusehen, um die Funktion dieses Tores zu verstehen.

> - Die **aktuellen Sinneswahrnehmungen** werden, sofern sie als relevant eingestuft werden, an das Wachbewusstsein weitergeleitet. Dieser Vorgang zeigt, dass es im Traumbewusstsein (=Unterbewusstsein) einen Filter bzw. eine Verarbeitungs-Instanz gibt, die alle Bewusstseins-Inhalte auf ihre Wichtigkeit hin prüft. Die „Daten" im menschlichen Bewusstsein werden also nicht nur im Wachbewusstsein, sondern auch im Unterbewusstsein verarbeitet.
>
> Während das Unterbewusstsein die Inhalte auf recht schlichte Weise assoziativ ordnet und neue Informationen ebenfalls anhand der Assoziationen zu schon vorhandenen Inhalten filtert, auswählt und evtl. ans Wachbewusstsein weiterleitet, kann das Wachbewusstsein seine Inhalte auf komplexere Weise verarbeiten: vergleichen, abwägen, messen, rechnen, Entwicklungen abschätzen, urteilen, auswählen, entscheiden usw.

> - Bei der **Bewusstwerdung von Umständen**, also dem Zustand des eigenen

Leibes und der eigenen Umgebung werden ausgewählte Informationen vom „Archiv" ins „Büro" geschickt und liegen dann dort auf den Schreibtisch: Man wird sich einer Sache bewusst.

Dabei kann sich das Wachbewusstsein absichtlich auf etwas ausrichten und alle Wahrnehmungen, die es dazu gibt, sammeln und verarbeiten – also die betreffenden Informationen aus dem „Archiv" anfordern, d.h. sich erinnern. Aber das Traumbewusstsein kann auch von sich aus beschließen, dass eine Wahrnehmung wichtig ist und sie ins Wachbewusstsein schicken.

Wenn eine solche vom „Archiv" ausgewählte Wahrnehmung vom dann auch noch vom „Archiv" unterstrichen und per Express ins „Büro" geschickt wird, entsteht das Erschrecken. Durch dieses Erschrecken wird die Information vom „Archiv" nicht nur ins „Büro" geschickt, sondern zugleich auch noch die „Spotlight-Lampe" angeschaltet: Höchste Alarmstufe!

- Bei der **Erinnerung** gibt es wieder zwei Vorgänge: Bei der einen Variante ruft man sich bewusst etwas in Erinnerung – den Namen einer Person, eines Ortes u.ä. – während bei der anderen Variante das Traumbewusstsein in einer Situation etwas für wichtig erachtet und die betreffende Information in das Wachbewusstsein sendet – z.B. frühere Erlebnisse mit derselben Person.

- Der **Erinnerungsbote** ist eine Technik, um sich an Dinge zu erinnern, an die man schon lange Zeit nicht mehr gedacht hat und die daher nur schwer bewusst zugänglich sind. Bei dieser Boten-Methode konzentriert man sich auf die gewünschte Erinnerung und denkt dann an etwas anderes. Dadurch schickt man vom „Büro" aus einen „Boten" ins „Archiv", der die betreffende Erinnerung holen soll. Schon nach kurzer Zeit kommt er dann plötzlich mit der Erinnerung zurück.

- Die **ABC-Methode** wird ebenfalls für die Erinnerung an zunächst nicht erreichbare Informationen benutzt. Im Gegensatz zu der Boten-Methode eignet sich die ABC-Methode nur für das Erinnern an einzelne Worte. Man spricht innerlich „A…" und lauscht dann, ob das Wort kommt. Wenn nichts geschieht, versucht man das mit „B…", dann mit „C…" usw. In den allermeisten Fällen „klingelt's" dann bei dem richtigen Anfangsbuchstaben und man kann dann meist schon durch das Durchprobieren der fünf Vokale als zweitem Buchstaben das gesuchte Wort wiederfinden.

- Bei einer **Traumreise** sendet man nicht nur einen Boten in das Archiv, sondern man geht selber in das Archiv, d.h. man öffnet die Tür zwischen „Büro" und „Archiv" und geht dann selber (also als Wachbewußtsein) in das eigene Traumbewusstsein. Dort kann man sich dann alle Informationen ansehen, die im eigenen Gedächtnis gespeichert sind. Der Weg zu den gewünschten Informationen ist recht einfach: Man wünscht sich zu ihnen oder benutzt ein passendes Symbole als „Tür" zu der betreffenden „Abteilung" des „Archivs".

Man kann ein recht differenziertes Vorgehen bei diesen Traumreisen entwickeln, das sie mit der Zeit immer effizienter werden lässt.

- Der **Gedächtnis-Palast** ist eine Struktur und Ordnung im „Archiv", die man selber erschaffen kann. Dabei stellt man sich sein Gedächtnis als ein Gebäude mit vielen sowohl thematisch als auch örtlich sinnvoll angeordneten Räumen vor, in denen die gesamten Erinnerungen und das gesamte erlernte Wissen gut geordnet untergebracht sind, sodass man mit einer Traumreise gezielt zu den erwünschten Informationen gehen kann.

Diese Methode eignet sich vor allem für die Aufbewahrung von konkreten Informationen wie Namen, Zahlen, Maßen, Landkarten und dergleichen mehr – die reine Traumreise wird meist eher für Erinnerungen, Gefühle und ähnliches verwendet. Der Gedächtnis-Palast ist eine spezielle Anwendung der Traumreise, bei der man weiß, wo in dem eigenen „Archiv" eine bestimmte Erinnerung im „Regal" liegt.

- Bei einer **Vision** sieht man einen Inhalt des Traumbewusstseins in dem äußeren Bild, das man mit den Augen wahrnimmt. Dabei kann man zwei Arten unterscheiden.

Bei der ersten Art sieht man etwas, das die Konsistenz dichter Dämpfe zu haben scheint, also nebelhaft und meistens nur leicht farbig angehaucht ist. Diese Art der Vision ist sehr leicht von der Wahrnehmung der Umwelt unterscheidbar und kann nicht mit einem realen Gegenstand oder einem konkreten Lebewesen verwechselt werden. Diese Visionen können auch nicht angefasst werden. In diese Kategorie gehören z.B. die Geister von Toten, die man zwar sehen, aber nicht anfassen kann („Gespenster").

Bei der zweiten Art sieht man etwas, das genauso solide wie ein Apfel oder ein Auto aussieht und das man auch anfassen kann. Hier ist die Unterscheidung von einem realen äußeren Gegenstand nur noch indirekt möglich. Wenn plötzlich ein Auto im Wohnzimmer steht, ist das vermutlich eine solche Art von Vision; ebenso, wenn sich eine Schlange plötzlich in einen Adler verwandelt; oder wenn etwas plötzlich auftaucht oder dann genauso plötzlich auch wieder verschwindet. Allerdings hat diese Art von Vision nicht immer solche Merkmale, anhand derer man sie erkennen kann. Daher sollte man diese Art von Visionen, bei der innere Bilder weitgehend ununterscheidbar von realen Gegenständen in die optische Wahrnehmung der eigenen Umwelt integriert werden, möglichst vermeiden.

Bei solchen Visionen wird der Nutzen der klaren Unterscheidung zwischen Erinnerungsbildern und aktuellen Wahrnehmungsbilder im „Archiv" sehr deutlich. Dies ist eine „Archiv-interne" Grenze.

- Bei einer **Psychose** hat sich die Grenze zwischen Wahrnehmungen und

Erinnerungen nicht nur wie bei der Vision an einem Punkt aufgelöst, sondern großräumiger, wodurch ein Realitätsverlust entsteht, da der Betreffende die inneren und die äußeren Bilder nicht mehr klar unterscheiden kann.

- Durch Experimente lässt sich deutlich zeigen, dass **Telepathie und Telekinese** die Wahrnehmungen und die Handlungen des Traumbewusstseins (Unterbewusstseins) sind. Diese beiden Fähigkeiten sind nicht im Wachbewusstsein beheimatet und können daher auch nicht direkt von dort aus gesteuert werden. Stattdessen muss sich das Wachbewusstsein erst mit dem Traumbewusstsein verbinden, um den Zugriff auf diese beiden Fähigkeiten zu erhalten.

Als Ersatz für den direkten Zugang des Wachbewusstseins zum Traumbewusstsein werden manchmal auch Tarotkarten, Pendel u.ä. als „Monitor" für die Inhalte des Traumbewusstseins verwendet.

- Das wirkungsvolle **Aussenden von Wünschen**, das manchmal „Bestellungen beim Universum" oder auch ganz schlicht „Magie" genannt wird, hat eine große Ähnlichkeit mit dem Aussenden des Erinnerungsboten. Bei diesem Wünschen wird das Bild des erfüllten Wunsches deutlich imaginiert, also vorgestellt, und anschließend wie der Erinnerungs-Bote in Ruhe gelassen. Zu diesem Zweck lässt man diesen Wunsch in Ruhe, vergisst ihn, wünscht einfach „so nebenher" oder vertraut so sehr in die Erfüllung des Wunsches, dass man ihn aufgrund der vertrauensvollen Vorfreude auf seine Erfüllung nicht stört.

Während der Erinnerungs-Bote jedoch nur die Aufgabe hat, eine Information aus dem „Archiv" zu holen, sollen diese Wünsche die Telepathie und die Telekinese benutzen, um ein Ding oder Ereignis aus der Welt zu einem selber zu holen.

Dass so etwas möglich ist, kann man natürlich nicht durch Worte beweisen – dazu sind Versuche und eigene Erfahrungen notwendig.

- Bei der **Bewusstseins-Übertragung** wird wie bei der Telepathie, der Telekinese und dem Aussenden von Wünschen keine interne Grenze geöffnet bzw. aufgelöst, sondern die Grenze zum Außen hin.

Man stellt sich dabei innerlich vor, dass das eigene Bewusstsein den eigenen Leib verlässt und sich z.B. in einen verlorenen Gegenstand begibt. Dann schaut man, was rings um diesen Gegenstand ist – z.B. Stoff rings um den gesuchten Schlüssel – und schaut als nächstes, was rings um diesen Stoff ist – z.B. das Innere eines Kleiderschranks. Das genügt in der Regel, um den Ort zu erkennen, an dem sich der verlorene Gegenstand befindet.

Man kann auch mit dem eigenen Bewusstsein in einen anderen Menschen hineingehen und dann dort dessen Bilder, Gefühle, Gedanken, Gewohnheiten usw. erkennen und verändern.

Auch diese beiden Methoden können natürlich nur durch eigenen Erfahrungen als real vorhandene Möglichkeiten erlebt und erkannt werden.

- Bei der **Astralreise** verlässt man mit seinem Bewusstsein den eigenen Leib und geht an einen anderen Ort und kann dort dann alles so ähnlich wie auf einer Traumreise wahrnehmen.

Die vier Bewusstseins-Zustände sind nicht voneinander isoliert, sondern zwar voneinander abgegrenzt, aber auch durch Tore verbunden, an denen sich vielfältige Vorgänge abspielen.

---

3. Zusammenfassung

Bewusstsein ist die Innenseite der Materie – und Materie ist die Außenseite des Bewusstseins.

Es gibt vier verschiedene, deutlich unterscheidbare und voneinander abgegrenzte Zustände mit grundlegend verschiedenen Aufgaben im Bewusstsein, die jedoch auch durch Bewusstseins-Tore miteinander verbunden sind:

     1. Tiefschlaf („Haus", 3Hz, Herzchakra, Fundament),
     2. Träumen („Archiv", 6Hz, Sonnengeflecht und Halschakra, Erinnerung),
     3. Wachen („Büro", 12Hz, Hara und Drittes Auge, Urteilen),
     4. Ekstase („Spotlight-Lampe", 24Hz, Wurzelchakra und Scheitelchakra, Einsgerichtetheit).

4. Inhalte

♋

Neben dem Bewusstsein selber und seinen vier Zuständen (Tiefschlaf, Traum, Wachen, Ekstase) sowie den Grenzen und Toren zwischen diesen vier Zuständen gibt es noch die Inhalte des Bewusstseins selber. Dies sind primär die Wahrnehmungen und sekundär ihre „Verarbeitungs-Produkte", also die Ansichten, die durch die Verknüpfung der Inhalte mithilfe von Assoziationen, Gedanken und Gefühle erschaffen werden.

Der Zugriff auf diese Bewusstseins-Inhalte, die sich zunächst einmal alle im „Archiv" des Traumbewusstseins befinden, geschieht durch die bewusste/gewollte Erinnerung oder durch die spontane Assoziation zu früheren Ereignissen, also durch die unbewusste/ungewollte Erinnerung.

Die Fähigkeit, sich an frühere Ereignisse zu erinnern und ihre Ähnlichkeit mit der aktuellen Situation zu erkennen, ist die Grundlage des Lernens und der bewussten Entscheidungen. Der Nachweis eines Gedächtnisses ist somit auch der Nachweis einer zumindest einfachen Form des Wachbewusstseins, in dem diese Erinnerungen verarbeitet, d.h. „bewusst" werden.

Die Art dieser Erinnerungen hängen natürlich von der Art der Sinneswahrnehmungen ab. Der Mensch als vorwiegend optisch orientiertes Lebewesen hat zu 80% optische, also bildhafte Erinnerungen. Das ist bei einem Hund mit seinem ausgeprägten Geruchssinn, einen Hasen mit seinem guten Gehör oder einer Fledermaus mit ihrem Echolot natürlich deutlich anders.

Menschen leben in einer Bilderwelt, Hunde in einer Geruchswelt, Hasen in einer Geräuschwelt und Fledermäuse in einer vermutlich etwas abstrakteren, farblosen räumlichen Welt.

Schließlich kann es auch noch Störungen dieser Bewusstseins-Inhalte und ihrer Organisation geben, wodurch dann Störungen der Psyche entstehen.

Bei einem Trauma ist diese Störung die Abkapselung eines heftigen Erlebnisses, wodurch dieses Erlebnis zum einen nicht mehr für das Wachbewusstsein zugänglich ist, aber zum anderen durchaus im Unterbewusstsein wirksam ist.

Ein Trauma entsteht in mehreren Stufen:

> - Man gerät in eine Situation von großer Gefahr, großem Schmerz, großer Hilflosigkeit o.ä.

- Wenn man sich stark genug fühlt, wird man angreifen; wenn man sich zu schwach fühlt, wird man fliehen; und wenn sowohl Angriff als auch Flucht aussichtslos erscheinen, verlässt das Bewusstsein den Körper, d.h. man macht eine unfreiwillige/ungewollte Astralreise – was sich äußerlich oft als Ohnmacht zeigt, da nun kein Wachbewusstsein mehr im Körper ist. Dabei erlebt man sich als über der Szene schwebend („Dissoziation").

- Wenn man diese aussichtslose Situation, in der man ohnmächtig oder zumindest völlig apathisch geworden ist, überlebt, wird man sich schütteln, zittern, seltener auch schreien, lachen oder weinen, um das Adrenalin, das der Körper in der Stress-Situation ausgeschüttet hatte, wieder abzubauen.

- Wenn das geschieht, ist alles wieder o.k. Wenn man jedoch bei diesem Stressabbau-Zittern gestört wird oder sich das Stress-Ereignis mehrfach wiederholt, kann das Adrenalin nicht mehr abgebaut werden. Dann kreist das Adrenalin immer weiter in dem Erinnerungs-Bild an die Stress-Situation und es entsteht ein Trauma, also ein psychischer Krampf. Das ist in etwa so, als ob eine Konservendose mit dem Bild und dem Adrenalin aus der einen oder den mehreren Stress-Erlebnissen im Keller der eigenen Psyche auf einem Regal stehen und laut rappeln würde: Man weiß nicht mehr, was in dieser Konservendose drin ist, aber sie macht einen unruhig und stört das Wachbewusstsein und seine Entscheidungen.

Während man mit einem Trauma noch halbwegs normal weiterleben kann – zumindest mit den meistens Traumas – wird das bei einer Schizophrenie schon schwieriger, da bei dieser Erkrankung nicht nur eine einzelne Erinnerung oder eine Gruppe von Erinnerungen in dem „Archiv" abgekapselt wird, sondern die Gesamtheit der Erinnerungen in zwei oder mehr Teile auseinanderbricht und daher die Gesamtfunktion des Archivs gestört wird.

> Die Inhalte des „Archivs" sind normalerweise alle für das Wachbewusstsein – mit mehr oder weniger Mühe – zugänglich. Bei Störungen durch Traumas, eine Schizophrenie o.ä. ist dies jedoch nicht mehr der Fall.

Warum schläft man eigentlich? Diese Bewusstlosigkeit beim Schlafen ist doch in der freien Natur eine ausgesprochen lebensgefährliche Angelegenheit … Der Schlaf muss also einen Vorteil haben, der deutlich größer ist als dieser lebensgefährliche Nachteil.

Wer schläft? Und wie? Einfache Tiere bis hin zu den Fischen haben keinen Schlaf – sie ruhen bestenfalls ab und zu. Diese Tiere reagieren rein instinkthaft auf ihre Umwelt, d.h. sie tragen in sich Verhaltensmuster, die bei einem bestimmten äußeren Reiz jedes Mal anwenden. Das ist eine recht schlichte Überlebenstaktik.

Ab den Amphibien lassen sich die ersten Ansätze zu Schlafphasen feststellen, die dann bei den Reptilien deutlicher werden und schließlich bei den Säugetieren und Vögeln voll ausgebildet sind. Diese Tiere haben ein komplexeres Gehirn, das neue Funktionen hat, die über die Reaktion mithilfe von Instinkt-Bildern hinausgehen. Sie sind lernfähig und haben daher ein Gedächtnis, da ohne Gedächtnis kein Lernen möglich ist.

Dieses Lernen führt jedoch dazu, dass sich ständig neue Erlebnisse ansammeln und sozusagen der Speicher nach und nach voll wird. Daher wird der Schlaf notwendig, in dem die Erlebnisse während der Traumphase in die innere Bilderwelt eingefügt werden und in der diese innere Bilderwelt während des Tiefschlafs wieder auf das Fundament der Psyche ausgerichtet wird. Das am Tag Erlebte wird „archiviert".

Man kann den Schlaf daher auch als ein „Stimmen des Instruments" (also des Bewusstseins ansehen) das sich durch die Benutzung während der Wachphase nach und nach verstimmt hat.

Die Erlebnisse sortieren sich nicht von selber in die innere Bilderwelt ein – dafür ist der Traum notwendig. Und die innere Bilderwelt ist auch nicht von selber immer auf das Fundament der Psyche eingestimmt – dafür ist der Tiefschlaf nötig.

In ähnlicher Weise ist nach jedem Ekstase-Erlebnis eine Entspannungsphase notwendig, um den positiven oder negativen Stress der Einsgerichtetheit wieder aufzulösen – das Zittern nach einer Lebensgefahr oder die Müdigkeit nach dem Sex.

Der Traum ist notwendig, um die Erlebnisse in die innere Bilderwelt zu integrieren, und der Tiefschlaf ist notwendig, um die innere Bilderwelt wieder an dem Fundament der Psyche auszurichten.

4. Zusammenfassung

Bewusstsein ist die Innenseite der Materie – und Materie ist die Außenseite des Bewusstseins.

Es gibt vier verschiedene, deutlich unterscheidbare und voneinander abgegrenzte Zustände mit grundlegend verschiedenen Aufgaben im Bewusstsein, die jedoch auch durch Bewusstseins-Tore miteinander verbunden sind:

1. Tiefschlaf („Haus", 3Hz, Herzchakra, Fundament),
2. Träumen („Archiv", 6Hz, Sonnengeflecht und Halschakra, Erinnerung),
3. Wachen („Büro", 12Hz, Hara und Drittes Auge, Urteilen),
4. Ekstase („Spotlight-Lampe", 24Hz, Wurzelchakra und Scheitelchakra, Einsgerichtetheit).

Nach einem Ekstase-Zustand ist eine Entspannungsphase notwendig (Zittern, Schlaf); nach einem Tag voller Erlebnissen ist die Integration der Erlebnisse durch das Träumen in die innere Bilderwelt und durch den Tiefschlaf in das Fundament der Psyche notwendig.

Der Zugang zu den Erinnerungen kann durch Traumas und psychische Krankheiten gestört werden.

5. Zentrum

♌

Die Inhalte des Traumbewusstseins (Unterbewusstsein) sind keine ungeordnete Lose-Blatt-Sammlung, sondern ein systematisch geordnetes Bildersystem.

Wirbellose Tiere und Fische haben feststehende **Reiz-Reaktions-Muster**. Die Verarbeitung besteht bei ihnen im Wesentlichen daher in dem Vergleich einer Wahrnehmung mit einem inneren Bilderkatalog. Das am besten zu der Wahrnehmung passende Bild gibt vor, wie das Tier auf die betreffende Wahrnehmung reagiert. Diese Stufe der Verarbeitung gibt es auch noch beim Menschen z.B. im Fluchtreflex, in der Sexualität, im Kinderschutz u.ä.

Die nächste Stufe der Verarbeitung hängt mit der allmählichen Entwicklung des Großhirns bei den Amphibien und anschließend bei den Reptilien zusammen und entfaltet sich dann vollständig bei den Säugetieren und Vögeln. Die Reize werden nun nicht mehr nur mit einem angeborenen Bilder-Katalog verglichen, sondern auch noch mit den Erinnerungen. Diese **Erinnerungsfähigkeit**, die bei den niederen Tieren noch fehlt, ermöglicht das individuelle **Lernen**.

Hier werden die äußeren Reize nicht nur mit den ererbten Instinkt-Mustern verglichen, sondern auch noch mit den persönlichen Erinnerungen. Dadurch ist es möglich, verschiedene Reaktionsweisen auszuprobieren und dann bei der Variante, die die besten Ergebnisse gebracht hat, zu bleiben. Durch die Erinnerungsfähigkeit und das sich daraus ergebende Lernen wird eine individuelle Evolution möglich.

Dies ist auch die höchste Form der „Datenverarbeitung" des Menschen während der Altsteinzeit.

In der Jungsteinzeit kommen die **Analogien** hinzu, d.h. der Vergleich. Es werden nun nicht mehr nur einzelne Reize mit einzelnen Reaktionsweisen verglichen, sondern bestimmte Arten von Reizen mit bestimmten Reaktionsweisen – was in einem Fall gelernt wird, wird auf alle anderen gleichartigen Fälle übertragen. Das ist das, was man heute meistens als Vorurteil ansehen würde: alle Uhrmacher sind geschickt, alle Schmiede sind stark, alle Hebammen sind fürsorglich usw.

Diese Form der verallgemeinernden Datenverarbeitung ermöglicht die Orientierung in einem Umfeld, in dem so viele Menschen leben, dass man sie nicht mehr alle einzeln gut kennen kann, und in der die Tätigkeiten so vielfältig geworden sind, dass man sie nicht mehr alle erlernen kann.

Im Königtum kommt die Herleitung von einem **Grundprinzip** hinzu. Das kann der Wille des Königs, der Wille des monotheistischen Gottes oder eine Grundannahme in der Philosophie sein – aber auch das Formular und das Kategorisieren. Diese Form der Datenverarbeitung ermöglichte eine sehr große Anzahl von Menschen und Dingen auf eine formale Weise zu erfassen und aufgrund dieses Wissens dann sinnvolle Entscheidungen zu treffen. Das ist das Prinzip der Verwaltung.

Im Materialismus wir alles **analytisch** mit Zahl und Maß beschrieben und mithilfe von Kausal-Zusammenhängen dargestellt, die dann für die Technik und die Industrie genutzt werden. Auf diese Weise entsteht eine große Sachkenntnis.

Die Datenverarbeitung mithilfe der **Synthese**, also dem Erfassen und Bewerten komplexer Zusammenhänge, die der Epoche der Globalisierung entspricht, steckt noch sehr in den Anfängen.

Das Bewusstsein hat bis heute beim Menschen sechs aufeinander aufbauende Schichten: Instinkte, Assoziationen, Analogien, Prinzipien, Analyse und Synthese.

Diese auf sechs verschiedene Weisen verarbeiteten Bewusstseins-Inhalte sind nicht amorph, also gleichförmig, sondern enthalten zentrale Bilder:

- Instinkte: Mutter, Sex, Großraubtier, Jagdbeute u.a.

- Analogien: Mutter, Korngott und Wildnisgott, Richtigkeit, Jahreskreis, Clan-Gottheit, Seele, Seelenvogel, Götter. Lebenskraft u.a.

- Assoziationen: Mutter, Sex, Großraubtier, Jagdbeute, Krafttier, Lebenskraft u.a.

- Analogien: Mutter, Korngott und Wildnisgott, Richtigkeit, Jahreskreis, Clan-Gottheit, Seele, Seelenvogel, Götter. Lebenskraft u.a.

- Prinzipien: König, Gott, Wahrheit, Seele, Hierarchie, Gesetze u.a.

- Analyse: Mutter, Vater, Geld, Atome, chemische Elemente, Regierung u.a.

- Synthese: Mutter, Gaia, Seele, Clan-Gottheit, Gottheit, Einheit/Gott, Krafttier, Kraftpflanze, Kraftstein u.a.

Neben diesen allgemeinen wichtigen Bildern gibt es auch immer ein Selbstbild, das zugleich die eigene Mitte ist. Diese Mitte wird meistens als „Seele" bezeichnet:

- In der Altsteinzeit war sie der eigene Astralkörper, den man bei einem Nahtod erleben kann;

- in der Jungsteinzeit war dieser Seelenvogel das Kind der eigenen Clan-Gottheit;

- im Monotheismus/Königtum war sie ein Funke des Feuers des Einen Gottes;

- im Materialismus wurde sie auf die funktionierende Selbstorganisation reduziert;

- und in der heutigen Epoche der Globalisierung hat sich noch keine neues Seelen-Bild entwickelt, aber es wird vermutlich eine Synthese aller vorigen Seelen-Bilder sein.

Die Grundlage all dieser Bilder ist, dass das eigene Wachbewusstsein zunächst einmal immer als die eigene Mitte empfunden wird, weil es eben nur dieses Wachbewusstsein ist, das sich die Frage „Wer bin ich?" stellen kann. Wenn man diese Frage jedoch tiefer und gründlicher erforscht, gelangt man auf Traumreisen, in Meditationen u.ä. zu dem Erlebnis einer inneren Gestalt, die die eigene Essenz ist. Wenn man sich ganz auf diese Gestalt einlässt und sich innerlich mit ihr vereint, gelangt man zu dem Erlebnis, das man auch hat, wenn man „in die Stille geht", also bewusst den Tiefschlaf-Zustand erreicht. Dieser Zustand entspricht dem eigenen Herzchakra, also dem zentralen Chakra, das auch als „Tempel der Seele" umschrieben wird.

Das legt nahe, dass dieser Tiefschlafzustand die eigene Seele ist, das eigene Fundament, der letztliche Bezugspunkt für die eigene Identität.

> Der Tiefschlaf-Zustand, der mit dem eigenen Herzchakra verbunden ist, ist das direkte Erleben der eigenen Mitte. Diese Mitte kann man auch bildhaft als die eigene Seele erleben.

5. Zusammenfassung

Bewusstsein ist die Innenseite der Materie – und Materie ist die Außenseite des Bewusstseins.

Es gibt vier verschiedene, deutlich unterscheidbare und voneinander abgegrenzte Zustände mit grundlegend verschiedenen Aufgaben im Bewusstsein, die jedoch auch durch Bewusstseins-Tore miteinander verbunden sind:

1. Tiefschlaf („Haus", 3Hz, Herzchakra, Fundament – die eigene Mitte, Seele),
2. Träumen („Archiv", 6Hz, Sonnengeflecht und Halschakra, Erinnerung – Instinkte und Assoziation),
3. Wachen („Büro", 12Hz, Hara und Drittes Auge, Urteilen – Analogien, Prinzipien, Analyse und Synthese),
4. Ekstase („Spotlight-Lampe", 24Hz, Wurzelchakra und Scheitelchakra, Einsgerichtetheit).

Nach einem Ekstase-Zustand ist eine Entspannungsphase notwendig (Zittern, Schlaf); nach einem Tag voller Erlebnissen ist die Integration der Erlebnisse durch das Träumen in die innere Bilderwelt und durch den Tiefschlaf in das Fundament der Psyche notwendig.

Der Zugang zu den Erinnerungen kann durch Traumas und psychische Krankheiten gestört werden.

6. Funktionen

♍

Das Bewusstsein erscheint zunächst einmal nur als der „Kapitän" des eigenen Leibes – das Bewusstsein sitzt im eigenen Körper und steuert ihn. Die eigentlichen Bewegungen und Veränderungen werden jedoch durch den Leib ausgeführt – das Bewusstsein bestimmt nur, welche Bewegungen das sind.

Bei einer genaueren Betrachtung wird jedoch deutlich, dass dieses Bild vom Bewusstsein als „Kapitän" und dem Leib als „Schiff" nicht so ganz zutreffend ist.

Zum einen gibt es viel Vorgänge, die überhaupt nicht bewusst gesteuert werden, sondern unbewusst. Dazu zählen der Herzschlag, die Verdauung, die Heilung einer Wunde, aber auch solche Dinge wie Sprechen oder Gehen. Das Wachbewusstsein beschließt zwar zu sprechen oder zu gehen, aber der Vorgang selber läuft unbewusst ab. Das zeigt, wie viele unbewusste Steuerungsvorgänge es im Bewusstsein gibt. Alles, was immer gleich abläuft – sei es die Verdauung oder das Bewegen der Beine beim Laufen oder das Bewegen der Zunge beim Sprechen – wird in das Unterbewusstsein ausgelagert, da es nicht mehr notwendig ist, bei diesen Vorgängen bewusst zu lenken. Der weitaus größte Teil aller Verarbeitungs- und Steuerungsprozesse läuft unbewusst ab – das Wachbewusstsein kümmert sich nur um die „kreativen Vorgänge" und um alles, wofür es im Unterbewusstsein noch keine gut funktionierende Handlungsschablone gibt.

Das Unterbewusstsein ist also keineswegs eine große Schüssel voller meistens inaktiven Bildern, sondern vielmehr eine ständig aktive „Abteilung", die alles vom Herzschlag, der Atmung und der Verdauung über die Sortierung der Wahrnehmungen in „wichtig" und „unwichtig" bis hin zu der Verarbeitung des Erlebten in den Träumen regelt. Der weitaus größte Teil der Steuerungsvorgänge im Menschen läuft also unbewusst ab.

Das Wachbewusstsein, das man im allgemeinen für das „Ich" hält, ist nur für einen sehr kleinen – aber durchaus wichtigen – Teil der Steuerungsprozesse des eigenen Leibes zuständig. Wenn man sich dies einmal wirklich richtig deutlich macht, kann man ins Staunen geraten und recht bescheiden werden.

Das Traumbewusstsein/Unterbewusstsein ist also deutlich mehr als nur ein Archiv, auch wenn es aus der Sicht dessen, was das Wachbewusstsein normalerweise von ihm mitbekommt, vor allem ein Archiv für die eigenen Erinnerungen und das eigene

Wissen ist. Es ist aber auch so etwas wie ein „Maschinenraum", in dem alle möglichen Vorgänge gesteuert und gelenkt werden.

> Das Unterbewusstsein, zu dem man durch Träume und Traumreisen Zugang hat, ist nicht nur ein Archiv, sondern auch ein Maschinenraum, in dem eine riesige Anzahl von unbewusst bleibenden körperlichen Vorgängen gesteuert wird.

Der andere der beiden Vorgänge, die zeigen, dass das Bild von dem „Kapitän" des Wachbewusstseins in dem „Schiff" des Leibes nicht so ganz stimmt, stammt aus einem ganz anderen Zusammenhang.

Das normale Bild, das die meisten von ihrem Bewusstsein haben, ist das Bild eines Bestimmers, der dem eigenen Leib sagt, was er tun soll – und der auch nur durch den Leib handeln kann. Das ist jedoch ein Irrtum.

Es ist bereits am Anfang dieses Buches gesagt worden, dass die beste Beschreibung für das Verhältnis zwischen Bewusstsein und Leib die Auffassung ist, dass das Bewusstsein die Innenseite und die Materie die Außenseite derselben Sache ist. Dies ist auch die einfachste Erklärung dafür, dass der Leib überhaupt ein Bewusstsein hat und dass das Bewusstsein den Leib lenken kann.

Wenn nun weiterhin das Bewusstsein Grenzen hat, aber diese Grenzen sowohl intern – also z.B. zwischen Wachbewusstsein und Traumbewusstsein – als auch extern – also z.B. zu einem verlorenen Haustürschlüssel hin, den man mithilfe von Telepathie wiederfinden kann – geöffnet werden können, ergibt sich das interessante Bild, dass das Bewusstsein sich selber auf andere Dinge und Menschen hin ausdehnen kann. Das Bewusstsein kann also gewissermaßen seinen eigenen Leib erweitern – was zugegebenermaßen zunächst einmal recht exotisch klingt. Da es jedoch möglich ist, auf diese Weise – wie bereits beschrieben – einen verlorenen Haustürschlüssel wiederzufinden oder sich den Leib eines anderen Menschen von innen her anzusehen, muss es diese Möglichkeit geben.

Da das Bewusstsein den zu ihm gehörenden Leib lenken kann, sollte es auch Effekte geben – wenn sich das Bewusstsein tatsächlich über den eigenen Leib hinaus ausdehnen kann – bei denen das eigene Bewusstsein einen fremden Körper oder Gegenstand bewegt. Die beiden bekanntesten Beispiele für diese Art von Vorgang sind die Hypnose und die Telekinese.

Dadurch ergibt sich ein neues Verständnis des Bewusstseins: Das Bewusstsein gehört zwar zunächst zu dem eigenen Leib, aber es kann sich auf andere Leiber und andere Gegenstände ausdehnen und diese dann sowohl direkt, d.h. wie den eigenen Leib von innen her wahrnehmen (Telepathie) als auch wie den eigenen Leib bewegen (Hypnose/Telekinese). Diese Beschreibung entspricht auch dem Erlebnis bei der Hypnose und bei der Telekinese: Man bewegt den Leib des Hypnotisierten bzw. den Gegenstand so, als ob er ein Teil des eigenen Leibes wäre.

Auf dieser Möglichkeit beruhen auch Geistheilungen, Schamanismus, Magie u.ä. sowie wahrscheinlich zum Teil auch manche Massenphänomene wie die Beeinflussung durch Reden von Demagogen.

In fortgeschrittenen Meditationen kann man sein Bewusstsein noch deutlich weiter ausdehnen, sodass eine Art „Landschafts-Bewusstsein" entsteht, in dem man seine ganze Umgebung direkt, also ohne Augen/Ohren von innen her wahrnehmen kann.

Man kann diese Ausdehnung des Bewusstseins als Entsprechung zu dem Kontakt der Materie zu anderer Materie auffassen. Wenn das Bewusstsein und die Materie nur zwei Seiten derselben Sache sind, sollten sich die Möglichkeiten, die die Materie hat, ja auch beim Bewusstsein wiederfinden – also z.B. die Kontaktaufnahme der Materie zu anderer Materie und die Beeinflussung dieser anderen Materie.

> Das Bewusstsein kann sich auf andere Lebewesen und Dinge ausdehnen und sie dann wie den eigenen Körper von innen her wahrnehmen und sie auch wie den eigenen Körper bewegen.

6. Zusammenfassung

Bewusstsein ist die Innenseite der Materie – und Materie ist die Außenseite des Bewusstseins.

Es gibt vier verschiedene, deutlich unterscheidbare und voneinander abgegrenzte Zustände mit grundlegend verschiedenen Aufgaben im Bewusstsein, die jedoch auch durch Bewusstseins-Tore miteinander verbunden sind:

1. Tiefschlaf („Haus", 3Hz, Herzchakra, Fundament – die eigene Mitte, Seele),
2. Träumen („Archiv", 6Hz, Sonnengeflecht und Halschakra, Erinnerung – Instinkte und Assoziation; Steuerung des Leibes),
3. Wachen („Büro", 12Hz, Hara und Drittes Auge, Urteilen – Analogien, Prinzipien, Analyse und Synthese),
4. Ekstase („Spotlight-Lampe", 24Hz, Wurzelchakra und Scheitelchakra, Einsgerichtetheit).

Nach einem Ekstase-Zustand ist eine Entspannungsphase notwendig (Zittern, Schlaf); nach einem Tag voller Erlebnissen ist die Integration der Erlebnisse durch das Träumen in die innere Bilderwelt und durch den Tiefschlaf in das Fundament der Psyche notwendig. Der Zugang zu den Erinnerungen kann durch Traumas und psychische Krankheiten gestört werden.

Das Bewusstsein kann sich auf andere Lebewesen und Dinge ausdehnen und sie dann wie den eigenen Leib von innen her wahrnehmen und bewegen (Telepathie/ Telekinese).

7. Verbindungen

♎︎

Im Bewusstsein werden viele Vorgänge nach dem Ursache/Wirkung-Prinzip, also aus dem Blickwinkel der Kausalität heraus verarbeitet – das gilt zumindest für die meisten Vorgänge im Wachbewusstsein.

Es gibt jedoch auch das Verarbeitungs-Prinzip des Vergleichs und des Analogie-Schlusses, das vor allem im Unterbewusstsein verwendet wird: Dinge werden so ähnlich entschieden wie sie in früheren ähnlichen Situationen entschieden worden sind. Darauf beruht unter anderem auch der aus der Psychologie gut bekannte „Wiederholungszwang".

Doch diese Analogien sind mehr als nur ein Verarbeitungsprinzip. Die Astrologie zeigt durch die Geburtshoroskope, dass die Menschen in ein bestimmtes Muster geprägt und eingebunden sind, das durch die Analogie des Charakters des Menschen zu dem Stand der Planeten zum Zeitpunkt seiner Geburt deutlich wird.

Das bedeutet, dass das Bewusstsein nicht nur von Kausal-Abläufen wie den Reiz/Reaktion-Mustern oder durch „Nachdenken – Erkenntnis – Entscheidung" bestimmt ist, sondern auch durch eine grundlegende Prägung, die den allgemeinen Stil der Prozesse im Bewusstsein bestimmt.

Diese Prägung hat auch eine ausgesprochene nützliche Auswirkung: Sie lässt die Selbstähnlichkeit entstehen. Diese Selbstähnlichkeit führt nicht nur dazu, dass man anhand des Zustandes eines Teiles auf den Zustand des Ganzen schließen kann (Handlinien, Fußreflexzonen, Irisdiagose, Ohrdiagnose usw.), sondern auch, dass alle Teile des Ganzen nach demselben Stil aufgebaut sind und nach demselben Prinzip funktionieren. Man kann davon ausgehen, dass ein System, in dem alle Teile demselben Grundmuster folgen, deutlich effektiver ist, als wenn alle seine Teile verschiedenen Prinzipien folgen würden. Man kann beinahe sagen, dass nur ein System, dessen Teile alle durch die Selbstähnlichkeit geprägt sind, gut funktionieren kann.

Es ist allerdings schwierig, sich diese Stil-Einheit, die sich in der Selbstähnlichkeit zeigt, anschaulich vorzustellen. Man könnte diese Einheitlichkeit mit einer Tonart vergleichen, die von allen Teilen benutzt wird, oder mit derselben Art von Farbe (Ölfarbe oder Aquarell oder Gouache), die in dem ganzen Bild verwendet wird.

Vermutlich führt diese Selbstähnlichkeit aller Teile miteinander auch zu einer deutlich einfacheren Koordination und Kooperation aller Teile miteinander. Da sich Analogien auch als Wirkungsansatz verwenden lassen – wie z.B. in der Homöopathie, in der

Gleiches Gleiches heilt – kann man davon ausgehen, dass diese Selbstähnlichkeit auch ein aktives Koordinationsprinzip ist, das die Einheit des gesamten Bewusstseins fördert oder möglicherweise sogar erst herstellt.

Doch das ist ein noch weitgehend unerforschter Bereich.

> Das Bewusstsein ist sowohl durch die Kausalität als auch durch die Analogie geprägt, die u.a. zu der Selbstähnlichkeit aller Teile eines organischen Ganzen führt.

In der Meditation werden die Tore zwischen verschiedenen Arten des Bewusstseins für die Zeitspanne der Meditation und evtl. auch noch darüber hinaus weit geöffnet. Die drei wichtigsten und auch schlichtesten Formen dieser „Bewusstseins-Zustände mit geöffneter Tür" sind:

- Wachbewusstsein + Traumbewusstsein   = Traumreise

- Wachbewusstsein + Tiefschlaf   = innere Stille

- Wachbewusstsein + Einsgerichtetheit   = Erwachen der Kundalini

Diese Formen der Meditation lassen sich auch technisch erklären: Der Tiefschlaf hat eine EEG-Frequenz von 3Hz, das Träumen hat 6Hz, das Wachen 12Hz und die Ekstase 24Hz. Das ist jedes Mal eine doppelt so hohe Frequenz wie vorher. Das Träumen ist also von seiner Frequenz her die höhere Oktave des Tiefschlafs, das Wachen die höhere Oktave des Träumens und die Ekstase die höhere Oktave des Wachens.

Musikalisch beschrieben ist der Tiefschlaf z.B. ein E', das Träumen wäre dann ein E, das Wachen ein e und die Ekstase ein e'. Diese vier Töne bilden einen vollkommenen Einklang (Oktaven), wenn man sie zusammen spielt, da immer genau zwei Wellen des höheren Tons in eine Welle des niedrigeren Tons passen.

Das Meditieren ist also so etwas wie ein Einstimmen von zwei Arten des Bewusstseins aufeinander. Dadurch wird ein Einklang zwischen ihnen, eine vorübergehende Synthese von ihnen geschaffen, die dann den veränderten Bewusstseins-Zustand in der Meditation ergibt.

Bei der Meditation werden die Frequenzren und Rhythmen des verschiedenen Bewusstseinsarten miteinander koordiniert. Das lässt sich auf einfache Weise graphisch darstellen:

175

Koordination der Bewußtseinsrhythmen										
unkoordinierte Wellen/Rhythmus (Normalbewußtsein)										
Tiefschlaf										
Traumbewußtsein										
Wachbewußtsein										
Ekstase										

koordinierte Wellen/Rhythmus (Meditation)										
Tiefschlaf										
Traumbewußtsein										
Wachbewußtsein										
Ekstase										

In diesen veränderten Bewusstseins-Zuständen hat man sowohl andere Wahrnehmungs- und Erlebnismöglichkeiten als auch andere Handlungsmöglichkeiten:

- Auf der Traumreise kann man z.B. „innen" die Inhalte der eigenen Psyche und den Zustand seines Körpers erforschen, aber auch „außen" einen verlorenen Haustürschlüssel wiederfinden.

- Im Zustand der inneren Stille kann man seine eigene Identität auf ganz direkte Weise spüren und erleben, und durch diesen Kontakt auch sich selber heilen.

- Durch das Erwecken der Kundalini, also des Lebenskraftflusses im eigenen Körper, kann man die eigene Lebenskraft und die sieben Chakren spüren, und auch den eigenen Körper auf grundlegende Weise heilen.

Das Meditieren – also der fortgeschrittene Umgang mit dem eigenen Bewusstsein – hat also ganz konkrete Eigenschaften, Erlebnisse und Möglichkeiten.

Das Meditieren ist die Koordination des Wachbewusstseins mit dem Träumen, dem Tiefschlaf oder der Ekstase, wodurch neue Erlebnisse und Handlungsmöglichkeiten entstehen.

7. Zusammenfassung

Bewusstsein ist die Innenseite der Materie – und Materie ist die Außenseite des Bewusstseins.

Es gibt vier verschiedene, deutlich unterscheidbare und voneinander abgegrenzte Zustände mit grundlegend verschiedenen Aufgaben im Bewusstsein, die jedoch auch durch Bewusstseins-Tore miteinander verbunden sind:

1. Tiefschlaf („Haus", 3Hz, Herzchakra, Fundament – die eigene Mitte, Seele),
2. Träumen („Archiv", 6Hz, Sonnengeflecht und Halschakra, Erinnerung – Instinkte und Assoziation; Steuerung des Leibes),
3. Wachen („Büro", 12Hz, Hara und Drittes Auge, Urteilen – Analogien, Prinzipien, Analyse und Synthese),
4. Ekstase („Spotlight-Lampe", 24Hz, Wurzelchakra und Scheitelchakra, Einsgerichtetheit).

Nach einem Ekstase-Zustand ist eine Entspannungsphase notwendig (Zittern, Schlaf); nach einem Tag voller Erlebnissen ist die Integration der Erlebnisse durch das Träumen in die innere Bilderwelt und durch den Tiefschlaf in das Fundament der Psyche notwendig. Der Zugang zu den Erinnerungen kann durch Traumas und psychische Krankheiten gestört werden.

Das Meditieren ist die Koordination des Wachbewusstseins mit dem Träumen, dem Tiefschlaf oder der Ekstase, wodurch neue Erlebnisse und Handlungsmöglichkeiten entstehen.

Das Bewusstsein kann sich auf andere Lebewesen und Dinge ausdehnen und sie dann wie den eigenen Leib von innen her wahrnehmen und bewegen (Telepathie/ Telekinese).

Das Bewusstsein wird sowohl durch die Kausalität als auch durch Analogien geprägt.

8. Einsgerichtetheit

♏

Der Bewusstseins-Zustand der Ekstase, der für gewöhnlich angesichts von Lust, Gefahr, Ekel, Schmerz und ähnlichen heftigen Gefühlen und Erlebnissen auftritt, sorgt für die Bündelung der gesamten Aufmerksamkeit – also für die Bündelung des gesamten Bewusstseins – auf eine einzige Sache. Dadurch kann diese Sache möglichst schnell erfasst, die eigenen Möglichkeiten geklärt und eine Entscheidung getroffen werden.

Doch diese Ekstase lässt sich auch durch Konzentration oder durch Meditation erreichen. Diese beiden Methoden sind jedoch recht verschieden. Während bei der Konzentration oft Zwang, Disziplin, Lust, Ekel, Gefahr, Schmerz oder ähnliches als Hilfsmittel benutzt werden, um diese Einsgerichtetheit der Ekstase zu erreichen, benutzt die Meditation das Still-Werden als Methode. Die genannten Konzentrations-Methoden sind im Wesentlichen Anspannungs-Verfahren, die Meditation ist hingegen im Wesentlichen ein Entspannungs-Verfahren.

Den große Nutzen der Einsgerichtetheit des Bewusstseins kann man einem Laser-strahl vergleichen: Eine normale Glühbirne oder Neonröhre erschafft Licht von verschiedenen Wellenlängen, das sie gleichmäßig nach allen Seiten hin verteilt. Ein Laserstrahl hat hingegen eine einheitliche Wellenlänge und richtet sein Licht in einem dünnen Strahl nach einer einzigen Richtung hin aus. Dadurch hat der Laserstrahl eine weitaus größere Kraft und Wirkung als eine Glühbirne oder eine Neonröhre.

Dasselbe geschieht auch, wenn man das „Glühbirnen-Licht" des Wachbewusstseins zu dem „Laserstrahl-Licht" der Ekstase bündelt. Dieses einsgerichtete Ekstase-Bewusstsein hat eine deutlich größere Wirkung als das diffus ausgerichtete „Glühbirnen-Licht" des normalen Wachbewusstseins. Daher wird immer dann, wenn eine direkte Wirkungen des Bewusstseins auf die materielle Welt angestrebt wird wie bei der Telekinese, dem erfolgreichen Wünschen, in der Magie, bei dem Bewirken von Wundern usw. zuerst die Einsgerichtetheit des Bewusstseins, also der Ekstase-Zustand hergestellt.

Eine gut bekannte Möglichkeit, diesen Zustand jederzeit ohne Mühe zur Verfügung zu haben, ist das vollkommene Vertrauen in eine Gottheit – das Gottvertrauen. Das ist das Verfahren, das z.B. Christus angewendet und mit dem Satz „Der Glaube kann Berge versetzen." beschrieben hat.

Dies ist auch eine Form der Entspannung – man ruht in der betreffenden Gottheit. In der Regel ist dies entweder der Eine-Alles-Einzige Gott oder die eigene Clan-

Gottheit, also die Gottheit, von deren „Meer" die eigene Seele ein „Tropfen" ist.

Doch die Clan-Gottheit und ihr Verhältnis zu der eigenen Seele ist das Thema eines späteren Kapitels dieses Buches.

> Durch die Einsgerichtetheit des Bewusstseins (Ekstase) lassen sich auch im Außen direkte Wirkungen durch das Bewusstsein erzeugen.

8. Zusammenfassung

Bewusstsein ist die Innenseite der Materie – und Materie ist die Außenseite des Bewusstseins.

Es gibt vier verschiedene, deutlich unterscheidbare und voneinander abgegrenzte Zustände mit grundlegend verschiedenen Aufgaben im Bewusstsein, die jedoch auch durch Bewusstseins-Tore miteinander verbunden sind:
1. Tiefschlaf („Haus", 3Hz, Herzchakra, Fundament – die eigene Mitte, Seele),
2. Träumen („Archiv", 6Hz, Sonnengeflecht und Halschakra, Erinnerung – Instinkte und Assoziation; Steuerung des Leibes),
3. Wachen („Büro", 12Hz, Hara und Drittes Auge, Urteilen – Analogien, Prinzipien, Analyse und Synthese),
4. Ekstase („Spotlight-Lampe", 24Hz, Wurzelchakra und Scheitelchakra, Einsgerichtetheit – direkte Wirkungen des Bewusstseins im Außen: Geistheilungen, Magie, Wunder).

Nach einem Ekstase-Zustand ist eine Entspannungsphase notwendig (Zittern, Schlaf); nach einem Tag voller Erlebnissen ist die Integration der Erlebnisse durch das Träumen in die innere Bilderwelt und durch den Tiefschlaf in das Fundament der Psyche notwendig. Der Zugang zu den Erinnerungen kann durch Traumas und psychische Krankheiten gestört werden.

Das Meditieren ist die Koordination des Wachbewusstseins mit dem Träumen, dem Tiefschlaf oder der Ekstase, wodurch neue Erlebnisse und Handlungsmöglichkeiten entstehen.
Das Bewusstsein kann sich auf andere Lebewesen und Dinge ausdehnen und sie dann wie den eigenen Leib von innen her wahrnehmen und bewegen (Telepathie/ Telekinese).
Das Bewusstsein wird sowohl durch die Kausalität als auch durch Analogien geprägt.

9. Ausrichtungen

♐

Das Bewusstsein braucht wie jedes komplexe System eine Grundausrichtung, einen Masterplan, eine grundlegende Motivation. Was kann das beim Bewusstsein sein?

Zunächst einmal gibt es das ganz allgemeine Prinzip der Selbsterhaltung – also die Vermeidung des eigenen Todes. Alles, was diese „Programmierung" nicht in ausreichendem Maße besitzt, wird sterben und ist somit raus aus dem Spiel dieser Welt. Das gilt für ein einzelnes Molekül genauso wie für einen Menschen oder für einen Staat.

Als zweites Prinzip gibt es die Erhaltung der eigenen Art – also den Sex und zum Teil auch noch der Schutz der Nachkommen. Ohne dieses Prinzip geht die eigene Art verloren und ist ebenfalls raus aus dem Spiel.

Es muss also auch im Bewusstsein dieses Prinzip der Selbsterhaltung, also den individuellen Egoismus (Tod-Vermeidung) und den kollektiven Egoismus (Sex-Anstreben) geben. Wenn man es genau betrachtet, ist dieser Egoismus jedoch keine Eigenschaft des Bewusstseins, sondern ein Bild, ein „Programm" in diesem Bewusstsein. Bei genauerer Betrachtung gibt es auch in der Materie kein Egoismus-Prinzip, sondern nur in den Formen, die die Materie ausbildet.

Sowohl die Formen der Materie als auch die Bilder im Bewusstsein enthalten somit den Egoismus als Formprinzip. Das war auch nicht anders zu erwarten, da die Materie die Außenseite und das Bewusstsein die Innenseite derselben Sache ist. Beide sollten daher auch dieselben Grundprinzipien enthalten.

> Sowohl die Materie als auch das Bewusstsein enthalten als grundlegende Formen die individuelle und die kollektive Selbsterhaltung.

Wenn man die individuelle und die kollektive Selbsterhaltung als die Grundform nimmt, von der die Materie und das Bewusstsein geprägt sind, dann gibt es auch noch eine Grundfarbe, von der sie geprägt sind. Im Gegensatz zu der allgemeingültigen „Form" ist diese „Farbe" jedoch vollkommen individuell: Sie lässt sich anhand des Horoskops der betreffenden Person, des Tieres, des Unternehmens usw. erkennen.

Diese „Farbe" ist die Art und Weise, in der der Betreffende seine allgemeingültige Form der Selbsterhaltung lebt. Dies kann man am besten als „Selbstausdruck" umschreiben. Der grundlegende Drang eines jeden Menschen ist es, nicht nur zu überleben, sondern auch, auf die eigene Weise zu leben. Das Bewusstsein ist also von zwei Elementen geprägt: von dem bei allen gleichen Egoismus und von dem bei jedem anderen Stil.

Dieser Selbstausdruck, dem der Egoismus die Kraft gibt und dem der Stil die Vorgehensweise gibt, ist das, was im allgemeinen als der „Sinn des Lebens" empfunden wird.

Jeder hat seinen persönlichen, durch das Geburtshoroskop beschreibbaren Stil.

---

9. Zusammenfassung

Bewusstsein ist die Innenseite der Materie – und Materie ist die Außenseite des Bewusstseins.

Der individuelle Egoismus (Tod-Vermeidung) und der kollektive Egoismus (Sex-Anstreben) bilden zusammen mit dem durch das Horoskop beschriebenen Stil den Selbstausdrucks-Drang der Menschen und daher auch die Grundausrichtung des Leibes und des Bewusstseins.

Es gibt vier verschiedene, deutlich unterscheidbare und voneinander abgegrenzte Zustände mit grundlegend verschiedenen Aufgaben im Bewusstsein, die jedoch auch durch Bewusstseins-Tore miteinander verbunden sind:
1. Tiefschlaf („Haus", 3Hz, Herzchakra, Fundament – die eigene Mitte, Seele),
2. Träumen („Archiv", 6Hz, Sonnengeflecht und Halschakra, Erinnerung – Instinkte und Assoziation; Steuerung des Leibes),
3. Wachen („Büro", 12Hz, Hara und Drittes Auge, Urteilen – Analogien, Prinzipien, Analyse und Synthese),
4. Ekstase („Spotlight-Lampe", 24Hz, Wurzelchakra und Scheitelchakra, Einsgerichtetheit – direkte Wirkungen des Bewusstseins im Außen: Geistheilungen, Magie, Wunder).

Nach einem Ekstase-Zustand ist eine Entspannungsphase notwendig (Zittern, Schlaf); nach einem Tag voller Erlebnissen ist die Integration der Erlebnisse durch das Träumen in die innere Bilderwelt und durch den Tiefschlaf in das Fundament der Psyche notwendig. Der Zugang zu den Erinnerungen kann durch Traumas und psychische Krankheiten gestört werden.
Das Meditieren ist die Koordination des Wachbewusstseins mit dem Träumen, dem Tiefschlaf oder der Ekstase, wodurch neue Erlebnisse und Handlungsmöglichkeiten entstehen.
Das Bewusstsein kann sich auf andere Lebewesen und Dinge ausdehnen und sie dann wie den eigenen Leib von innen her wahrnehmen und bewegen (Telepathie/ Telekinese).
Das Bewusstsein wird sowohl durch die Kausalität als auch durch Analogien geprägt.

10. Zeit

♑

Das Bewusstsein hat die Möglichkeit, auch Dinge auf direkte Weise wahrzunehmen, die außerhalb der Reichweite der eigenen physischen Sinne liegen, und Dinge ohne die Zuhilfenahme seines Leibes zu bewegen: Telepathie und Telekinese.

Doch das Bewusstsein kann seine Reichweite nicht nur räumlich ausdehnen, sondern auch zeitlich. Es hat zu allen Zeiten Seher und Seherinnen gegeben, die diese Fähigkeit besonders weit entwickelt hatten. Eine der bekannteren Seherinnen ist Buchela gewesen, bei der sich Konrad Adenauer, der erste Bundeskanzler, des öfteren Rat geholt hat. Doch dieses „Sehen" ist keine exotische Fähigkeit, sondern etwas, was jeder üben kann – was allerdings nicht sehr weit verbreitet ist. Bekannter sind hingegen Wahrträume, in denen man das träumt, was man nächsten Tag dann tatsächlich erlebt.

Dieses „die Zukunft sehen" fühlt sich an wie Erinnern – nur eben „in die falsche Richtung", also in die Zukunft hinein. Doch das Gefühl dabei – dieses sich-Ausrichten, Suchen, Warten und Schauen ist beim Erinnern und beim Zukunft-Sehen genau dasselbe.

Die Möglichkeit, die Zukunft zu sehen, hat natürlich eine Menge weltanschaulicher Konsequenzen – vor allem die Tatsache, dass die Zukunft offenbar schon festliegt und auch schon gesehen werden kann. Vor diesem Hintergrund ist das Leben wie eine Wanderung auf einem Weg durch eine Landschaft, der bereits festliegt, und auf dem das Bewusstsein mit seiner Wahrnehmung entlang geht. Das stellt natürlich sofort die Frage nach dem freien Willen.

Dieses „bereits Festliegen der Zukunft" zeigt sich auch darin, dass man schon heute das Horoskop eines Menschen ausrechnen und deuten kann, der z.B. in 50 Jahren am 16.8.2074 um 14.29Uhr in Berlin geboren wird. Man weiß natürlich nicht, ob genau dann ein Mensch geboren wird, aber wenn dann ein Mensch geboren wird, wird er genau den schon im Voraus mithilfe des Horoskops berechneten Charakter haben.

Schließlich kann man zu dem Thema „Bewusstsein und Zeit" noch eine weitere Überlegung anstellen:

1. Das Bewusstsein ist die Innenseite und die Materie die Außenseite derselben Sache – oder spezieller: der Leib ist die Außenseite eines Men-

183

schen und das Bewusstsein seine Innenseite.

2. Wenn diese Bewusstsein/Leib-Analogie für den Menschen gilt, sollte sie auch für Tiere, Pflanzen und alle anderen Dinge, also letztlich für die ganze Welt gelten.

3. In der Physik werden Energiequanten als Krümmungen der Raumzeit angesehen und beschrieben. Alle Elementarteilchen bestehen aus solchen Energiequanten – wie seit Einsteins berühmter Formel „$E=mc^2$" allgemein bekannt ist. Die gesamte Materie lässt sich also als die Formen der Raumzeit – ihre „Krümmungen" beschreiben. Es gibt folglich letztlich aus physikalischer Sicht nur diese Raumzeit und ihre Formen. Die Welt ist also im ganz Kleinen betrachtet eine Einheit und nur bei der Betrachtung großer Gegenstände eine Vielfalt.

Das bedeutet, dass auch das Bewusstsein, das ja die Innenseite der Materie ist, auch eine solche alles umfassende Einheit wie die Raumzeit sein muss. So wie sich in der Raumzeit einzelne Raumzeit-Krümmungen als Energiequanten lokalisieren lassen, und wie sich weiterhin Energie-quanten-Zusammenballungen als Elementarteilchen wahrnehmen lassen, die Elementarteilchen dann Atome, Moleküle, Zellen, Lebewesen usw. bilden – so sollte sich daher auch das Bewusstsein von dem allum-fassenden Bewusstsein, das der Raumzeit entspricht, schrittweise zu immer komplexeren und stärker abgegrenzten Einheiten ausdifferen-zierten.

Ganz am Fundament wäre dann die Einheit des Bewusstseins – was man wohl meistens mit „Gott" umschreiben würde. Dann folgen die Gott-heiten oder Heiligen oder Engel, also die erste Differenzierungsstufe dieses allumfassenden Bewusstseins, das der Raumzeit entspricht. Als nächstes folgen dann die Seelen, also das Tiefschlaf-Bewusstsein, dann das Traumbewusstsein, danach das Wachbewusstsein und schließlich die Ekstase.

Es gibt also mit großer Wahrscheinlichkeit eine organische Gliederung des Bewusstseins, die der stufenweisen Gliederung der Raumzeit von den Energiequanten über die Elementarteilchen, Atome, Moleküle usw. bis hin zu den Lebewesen entspricht.

Dabei entspricht wahrscheinlich

- die Raumzeit Gott – beides ist allumfassend;

- die Energiequanten den Gottheiten – beide haben klare Eigen-schaften, aber sind abgrenzungslos;

- die Atome den Seelen – beides sind die zentralen Elemente;

184

und

- die Moleküle dem Unterbewusstsein, das oft auch als Lebenskraft aufgefasst wird – beides ist ständig im Fluss.

Man kann sich diese Raumzeit und auch das einheitliche Bewusstsein („Gott") auch als ein großes Laken vorstellen, an dem es an allen möglichen Stellen Ausbeulungen gibt, die dann jeweils ein Atom, ein Molekül, ein Stein usw. oder eine Erinnerung, ein Impuls, eine Erkenntnis usw. sind.

Dieses sich schrittweise ausdifferenzierende Bewusstsein wird von Mystikern, Yogis, Sufis, Meditierenden usw. erforscht und von Geistheilern, Sehern, Magiern usw. in ihren „Wunder-Taten" genutzt. Auch die sogenannten „Spontanheilungen" gehen zu einem großen Teil – wenn nicht sogar vollständig – auf die gestaltenden und transformierenden Möglichkeiten des Bewusstseins zurück.

4. Seit Einstein ist bekannt, dass man den Raum und die Zeit nicht getrennt voneinander betrachten kann – es gibt nur die Raumzeit. Dieser Zusammenhang wird in der Relativitätstheorie beschrieben.

Das hat eine interessante Konsequenz für die Möglichkeiten des Bewusstseins: Wenn das Bewusstsein a) die Innenseite der Materie ist, b) der Raum stets fest an die Zeit gekoppelt ist, und c) sich das Bewusstsein räumlich ausdehnen kann, dann ergibt sich daraus zwangsläufig als d), dass sich das Bewusstsein auch zeitlich ausdehnen können muss – schließlich gibt es keinen von der Zeit isolierten Raum und auch keine vom Raum isolierte Zeit, sondern nur die Raumzeit.

Folglich muss es für das Bewusstsein die Möglichkeit geben, sich 1. an Dinge vor der eigenen Geburt zu erinnern, und sich 2. an Dinge zu „erinnern", die noch in der Zukunft liegen.

Diese Überlegung wird zum einen dadurch bestätigt, dass es Seher gibt, und zum anderen auch dadurch, dass man mithilfe der Astrologie die Zukunft berechnen kann.

Folglich steht die Möglichkeit des Bewusstseins, die Zukunft vorherzusehen, in keinerlei Widerspruch zu dem, was in den früheren Kapiteln über das Bewusstsein gesagt worden ist.

Das Bewusstsein kann sich nicht nur räumlich, sondern auch zeitlich in beide Richtungen (Vergangenheit und Zukunft) ausdehnen.

10. Zusammenfassung

Bewusstsein ist die Innenseite der Materie – und Materie ist die Außenseite des Bewusstseins.

Der individuelle Egoismus (Tod-Vermeidung) und der kollektive Egoismus (Sex-Anstreben) bilden zusammen mit dem durch das Horoskop beschriebenen Stil den Selbstausdrucks-Drang der Menschen und daher auch die Grundausrichtung des Leibes und des Bewusstseins.

Es gibt vier verschiedene, deutlich unterscheidbare und voneinander abgegrenzte Zustände mit grundlegend verschiedenen Aufgaben im Bewusstsein, die jedoch auch durch Bewusstseins-Tore miteinander verbunden sind:

1. Tiefschlaf („Haus", 3Hz, Herzchakra, Fundament – die eigene Mitte, Seele),
2. Träumen („Archiv", 6Hz, Sonnengeflecht und Halschakra, Erinnerung – Instinkte und Assoziation; Steuerung des Leibes),
3. Wachen („Büro", 12Hz, Hara und Drittes Auge, Urteilen – Analogien, Prinzipien, Analyse und Synthese),
4. Ekstase („Spotlight-Lampe", 24Hz, Wurzelchakra und Scheitelchakra, Einsgerichtetheit – direkte Wirkungen des Bewusstseins im Außen: Geistheilungen, Magie, Wunder).

Nach einem Ekstase-Zustand ist eine Entspannungsphase notwendig (Zittern, Schlaf); nach einem Tag voller Erlebnissen ist die Integration der Erlebnisse durch das Träumen in die innere Bilderwelt und durch den Tiefschlaf in das Fundament der Psyche notwendig. Der Zugang zu den Erinnerungen kann durch Traumas und psychische Krankheiten gestört werden.
Das Meditieren ist die Koordination des Wachbewusstseins mit dem Träumen, dem Tiefschlaf oder der Ekstase, wodurch neue Erlebnisse und Handlungsmöglichkeiten entstehen.
Das Bewusstsein kann sich auf andere Lebewesen und Dinge ausdehnen und sie dann wie den eigenen Leib von innen her wahrnehmen und bewegen (Telepathie/ Telekinese). Das Bewusstsein kann sich nicht nur räumlich, sondern auch zeitlich in die Vergangenheit und in die Zukunft hinein ausdehnen.
Das Bewusstsein wird sowohl durch die Kausalität als auch durch Analogien geprägt.

11. Kollektiv

~~~

Der sich schrittweise von dem „All-Bewusstsein" (Gott) aus zu dem Wachbewusst-sein eines einzelnen Menschen hin ausdifferenzierende Bewusstsein gibt auch dem von C.G. Jung beschriebenen kollektiven Unterbewusstsein ein neues Zuhause. Dieses Bewusstsein, dass die Urbilder (Archetypen) der Menschen enthält, entspricht offensichtlich dem Bereich der Gottheiten zwischen dem Einheits-Bewusstsein und dem Seelen-Bewusstsein (Tiefschlaf) – die Götter sind die Urbilder/Archetypen.

Für einen Menschen ist natürlich das Urbild, also die Gottheit am wichtigsten, die dieselbe Qualität wie die eigene Seele hat, da die Seele, wenn man diese Gottheit gefunden hat, als ein „Tropfen" von dem „Meer" dieser Gottheit erlebt wird. Die Auswirkungen, die diese Begegnung mit der eigenen Clan-Gottheit auf das eigene Leben hat, lässt sich kaum mit Worten beschreiben – man muss es schon selber erleben. Man erhält eine vollkommen sichere Identität, eine klare Vorgehensweise, eindeutige Ziele … alle Fragen an sich selber hören auf, weil man die Antworten weiß.

Das kollektive Unterbewusstsein ist kein abstrakt-theoretisches Konstrukt, sondern etwas, dem man tatsächlich in Traumreisen und Meditationen begegnen kann. Die Gottheiten, d.h. vor allem die eigene Clan-Gottheit sind der nächste Schritt in der Folge „Ekstase – Wachen – Träume – Tiefschlaf/Seele – kollektives Unterbewusstsein/Clan-Gottheit". Der darauf noch folgende Schritt ist dann das Erreichen und Erleben der Einheit des Bewusstseins, die Nirvana, Samadhi, Satori, Erleuchtung, Unio mystica usw. genannt wird. Diese Einheits-Erlebnisse sind also real vorhandene Möglichkeiten, die sich auch auf ganz klar definierte Bereiche und Zustände im Bewusstsein beziehen.

Vor dem Hintergrund dieser allem Bewusstsein zugrundeliegenden Einheit des Bewusstseins (Gott) ist die Existenz von Telepathie und Telekinese alles andere als verwunderlich. Schließlich sollte man auch noch in der Ausdifferenzierung des Bewusstseins in abgegrenzte Einheiten noch immer Spuren der ursprünglichen Einheit finden, und es sollte auch jederzeit möglich sein, von dem isolierten Wachbewusstsein aus näher an diese Einheit heranzukommen – was man dann eben als die Telepathie und die Telekinese erlebt, die in dem Bereich des Traumbewusstseins (Unterbewusstsein) angesiedelt sind.

Die Telepathie und die Telekinese wurden auch von den beiden Freud-Schüler C.G. Jung und Wilhelm Reich ausführlich beschrieben und z.T. auch angewendet.

Weiterhin kann man auch die Astrologie als Nachweis für dieses Einheits-Bewusstsein anführen, da jedes organisch aufgebaute Wesen in allen seinen Teilen gleich ist, d.h. dass es selbstähnlich ist. Die Astrologie beschreibt nun genau das: Sie ist eine Selbstähnlichkeit aller Bestandteile der Welt. Diese Selbstähnlichkeit bleibt zwar nicht gleich, sondern entwickelt sich ständig weiter, aber zu einem bestimmten Zeitpunkt bilden immer alle Teile des organischen Systems „Welt" Analogien zueinander und sind daher stets selbstähnlich. Die jeweils in einem Augenblick vorhandene Qualität dieser Selbstähnlichkeit lässt sich dann anhand des Planetenstandes ablesen.

Somit ist die Astrologie als Nachweis der Selbstähnlichkeit der Welt auch ein Nachweis für das Vorhandensein einer organischen Gesamtordnung der Welt. Die Welt ist also ein Lebewesen, deren Teile alle selbstähnlich miteinander sind.

Der Bereich der Gottheiten entspricht dem kollektiven Unterbewusstsein.

11. Zusammenfassung

Bewusstsein ist die Innenseite der Materie – und Materie ist die Außenseite des Bewusstseins.

Der individuelle Egoismus (Tod-Vermeidung) und der kollektive Egoismus (Sex-Anstreben) bilden zusammen mit dem durch das Horoskop beschriebenen Stil den Selbstausdrucks-Drang der Menschen und daher auch die Grundausrichtung des Leibes und des Bewusstseins.

Es gibt sechs verschiedene, deutlich unterscheidbare und voneinander abgegrenzte Zustände mit grundlegend verschiedenen Aufgaben im Bewusstsein, die jedoch auch durch Bewusstseins-Tore miteinander verbunden sind:

1. Tiefschlaf („Haus", 3Hz, Herzchakra, Fundament – die eigene Mitte, Seele),
2. Träumen („Archiv", 6Hz, Sonnengeflecht und Halschakra, Erinnerung – Instinkte und Assoziation; Steuerung des Leibes),
3. Wachen („Büro", 12Hz, Hara und Drittes Auge, Urteilen – Analogien, Prinzipien, Analyse und Synthese),
4. Ekstase („Spotlight-Lampe", 24Hz, Wurzelchakra und Scheitelchakra, Einsgerichtetheit – direkte Wirkungen des Bewusstseins im Außen: Geistheilungen, Magie, Wunder).
5. kollektives Unterbewusstsein (Gottheiten, Clan-Gottheit)
6. Einheit des Bewusstseins (Gott)

Nach einem Ekstase-Zustand ist eine Entspannungsphase notwendig (Zittern, Schlaf); nach einem Tag voller Erlebnissen ist die Integration der Erlebnisse durch das Träumen in die innere Bilderwelt und durch den Tiefschlaf in das Fundament der Psyche notwendig. Der Zugang zu den Erinnerungen kann durch Traumas und psychische Krankheiten gestört werden.
Das Meditieren ist die Koordination des Wachbewusstseins mit dem Träumen, dem Tiefschlaf oder der Ekstase, wodurch neue Erlebnisse und Handlungsmöglichkeiten entstehen.
Das Bewusstsein kann sich auf andere Lebewesen und Dinge ausdehnen und sie dann wie den eigenen Leib von innen her wahrnehmen und bewegen (Telepathie/ Telekinese). Das Bewusstsein kann sich nicht nur räumlich, sondern auch zeitlich in die Vergangenheit und in die Zukunft hinein ausdehnen.
Das Bewusstsein wird sowohl durch die Kausalität als auch durch Analogien geprägt.

12. Einheit

H

Nun lassen sich in diesem letzten Kapitel dieser kurzen Betrachtung über das Bewusstsein nur noch ein paar Anmerkungen und eine Frage hinzufügen.

Die Ansicht, dass die ganze Welt ein Bewusstsein hat, also das alle Dinge in ihr ein Bewusstsein haben, ist zunächst etwas ungewohnt. Das bedeutet aber auch nicht, dass auch jeder Stein ein solches Wachbewusstsein hat wie ein Mensch, sondern nur, dass eben alles ein Bewusstsein hat. Die Komplexität und daher auch die „Wachheit" dieses Bewusstseins hängt auch von der Komplexität dessen ab, was man da betrachtet – und ein Stein ist doch recht schlicht aufgebaut ...

Wenn man viel mit Tieren zu tun hat, wird man feststellen, dass sie ganz offensichtlich ein Bewusstsein haben. Pferde können sich mit den Vorerbeinen ihren Fliegenschutz von dem Kopf ziehen, Hunde sind völlig verwirrt, wenn sie im TV die Verwandlung eines Menschen in einen Hund sehen, Krähen nutzen vorbeifahrende Autos als Nussknacker usw.

Auch bei Pflanzen kann man ein Bewusstsein nachweisen. Der „grüne Daumen" ist ja recht gut bekannt: Manche Menschen können Pflanzen durch Lob oder Drohungen zum Gedeihen und Blühen bringen. Das kann nur über Telepathie geschehen, da die Pflanzen ja keine Ohren haben.

Weiterhin entspricht die Wirkung mancher homöopathischer Heilmittel genau der Geschichte der Substanz, aus der sie hergestellt werden. So ist z.B. der Bärlapp (Lycopodium) einst der „König der Wälder gewesen, doch heute ist er nur noch ein kleines Kraut am Waldrand – und fast die gesamte Steinkohle und Braunkohle sowie das Erdöl und das Erdgas sind aus den Stämmen der damaligen Bärlapp-Wälder entstanden. Dieses kleine Kraut, das heute auf den „Massengräbern" seiner ruhmreichen Vorfahren lebt, heilt als homöopathisches Mittel bei Menschen die Art von Depression, die entstehen, wenn man überzeugt ist, dass die eigene große Zeit schon lange vorbei ist und man sich nur noch so gerade eben aufrecht halten kann. Dieser Zusammenhang zwischen der Geschichte des Bärlapps und der Wirkung des Bärlapps zeigt, dass der Bärlapp – und auch alle anderen Pflanzen – eine Art kollektives Gedächtnis haben müssen.

Wenn man nun die durch den Grünen Daumen nachgewiesene Telepathie, also die Wahrnehmungsfähigkeit der Pflanzen, mit ihrem Gedächtnis, das durch die homöopathischen Mittel nachgewiesen ist, kombiniert, erhält man notwendigerweise ein

Bewusstsein: Wahrnehmung + Erinnerungsfähigkeit = Bewusstheit.

Somit ist die Annahme, dass alle Materie auch eine Bewusstseinsseite hat, schon etwas plausibler. Man könnte dies in Anlehnung an den Begriff „Pantheimus" auch „Pan-Bewusstsein" nennen – wobei die Götter ja ein Teil dieses „Pan-Bewusstseins" sind. Dieses „Pan-Bewusstsein" ist also unter anderem auch eine Präzisierung der Vorstellung eines Pantheimus.

Was geschieht mit dem Bewusstsein nach dem Tod? Und was geschah mit ihm vor der Zeugung? Wenn man von dem hier beschriebenen Modell ausgeht, lässt sich das recht einfach beschrieben. Zunächst einmal folgt hier eine Übersicht über die Bewusstseins-Zustände während des Lebens:

- Von der Zeugung bis zum Ende des 2. Monats befindet sich das Bewusstsein des Ungeborenen im Tiefschlaf, wie man mithilfe von EEGs feststellen kann.

- Vom 3. bis zum 8. Monat zeigt das EEG den Tiefschlaf und das Träumen.

- Im 9. Monat kommt zu dem Tiefschlaf und dem Träumen auch noch das Wachen hinzu.

- Der Ekstase-Zustand findet sich das erste Mal vermutlich bei der Geburt.

- Während des Lebens wechseln sich diese vier Zustände miteinander ab.

- Wenn es kein gewaltsamer Tod ist, wird der Ekstase-Zustand schon eine Weile vor dem Tod nicht mehr auftreten.

- Kurz vor dem endgültigen Tod schwindet auch das Wachbewusstsein.

- Schließlich endet das Bewusstsein ganz, d.h. das EEG zeigt keine Schwingung mehr an.

Es ist hier also während des Lebens eine klare Folge zu sehen:

- Tiefschlaf

- Tiefschlaf + Träumen

- Tiefschlaf + Träumen + Wachen

- Tiefschlaf + Träumen + Wachen + Ekstase

- Tiefschlaf + Träumen + Wachen

- Tiefschlaf + Träumen

- Tiefschlaf (?)

Es ist zu sehen, dass sich die Komplexität des Bewusstseins allmählich aufbaut und dann wieder auflöst. Es ist folglich anzunehmen, dass sich das Bewusstsein nach dem

Tod bis auf das zurückbildet, was man die „Seele" nennt. Diese Seele existiert möglicherweise auch nach dem Tod noch weiter und hat möglicherweise auch schon vor der Zeugung existiert hat. Diese Möglichkeit wird durch Astralreise deutlich, bei der man mit seinem Bewusstsein den eigenen Leib verlässt.

Die Annahme einer Weiterexistenz nach dem Tod und einer Existenz auch schon vor der Zeugung wird auch durch die Erlebnisse bei einem Nahtod und durch die Erinnerungen von Kindern an die Zeit vor ihrer Zeugung bestätigt.

Nimmt man nun noch hinzu, dass sich das Bewusstsein auch zeitlich ausdehnen kann, also sich an Dinge vor der eigenen Geburt erinnern kann und auch Dinge in der Zukunft sehen kann, steht der Annahme einer Weiterexistenz des eigenen Bewusstseins nach dem Tod nichts mehr im Wege. Allerdings ist das, was da weiterexistiert, nicht das Wachbewusstsein, sondern die Stille, die man in der Meditation erleben kann.

Auch die Reinkarnation ist vor diesem Hintergrund durchaus denkbar – wobei das, was sich da reinkarniert, nicht das Wachbewusstsein ist, sondern eben die Seele, also das Tiefschlaf-Bewusstsein. Die vorige Inkarnation, die derzeitige Inkarnation und die zukünftige Inkarnation sind auch alle vollkommen verschiedene Menschen mit verschiedenen Eltern, verschiedenen Horoskopen, einem Leben zu verschiedenen Zeiten und an verschiedenen Orten … Die Verbindung zwischen zwei Reinkarnationen ist also nicht ein „Weiterleben", sondern ein „als ein anderer Mensch weiterleben".

Möglicherweise löst sich nach dem Tod auch noch das Tiefschlaf-Bewusstsein in das kollektive Unterbewusstsein hinein auf und bildet von dort aus dann erneut die Seele eines neuen Menschen.

Doch das sind Bereiche, für deren genauere Untersuchung man viele Seiten mehr bräuchte als dieses eine Kapitel in diesem Booklet …

Es ist denkbar, dass sich das Bewusstsein eines Menschen bei seinem Tod ganz auf die Ebene des Tiefschlafs oder sogar bis zu der Clan-Gottheit des Toten im kollektiven Unterbewusstseins zurückzieht – um dann von dort aus das Bewusstsein eines neuen Menschen zu bilden.

12. Zusammenfassung

Bewusstsein ist die Innenseite der Materie – und Materie ist die Außenseite des Bewusstseins.

Der individuelle Egoismus (Tod-Vermeidung) und der kollektive Egoismus (Sex-Anstreben) bilden zusammen mit dem durch das Horoskop beschriebenen Stil den Selbstausdrucks-Drang der Menschen und daher auch die Grundausrichtung des Leibes und des Bewusstseins.

Es gibt sechs verschiedene, deutlich unterscheidbare und voneinander abgegrenzte Zustände mit grundlegend verschiedenen Aufgaben im Bewusstsein, die jedoch auch durch Bewusstseins-Tore miteinander verbunden sind:
1. Tiefschlaf („Haus", 3Hz, Herzchakra, Fundament – die eigene Mitte, Seele),
2. Träumen („Archiv", 6Hz, Sonnengeflecht und Halschakra, Erinnerung – Instinkte und Assoziation; Steuerung des Leibes),
3. Wachen („Büro", 12Hz, Hara und Drittes Auge, Urteilen – Analogien, Prinzipien, Analyse und Synthese),
4. Ekstase („Spotlight-Lampe", 24Hz, Wurzelchakra und Scheitelchakra, Einsgerichtetheit – direkte Wirkungen des Bewusstseins im Außen: Geistheilungen, Magie, Wunder).
5. kollektives Unterbewusstsein (Gottheiten, Clan-Gottheit – bis auf diese Ebene hin löst sich vermutlich das Bewusstsein eines Toten auf)
6. Einheit des Bewusstseins (Gott)

Nach einem Ekstase-Zustand ist eine Entspannungsphase notwendig (Zittern, Schlaf); nach einem Tag voller Erlebnissen ist die Integration der Erlebnisse durch das Träumen in die innere Bilderwelt und durch den Tiefschlaf in das Fundament der Psyche notwendig. Der Zugang zu den Erinnerungen kann durch Traumas und psychische Krankheiten gestört werden.
Das Meditieren ist die Koordination des Wachbewusstseins mit dem Träumen, dem Tiefschlaf oder der Ekstase, wodurch neue Erlebnisse und Handlungsmöglichkeiten entstehen.
Das Bewusstsein kann sich auf andere Lebewesen und Dinge ausdehnen und sie dann den eigenen Leib von innen her wahrnehmen und bewegen (Telepathie/ Telekinese). Das Bewusstsein kann sich nicht nur räumlich, sondern auch zeitlich in die Vergangenheit und in die Zukunft hinein ausdehnen. Ein Aspekt dieser Möglichkeiten ist es, dass es die Reinkarnation geben könnte.
Das Bewusstsein wird sowohl durch die Kausalität als auch durch Analogien geprägt.

Die 12 Tempel der Religionen

Entwürfe für die Zukunft – Band 35

Inhaltsübersicht

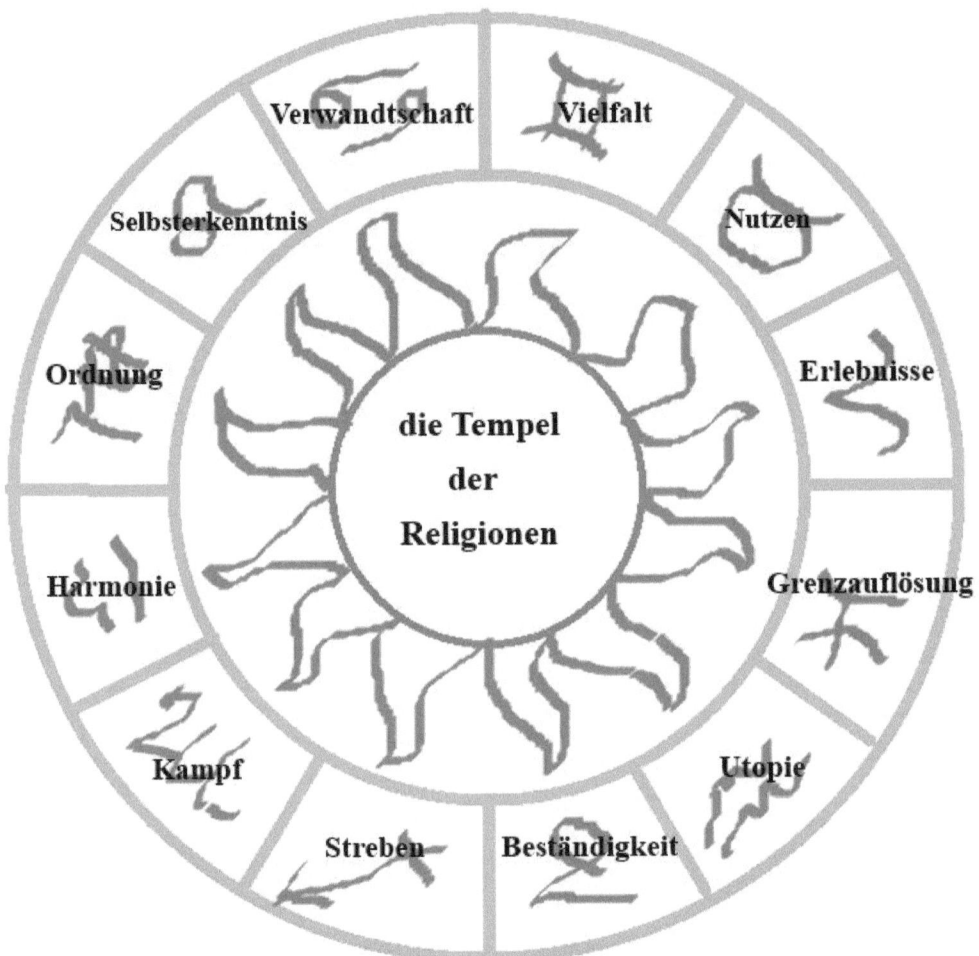

die Tempel
der
Religionen

Verwandtschaft

Vielfalt

Selbsterkenntnis

Nutzen

Ordnung

Erlebnisse

Harmonie

Grenzauflösung

Kampf

Utopie

Streben

Beständigkeit

1. Erlebnisse

♈

Der erste Tempel der Religionen ist der Tempel der Erfahrungen.

Wann gibt Religion einen Sinn? Wenn man weiß, dass da wirklich etwas ganz Reales ist, über das man sprechen kann.

Dieses Erlebnis, das den Menschen gezeigt, hat, dass es noch mehr als nur die materielle Welt und den eigenen materiellen Körper gibt, ist das Nahtod-Erlebnis. Bei einem Nahtod erlebt man auch noch heute, dass man mit seinem Bewusstsein den eigenen Körper verlässt und dabei über sich selber schwebt und sich an fast jeden beliebigen Ort wünschen kann. In diesem Zustand nimmt man sich selber entweder nur als Bewusstseinspunkt wahr oder als ein milchigweiß leuchtendes und an den Konturen oft leicht verwaschenes Schemen, dass in etwas dieselbe Gestalt wieder eigene materielle Körper hat.

Diese Erfahrung wird auch „Astralreise" oder „out of body"-Erlebnis genannt. In der psychologischen Literatur findet sich dafür der Begriff „Dissoziation", der dieses Erlebnis jedoch nur bezeichnet, aber nicht erklärt, warum jemand in diesem Zustand z.B. Dinge und Vorgänge in anderen Räumen wahrnehmen kann, zu denen er gar keinen Zugang hat – und das zudem in dem Zustand der Ohnmacht, in dem sich der materielle Körper während einer solchen Astralreise befindet.

Der Auslöser für ein solches Nahtod-Erlebnis ist – wie der Name schon sagt – ein Beinahe-Tod. Das kann ein Unfall, eine massive Bedrohung durch einen anderen Menschen oder ein Tier und ähnliches mehr sein.

Da auch andere Menschen einen Astralkörper, der seinen materiellen Körper verlassen hat, sehen können, wenn sie solche Dinge ausreichend geübt haben („Hellsehen"), ist das Motiv eines leiblosen Menschen, der wie ein milchigweiß leuchtendes Schemen aussieht entstanden: die „Bettlaken-Gespenster".

Dieses religiöse „Wurzel-Erlebnis" wird nach und nach – nachdem klar war, dass es da etwas nicht-Materielles gibt – durch andere Erlebnisse wie Ahnungen und Telepathie oder Experimente wie die innere Bitte um Hilfe in Notsituationen und ähnliches ergänzt worden sein.

Das Erlebnis der Astralreise ist die Grundlage der gesamten Religion. Dieses Erlebnis hat gezeigt, dass der Mensch nicht nur einen materiellen Körper, sondern auch einen nicht-materiellen Körper hat: die Seele.

Der Priester in dem Tempel der Erfahrungen ist der Schamane.

Solche Astralreise-Erlebnisse wurden sicherlich auch weitererzählt, wodurch sich nach einer Weile eine allgemeine Beschreibung solcher Erlebnisse gebildet hat. Dadurch hat sich ein über die materielle Welt hinausgehendes Weltbild entwickelt, das standardisierte Bilder enthielt. Diese ersten Anfänge einer bildhaften Weltbeschreibung – also einer Mythologie – enthielten bereits eine ganze Reihe von Bildern:

- Das **Astralreise**-Erlebnis bei einem Beinahe-Tod ließ sich am besten als „Ich war ein Vogel!" beschreiben, da man dabei ja schwebt bzw. fliegt. Daraus hat sich das weltweit verbreitete Motiv des Seelenvogels ergeben: ein Vogel, ein Vogel mit Menschenkopf, ein Mensch mit Vogelkopf, ein Mensch mit Flügeln (Engel), ein Mensch mit Federkleid, ein Mensch mit Feder-Kopfschmuck usw.

Der „Vogel auf einem Stab" als „fliegender Vogel" und als Seelenvogel ist weltweit als Symbol im Kult verbreitet. Noch in christlichen Kirchen fliegt der Heilige Geist als Taube über Christus und den Heiligen. Der „Vogel-Stab" ist im Grunde die erste – bildhafte – religiöse Verkündung: „Du bist mehr als nur Dein Leib – Du hast eine Seele!"

Nahtod-Bild aus Lascaux, 23.000 v.Chr.

- Da die Menschen auch schon damals in der Erde bestattet wurden, lag die Assoziation der **Toten** in der Erde zu den Schlangen nahe. Daher konnten die Toten auch als Schlangen dargestellt werden.

- Ein besonders guter Jäger war „wie ein Panther". Man konnte Kraft also dadurch beschreiben, daß man ihn „**Panther-Mann**" nannte oder ihn als Mann mit Pantherkopf darstellte.

Die Benutzung eines Großraubtiers zur Bezeichnung der großen Kraft eines Menschen ist die einfachste Möglichkeit, ein Adjektiv zu erschaffen. Diese „substantivischen Adjektive" wie „Panther-Mann" entsprechen der untersten Verarbeitungsschicht der Psyche: die Assoziation, die auch das Erinnern und daher auch das Lernen ermöglicht.

- Eine besonders fruchtbare Frau war nach demselben Muster ein „**Kuh-Frau**" und ein zeugungsstarker Mann ein „**Stier-Mann**" genannt, da die Herdentiere angesichts ihres Lebens in großen Gruppen offensichtlich sowohl fruchtbar als auch zeugungsstark sein mussten.

Aus den Höhlenmalereien und aus den Elfenbein-Schnitzereien der späten Altsteinzeit sind sowohl Kuh/Frau-Mischwesen als auch Stier/Mann-Misch-

199

wesen bekannt.

Wenn man mit seinem Seelenvogel den eigenen Leib verlassen kann, stellt sich die Frage, was denn eigentlich nach dem Tod mit diesem Seelenvogel geschieht. Zunächst einmal wird man vermutlich gedacht haben, dass diese Ahnen-Seelenvögel unsichtbar bei der Sippe bleiben, doch nach einer Weile wird die Vorstellung hinzugekommen sein, dass nicht nur die Leichen der Toten, sondern auch deren Seelen in der Erde liegen – dadurch entstand das Motiv der Unterwelt, in der die Toten wohnen.

Die Welt der Toten war für die Lebenden offensichtlich unzugänglich. Man konnte daher auch vermuten, dass die Toten in den tiefen Wassern der Flüsse und Seen lebten. Da zudem die Regenwolken am Horizont aus der Erde emporzusteigen scheinen und das Süßwasser aus Quellen aus der Erde heraufkommt, musste irgendwo unter der Erde ein großer Süßwassersee sein. Dieses Süßwassermeer wurde daher zu einem zweiten Jenseitsbild neben der Erdunterwelt: die Wasserunterwelt.

- Da es nun auch die Vorstellung einer Wasserunterwelt gab, entstand auch das Motiv der Seelen als **Fische** in den Wassern unter der Erde. Dieses Motiv wurde in der Altsteinzeit zwar recht selten dargestellt, doch es muss vorhanden gewesen sein, da es die die späteren jungsteinzeitlichen Mythen stark geprägt hat.

Nachdem die Vorstellung einer Unterwelt entstanden war, gab es nun das Bild einer in die Menschenwelt und in die Unterwelt zweigeteilte Welt. Genaugenommen ist die Menschenwelt lediglich die Welt der „Seelen in einem Körper" und die Unterwelt die Welt der „Seelen ohne Körper". Das Jenseits ist kein Ort irgendwo in der Welt – in der Erde oder in einem tiefen Wasser. Hier ist die Beschreibung eines Erlebnisses (Astralreise) bereits in ein eigenständiges Bild übergegangen, das sich aus einer Eigendynamik heraus und nicht mehr aus einer genauen Beobachtung heraus entwickelt hat – und deshalb auch keine präzise Beschreibung der Welt mehr ist wie es das Bild des Seelenvogels noch gewesen ist.

- Die **beiden Welten** wurden verschieden dargestellt: als die Welt auf der Erde und als die Welt unter der Erde, als die Menschenwelt und die Wasserunterwelt, als der Süden und der Norden, als der Tag und Nacht, als Yang und Yin, als Feuer und Eis. Im Süden war das warme, helle, von Feuer erfüllte Yang-Lebensreich – im Norden war das kalte, dunkle, von Eis erfüllte Yin-Totenreich.

Diese Zweiteilung der Welt hatte auch noch eine weitere Auswirkung auf das damalige Weltbild:

- Wie kommt man eigentlich ins Jenseits? Da jeder Menschen im Diesseits durch die Geburt ankommt, sollte das ja auch für das Jenseits gelten – es musste also auch eine Jenseits-Geburt, eine zweite Geburt, eine Wiedergeburt geben.

Diese Vorstellung setzte natürlich voraus, dass es im Jenseits auch eine Mutter gibt. Das konnte am ehesten eine bereits verstorbene Frau aus der eigenen Sippe sein – vorzugsweise die eigene Mutter. So entstand das Bild einer zweifachen Mutter: die Mutter der Diesseits-Geburt und die Mutter der Jenseits-Wiedergeburt.

Diese **zweifache Muttergöttin** wurde bereits in den Höhlenmalereien und in den Höhlengravuren dargestellt. Sie hat manchmal die Gestalt von zwei Frauenoberkörpern, die wie bei einer Skatkarte zusammengefügt worden sind und auf diese Weise deutlich die Mutter in der Menschenwelt und die Mutter in der Unterwelt darstellt. Eine andere Form, die sich bis heute erhalten hat, ist die Frau, die den linken Arm nach oben erhebt und mit ihrem rechten Arm nach unten weist. Diese Geste, die auf die beiden Welten hinweist, findet sich noch heute z.B. im Tarot bei dem „Magier" und bei dem „Teufel" und auch in der anthroposophischen Christengemeinschaft in der Anrufungsgeste des Priesters.

Südfrankreich 30.000 v.Chr.	Catal Höyük 9.000 v.Chr.	Göbekli Tepe (ein Arm oben, einer unten) 9000 v.Chr.	Ägypten (Säule mit zwei Gesichtern der Hathor) (1000 v.Chr.)
	Bilder der zweifachen Göttin		

Nachdem die Vorstellung entstanden war, dass der Seelenvogel auch noch nach dem

Tod weiterexistiert, lag es nahe, sich auch noch nach dem Tod der eigenen Eltern an sie zu wenden und sie um Rat und Hilfe zu bitten – schließlich waren die eigenen Eltern damals der größte Rückhalt, den man im Leben hatte. Auf diese Weise ist der weltweit verbreitete Ahnenkult entstanden. Eigentlich ist die Bezeichnung „Ahnenkult" ein wenig irreführend, da sie suggeriert, dass die Lebenden etwas für die Toten tun – obwohl doch die Toten den Lebenden helfen.

Wenn man sich selber nicht zutraute, den Kontakt zu den toten Eltern herstellen zu können, wandte man sich naheliegenderweise an jemanden, der bereits eine Astralreise erlebt hatte, da dieser ja bereits das Jenseits kannte.

Nachdem diese Astralreisenden, die einen Nahtod erlebt hatten, dann diese Astralreise so lange übten, bis sie sie willentlich durchführen konnten, wurden sie zu einem der ersten spirituell-magischen Spezialisten: Sie wurden zu einem Schamanen.

Diese Form des Totenkultes, bei der man unter Anleitung eines „Profis" Hilfe bei den Ahnen sucht, hat sich lange Zeit als Spiritismus erhalten können. Mittlerweile hat er sich unter einem neuen Namen wieder eingebürgert und als hilfreiche Methode zur Selbstheilung bewährt: die Familienaufstellungen.

Die damaligen Sippen waren recht klein und bestanden nur aus gut einem Dutzend Menschen. Daher wird es nicht in jeder Sippe einen Schamanen gegeben haben. Wenn nun jemand eine Astralreise erlebt hatte und sich zum einem Schamanen weiterbilden wollte, der die Astralreise gezielt durchführen und den Kontakt zu den Ahnen herstellen kann, musste er sich umhören, in welcher Sippe es einen Schamanen gab, der ihm dabei helfen konnte.

Dadurch sind Kontakte zwischen den verschiedenen Sippen entstanden, die letztlich zu der Entstehung der Schamanenbünde geführt hat. Diese Bünde sind heutzutage am besten durch die Druiden bekannt, die sich – wie man aus „Asterix" weiß – hin und wieder im Karnutenwald treffen.

Diese Schamanenbünde waren die erste Organisation der Menschen, die über das Zusammenleben in Sippen hinausging: Sie waren der erste Verein … und sie waren sogar nicht nur ein „e.V.", sondern ein „g.V.", da sie schließlich gemeinnützig waren.

Wenn nun die angehenden Schamanen die Astralreise übten, benutzten sie entweder die „laute" Technik der „Trommel und Tanz"-Ekstase oder die „leise" Methode der todesähnlichen Tiefentspannung. Beide Methoden führen jedoch nicht nur zur Astralreise, sondern auch zum Erwecken der Kundalini, also der im Körperinneren aufsteigenden Lebenskraft. Die Anleitungen zum Erlernen der Astralreise und die Anleitungen zum Erlernen der Kundalini-Erweckung stimmen zu über der Hälfte überein. Das hat dazu geführt, dass die Schamanen schon ziemlich früh auch das

Kundalini-Feuer entdeckten, das es ihnen ermöglichte, deutlich mehr Lebenskraft in sich zu aktivieren als es ohne dieses Erwachen der Kundalini möglich gewesen wäre.

Daher finden sich schon zu Beginn der Jungsteinzeit vor 12.000 Jahren Darstellungen von an einem Menschen aufsteigenden Schlangen und einem Kopf, an dem an der Rückseite eine Schlange aufsteigt. Auf diese Weise wird auch noch heute die Kundalini dargestellt.

Zu Beginn der Jungsteinzeit vor 12.000 Jahren findet sich die Schlange nicht nur als Ahnen-Symbol, sondern auch noch als Symbol der Lebenskraft, die die Ahnen aus der Erde zu den Lebenden empor senden (Kundalini). Diese Symbolik wird dadurch entstanden sein, dass alles Gute von den Eltern/Ahnen kam und weil die Kundalini eben im Menschen von unten nach oben hin aufsteigt. Es lag weiterhin nahe, auch noch den Weg zwischen Diesseits und Jenseits durch eine Schlange darzustellen – der Jenseitsweg ist ein „Schlangenweg".

Kundalini an Kopf, Nevali Cori, 9000 v.Chr.

Die ältesten bekannten Hütten der Menschen sind eine Million Jahre alt. Sie bestanden aus einer runden Steinmauer und darüber einer Kuppel aus Ästen und Laub. Sehr wahrscheinlich werden diesen Hütten einfachere Formen vorausgegangen sein, die nur aus Ästen und Laub bestanden haben.

Da diese Hütten die einzigen Innenräume waren, die die damaligen Menschen kannten, lag es nahe, die Hütte mit dem Mutterbauch, der ja auch ein „Innenraum" ist, zu assoziieren.

Als die sich Menschen vor 600.000 Jahren in Nordeurasien – damals noch der Homo erectus – vor der Kälte der beginnenden Eiszeit schützen wollten, lernten sie, diese Hütten durch Felle besser abzudichten und zudem in dem Feuer vor der Hütte Steine zum Glühen zubringen und sie auf dem Schulterblatt-Knochen z.B. eines Hirsches in die Hütte zu tragen, um sie zu beheizen. Als dann einmal versehentlich Wasser auf die heißen Steine gekommen war, entdeckte man, dass man sich auf diese Weise noch besser wieder aufwärmen kann. So wurde die Sauna erfunden.

Da die Hütte bereits mit dem Mutterbauch assoziiert worden war, saß man in dieser Sauna-Hütte also in dem wärmenden Mutterbauch. Das Motiv der Wiedergeburt durch die Jenseitsmutter unter der Erde legte es weiterhin nahe, diese Schwitzhütte als den Bauch der Jenseitsmutter-Erdgöttin aufzufassen.

Es kam noch ein weiteres Motiv hinzu: Da man damals nur bei den Eltern und den verstorbenen Eltern (also bei den Ahnen) Rat und Hilfe finden konnte, lag es nahe, auch sie in diese Schwitzhütte einzubeziehen – zumal es ja schon die Vorstellung gab, dass die Verstorbenen (d.h. ihre Seelen) unsichtbar bei der Sippe bleiben. Da diese Ahnen den Menschen Rückhalt gaben, lag es nahe, sich vorzustellen, dass die Ahnen hinter einem standen oder saßen. Da sich in einer damaligen Hütte hinter den in der Hütte sitzenden Lebenden die Außenwand der Hütte befand, wurden die Ahnen mit den senkrecht in der Erde steckenden Stäben, aus denen das Gerüst der Hütte aufgebaut wurde, assoziiert. So wurden die im Kreis stehenden Hüttenstäbe zu dem Symbol für die schützend rings um die Sippe stehenden Ahnen. Die Symbolik findet sich noch heute in den Schwitzhüttentraditionen.

Schließlich gab es noch die Tiere, die für die damaligen Menschen eine große Rolle spielten: das starke Großraubtier, das fruchtbare und zeugungsstarke Herdentier, der Seelenvogel und die Ahnenschlange. Auch sie wurden um Hilfe gebeten. In den heutigen Schwitzhütten wird die Schlange in den Westen, der Bär in den Norden, der Adler in den Osten und die Büffelfrau in den Süden einer Schwitzhütte gerufen.

Als der in Afrika entstandene Homo sapiens vor 50.000 Jahren von Afrika aus nach Europa eingewandert ist und dort den Homo erectus und den Neandertaler traf, entstand der erste größere „interkulturelle Austausch". Dies führte u.a. zu der Herstellung der Frauenstatuetten, zu den Höhlenmalereien und zu dem Herstellen von Totempfählen, die im Prinzip einfach eine vergrößerte Version des Vogel-Stabes waren. Da es gleich zu Beginn der Jungsteinzeit vor 12.000 Jahren eine große Vielfalt von Motiven und Variationen auf den erhaltenen hölzernen und steinernen Totempfählen aus Sibirien und Nord-Mesopotamien gab, müssen diese Totempfähle schon damals eine lange Tradition hinter sich gehabt haben, in der sich diese Vielfalt entwickeln konnte. Diese Totempfähle finden sich überall außer in Afrika, woraus sich rückschließen lässt, dass sie erst nach der Auswanderung des Homo sapiens von Afrika nach Eurasien vor 50.000 Jahren dort erfunden worden sind.

Der Totempfahl selber war der Leib eines Menschen, der Vogel oben auf diesem Pfahl war sein Seelenvogel. Dies war das erste Kultsymbol.

Es lag nahe, auch die senkrecht im Kreis stehenden Stäbe des Schwitzhütten-Gerüstes als Totempfähle anzusehen. Als am Beginn der Jungsteinzeit um 10.500 v.Chr. in Göbekli Tepe in Nordmesopotamien die Schwitzhütten mit größerem Aufwand als Schwitzhüttentempel errichtet wurden, stellte man die Schwitzhütten-Stäbe als steinerne Totempfähle und als kubistisch geformte Menschen-Pfeiler dar. Hier ist es offensichtlich, dass die Ahnen im Kreis rings um die Lebenden stehen.

Diese teilweise aus Stein errichteten Tempel waren eine genaue Darstellung einer Mutter mit einem Kind in ihrem Bauch:

- ein innerer Mauerkreis mit Kuppeldach = das Kind

- ein äußerer Mauerkreis mit Kuppeldach = der das Kind umgebende Mutterbauch

- ein überdachter Gang, der zu dem äußeren Mauerkreis führt = die Vagina der Mutter

- eine schräge, lange Mauer zwischen den beiden Mauerkreisen = die Nabelschnur

- vor dem Eingang zwei steinerne Panther = die Kraft der Muttergöttin

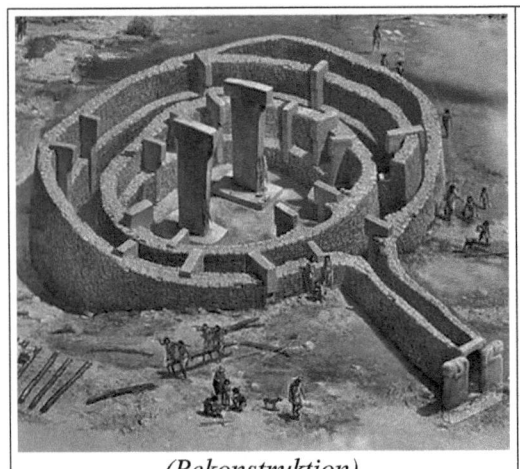

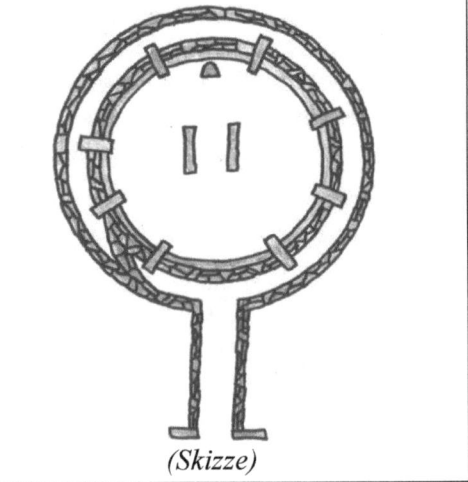

(Rekonstruktion) *(Skizze)*

Grundriß eines Schwitzhütten-Tempels, Göbekli Tepe, 9000 v.

Um 7.000 v.Chr. wurden diese Tempel vergrößert, weil die Sippen immer größer geworden waren. Über solch großen Tempeln konnte man jedoch kein Dach mehr errichten. Also stellte man nur die Ahnenpfeiler in einem Kreis auf und markierte auch den Gang zu diesem Kreis mit einigen Pfeilern. Auf diese Weise entstand die Megalithkultur mit ihren Steinkreisen. Diese Steine sind noch immer die Ahnen – die Steinkreise insgesamt sind stark vereinfachte, offene Schwitzhütten.

Da die Toten in der Erde begraben und im Erd-Jenseits von der Jenseitsmutter wiedergeboren wurden, entstand der Brauch, über dem Grab eine Schwitzhütte zu errichten, die vermutlich schon recht bald zu einem Reisighügel vereinfacht wurde. Diese Reisighügel wurden um 7.000 v.Chr. dann zu den Hügelgräbern aus Erde und Steinen weiterentwickelt. In ihrer Mitte befand sich die Grabkammer, zu der ein Gang führte – das ist derselbe Grundriss wie bei den Schwitzhütten-Tempeln. Auch die Schwitzhütten-Tempel selber wurden, wenn sie nicht mehr benutzt wurden, mit Erde und Steinen aufgefüllt, also begraben.

Aus diesem Grundriss – also die Kammer, um die die Ahnen-Steine stehen und zu der eine von Ahnensteinen beschützter Gang führt – entstand dann der Grundriss der Tempel der Sumerer, der Babylonier, der Ägypter und der Indogermanen (Kelten, Germanen, Griechen, Römer, Inder, Perser, Hethiter usw.): ein Innenraum mit dem Götterbild, der von Säulen umgeben ist und zu dem ein kurzer Gang führt.

Bei den frühen christlichen Kirchen standen die Säulen nicht mehr rings um die Götter-Kammer, sondern innen in der Kirche. Der Grund dafür war, dass sich große Räume damals nicht ohne Stützsäulen errichten ließen und die Kirche für ihre Bauten die römischen Gerichts- und Markthallen zum Vorbild genommen hat. Die Bedeutung der Säulen als Ahnen blieb jedoch teilweise erhalten, da vor diesen Säulen des öfteren Heilige stehen.

Die alte Symbolik der Vogel-Stäbe, der Totempfähle, der Ahnen-Pfeiler, der Menhire und der Säulen blieb jedoch bis in die christliche Tradition hinein in der Form des Grabsteins erhalten.

In ganz Eurasien und auch noch in Hawaii hat sich die Vorstellung über die Ahnen und auch über die Ahnensteine noch einmal weiterentwickelt – vermutlich in der Jungsteinzeit. Diese Weiterentwicklung folgte einer schlichten Logik: Die Toten werden wiedergeboren – also sind sie klein wie Kinder. Die Toten sind jedoch erst in hohem Alter gestorben und sind auch noch im Jenseits noch immer alt und tragen daher also Bärte. Folglich konnte man die Ahnen als bärtige Kinder darstellen: als Zwerge. Daher sind in Eurasien, auf Hawaii und noch an einigen anderen Orten die Ahnensteine bzw. Totempfähle nur so groß wie kleine Kinder.

Eine letzte Sache kann hier noch erwähnt werden. In der Eiszeit ist es in Eurasien sehr kalt gewesen. Das bedeutete, dass die Neugeborenen eine größere Überlebenschance hatten, wenn sie zu Frühlingsanfang geboren wurden, da sie dann im nächsten Winter schon ein halbes Jahr alt waren. Aus diesem einfachen Zusammenhang ergibt sich bei den größeren Tieren in den Kaltzonen der Erde die Paarungszeit, die stets so liegt, dass die Jungen zu Frühlingsanfang zur Welt kommen.

Da die Schwangerschaft bei den Menschen neun Monate dauert, musste die Paarungszeit neun Monate vor Frühlingsanfang, also an Mittsommer liegen. Es lassen sich noch heute reichliche Überreste dieses alten Paarungsfestes in Eurasien und bei den Indianern in Nordamerika feststellen. Zwei Überbleibsel in Europa sind die Walpurgisnacht am 1. Mai und der Karneval. Die Zeitpunkte dieser beiden Feste haben sich jedoch nach und nach ein wenig verschoben.

Bei diesem Zeugungsfest werden sich vermutlich – wie auch von den noch in historischer Zeit auf steinzeitliche Weise lebenden Völkern bekannt ist – mehrere Sippen getroffen haben.

Es lässt sich also sagen, dass fast alle Menschen in Nordeurasien und Nordamerika während der 600.000 Jahre dauernden Eiszeit das Sternzeichen Widder gehabt haben – und ab und zu auch mal Fisch oder Stier waren …

Der Segen, den man von dem Schamanen in dem Tempel der Erfahrungen erhält, ist die Gewissheit.

Die bisherigen Betrachtungen über die Ursprünge der Religion zeigen deutlich die Notwendigkeit, zwischen dem eigentlichen Erlebnis, der Beschreibung dieses Erlebnisses und der Weiterentwicklung dieser Beschreibung zu unterscheiden.

Die Astralreise ist ein Erlebnis. Ihre Beschreibung als „Ich war dabei wie ein Vogel." ist einfach ein anschaulicher Vergleich. Doch die Schlussfolgerung, dass Seelen wie Vögel aussehen oder Flügel haben, ist falsch – die Seelen bzw. Totengeister sehen wie Menschen aus.

Der Tod ist eine Tatsache – und ebenso ist die Bestattung in der Erde ein weitverbreiteter Brauch. Doch es wäre ein Irrtum zu erwarten, dass man auf dem Weg ins Jenseits den Ahnen in der Gestalt von Schlangen zu begegnen würde.

Es ist naheliegend, die aufsteigende Kundalini als Gabe der Ahnen anzusehen, da sie eben „von unten her" aufsteigt. Es ist ebenfalls ein naheliegendes Bild, dieser aufsteigenden Hitze, die vermeintlich von den Schlangen-Ahnen über den Schlangen-Weg zu dem Lebenden emporsteigt, ebenfalls die Gestalt einer Schlange zu geben – zumal sie so langsam aufsteigt wie ein Schlange manchmal kriecht. Doch es wäre falsch, die Kundalini tatsächlich für eine Schlange zu halten.

Der Mangel an Unterscheidung zwischen Erlebnis, Bild und Schlussfolgerung aus dem Bild ist die Ursache für viele religiöse Konflikte.

- Alle, die konkrete Erlebnisse und Methoden miteinander vergleichen – völlig unabhängig von ihrer Religion – werden sich immer sehr schnell einig, weil sie eben dasselbe Erlebnis beschreiben und daher auch zu ähnlichen Methoden gelangen, wie man dieses Erlebnis hervorrufen kann.

- Alle, die Bilder miteinander vergleichen, können erkennen, warum der andere ein bestimmtes Bild zur Beschreibung eines Erlebnisses verwendet.

- Wenn jedoch die Weiterentwicklungen von Bildern miteinander vergleichen werden, gibt es keine Einigkeit mehr, sondern Widersprüche. Daher bricht dann, wenn man die Weiterentwicklung eines Bildes für die Realität hält, Streit aus …

Wonach würdest Du im Tempel der Erfahrungen fragen?
Worum würdest Du dort bitten?

Welches Lebensgefühl haben die Menschen in den verschiedenen Epochen gehabt? Das lässt sich zumindest noch ungefähr rekonstruieren.

- In der **Altsteinzeit** lebten die Menschen als Teil der Natur in der Natur. Es gab daher keine klare Abgrenzung zwischen Ich und Welt. Es konnte jederzeit ein Bär hinter dem nächsten Baum hervorkommen, mit dem man dann zurechtkommen musste … Da gab es keine Abgrenzung.

In der Sippe fühlte man sich sicher – man war ein untrennbarer Teil der Sippe. Dieses Gefühl der Geborgenheit drückt sich auch durch das Schwitzhütten-Ritual aus.

- In der **Jungsteinzeit** erschufen die Menschen Inseln der Kultur in dem Meer der Natur, auf denen sie Ackerbau und Viehzucht betrieben. Dadurch waren sie viel stärker an den Rhythmus der Jahreszeiten und an die Erde selber gebunden. Die beiden wichtigsten Götter in dieser Zeit waren neben der Muttergöttin der Wildnisgott und der Korngott, die als zwei Brüder aufgefasst wurden.

Es entstand folglich ein Lebensgefühl des Zyklus, der Wiederholung, des geregelten Ablaufs, der Ordnung, der Richtigkeit … Diese allgemeine Ordnung – und auch die Folgen der Störung dieser Ordnung – wurden in den Mythen erzählt.

- In der Epoche des **Königtums** wurden die Insel der Kultur deutlich vergrößert und es wurde eine Zentralverwaltung eingerichtet, deren wichtigste Aufgabe es gewesen ist, die Bewässerung aller Felder zu koordinieren, wodurch dann die Erträge der Felder sowohl größer als auch sicherer wurden.

In der Religion entstand dabei aus dem Korngott, dem Urriesen (erster Mensch) und dem Sonnengott ein Göttervater, der sich dann nach und nach zu dem „Einen-Einzigen-Alles"-Gott des Monotheismus entwickelte.

In der Weltanschauung entstanden die für alle verbindlichen Königs-Gesetze und die Philosophie, die alles von einem ersten Ursprung herleitet.

Diese allgemeine Zentrierung auf eine alles gestaltende Mitte hin ließ auch in dem Einzelnen ein klareres Ich entstehen. Dadurch bildete sich nach und nach auch die Einsicht, selber für sein eigenes Wohlergehen verantwortlich zu sein und nicht mehr – wie in den beiden vorigen Epochen – auf das Schicksal oder die Götter hoffen zu können.

- In der Epoche des **Materialismus** steht der Einzelne einzeln da und schaut als Subjekt auf die Welt, die ganz zum Objekt geworden ist. Die Eingebundenheit in die Welt als Ganzes hat sich in dieser Epoche weitgehend aufgelöst. Daraus ist das Lebensgefühl der Vereinsamung entstanden.

- In der heutigen Epoche der **Globalisierung**, die in etwa gegen Ende des Zweiten Weltkrieges begonnen hat, stehen wir vor der Aufgabe, als Menschheit zu denken und zu handeln, also uns kollektiv wie Erwachsene zu verhalten. Das Lebensgefühl ist daher von der Verantwortung für das Ganze und von dem Vertrauen in das Ganze geprägt.

Der Weg zu dem Tempel der Erfahrungen führt über die Brücke der Offenheit und durch das Tor des Mutes.

Die frühe Stufe der Religion in der Altsteinzeit gibt es heute nur noch bei den Naturvölkern. Allerdings hat sich der Schamanismus als integraler Bestandteil der heutigen kreativen religiösen Untergrundströmungen schon recht fest etabliert. Auch Traumreisen und Familienaufstellungen („Ahnenkult") sind mittlerweile wieder gut bekannt geworden.

Die Grundhaltung der Altsteinzeit – die Dinge ohne intellektuellen Überbau zu sehen, wie sie sind – ist auch heute noch immer dringend notwendig. Dieser Ansatz kann es ermöglichen, vom „Streit zwischen den Dogmen" wieder zu dem „Vergleichen von Erlebnissen" zurückzukehren. In dieser bodenständigen Sichtweise liegt ein großes Entwicklungspotential, da man dadurch die Religion – oder zumindest die Realität vieler religiöser Erlebnisse – wieder auf deutlich festere Füße stellen kann.

Was sind Deine eigenen Erfahrungen?

2. Nutzen

♉

Der zweite Tempel der Religionen ist der Tempel der Hilfe.

Wann hat Religion einen Nutzen? Wenn man sie im Alltag anwenden kann und sie den Alltag leichter und lebenswerter macht.

In der Altsteinzeit hat man sich an die Ahnen gewendet, in der Jungsteinzeit an die Götter, im Monotheismus an den Einen Gott, im Materialismus an die Psychologen, Ärzte und Sozialarbeiter, und in der heutigen Epoche der Globalisierung suchen wir noch nach einer gut funktionieren Synthese der Ahnen, der Götter, des Einen Gottes, der Psychologen/Ärzte/Sozialarbeiter, die zusätzlich auch noch den Aspekt der Globalisierung (Ökologie) beachten müssen.

Diese neuen Helfer der Epoche der Globalisierung sind eine Synthese der Schamanen der Altsteinzeit, der Ritual-Leiter der Jungsteinzeit, der Priester des Monotheismus, der Psychologen/Ärzte/Sozialarbeiter des Materialismus und der Ökologen der Epoche der Globalisierung.

Der Priester in dem Tempel der Hilfe ist der Weise.

Man kann die Entwicklung religiöser Motive in den Weltbildern der verschiedenen Völker beobachten. Sie hat überall in etwa dieselbe Dynamik:

- Sie beginnt mit eigenen Erlebnissen,

- die dann bildhaft beschrieben werden.

- Diese Bilder werden nach und nach zu einer Standard-Beschreibung,

- die sich zu einer Mythe weiterentwickelt,

- die wiederum als Grundlage für auf diesen Bildern aufbauenden Ritualen dient;

211

- wobei schließlich einzelne Elemente aus Mythe und Ritual für Zaubersprüche verwendet werden.

- Nachdem die ursprüngliche Religion durch eine neue Religion abgelöst worden ist, werden die Motive und Rituale der ursprünglichen Religion als „böse" und „dämonisch" beschrieben und auf diese Weise weitgehend aus dem kollektiven Bewusstsein und aus dem kollektiven Alltag verdrängt.

Das Problem solcher Entwicklung ist vor allem, dass dadurch die früheren Stadien der religiösen Entwicklung verdrängt werden und die neue Religion letztlich ihre alten Wurzeln abschneidet. Dieser kollektive Vorgang hat dieselbe Wirkung wie im individuellen Bereich das Verdrängen der eigenen Kindheit und aller Erlebnisse und Möglichkeiten, die es in der Kindheit gegeben hat. Das Ergebnis dieses Verdrängens ist sowohl in kollektiver als auch in individueller Hinsicht eine Verringerung der Lebendigkeit und ein zunehmender Realitätsverlust. Beides ist nicht gerade förderlich und führt in vielen Fällen zu Fixierungen, Fanatismus und folglich auch zu Gewalt.

Die Bilder, die in der Altsteinzeit und in der Jungsteinzeit entstanden sind, werden immer wieder einmal noch ein Stück weiterentwickelt:

- Vermutlich hat es bereits in der Altsteinzeit die Beobachtung des Sonnenlaufs gegeben, da man nur von dem Stand der Sonne am Himmel die Himmelsrichtungen sowie die ungefähre Zeit am Tag abschätzen konnte.

Der Sonnenlauf hat auch zu einem Gleichnis geführt: 1. Der Sonnenaufgang im Osten entspricht der Geburt und dem Keimen der Saat; 2. die Mittagssonne im Süden entspricht dem Leben und dem Wachsen des Getreides; 3. der Sonnenuntergang im Westen entspricht dem Tod und der Ernte; 4. die „Schwarzsonne" im Norden entspricht dem Aufenthalt in der Unterwelt und dem Lagern der Saat.

Aufgrund dieser Symbolik befindet sich der Eingang der Schwitzhütten-Tempel von Göbekli Tepe, der Hügelgräber und der meisten Steinkreise im Süden: Man kommt von der Welt der Lebenden im hellen Süden („Yang") zu der Welt der Toten im dunklen Norden ("Yin"), und die Toten kommen vom dunklen Norden zu ihren Nachkommen im hellen Süden.

Dieser Weg zwischen Diesseits und Jenseits hat zu einem der ältesten abstrakten Symbole geführt:

 H: Diesseits und Jenseits; Göbekli Tepe, 9.000 v.Chr.	 *(Geburt)* *(Tod)* Diesseits und Jenseits; Çatal Höyük, 7.000 v.Chr.	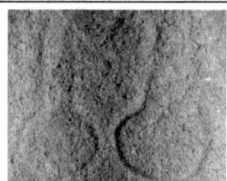 zwei Kreis, die mit einem Bogen verbunden sind; Menhir in Almendes, Portugal 6000v.Chr.	 zwei Kreise, die mit einem Bogen verbunden sind; Hügelgrab in Kivik, Germanen, 1.000 v.Chr.

- Vermutlich ist auch schon ziemlich früh die gleiche Dauer des Menstruationszyklus und es Mondzyklus bemerkt worden. Ob sich daraus allerdings eine Mythe o.ä. Ergeben hat, ist unklar. In den frühen Überlieferungen ist davon kaum etwas zu finden.

- Wenn es analog zu der Geburt im Diesseits eine Wiedergeburt im Jenseits gibt, sollte ihr auch eine Wiederzeugung vorausgehen und ein Wiederstillen folgen. Diese beiden Motive haben eine reichhaltige Mythologie hervorgerufen.

Wenn sich der Tote im Jenseits zusammen mit der Jenseitsgöttin selber wiederzeugen muss, um anschließend von ihr wiedergeboren zu werden, hat der Tote im Jenseits den maximalen Stress beim Sex mit der Göttin: kein Orgasmus – keine Wiedergeburt … endgültig tot. Angesichts einer derart fatalen Situation ist es kein Wunder, dass man sich Hilfsmittel einfallen lassen hat, um die erfolgreiche Wiederzeugung abzusichern.

Die größte Zeugungskraft haben offensichtlich die Herdentiere, da sie ja viele Nachkommen haben. Also tötete man beim Tod eines Mannes ein Pferd, einen Hirsch, einen Ziegenbock o.ä. und wickelte den Toten dann in das Fell dieses Tieres ein. Dadurch nahm er eine Tier/Mann-Mischgestalt an: ein Stier-Mann wie der Minotaurus, ein Pferdemann wie die Centauren, eine Hirsch-Mann wie Cernunnos, ein Widder-Mann wie der ägyptische Gott Chnum, ein Ziegenbock-Mann wie Pan, ein Eber-Mann wie der germanische Freyr usw.

Bei dieser Vereinigung musste die Göttin natürlich ebenfalls diese Tiergestalt annehmen. Dadurch sind die Paar-Verwandlungen von Göttern und Menschen in Stier und Kuh, Hengst und Stute, Hirsch und Hindin, Widder und Schaf, Bock und Ziege, Eber und Sau, Keiler und Bache usw. entstanden. Diese Paare finden sich z.B. als Freyr und Freya (Wildschweine) oder als Poseidon und Demeter (Pferde).

Die Vorstellung der Wiederzeugung führte jedoch zu einem Widerspruch: Wenn die Jenseitsgöttin neun Monate lang mit dem Toten zwischen Wiederzeugung und Wiedergeburt schwanger ist, kann nur ein Toter pro Jahr wiedergeboren werden – aber es sterben mehr als nur ein Mann pro Jahr … Also muss die Jenseitsgöttin in der Lage sein, ihre Gestalt zu vervielfältigen. So entstanden die Hathoren bei den Ägyptern, die Walküren bei den Germanen, die Dryaden bei den Griechen, die Apsaras bei den Indern usw.

Das Motiv der Wasserunterwelt führte außerdem dazu, dass diese vervielfältigten Göttinnen im Wasser lebten. Die Kombination von Frauen, Wasser, Tod und Wiederzeugung ließ dann das Motiv der verführerischen und todbringenden Wasserfrauen wie z.B. der Lorelei entstehen.

William Waterhouse: Hylas und die Nymphen

Wie die Frauen im Jenseits wiedergeboren wurden, wird auffälligerweise nirgendwo beschrieben …

Das Wiederstillen wird in den frühen schriftlich überlieferten Mythen oft dargestellt. So wird z.B. der tote Pharao bei seiner Ankunft im Jenseits von der Göttin Hathor gestillt. Diese „Milch der Göttin" hat sich nach einer Weile zu dem Ritualtrank mit dem Rezept „Milch und Honig" weiterentwickelt – das Jenseits-Paradies ist daher „das Land, in dem Milch und Honig fließen".

Etwas später kamen dann auch noch eine Reihe von Kräutern zu dem Rezept hinzu und der Trank selber wurde als das angesehen, was unsterblich macht, wenn man ihn im Ritual trank, d.h. der die spätere Wiedergeburt im Jenseits absicherte.

Dieser Trank erscheint bei den Ägyptern im Ritual als der „Trank der Hathor", bei den Indern als Soma amrita („Unsterblichkeits-Trank"), bei den Griechen als „Nektar ambrosia" („Unsterblichkeits-Honigtrank"), bei den Germanen und Kelten als Göttermet (Honigwein), bei den Mayas als Balché, bei den Christen als Abendmahls-Wein usw. Schließlich wurde aus diesem die Wiedergeburt absichernden Ritual-Trank bei den Alchemisten in Europa und Indien das Lebenselixier.

- Der Tageslauf der Sonne wurde der Geburt, dem Leben und dem Tod des Menschen gleichgesetzt. Daher konnte man auch die Sonne als Seelenvogel darstellen – daraus entstand in Ägypten und in Persien die Flügelsonne. Da die Sonne offensichtlich feurig ist und das Morgenrot und das Abendrot als Feuer am Horizont umschrieben werden konnte, starb der Sonnenvogel abends im Feuer und wurde morgens im Feuer wiedergeboren.

Auf diese Weise entstand in Ägypten das Motiv des Phönix („Bennu-Vogel") und bei den Slawen der Feuervogel. Diese Feuer wurden möglicherweise auch mit dem aufsteigenden Kundalini-Feuer assoziiert, das man ja auch erleben kann, wenn man die Astralreise übt, also „zu einem Seelenvogel wird".

- Es gab das Bild der Toten als Vögel und es gab das Bild der Toten als Schlangen. Was lag da näher, als diese beide Symboliken zu einer Flügel-schlange zu vereinen? So entstand der Drache. In Mittelamerika entspricht die gefiederte Schlange Quetzalcoatl dem eurasiatischen Flügel-Drachen.

Als dieser Drache auch mit der Phönix/Feuervogel-Symbolik der Sonne verbunden wurde, entstand der feuerspeiende Drache, wobei das Feuer des Drachen auch die Kundalini sein oder aus dem Brauch der Brandbestattung stammen könnte.

Später wurde diese Symbolik vor allem in China noch weiter ausgebaut: Es kamen noch das Maul, die Mähne und die Beine des Tigers (Stärke), das Geweih des Hirsches (Herdentier bei der Wiederzeugung) und die Barteln des Wels (Seele als Wasserunterwelt-Fisch) hinzu.

Dieser Drache ist folglich das Gesamtbild der Wiedergeburts-Symbolik.

Der Segen, den man von dem Weisen in dem Tempel der Hilfe erhält,
ist ein genussreiches Leben.

Die religiöse Bilderwelt hatte mittlerweile ziemlich große Ausmaße erreicht und war schon ziemlich weit von einer Beschreibung von konkreten Erlebnissen entfernt. Diese Mythen, die eigentlich nützliche Beschreibungen der Welt sein sollten, entwickelten eine Eigendynamik, die zum Teil überhaupt nichts mehr mit der Realität zu tu hatte.

So wurde es z.B. bei vielen indogermanischen Völkern – aber nicht nur bei ihnen – üblich, für den toten Fürsten oder König, den man bestattete, eine oder mehrere Frauen zu töten, die die Aufgabe hatten, ihm im Jenseits als Frau für seine Wiederzeugung zur Verfügung zu stehen.

Es entstand daher in zunehmendem Maße die Notwendigkeit, die ganzen Mythen und Rituale wieder zu versachlichen und wieder an die eigentlichen Erlebnisse wie der Astralreise, den Kontakt zu den Ahnen oder der Telepathie anzuschließen.

Wonach würdest Du im Tempel der Hilfe fragen?
Worum würdest Du dort bitten?

Die Religionen wurden in jeder Epoche durch die jeweilige Lebensweise geprägt. Die Religionen spiegeln die Lebensweise wider. Das bedeutet jedoch nicht, dass die Religionen nur die Beschreibungen der jeweiligen Lebensweise sind, sondern nur, dass die Lebensweise der Menschen zum einen das zentrale Thema der Religion war und zum anderen auch die Bilderwelt war, durch die man diese Religion beschrieb.

In der Altsteinzeit war dies die Jagd, in der Jungsteinzeit war dies der Ackerbau und die Viehzucht, im Königtum war dies die Zentralverwaltung, im Materialismus waren dies die Naturwissenschaften und die Technik, und in der derzeitigen Epoche der Globalisierung ist dies die Erhaltung der Erde und aller Prozesse auf ihr in einem stabilen und dauerhaften Gleichgewicht.

Der Weg zu dem Tempel der Hilfe führt über die Brücke des offenen Herzens
und durch das Tor der offenen Hand.

Die Götter und Mythen der Religionen des magisch-mythologischen Weltbildes der Jungsteinzeit sind die Urbilder im kollektiven Unterbewusstsein der Menschen: Geburt, Leben, Tod; Sexualität; die eigene Seele; die Ahnen und die Götter, von denen man Rat und Hilfe erhalten kann; usw.

Diese Bilder sind sehr wertvoll, doch sie sind teilweise nicht mehr so ganz realitätsnah, weshalb man dann, wenn man ihnen in Träumen, Meditationen, Traumreisen u.ä. begegnet, genau schauen sollte, was man da erlebt und wie man damit umgeht.

Was sind Deine eigenen Hilfsmittel?

3. Vielfalt

♊

Der dritte Tempel der Religionen ist der Tempel der Möglichkeiten.

Wann hat Religion eine Vielfalt? Wenn man nicht nur weiß, dass es viele Formen der Religion gibt, sondern zumindest auch schon ein paar verschiedenen Religions-Formen näher kennengelert hat.

Wenn man die Vielfalt kennenzulernen beginnt, kann man auch deutlicher die Möglichkeiten sehen, die die Religion bietet. Es gibt nicht nur viele verschiedene Möglichkeiten, gleiche Erlebnisse zu beschrieben, sondern auch viele verschiede Möglichkeiten, etwas zu erreichen. Dabei ist der Übergang zwischen Religion (sich an eine Gottheit wenden), Mediation (sich selber in einen anderen Zustand bringen) und Magie (etwas mit der eigenen Lebenskraft bewirken) ausgesprochen fließend.

Man kommt letztlich nicht umhin, verschiedene Möglichkeiten auszuprobieren und das auch im Stil von verschiedenen Religionen oder spirituell-magischen Lehren zu tun, um herauszufinden, was für einen selber am besten funktioniert und einen selber zu den erwünschten Ergebnissen bringt. Möglicherweise kommt man auch zu dem Schluss, dass bei verschiedenen Anliegen verschiedene Religionen und Lehren verschieden viel Information und Anleitung bieten – nicht alle Religionen sind auf allen Gebieten gleichermaßen „Spezialisten".

Die Priesterin in dem Tempel der Möglichkeiten ist die Forscherin.

Natürlich sagt fast jede Religion und jede Lehre, dass sie – und nur sie allein – recht hat. Es ist jedoch unwahrscheinlich, dass nur eine Religion oder Lehre recht hat und sich alle anderen irren. Es ebenfalls unwahrscheinlich, dass eine Religion oder Lehre überhaupt nichts richtig erkannt hat.

Letztlich gibt es nichts, was irgendjemand erzählt oder aufgeschrieben hat oder was irgendwo in Stein gemeißelt steht, was nicht ganz am Anfang als Gedanke, Idee oder

Intuition in einem Menschen entstanden ist. Folglich ist alle Religion auch Menschenwerk – und bei Menschenwerk sollte man vorsichtig sein und sich alles genau anschauen. Das bedeutet nicht Misstrauen wegen einer vermuteten bösen Absicht, sondern einfach nur, das eigene Erfahrung immer verlässlicher ist als das, was man nur von anderen hört.

Vor allem in den monotheistischen Religionen wird oft gesagt, dass das, was ein Prophet o.ä. gesagt hat, von Gott kommt. Das mag ja durchaus auch so sein, aber das, was man als Außenstehender hat, sind lediglich die Worte dieses Propheten – und man kann nicht wissen, wie sie in ihm entstanden sind. Und dem Propheten einfach zu glauben, dass diese Worte von Gott kommen, weil der Prophet sagt, dass sie von Gott kommen, ist als Beweis eigentlich doch ein bisschen mager.

Interessanter ist es da schon, wie die Befolgung dieser Worte auf einen selber wirkt. Sind sie ein gutes Werkzeug, um zu einem besseren Leben zu gelangen? Dann sollte man diese Worte befolgen, denn alles andere wäre offensichtlicher Unsinn. Und wenn das Befolgen dieser Worte keine bereichernde Wirkung im eigenen Leben hat? Warum sollte man sie dann befolgen? Nur eine gute „Betriebsanleitung für das Leben" ist hilfreich.

Man sollte auch bedenken, dass dann, wenn das Befolgen von Regel 1 und 2 und 3 eine gute Wirkung im eigenen Leben hat, dasselbe nicht notwendigerweise auch für Regel 4 bis 9 zutreffen muss.

In vielen früheren Kulturen gab es den Zweikampf oder den Zauberer-Wettstreit als beliebtes Mittel, um die Wahrheit herauszufinden. So hat z.B. der Prophet Elias die Baals-Priester im Zweikampf besiegt – und damit bewiesen, dass sein Gott Jahwe stärker als Baal war … was damals noch dasselbe gewesen ist wie zu beweisen, dass Elias recht hatte. Macht = Recht …

Auch in der Politik war dies durchaus üblich. So hat z.B. in der frühen Zeit des Römischen Reiches oft der Anführer eines römischen Heeres mit dem Anführer eines keltischen Heeres einen Zweikampf durchgeführt, um die Schlacht zu entscheiden – in Bezug auf das Heer war das eine durchaus humane Angelegenheit, da es bei diesem Verfahren in der Regel nur einen einzigen Toten gab: einen der beiden Heerführer. Diese „Gottesurteile" wurden den römischen Heerführern allerdings schon bald von den römischen Senatoren verboten, da diese Senatoren mehr auf die Stärke des Heers als auf die Stärke ihrer Heerführer vertrauten.

Doch auch diese früher weit verbreitete Form der Wahrheitsfindung ist letztlich nur ein Vergleich der körperlichen oder religiös-magischen Stärke der beiden Kontrahenten. Über den Wahrheitsgehalt der von ihnen vertreten Religion oder Lehre sagt ein solcher Sieg nicht viel aus – eher über die beiden Kämpfer. Allerdings haben die Ausgänge solcher Zweikämpfe oft beträchtliche Auswirkungen auf die weitere Entwicklung der Religionen in dem betreffenden Gebiet gehabt.

Das religiös-spirituell-magische Weltbild hat sich ständig weiterentwickelt und verschiedene Systeme der Omen-Deutung und auch unterschiedliche Orakel wie das Tarot oder das I Ging hervorgebracht; es sind ganze System wie die Astrologie oder die Kabbala entwickelt worden, es sind komplexe Lebenskraft-Beschreibungen wie das Chakren-System oder die Akupunktur-Meridiane entwickelt worden; es wurden viele verschiedene Meditations-Anleitungen niedergeschrieben … Man steht also vor einer großen Vielfalt von religiösen, spirituellen und magischen Informationen und Anleitungen und kommt nicht darum herum, diese auszuprobieren, um zu sehen, was für einen selber passt und was nicht.

Bin ich ein guter Astrologe? Kann ich Wahrträume bewusst hervorrufen? Sind spiritistische Sitzungen hilfreich für mich? Kann ich mit Traumreisen verlorene Gegenstände wiederfinden? Kann ich mit Reiki Krankheiten heilen? Kann ich die Wurzeln der Probleme von anderen Menschen schnell erfassen? Habe ich ein Talent dafür, den Zufall zu lenken? Fühle ich mich im Christentum oder im Islam wohler? Entspricht mir Krishna mehr als Baldur? … Hier gibt es eine endlos lange Reihe von Fragen, die niemand außer man selber sich beantworten kann – und dafür muss man eben vieles ausprobieren …

Das ist in der Religion nicht anders als in jedem Wissensbereich und auch nicht anders als in jedem Handwerk …

Der Segen, den man von der Forscherin in dem Tempel der Möglichkeiten erhält, ist das Wissen.

Es besteht daher die Notwendigkeit, die Vielfalt der Religionen und der spirituell-magischen Lehren pragmatisch anzugehen und selber zuschauen, was gut funktioniert – und das dann auch zu nutzen, um den eigenen Lebensalltag zu verbessern.

Wie überall im Leben gilt auch hier: Wissen allein ist nur wenig wert – man muss es auch in die Tat umsetzen.

Wonach würdest Du im Tempel der Möglichkeiten fragen?
Worum würdest Du dort bitten?

In jeder Epoche sind neue Dinge entdeckt und entwickelt worden. Dazu zählen auch die Formen der Logik bzw. die Art und Weise, auf die Dinge zu schauen. Das prägt wiederum das Weltbild und somit auch die Religionen der Menschen in dieser Zeit.

- In der **Altsteinzeit** haben die Menschen vermutlich hauptsächlich die einfachste Form der „Datenverarbeitung" benutzt: die Assoziationen. Durch die Assoziation, also durch die Fähigkeit, beim Anblick einer Sache, eines Menschen oder eines Ereignisses sich an alle Dinge zu erinnern, die man mit derartigen Dingen, Menschen oder Ereignissen schon einmal erlebt hat, ermöglicht eine schnelle Orientierung, das Lernen von neuen Verhaltensweisen und das Ausbilden von Urbildern.

Das wichtigste Bild in dieser Zeit wird die Mutter gewesen sein – in dieser Epoche sind viele Frauen als Bild, Gravur und Statuette dargestellt worden. In der Religion ist dies die Muttergöttin.

In der **Jungsteinzeit** haben die Menschen in den deutlich größeren Gemeinschaften, in denen man nicht mehr jeden Einzelnen durch konkrete Erlebnisse gut genug kennen konnte, den Vergleich erfunden: Alle Schmiede sind kräftig, alle Zimmermänner sind sorgfältig, alle Jäger werden schnell wütend, alle Mütter sind fürsorglich und dergleichen mehr.

Aus diesen Vergleichen ergab sich ein Weltbild der Analogie, also eine Tradition und eine Mythologie. Es gab eine Geschichte, die die Welt beschrieb und zugleich zeigte, wie man sich wann am besten verhält.

Die wichtigsten Bilder stammen aus dem Ackerbau – der Korngott und der Wildnisgott. Diese beiden Götter und die Vielzahl der anderen Götter, die alle ein bestimmtes Thema beschreiben, sind das Gerüst der Religionen, die aus dieser Zeit stammen. Für diese Epoche ist eine Vielzahl von Göttern typisch – je mehr Götter und Göttinnen, desto genauer die Weltbeschreibung durch sie

221

…

In der Epoche des **Königtums** sind die Gemeinschaften noch einmal deutlich größer geworden und sie werden zentral durch einen König und die ihm untergeordnete Verwaltung gelenkt. Dadurch entstanden Regeln, Gesetze und Formulare, die für alle in gleichem Maße galten. Es wurde also ein schlüssiges und in sich logisches Gesamtsystem erschaffen, an das sich alle halten mussten.

In der Religion entspricht dem der Monotheismus, der sich über mehrere Stufen aus der vorigen Epoche entwickelt hat: „viele Aufgaben-Götter – Götter-Familien – Götter-Hierarchien – die Vielheit der Götter als Kinder eines Gottes – die Vielheit der Götter als Aspekte des einen Gottes – ein Gott und seine Diener – ein Gott".

Die monotheistischen Religionen zeichnen sich dadurch aus, dass sie 1. Gesetze haben, die von allen befolgt werden müssen (Zehn Gebote); dass sie 2. eine strenge Hierarchie haben, die alles bestimmt; und dass sie 3. den Anspruch haben, „die allein seligmachende Lehre" zu sein.

Aus diesem Prinzip ergibt sich, dass diese Religionen missionieren und das Ziel haben, alle „Ungläubigen" zu dem eigenen Glauben zu bekehren – so wie Könige in ihrem eigenen Reich alles bestimmen und leicht in eine Allmacht-Sucht verfallen können.

In der Epoche des **Materialismus** wird die Religion als irrational beiseite geschoben und bestenfalls noch als soziale Einrichtung geduldet. Die Grundlage des Weltbildes ist die sachliche Analyse.

Der Nachfolger der Religionen in dieser Epoche ist die Psychologie, die jedoch nur selten wirklich einen solchen Rückhalt wie die Religionen geben kann. Allerdings hat es schon früh in der Psychologie auch Ansätze gegeben, auch die Religionen bzw. die magischen Phänomene wieder in das Weltbild zu integrieren. Der bekannteste Ansatz stammt von C.G. Jung, dessen Konzept des „kollektiven Unterbewusstseins" die Götterwelt wieder in die Psychologie integriert hat und der auch die magischen Phänomene teilweise durch das Konzept der Synchronizitäten wieder in saloonfähig gemacht hat.

In der **Epoche der Globalisierung**, die ungefähr mit dem Ende des Zweiten Weltkrieges begonnen hat, sind Gesamtbetrachtung das wesentliche Orientierungs-Hilfsmittel geworden.

Das Weltbild und auch die Religionen werden dadurch ökologisch und ganzheitlich geprägt. Doch dieses Weltbild steckt noch immer in den Kinderschuhen.

Die vorliegende Buch-Reihe ist der Versuch, ein wenig zu der Entwicklung dieses Weltbildes, das auf Vertrauen und Verantwortung beruht, beizutragen.

Der Weg zu dem Tempel der Möglichkeiten führt über die Brücke der Neugier und durch das Tor der Aufmerksamkeit.

Es ist nun keineswegs notwendig, jetzt alle alten Religionen abzulehnen und etwas ganz Neues zu erschaffen. Schließlich hat jede der bisherigen Religionen auch einen Teil der Welt erfasst und eine ihrer Seiten beschrieben. Es ist also sinnvoll, ein Gesamtbild zu erschaffen und zu sehen, an welcher Stelle in diesem Bild die einzelnen Religionen stehen.

Um zu diesem Gesamtbild zu gelangen, muss man sich fragen, was welche dieser vielen verschiedenen Religionen gut können?

- Nach dem einen-alles-einzigen Gott kann man am besten die monotheistischen Religionen wie die Echnaton-Religion, das Judentum, das Christentum und den Islam fragen.

- Nach differenzierten Meditations-Anleitungen fragt man am besten im Hinduismus und im tibetischen Buddhismus nach.

- Für Fragen der Heilung und der Magie ist man in vielen Fällen am besten bei den Schamanen aufgehoben.

- Für die Suche nach der eigenen Seele und der Gottheit, von deren „Meer" diese Seele ein „Tropfen" ist, wendet man sich am besten an einen Priester oder ein Priesterin der jungsteinzeitlichen Religionen mit ihren vielen Gottheiten.

- Wenn man lernen will, sich selber treu zu sein, kann man die Herz-Meditationen der monotheistischen Religionen benutzen.

- Wenn man etwas über die verschiedenen möglichen Bewusstseinszustände erfahren will, zu denen man gelangen kann, wenn man bereits die eigenen Seele gefunden hat und mit ihr vertraut geworden ist, fragt man am besten im tibetischen Buddhismus oder bei den Kabbalisten aus der jüdischen Tradition nach.

Diese Liste ließe sich noch über viele Seiten hin differenzieren, aber wichtig ist hier einfach nur das Grundprinzip, dass man in den verschiedenen Religionen verschieden viel Sachkenntnis, Wissen und Weisheit zu den verschiedenen spirituellen Themen finden kann.

Daher wäre eine große Toleranz und noch besser eine allgemein Zusammenarbeit zwischen den Religionen sehr förderlich.

Was sind Deine eigenen Möglichkeiten?

4. Verwandtschaft

♋

Der vierte Tempel der Religionen ist der Tempel der Gemeinschaft.

Wann lässt Religion eine Form der Verwandtschaft entstehen? Wenn man weiß, dass es noch mehr Menschen gibt, die eigenen religiösen Ansichten teilen und wenn man diese Menschen auch des öfteren trifft.

Die Größe und die innere Struktur dieser Gemeinschaften hängt von der jeweiligen Lebensform der Menschen ab. In der Altsteinzeit musste sich nur eine kleine Sippe von gut einem Dutzend Menschen, die sich alle gegenseitig gut kannten, koordinieren. Heute muss sich die Menschheit als Ganzes koordinieren.

Jede Gemeinschaft entwickelt auch eine Tradition, die die Abläufe in dieser Gemeinschaft lenkt. Die Tradition einer einzelnen Familie wird vor allem in Familienaufstellungen deutlich.

Jede Gemeinschaft ist zudem auch ein „Gefäß der Lebenskraft", d.h. es gibt eine bestimmte Stimmung, eine bestimmte Wärme/Kälte in ihr, eine Kraft, übliche Verhaltensmuster (die Tradition) … All dies kann man auch innerlich in Meditationen, Familienaufstellungen und Traumreisen bildhaft wahrnehmen.

Solche Gemeinschaften geben Rückhalt und Geborgenheit, aber auch eine Prägung und Lenkung in eine bestimmte Richtung.

Religiöse Gemeinschaften werden außer von dem Charakter der Menschen in ihr auch noch von dem Stil der betreffenden Religion geprägt.

Die meisten derartigen religiösen Gemeinschaften haben auch eine Art „sachkundigen und weisen Anführer". Das kann ein Priester oder ein Schamane sein, ebenso ein Guru oder Heiler, oder auch die Leiterin eines Hexenkreises (eine Vereinigung von feministisch-ökologisch-magisch interessierten Frauen), weiterhin ein Yogi oder Sufi oder Lama – hier gibt es eine große Auswahl an Stilen, Rollen, Funktionen, Fähigkeiten, Namen und Titeln …

Auch hier muss man sich jedesmal aufs Neue die Absichten und Fähigkeiten einer konkreten „spirituellen Autorität" anschauen und sich ein Urteil über sie bilden.

Die Priesterin in dem Tempel der Gemeinschaft ist die Älteste des Hexenkreises.

Diese vielen verschiedenen Gemeinschaften mit ihren ebenso unterschiedlichen Anführern haben auch ebenso verschiedene Orte, an denen sie sich treffen: die Christen in einer Kirche, die Juden in einer Synagoge, die Moslem in einer Moschee, die Inder in einem Tempel, die Lamas in einem Kloster, die Druiden auf dem Hügelgrab eines verstorbenen Druiden, die Germanen in ihrem Tempel, die Indianer in der Schwitzhütte, der Hexenkreis auf einer Waldlichtung, die Freimaurer in ihrer Loge …

Alle diese Orte sind so gewählt und gestaltet, dass sie eine passende räumliche Grundlage für die Tätigkeiten, den Kult und die Rituale der betreffenden Gemeinschaft bilden.

Jede Gemeinschaft entwickelt zudem auch ihre eigenen Symbole und ihre eigene Welt aus Göttern, Engeln, Heiligen, verehrten verstorbenen Lehrern usw.

*Der Segen, den man von der Ältesten des Hexenkreises
in dem Tempel der Gemeinschaft erhält, ist die Geborgenheit.*

Es besteht somit die Notwendigkeiten, zunächst sich selber zu ergründen und sich dann die verschiedenen Gemeinschaften anzusehen, um zu erkennen, welche dieser Gemeinschaften das, was man ist und was man ausdrücken will, am besten fördern kann.

Auch die Frage, ob man überhaupt einer religiösen Gemeinschaft angehören will, und wenn ja, wie eng man sich mit ihr verbinden will, muss jeder für sich selber beantworten.

Es gibt auch die Tendenz, entweder mehreren oder keiner religiösen Gemeinschaft anzugehören und sich in beiden Fällen ein eigenes Weltbild zurechtzulegen und die traditionellen Religionen innerhalb des eigenen Weltbildes nach Bedarf zu nutzen.

*Wonach würdest Du im Tempel der Gemeinschaft fragen?
Worum würdest Du dort bitten?*

Die Größe der Gemeinschaften und auch ihre Organisationsformen haben sich in jeder Epoche weiterentwickelt.

- Die Gemeinschaft der **Altsteinzeit** war die Sippe, die vermutlich von dem jeweils Sachkundigsten und Fähigsten geleitet wurde. Die Ausnahme waren die Schamanenbünde, die Vereinigungen waren, in denen Menschen aus verschiedenen Sippen trafen, um zu lernen und um ihre Fähigkeiten weiterzuentwickeln.

Diese Religionsform beruht auf der Assoziation.

- Die Gemeinschaft der **Jungsteinzeit** war das Dorf, das von der Dorfversammlung und letztlich von der Tradition des Dorfes geleitet wurde.

Diese Religionsform beruht auf der Analogie.

- Die Gemeinschaft der Epoche des **Königtums** war das Königreich, das zentral vom König geleitet wurde.

Diese Religionsform beruht auf dem Ordnen durch ein Prinzip.

- Die Gemeinschaft der Epoche des **Materialismus** ist der Staat. Er wird durch einen König, einen Präsidenten, einen Diktator, einen Kanzler, einen Parteivorsitzenden usw. geleitet.

Diese Religionsform beruht auf der Analyse – diese „Analyse-Religion" ist die Wissenschaft.

- Die Gemeinschaft, der **Epoche der Globalisierung** ist die Menschheit. Ihre Organisationsform ist die UNO, die allerdings noch in ihren Anfängen steckt und sich noch nicht zu einer voll funktionsfähigen Koordinierung und Kooperationszentrale der Menschheit entwickelt hat.

Diese Religionsform beruht auf der Gesamtschau.

Bei den vier Entwicklungsschritten zwischen diesen fünf Epochen blieb die vorherige Einheit stets als Untereinheit in der neuen, größeren Einheit bestehen, wodurch eine organische Struktur entstanden ist.

Die derzeitige Folge von Einheiten besteht aus: Individuum – Familie/Sippe – Land – Staat – UNO.

Der Weg zu dem Tempel der Gemeinschaft führt über die Brücke der Sehnsucht und durch das Tor der Lebenskraft.

Es gibt keine Religion, die nicht auch Gemeinschaften bilden würde. Diese Gemeinschaften können natürlich sehr verschieden groß sein und auch durch sehr verschiedenen Ansichten und Tätigkeiten geprägt sein – man Vergleich nur ein christliches Nonnenkloster mit einer Osho-Community.

Der Dalai Lama, also das Oberhaupt des tibetischen Buddhismus, hat vor 20 Jahren auf einem Vortrag in Luxemburg gesagt, dass jeder erst einmal bei der Religion bleiben sollte, mit der er aufgewachsen ist, da ihm diese Religion am vertrautesten ist. Wenn jemand jedoch merkt, dass diese Religion für ihn einfach nicht passt, sollte er zu einer anderen Religion wechseln. Der Dalai Lama sagte, dass er zu seiner Verwunderung festgestellt habe, dass es sogar Menschen gibt, die gleichzeitig mehreren Religionen angehören können und dass ihnen das offensichtlich gut tut. Er selber war auch der Ansicht, dass die einer Religion zugrundeliegende Ethik wichtiger als das religiöse Dogma ist – und dass alle großen Religionen in Bezug auf diese Ethik des menschlichen Verhaltens weitgehend übereinstimmen.

Es ist erstaunlich und ermutigend, von dem obersten Vertreter einer Religion solche Worte zu hören …

Was ist Deine eigene Gemeinschaft?

5. Selbsterkenntnis

♌

Der fünfte Tempel der Religionen ist der Tempel der Seele.

Wann fördert Religion die Selbsterkenntnis? Wenn man sie entschlossen und gezielt zu diesem Zweck nutzt.

Diese Selbsterkenntnis geht meistens schrittweise vor sich:

- In der Regel beginnt sie mit psychischen Themen und mit Problembewältigungen – also mit Gesprächen mit Freunden, einer psychologischen Beratung, einer Familienaufstellung, einem Yoga-Kurs, einer veränderten Ernährung und dergleichen mehr.

- Dann nimmt man vielleicht Orakel-Methoden wie das Tarot oder das I Ging hinzu oder lässt sich vielleicht auch mal seine Handlinien deuten.

- Ein etwas systematischerer Ansatz könnte dann das Deuten des eigenen Horoskops sein, durch das man den eigenen Stil verstehen und der eigenen Art und Weise leichter treu bleiben kann.

- Möglicherweise erprobt man auch die Wirkung und den Nutzen von Beichten, von verschiedenen Meditationen, von Trancetänzen und Retreats, von der Teilnahme an verschiedenen spirituellen Gruppenveranstaltungen und ähnlichen Dingen.

- Noch einen Schritt weiter geht das Erlernen von Traumreisen, bei denen man sein Wachbewusstsein und sein Traumbewusstsein vorübergehend aneinander koppelt und sich daher auf ganz direkte Weise die Inhalte des eigenen Unterbewusstseins ansehen kann.

- Bei all diesen Unternehmungen wird man wahrscheinlich feststellen, dass der Begriff „Lebenskraft" ausgesprochen nützlich ist, um die Dinge, die bei diesen Unternehmungen erlebt hat, zu beschrieben.

- Möglicherweise kommt man auch zu dem Schluss, dass man die Vorgänge im eigenen Bewusstsein und im eigenen Körper gleichermaßen wichtig nehmen sollte. Vermutlich wird man auch zu dem Ergebnis kommen, dass das

229

Bewusstsein die Innenseite und der Körper die Außenseite derselben Sache sind und dass es da letztlich keinen großen Unterschied gibt.

- Ein sehr einschneidendes Erlebnis könnte die Astralreise sein – die nach am besten nicht durch ein Nahtod-Erlebnis, sondern durch Entspannungsübung oder ähnliches hervorgerufen worden sein sollte.

- Die Traumreise zur eigenen Mitte führt schließlich zum Erleben der eigenen Seele, die man dann sehen und mit der man sprechen und sie um Rat und Hilfe bitten kann. Diese Seele ist der Ursprung des eigenen Wesens – die „Eichel", aus der heraus man zu einer „Eiche" geworden ist. Wenn man davon ausgeht, dass es die Reinkarnation gibt, ist diese Seele das, was sich in einem selber in dem derzeitigen Leben inkarniert hat. Durch die Begegnung mit der eigenen Seele weiß man anschließend, wer man ist, was man will und was der eigene Lebenssinn ist.

Schließlich kann man als letztes durch Traumreisen und Meditationen innerlich noch zu der „Heimat der Seele" gelangen, in der man sie noch einmal tiefer verstehen kann. Dort kann man sich seine früheren Leben ansehen und auch so gut wie alle beliebigen Informationen finden. Dieser Bereich wird manchmal „Buch des Lebens", „Akasha-Chronik" und noch so manches anderes genannt.

Alle diese Möglichkeiten der Selbsterkenntnis, die die verschiedenen Religionen bereitstellen, sind natürlich, solange man sie nur liest, bestenfalls eine Arbeitshypothese. Sie sind auch nichts, was man glauben sollte, nur weil das hier in diesem Buch gedruckt steht – diese Möglichkeiten sind etwas, wonach man suchen kann, wenn sie einem interessant genug erscheinen. Nur so können sie für einen selber zu einer Realität und zu etwas Nützlichem im eigenen Leben werden.

In der Altsteinzeit (bis 10.000 v.Chr.) waren die Schamanen die einzigen, die ihre eigene Seele und die Seelen der anderen kannten. Dasselbe gilt auch für die Schamanen-Priester in den Religionen der Jungsteinzeit (10.000-3250 v.Chr.). Diese Schamanen-Priester bleiben auch in der Frühzeit der Epoche des Königtums (3250 v.Chr. - 1500 n.Chr.) weiterhin aktiv und ein weitgehend eigenständiger Teil der Priesterschaft.

Um 600 v.Chr. geschah jedoch kollektiv etwas sehr Auffälliges: Einzelne Schamanen-Priester begannen die Allgemeinheit zu lehren, in das Jenseits zu reisen und ihre eigene Seele zu erkennen und den Kontakt zu den Göttern, die bei dieser Selbst-erkenntnis halfen, herzustellen. Dafür benutzen sie vier Dinge, die bei diesen Schamanen-Priestern verschieden stark ausgeprägt waren: 1. eine Weisheitslehre, 2.

eine Lebensweise, 3. Meditationen und 4. Mysterien, also Gruppen-Rituale.

Diese wichtigsten dieser Schamanen-Priester und diese Mysterien waren, wenn man sie von Osten nach Westen hin aufzählt:

- Lao-tse, Dschuang-tse und Kon-fu-tse in China;

- Buddha und Jaina in Indien;

- Zarathustra und die Mithras-Mysterien in Persien;

- der Osiris-Kult und die Isis-Mysterien in Ägypten;

- Pythagoras und die Mysterien von Eleusis in Griechenland;

- Zalmoxis, die Mysterien von Samothrake und die Orpheus-Mysterien in Thrakien;

- die Mysterien des Sol invictus im Römischen Reich;

- der Odin-Kult bei den Germanen; und schließlich noch

- der Cernunnos-Kult und die Druiden-Einweihungen bei den Kelten:

Alle diese Lehren, Meditationen und Einweihungen haben die Selbsterkenntnis zum Ziel. Über dem Eingang des Orakels von Delphi standen dazu zwei Sprüche, die das Ziel und den Weg dorthin beschreiben: „Erkenne Dich selbst." und „Nichts im Übermaß."

Der Priester in dem Tempel der Seele ist der Leiter der Mysterien.

Die Vorstellungen über die Seele sind nicht immer gleich gewesen, sondern haben sich – wie alle anderen religiösen Vorstellungen auch – allmählich weiterentwickelt.

- In der **Altsteinzeit** wird die Seele ganz schlicht ein Erlebnis gewesen sein, das man bei der Astralreise, die durch ein Nahtod-Erlebnis verursacht worden ist, erkannt hat. Die Beschreibung für dieses Erlebnis war der Seelenvogel und das Symbol dafür der Vogel-Stab, also ein Vogel auf einem Stab. Der

231

Vogelstab hat sich dann nach und nach zu dem Totempfahl vergrößert.

Da die Seele nach dem Tod im Jenseits von der Muttergöttin wiedergeboren wurde, war die Seele auch ein Kind der Muttergöttin – und wurde von ihr beschützt.

- In der **Jungsteinzeit** wurde die Seele als das Kind einer Gottheit angesehen. Diese Gottheit hat man daher als die eigene Clan-Gottheit erlebt. Mit dieser Gottheit war man besonders eng verbunden, weil man mit ihr wesensgleich war. Daher konnte man von ihr auch den passendsten Rat und die größte Hilfe erhalten.

Diese Clan-Gottheit war damals etwas Selbstverständliches. So haben z.B. die Ägypter vor einer Traumdeutung den Träumer erst einmal gefragt, welche Clan-Gottheit er hat – schließlich wird z.B. der Traum von einem Kampf für jemanden, der die Nilpferd-gestaltige Hebammen-Göttin Thoeris als Clan-Göttin hatte, eine völlig andere Bedeutung gehabt haben als für jemanden, der den Falken-gestaltigen Kriegs-Gott Horus als Clan-Gottheit hatte.

Die Wichtigkeit der Seele und der Clan-Gottheit war in dieser Epoche sehr groß. So lautet z.B. eine Weisheit aus der Frühzeit der Sumerer in Mesopotamien: „Ohne das eigene Me gelingt einem nichts – mit dem eigenen Me gelingt einem alles." Dieses „Me" ist ein recht komplexer Begriff und bedeutet „Mutter, Mutter-Gabe, Richtigkeit, Seele, Clan-Gottheit". Die „Mutter" ist die Seelen-Mutter aus der Altsteinzeit; die „Muttergabe" ist das Leben und das Urvertrauen. Die „Richtigkeit" ist der zentrale Begriff der Jungsteinzeit gewesen – sie bezeichnet das sinnvolle Verhalten und das richtige und daher auch wirksame Handeln zum richtigen Zeitpunkt (Aussaat-Termin; das vollkommen runde Rad; die gerade Achse der Töpferscheibe; die gut gestimmte Harfe; die Ausrichtung auf die eigene Seele; usw.).

- In der Epoche des **Königtums** wurde die Seele als ein „Funke" von dem „Feuer" des Einen Gottes, also als ein „Gottesfunke" angesehen. Daher ist in den mystischen Lehren des der Hinduismus, des Buddhismus, des Judentums, des Christentums und des Islam stets die Erkenntnis der eigenen Seele das Erlebnis, das die Hälfte des Weges des Menschen von der Erde zu Gott markiert.

- In der Epoche des **Materialismus** gab es keine Seele mehr, sondern nur noch die Psyche. Es gab auch keine Gottheit mehr, von der diese Seele – die es ja nun vermeintlich gar nicht mehr gab – ein Teil hätte sein können. Dies lag daran, dass der Materialismus eben nur noch die Materie-Seite der Welt betrachtet hat und das Bewusstsein für ein nicht sonderlich interessantes Nebenprodukt der elektrochemischen Vorgänge im Gehirn angesehen hat.

- In der **Epoche der Globalisierung** stehen nun das Bewusstsein und die Materie wieder gleichberechtigt nebeneinander – sie sind die Innenseite und die Außenseite der Welt. Grob gesagt, ist die Seele das Bewusstsein in einem Menschen, die Götter sind das Bewusstsein eines Bereiches der Welt, und der Eine Gott ist das Gesamtbewusstsein der Welt.

Allerdings steht die Entwicklung der Seelenvorstellungen dieser Epoche noch sehr am Anfang, da diese Epoche ja erst ca. 80 Jahre alt ist.

Der Segen, den man von dem Leiter der Mysterien in dem Tempel der Seele erhält, ist das Öffnen des Tores zu sich selber.

Wenn man ein erfülltes Leben leben will, besteht die dringende Notwendigkeit, sich selber möglichst früh im eigenen Leben wirklich gründlich zu erkennen, d.h. seiner eigenen Seele zu begegnen. Ein erfülltes Leben kann man nur mithilfe von Selbsterkenntnis, Selbsttreue und Selbstausdruck führen.

Auch Gesundheit und ein langes Leben lassen sich nur auf diese Weise erreichen.

Wonach würdest Du im Tempel der Seele fragen?
Worum würdest Du dort bitten?

Das Selbstbild des Menschen lässt sich auch gut an seinem Verhältnis zur Erde ablesen, das sich in den fünf bisherigen Epochen mehrmals markant verändert hat:

- In der **Altsteinzeit** wurde die Schwitzhütte als der Schwangerschafts-Bauch der Erdmutter angesehen.

- In der **Jungsteinzeit** begannen die Menschen sich als das Wichtigste in der Welt anzusehen … schließlich begannen sie durch Ackerbau und Viehzucht damit, „sich die Erde untertan zu machen". Aufgrund dieser anthropozentrischen Sichtweise sahen sie die Erde zunehmend als einen großen Menschen, als den Urmenschen an, den sie „Erd-Mann" nannten. Er findet sich bei den

Ägyptern als der Gott Atum, bei den Juden als der erste Mensch Adam, bei den Persern als der erste König Yima, bei den Indern als der Totengott Yama, bei den Germanen als der Urriese Ymir, bei den Chinsen als der Urriese Pan Gu …

- In der Epoche des **Königtums** und des Monotheismus wurde die Welt manchmal als Gottes Leib, aber deutlich häufiger noch als Gottes Werk angesehen. In den mystischen Lehren dieser Epoche erscheint der Urmensch oft als das Bild des vollkommenen Menschen, den die Menschen in ihrem Leben anstreben sollen – z.B. der „Adam Kadmon" aus der jüdischen Kabbala.

- In der Epoche des **Materialismus** wurde die Erde als bloße Substanz betrachtet, die es möglichst effektiv und gewinnbringend zu nutzen galt.

- In der **Epoche der Globalisierung** wird die Erde zunehmend wieder als ein organisches Wesen betrachtet und als die Göttin Gaia angesehen.

Der Weg zu dem Tempel der Seele führt über die Brücke Selbsterkenntnis und durch das Tor der Selbsttreue.

Die verschiedenen Religionen fördern die Selbsterkenntnis auf verschiedene Weise. In den monotheistischen Religionen sollte man jedoch lieber nicht die Priester, sondern diejenigen fragen, die die Religion mit einem etwas größeren Eifer erforschen: die Gurus der Inder, die Lamas der Tibeter, die Kabbalisten der Juden, die Mystiker der Christen und die Sufis des Islam.

Für die schlichteren Methoden der Suche nach der Clan-Gottheit muss man sich an die Priester der älteren mythologisch-magischen Religionen wenden und für das einfache Erlebnis der Astralreise sollte man am besten bei Schamanen nachfragen.

Was ist Deine eigene Seele?

6. Ordnung

♍

Der sechste Tempel der Religionen ist der Tempel der Heilung.

Wann lässt Religion Ordnung entstehen? Wenn man die Grundlagen, Strukturen und Dynamiken der Religionen einmal etwas genauer betrachtet.

Im engeren Sinne besteht die „religiöse Heilung" aus der Bitte um Heilung an eine Gottheit oder an Gott – in christlicher Terminologie also um das Gebet. Doch diese Bitte kann sich bis zu einem auf die eigene Gesundheit einsgerichteten Bewusstseinszustand steigern, der eine große Wirkung haben kann – vom schlichten Finden eines passenden Arzt finden bis hin zu Spontanheilungen und Wunderheilungen.

Die „religiöse Heilung" geht auch in die spirituelle/alternative Heilung über, die z.B. durch die „Kügelchen" der Homöopathie oder die „Tröpfchen" der Bachblüten bewirkt werden kann.

Auch Yoga und Meditation können ausgesprochen heilsam sein. Auch sie gehören in den Randbereich der „religiösen Heilung". Man könnte diesen Heilungsbereich auch „spirituell", „alternativ", „magisch", „esoterisch", „okkult" und noch so einiges anderes nennen. Unabhängig von der bevorzugten Bezeichnung gehören diese Heilweisen, da sie auf nicht-materielle Weise funktionieren, jedoch letztlich zu den „religiösen Heilweisen".

Zwei recht wirksame, aber für den Ausübenden manchmal auch recht mühsame Selbstheilungs-Methoden sind die Heilung der Chakren und das Erwecken der Kundalini. In der Regel erfordert dies einiges an Konzentration und Geduld und außerdem auch noch die Bereitschaft, sich auch die Schattenseiten der eigenen Psyche anzusehen.

Im Idealfall führt die „religiöse Heilung" nicht nur zu dem Zustand „keine Krankheit", sondern auch zu einem friedlichem, erfüllten inneren Zustand.

Die größte Wirkung bei den „religiösen Heilungen" hat im allgemeinen der Kontakt zu der eigenen Clan-Gottheit und die Hilfe durch einen fähigen Schamanen, Priester, Magier, Geistheiler oder wie auch immer man solch einen Menschen nennen möchte.

Die meisten Religionen beschreiben eine bestimmte Ordnung mit vielen Regeln und Vorschriften, deren Einhaltung die Krankheiten vermeiden soll. Wahrscheinlich wird es kaum eine solche Regel geben, die vollkommen sinnlos ist, aber man sollte stets schauen, welche von diesen Regeln auch zu dem eigenen Charakter passen. Im Zweifelsfalle sollte man sich immer an den Charakter der eigenen Seele und der eigenen Clan-Gottheit halten.

Doch man sollte auch nicht „betriebsblind" werden und sich auch die zunächst unsinnig erscheinenden Vorschriften genauer ansehen – vielleicht sind einige der Regeln gar nicht so übel, wie es auf den ersten Blick zu sein scheint. Wir Menschen neigen ja im Allgemeinen dazu, diejenigen für weise zu halten, die dieselbe Meinung wie wir selber haben. Natürlich sollte man sich selber immer treu bleiben – aber auch mal links und rechts zu schauen, was die anderen machen, schadet nicht …

Die Priesterin in dem Tempel der Heilung ist die Heilerin.

Die Gesundheit ist der „richtige" Zustand des Körpers. Die Heilung ist die Wiederherstellung des richtigen Zustandes des Körpers.

Diese Richtigkeit ist der zentrale Begriff in dem magisch-mythologischen Welt der Jungsteinzeit, das durch Gleichnisse, Analogien und Traditionen geprägt ist. Es gibt bei den Völkern aus dieser Zeit verschieden Namen und Vorstellungen für diese Richtigkeit:

Germanen:	sidr	„althergebrachte Weise"
Kelten:	fhirinne	„Wahrheit"
Römer:	ritus	„Rad"
Slawen:	prawda	„Wahrheit"
Hethiter:	aya	„Rad"
Inder (alt):	rita	„Rad"
Inder (neu):	dharma	„Versmaß"
Perser:	asha	„Rad"
Griechen:	dikaios	„Gerechtigkeit"
Ägypter:	ma'at	„Mutter"
Sumerer:	me	„Mutter"
Tibeter:	tashi	„glückliches Schicksal"
Chinesen:	tao	„Weg"
Navahos:	ho'zhong	„Schönheit"
usw.		

Die drei wichtigsten Symbole für die Richtigkeit sind die Federn des Seelenvogels, das vollkommen runde Rad und die richtig gestimmte Harfe. Da im frühen Königtum, als der Monotheismus noch am Entstehen war, der Sonnengott als Göttervater der Erhalter der Ordnung gewesen ist, ist er auch derjenige, der die Richtigkeit aufrecht-erhält. Daher findet sich die Feder bei dem ägyptischen Sonnengott Re, die Harfe u.a. bei dem keltischen Göttervater Dagda, dem germanischen Dichtungsgott Bragi und bei dem griechischen Sonnengott Apollon, sowie das Rad bei dem keltischen Himmelsgott Taranis und bei Buddha als das achtspeichige „Rad der Lehre".

Der Segen, den man von der Heilerin in dem Tempel der Heilung erhält,
ist die Gesundheit.

Auch bei der Heilung besteht die Notwendigkeiten, wirksame von unwirksamen Methoden zu unterscheiden. Dabei kann man natürlich nicht sagen, dass etwas nur dann wirken kann, wenn man die Wirkungsweise versteht – man muss auch versuchen, das zugrundeliegende Heilungskonzept zu verstehen.

Das ist jedoch nicht immer so ganz einfach, da es hier eine große Vielfalt von Heilungs-Ansätzen gibt:

- Man kann heilen, indem man vom Körper durch eine Operation das entfernt, was ihn krank macht.
- Man kann ihn heilen, indem man ihm Substanzen zufügt, die ihm fehlen.
- Man kann ihn heilen, indem man ihm hilft, sich zu entspannen.
- Man kann ihn heilen, indem man ihn durch Training stärkt.
- Man kann ihn heilen, indem man ihn die Homöopathie-Methode „Gleiches heilt Gleiches" anwendet.
- Man kann ihn heilen, indem man wie beim Reiki Lebenskraft zuführt.
- Man kann ihn heilen, indem man die verschiedenen Qualitäten der Lebens-kraft („Feuer", „Wasser", „Luft", „Erde") wieder ins Gleichgewicht bringt.
- Man kann ihn heilen, indem man die Chakren reinigt.
- Man kann ihn heilen, indem man die Selbsterkenntnis fördert.
- Man kann ihn heilen, indem man die Kundalini erweckt.
usw.

Man sollte sich also stets die Methode selber und auch das ihr zugrundeliegende Prinzip anschauen.

Doch selbst dann, wenn man das Prinzip selber verstanden hat, muss man im Einzelfall noch immer genau hinschauen. So kann man sich z.B. fragen, ob Zahlen eine Wirkung haben. Bei genauerer Betrachtung des Themas kommt man zu dem Schluss, dass es mindestens vier Kategorien von Zahlensymbolik gibt, die daher auch verschieden wirksam sind: natürliche Qualitäten, traditionelle Qualitäten, abgeleitete Qualitäten und assoziative Qualitäten.

- **natürliche Qualitäten**: Die Zahlen 1, 2, 3, 4, 5, 6 und 12 haben in der Natur, in der Physik, in der Astrologie und weitgehend auch in der Mythologie überall dieselbe Qualität. So stellt die „2" stets einen Ergänzungs-Gegensatz wie z.B. Yin und Yang oder die astrologische Opposition dar; die „3" ist stets ein Zusammenhalt wie z.B. die starke, dreipolare Wechselwirkung in Neutronen und die astrologischen Trigone; die „4" ist stets ein Trennung; die „12" ist stets der Grundbaustein wie der Tierkreis oder wie der Graviton-Superstring; usw.

Bei diesen Zahlen kann man von einer direkten Wirkung ausgehen.

- **traditionelle Qualitäten**: Diese Zahlen haben durch langen Gebrauch eine feste Bedeutung erhalten. So ist z.B. die „108" in Indien und bei den Germanen die Zahl der Sonne. Sie ist aus einem Zahlenspiel entstanden: Die Sonne ist eine Einheit = 1; die Sonne erleidet täglich Geburt (Sonnenaufgang) und Tod (Sonnenuntergang) = 2; die Sonne wandert als Sonnenscheibe mit drei Beinen durch das Diesseits und das Jenseits = 3. Daraus machte man dann „$1 \cdot 2 \cdot 2 \cdot 3 \cdot 3 \cdot 3 = 108$" oder etwas eleganter geschrieben „$1^1 \cdot 2^2 \cdot 3^3 = 108$".

Bei diesen Zahlen kann man von einer Wirkung bei den Menschen ausgehen, die in einer Kultur leben, in der die jeweilige Zahlensymbolik gut bekannt ist.

- **abgeleitete Qualitäten**: Aufgrund des alten binären Zahlensystems, das nur die „1", die „2", die „4" und die „8" kannte und daher keine genauen Zahlen zur Verfügung hatte, die größer als „8+4+2+1", also „15" waren, war die „8" die „große Zahl", woraus dann die „vollkommene Zahl" wurde.

Später trat die „12" als größte (und „vollkommene") Zahl an die Stelle der „8". Daraus ergab sich, dass die „9" die Zahl war, die die Ordnung der „8" zerstörte – folglich war die „9" die Zahl der Zerstörung und des Todes. Nachdem die „12" zur größten und vollkommenen Zahl wurde, erhielt die

„13" die Symbolik als Unglückszahl.

Bei den Germanen hatte die „9" die Bedeutung „Tod" und die „100" hatte die Bedeutung „größtes". Daraus ergab sich, dass die „900" das „Größte in der Unterwelt" sein mußte. Folglich wird manchmal in den germanischen Liedern gesagt, dass die Unterweltsgöttin 900 Köpfe hat ... Auch die Unterwelt selber wird als „9 Orte" bezeichnet – was lediglich ein Ort mit der Qualität der „9" ist.

Für diese Zahlen gilt dasselbe wie für die vorigen Zahlen: Sie wirken, wenn man sie gut kennt.

- **assoziative Qualitäten**: Diese Zahlen sind individuell. Wenn jemand z.B. am 5.5. Geburtstag hat, wird die „5" möglicherweise eine Bedeutung für diese Person haben. Oder wenn jemand mehrmals am 8.7. ein Unglück erlebt hat, wird er vermutlich jedes Jahr dieses Datum fürchten.

Diese Zahlen haben nur durch die Assoziationen des Einzelnen zu diesen Zahlen eine Wirkung.

Dieses Beispiel ist hier nicht angeführt, weil die Wirkung von Zahlen besonders groß ist. Das Beispiel soll lediglich zeigen, wie genau man schauen und prüfen muss, wenn man beurteilen will, ob etwas eine Wirkung haben könnte oder nicht – und auch, warum es eine Wirkung hat (wenn es eine Wirkung hat).

Letztlich ist natürlich immer nur das erfolgreiche Experiment ein wirklich sicherer Nachweis einer Heilmethode – aber ein wirkungsloses Experiment ist keinesfalls ein sicherer Nachweis, da diese Methode ja möglicherweise bei einem anderen Menschen oder mit einer geringfügigen Abwandlung des Experiments auch bei einem selber gut funktioniert ...

Wer heilt, hat recht.

Wonach würdest Du im Tempel der Heilung fragen?
Worum würdest Du dort bitten?

Auch das Heilen selber sieht in jeder Epoche unterschiedlich aus – wobei die älteren Methoden oft noch im Untergrund weiterleben und in Notfällen angewandt werden. Zur Zeit – am Anfang der Epoche der Globalisierung – entsteht eine Synthese von allen bekannten Heilungsansätzen.

Das Heilen mit Kräutern und anderen Mitteln hat es in allen Epochen gegeben. Das

Folgende kommt jeweils noch hinzu:

- Altsteinzeit: Heilung durch das Hinzufügen von Lebenskraft (Reiki)
- Jungsteinzeit: Wiederherstellen des Einklang mit der Clan-Gottheit
                    (Traumreise)
- Königtum: Beichten o.ä. und wieder dem Gesetz Gottes folgen (Liebe
                    zu Gott)
- Materialismus: Psychotherapie und Schulmedizin (Reparatur)
- Globalisierung: ganzheitlicher Ansatz (Kombination aller Methoden)

Der ganzheitliche Ansatz der Epoche der Globalisierung steckt noch sehr in den Anfängen.

Der Weg zu dem Tempel der Heilung führt über die Brücke der Bereitschaft
und durch das Tor der Tatkraft.

Die Wichtigkeit der Heilung und die Einstellung zu ihr ist in den vielen konkreten Religionen recht verschieden. Sie reicht von Bittgebeten bis zum Akzeptieren der Krankheit als Strafe für einen Verstoß gegen die göttlichen Regeln.

Was sind Deine eigenen Heilmittel?

7. Harmonie

♎

Der siebte Tempel der Religionen ist der Tempel der Schönheit.

Wann erschafft Religion Harmonie? Wenn man sich auf die Wirkung der inneren Grundgesetze der Religion einlässt.

Was ist Schönheit? Wie entsteht Schönheit? Wozu ist Schönheit gut? Ein Freund sagte einmal zu diesem Thema: „Ästhetik stört mich nicht." Doch ist damit schon alles erfasst, was es über Schönheit zu sagen gibt?

Schönheit entsteht durch die Harmonie zwischen allen Teilen eines Ganzen, das durch diese Harmonie zu einem organischen Ganzes wird. Das bedeutet auch, dass dieses Ganze dann besonders wirksam und lebensfähig ist. Ohne Schönheit kein Überleben …

Die Schönheit ist also die Wahrnehmung derselben Grundqualitäten in allen Teilen eines Ganzen – solch ein schönes Ganzes ist also in allen seinen Teilen selbstähnlich. Seine Teile stehen in Analogie zueinander, sie haben dieselbe „Farbe", denselben „Klang", denselben „Duft", denselben Stil … Dadurch sind die Teile des Ganzes in der Lage, miteinander zu kooperieren – wodurch wiederum das Ganze effektiver handeln kann. Die Schönheit ist also ein notwendiger Bestandteil von jedem organischen Ganzen. Diese Schönheit, diese Harmonie zwischen allen Bestandteilen eines Ganzen entsteht dadurch, dass ein organisches Ganzes immer in einem Guss aus einem Ursprungsimpuls heraus entsteht. Diesen Ursprungsimpuls kann man sich detailliert anhand des Geburts-Horoskops eines Menschen bzw. des Gründungs-Horoskops eines Unternehmens o.ä. anschauen.

Der Name der Navaho-Indianer für die Richtigkeit – die der zentrale Begriff aller jungsteinzeitlichen Kulturen ist – lautet „Ho'zhong", d.h. „Schönheit". Eines der vielen Ritual-Lied der Navahos zeigt deutlich, was damit gemeint ist:

Ich gehe in Schönheit vor mir,

ich gehe in Schönheit hinter mir,
ich gehe in Schönheit über mir,
ich gehe in Schönheit unter mir;
ich gehe in Schönheit rings um mich her,
während ich mein Leben auf die Schönheits-Weise gehe,
während ich mein Leben auf die Schönheits-Weise gehe.
Meine Gedanken werden alle schön sein,
meine Worte werden alle schön sein,
meine Taten werden alle schön sein;
während ich mein Leben auf die Schönheits-Weise gehe,
während ich mein Leben auf die Schönheits-Weise gehe.

Die Wirkung dieser Schönheit kann man an dem Lächeln mancher Buddha-Statuen und an dem Lächeln der meisten altägyptische Statuen sehen: ein innerer Frieden, eine stille Freude und ein grundloses Glück.

Das „Gehen des Schönheits-Weges" hat weitreichende Folgen: Solch ein „Gehen in Schönheit" könnte unmöglich zulassen, dass die eigene Lebensgrundlage zerstört wird, d.h. solch ein „Gehen in Schönheit" würde stets voller Verantwortung, in Vertrauen und ökologisch handeln.

Die Priesterin in diesem Tempel der Schönheit ist die Künstlerin.

Nicht nur ein Mensch oder irgendein anderes Lebewesen kann schön sein, sondern auch die Welt als Ganzes. Dazu müsste auch die Welt aus einem Guss und daher selbstähnlich sein. Dass das tatsächlich so ist, lässt sich einfach zeigen, denn wie sollten die Omen, die Orakel, das Tarot, das I Ging, das Ba Gua, der Lebensbaum aus der Kabbala, die Astrologie usw. funktionieren können, wenn die Welt nicht selbstähnlich wäre?

Die Astrologie zeigt, dass der Charakter eines Menschen eine Analogie zu dem Planetenstand im Augenblick seiner Geburt ist. Diese Analogie kann es nur geben, wenn die Welt in allen ihren Teilen selbstähnlich ist, d.h. in allen ihren Teilen zu einem bestimmten Zeitpunkt stets in demselben Zustand ist. Die Übereinstimmung des Charakters eines Menschen mit dem Planetenstand zum Zeitpunkt seiner Geburt ist in der Welt dasselbe Prinzip wie die Selbstähnlichkeit bei einem einzelnen Menschen, dessen Fußreflexzonen, Handlinien, Ohr-Beschaffenheit und Iris-Färbung alle genau dasselbe über diesen Menschen aussagen.

Die Welt ist schön. Allerdings nicht in dem Sinne, dass es in ihr keine Gewalt und kein Leid geben würde – was sich ja nur allzu leicht widerlegen ließe – sondern in dem Sinne, dass ihre Teile im Einklang miteinander stehen, dass sie in einem analogen Zustand sind, dass sie selbstähnlich sind.

Der Segen, den man von der Künstlerin in dem Tempel der Schönheit erhält,
ist die Harmonie.

Es ist zwar nicht unbedingt notwendig, aber durchaus förderlich, wenn man erkennen kann, in welcher Qualität sich die Welt gerade befindet und dann diese „Strömung" und diesen „Wind" dafür benutzt, das eigene „Segelschiff" dorthin zu steuern, wo man hin will.

Die Qualität der Welt ist nicht immer gleich, aber sie ist in allen ihren Teilen zu einem bestimmten Zeitpunkt immer gleich. Diese Qualität des Augenblicks, die sich ständig dynamisch verändert, lässt sich mithilfe der Astrologie, des Tarot, des I Ging und vieler anderer Methoden erfassen – und im Fall der Astrologie sogar beliebig lange vorausberechnen.

Wonach würdest Du im Tempel der Schönheit fragen?
Worum würdest Du dort bitten?

Es ist also hilfreich, den augenblicklichen Zustand er Welt zu erkennen und ihn für die eigenen Zwecke zu nutzen. Wie haben die Menschen in den verschiedenen Epochen diesen angestrebten harmonischen Zustand mit der Welt, durch den sie die „Strömungen" und „Winde" der Zeit nutzen konnten, empfunden und dargestellt?

- In der **Altsteinzeit** gab es vermutlich hauptsächlich das Leben im Augenblick als Zeitvorstellung und dazu das ständige Vertrauen auf die Muttergöttin.

- In der **Jungsteinzeit** gab es den Zyklus der Jahreszeiten und der Landwirtschaft sowie die endlose Wiederholung als Zeitvorstellung. In diesem Zeitrahmen vertraute man auf seine eigene Clan-Gottheit.

- Im **Königtum** gab es die Ewigkeit Gottes und die Vergänglichkeit des menschlichen Lebens. In dieser Auffassung der Zeit gab es nur die Möglichkeit, auf Gott zu vertrauen, da alles andere vergänglich war.

- Im **Materialismus** entstand die Vorstellung der linearen Zeit, die kontinuierlich durch das Nadelöhr der Gegenwart von der Vergangenheit in die Zukunft fließt. Hier gibt es nur die eigene Kraft als Halt in der Welt.

- In der Epoche der **Globalisierung** gibt es das Zeit-Kontinuum, d.h. man schaut auf die Gesamtentwicklungen, die auf der gesamten Erde von der Vergangenheit über die Gegenwart zur Zukunft hin verlaufen. Der Einzelne ist aus dieser Sicht immer ein Teil des Ganzen, von dem er sich in Vertrauen tragen lassen kann und das er in Verantwortung auch selber trägt.

Dieses Zeitverständnis und diese Form der Harmonie mit der Welt, die die Epoche der Globalisierung prägt, steckt noch sehr in den Anfängen, da diese Epoche gerade erst mal 80 Jahre alt ist.

Der Weg zu dem Tempel der Schönheit führt über die Brücke der Analogien
und durch das Tor der Selbstähnlichkeit.

Alle diese Zeitauffassungen führen dazu, dass es für alle Handlungen einen günstigen und manchmal sogar notwendigen Zeitpunkt gibt.

Die Griechen haben drei verschieden Arten von Zeit unterschieden:

- Chronos ist die Zeit, die Schritt für Schritt unaufhaltsam weitergeht und die durch die Kausalität geprägt ist.

Chronos entspricht der linearen Zeit, an der sich der Materialismus orientiert.

- Aion ist eine Zeitspanne wie das Leben oder ein Zyklus wie ein Durchlauf der vier Jahreszeiten.

Aion entspricht der zyklischen Zeit, an der sich die Jungsteinzeit orientiert.

- Kairos ist der passende Augenblick, die günstige Gelegenheit, zu dem man etwas viel einfach als zu anderen Zeitpunkten erreichen kann.

Kairos entspricht dem „Hier und Jetzt", an dem sich die Altsteinzeit orientiert.

C.G. Jung hat sein Konzept der Synchronizität, also der sinnvollen Gleichzeitigkeit von zwei Ereignissen, auf diese Kairos-Auffassung der Zeit bezogen. Kairos ist in diesem Sinne nicht nur der günstige Zeitpunkt, an dem man etwas auf einfache Weise tun könnte, sondern auch die Selbstähnlichkeit der Welt, die zu einem Omen, also zu einem für den Betrachter bedeutsamen Ereignis führen kann. Das Kairos beruht also auf den Analogien in der Welt, durch die man auch an einem kleinen Ereignis die noch nahenden großen Ereignisse erkennen kann – das ist das Wesen eines Omens.

Was ist Deine eigene Schönheit?

8. Kampf

♏

Der achte Tempel der Religionen ist der Tempel des Teufels.

Wann gibt es zwischen den Religionen einen Kampf? Wenn man eine Sichtweise durchsetzen will, die von ihren Erkenntnissen her begrenzt ist.

Die Religionen der Altsteinzeit, also der Schamanismus, und die Religionen der Jungsteinzeit, also die „mythologischen Religionen" mit ihren vielen Gottheiten, waren in keiner Weise dominant. Der Schamanismus will einfach wissen, was gut funktioniert. Die mythologischen Religionen vergleichen einfach, wenn sie auf eine andere Religion treffen und setzen die eigenen Götter denen der anderen Völker gleich – sie sehen Unterschiede nur als verschiedene Bilder und Namen für dieselben Götter an.

Lediglich die monotheistischen Religionen haben – wie ein König – einen Allmacht-Anspruch sowie die Überzeugung, dass nur sie allein die Wahrheit kennen und verkünden ... und das auch mit exakt den Worten, die sie für richtig halten.

Im Materialismus wurden Religionen bestenfalls zur Förderung des eigenen Macht-strebens instrumentalisiert, doch die Religion wurden nicht sonderlich ernst genom-men.

In der derzeitigen Epoche der Globalisierung wird nach einer Synthese all dieser Religionen und Weltanschauungen gestrebt.

Im Bereich der Religionen gibt den Kampf folglich nur dann, wenn es zu einer Konkurrenz zwischen zwei monotheistischen Religionen kommt oder wenn ein Herrscher die Religion für Machtzwecke missbraucht. Dann ist „Gott mit dem eigenen Volk", während die anderen die „Gesandten des Teufels" sind.

Der Priester in diesem Tempel des Teufels ist der Magier.

Der Teufel ... Wer ist das eigentlich? ... Das ist eine lange Geschichte ...

Der Ursprung der Gestalt des Teufels ist leicht ausfindig zu machen. Die Ergänzung der Wiedergeburt im Jenseits durch eine ihr vorausgehende Wiederzeugung und die magische Absicherung dieser Wiederzeugung durch ein Herdentier-Opfer führte zu dem Motiv der Mann/Herdentier-Mischformen. Auf diese Weise hat der Teufel seinen Pferdefuß, seine Bocksbeine und seine Bockshörner erhalten.

Die Ziegenbock-Gestalt geht vor allem auf den griechischen Pan, aber auch auf die Ziegenbock-Opferungen bei den Bestattungen der Germanen zurück. Der Pferdefuß und der gelegentliche Pferdekopf beruhen auf den griechischen Zentauren und auf den Pferde-Männer in der germanischen Mythologie.

Der Teufel hat also einen Ursprung in den Jenseits-Vorstellungen und in den Wiederzeugungs-Vorstellungen. Daher hat er niemals die Gestalt eines Großraubtiers, sondern immer die eines Herdentiers.

Um 8.000 v.Chr. wurde in Nordmesopotamien der Ackerbau erfunden. Um 7.000 v.Chr. begann man auch nördlich des Schwarzen Meeres und des kaspischen Meeres mit dem Ackerbau – das waren die Vorfahren der Indogermanen. Um 6.000 v.Chr. ließen die starken nacheiszeitlichen Regenfälle jedoch nach, wodurch das fruchtbare Land der Indogermanen zu der heutigen südrussischen Steppe wurde. Die Indogermanen mussten daher den Ackerbau auf die Flussauen reduzieren und konnten ansonsten in dem einst fruchtbaren Land, das nun zur Steppe geworden war, nur noch Viehzucht betreiben.

Durch die heutige intensive Bewässerung dieser südrussischen Steppe ist mittlerweile der Aral-See fast vollständig ausgetrocknet.

Damals stellte sich nach dem Ende der reichen Regenfälle natürlich die Frage, wo der Regen geblieben war. Da die Indogermanen, die zwangsweise zu Viehzüchtern geworden waren, ihre Herden gegen andere indogermanische Stämme und gegen Raubtiere verteidigen mussten, waren sie zwangsweise immer kriegerischer geworden. Daher nahmen sie an, dass die Regenwolken geraubt worden waren – so wie sie selber auch mal ganz gerne die Schafherden ihrer Nachbar-Stämme raubten.

Doch wo waren die Regenwolken jetzt? Da die Wolken am Horizont aus der Erde aufzusteigen scheinen und da das Süßwasser an den Quellen aus der Erde hervorsprudelt, mussten die Regenwolken wohl auch unter der Erde gefangen gehalten werden.

Aber wer konnte da unten so mächtig sein, dass er Regenwolken festhalten konnte? Eigentlich war da unten ja nur die Jenseitsgöttin – doch die war den Menschen wohlgesonnen, da sie die Toten dort unten wiedergebar. Sie schied also als Täter aus.

Doch es gab da unten noch ein anderes großes Wesen, das sowieso schon immer ein wenig suspekt gewesen war. Das Bild der Ahnen als Schlangen hatte zu dem Bild des Jenseitsweges als Schlange geführt. Da die Sonne jede Nacht von Westen nach Osten unter der Erde hindurch wanderte, musste es da eine riesige Jenseitsweg-Schlange geben, die von dem einen bis zum anderen Horizont reichte. Sie musste der Regenräuber sein!

Doch diese Regenräuberschlange, die die Regenwolken im Frühjahr fesselte und in der Unterwelt einsperrte, wurde schließlich wieder von dem Himmelsgott besiegt. Der Kampf zwischen den beiden zeigt sich jedes Jahr eindrücklich in den Spätsommergewittern.

So entstand das Motiv des endlosen Kampfes zwischen dem Himmelsgott und der Regenräuberschlange, die sich in allen späteren indogermanischen Mythologien wiederfindet und auch in das Christentum als Kampf von St. Michael gegen die Schlange Eingang gefunden hat. Am bekanntesten ist vermutlich Thors Kampf gegen die riesige Midgardschlange.

Dies ist eine der Wurzeln des Teufels: Er ist die „böse Schlange", die sich gegen die Ordnung des Himmelsgottes – Gott Vater im Himmel – auflehnt.

Als die Christen ab ca. 800 n.Chr. die Nordgermanen missionieren wollten, stießen sie auf ein großes Problem. Wenn sie den Germanen sagten, dass sie nur auf Gott Vater vertrauen dürfen, wurde ihnen entgegnet, dass sie bereits auf ihre eigenen toten Väter im Jenseits und deren Hilfe vertrauten … und dass das schon seit Jahrtausenden immer verlässlich gewesen ist.

Also mussten die Missionare die Ahnen „verteufeln". Der Ansatz dazu war die Angst vor dem Tod und die bei den Germanen bereits vorhandenen Schreckensbilder des Jenseits. Also wurde das Bild des Ziegen-Mannes und des Pferde-Mannes von den Ahnengeistern abgespalten, die nun brav und reglos in Menschengestalt in ihren Gräbern liegen und auf das Letzte Gericht warten mussten. Dieses abgespaltene Bild des Herdentier-Mannes ließ sich nun recht einfach zu einem Angstbild umwandeln.

Das alte Jenseits-Bild der Germanen war die Grabkammer in dem Hügelgrab. Sie wurde zu der Hölle, also wörtlich zu der „Höhle" umgedeutet, in dem der Herdentier-Mann, also der Teufel, wohnt.

Die Feuer der germanischen Brandbestattungen wurden ebenfalls in diese Höhle hinein verlegt, wodurch die Feuerhölle entstand.

Es gab jedoch noch immer die Jenseitsgöttin, die den Toten in der Gestalt seiner Wiederzeugungs-Geliebten im Jenseits wiedergebar und dadurch seine Wiedergeburts-Mutter und seine Wiederstillens-Amme wurde. Nun konnte man ja aber schlecht das Bild der Geliebten und der Mutter dämonisieren – das hätte nicht funktioniert. Also nahm man das Bild der hässlichen Großmutter und der bösen Stiefmutter – das ja auch aus den Märchen gut bekannt ist – und machte daraus „des Teufels Großmutter".

Schließlich blieb noch der Hund des Schamanen, der ihm als Jenseitsführer diente, und der manchmal auch als Grabwächter aufgefasst worden ist. Ihn deutete man zu dem fürchterlichen Höllenhund um – dessen Vorbild der griechisches Cerberus war und dessen letzten Nachklänge sich in dem Roman „Der Hund von Baskerville" von Sherlock Holmes finden.

So erreichten die Missionare ihr Ziel, die alten Jenseitsvorstellungen zu verteufeln und an ihre Stelle die christlichen Jenseitsvorstellungen zu setzen.

Ein weiteres Hilfsmittel, um die Ahnengeister endgültig zur Furcht-Gestalten zu machen, war die Assoziation des Teufels mit dem Sensenmann, also dem Tod. Der Sensenmann war aus der Kombination des Todes des Menschen (Gerippe) und des Todes des Getreides (Sense) entstanden, die auch die Grundlage des Korngottes-Totengottes der Jungsteinzeit gewesen ist (Osiris, Kumarbi, Tammuz ua.)

Der Erfolg dieser Maßnahmen der Missionare war so gründlich, dass es heute kaum noch etwas gibt, was die Menschen als gruseliger empfinden als bei Vollmond auf einem Friedhof um Mitternacht die Geister der Ahnen zu beschwören – so wie es unsere germanischen Vorfahren regelmäßig getan haben, wenn sie Rat und Hilfe brauchten.

Diese Angst ist ausgesprochen irrational, denn man sollte doch annehmen, dass die Toten, die einem während ihres Lebens wohlgesonnen waren, einem auch als Geist noch immer wohlgesonnen sind …

Eine weitere Wurzel des Teufels-Bildes sind die als Feind aufgefassten anderen Religionen, die generell als Kult von grausamen „Teufelsanbeter" angesehen und bezeichnet worden sind.

Natürlich wurden auch sämtliche Feinde als „Söhne des Teufels" angesehen …

In den meisten monotheistischen Religionen wird versucht, die Sexualität zu domestizieren und ihr jede Spontanität und Wildheit und Lust zu nehmen: Ordnung muss sein!

Dadurch wurde die verdrängte Sexualität zu einem kollektiven Problem in den meisten monotheistischen Religionen.

Es wundert daher nicht, dass der Teufel auch als der Verführer zu „unzüchtiger" Sexualität angesehen wurde. Selbst Sigmund Freud, der die Psychologie erfunden hat, ging noch davon aus, dass die Sexualität strikt beherrscht und kanalisiert werden muss, um nicht das ganze Gesellschaftssystem zum Zusammenbruch zu bringen. Erst Freuds Schüler Wilhelm Reich hat die verdrängte Sexualität als das Grundproblem unserer Gesellschaftsordnung beschrieben.

Die Zuordnung der „zerstörerischen" und „lustvollen" Sexualität zum Teufel war recht einfach – schließlich liegt der Ursprung der Mann/Herdentier-Gestalt des Teufels in der Wiederzeugung, also in der Sexualität.

Der Segen, den man von dem Magier in dem Tempel des Teufels erhält,
ist die Stärke.

Der Teufel ist also das, was kollektiv oder individuell bekämpft und verdrängt worden ist. Dieses Verdrängte ist innerhalb einer monotheistischen Religion immer der Ungehorsam, der Aufstand, die Revolte, die Eigenständigkeit, die Lust, die Sexualität und dergleichen mehr. Der Teufel ist somit – um es einmal in den Begriffen von C.G. Jung zu beschreiben – sowohl der individuelle als auch der kollektive Schatten der Menschen.

Es besteht – um wieder heil, gesund und lebensfroh zu werden – folglich die Notwendigkeit, diesen Schatten zu erkennen und ihn wieder zu integrieren und dadurch wieder ein ganzer Menschen zu werden. Das, was man dadurch zurückerlangt, sind die Eigenschaften des Teufels, die jetzt jedoch nicht mehr verzerrt und entstellt, sondern heil sind: Kraft, Lebenskraft, Lebenslust, Begeisterung, Zielstrebigkeit, Eigenständigkeit, Kreativität, Furchtlosigkeit, Lebensfreude, Erfüllung …

Der Teufel ist der, der den Schatten heilen kann.

Wonach würdest Du im Tempel des Teufels fragen?
Worum würdest Du dort bitten?
Der Teufel ist die Eigenständigkeit und auch die Aufmüpfigkeit und auch alles andere, was nicht regelkonform läuft. Daher neigt der Teufel – obwohl er eine religiöse Gestalt ist – mehr zur Magie als zur Religion … er macht die Dinge am liebsten selber mit der eigenen Kraft und den eigenen Fähigkeiten.

Das bedeutet jedoch keineswegs, dass jemand, der seinen eigenen Weg geht, innerhalb der Gesellschaft destruktiv sein muss – er will lediglich frei sein und die Dinge auf seine Art machen. In diesem Sinne ist letztlich auch jeder Künstler, jeder Heiler, jeder Forscher, jeder Entdecker, jeder Sozialarbeiter und jede Kindergärtnerin ein Individualist – und ein „Freund des Teufels". Sie alle brauchen die Wertschätzung und die Berücksichtigung und die Förderung der Individualität, um in ihrem jeweiligen Bereich wirklich erfolgreich sein zu können und dabei Gutes zu erschaffen.

Aus der Sicht der allgemeinen Ordnung kann ein „teuflisches" Verhalten natürlich störend und ein Ärgernis sein, aber andererseits kann es ganz ohne Nonkonformität auch keine Kreativität geben.

Der Teufel ist die schwierigste Gestalt in der Religion, da er der kollektive Schatten, der Störer und Zerstörer, das Verdrängte, die große Kraft, die Wildheit, der Eigensinn, das Unbekannte ist – aber gerade deshalb ist es so wichtig, sich auch mit den eigenen Schattenseiten und mit der kollektiven Schattenseite zu beschäftigen, sie anzusehen, sie anzunehmen und sie zu integrieren. Nur so kann man als Einzelner und als ganze Gesellschaft wirklich heil und „rund" werden.

Außerdem ermöglicht die Schatten-Integration ein freies Fließen der Lebenskraft und das Erwachen der Kundalini, was wiederum die Möglichkeiten für das Reiki, das „Geistheilen" und ähnliche magisch-spirituelle Methoden und Tätigkeiten deutlich erweitert.

Der Weg zu dem Tempel des Teufels führt über die Brücke der Schatten und durch das Tor der Integration.

Die Verknüpfung von Teufel und Magie ist natürlich nicht gerade das, was auf den ersten Blick verlockend klingt – und was nicht einmal so klingt, als ob es irgendeinen Realitätsbezug hätte. Wenn man jedoch den Teufel als den Schatten, also das Verdrängte nimmt, und wenn man „Magie" als Telepathie und Telekinese plus Astrologie auffasst, dann klingt das schon etwas friedlicher.

Man kann „Magie" auch recht zutreffend als die „Wissenschaft der nicht-kausalen Vorgänge in der Religion" ansehen. Diese Auffassung hat vermutlich Aleister Crowley als erster deutlich formuliert: „Magie: Die Ziele der Religion und die Methoden der Wissenschaft."

Wenn man die Verdrängungen – also den Teufel – auflösen will, dann geht es darum, Religion nüchtern und sachlich anzuschauen. Damit ist nicht ein materialistischer

Standpunkt gemeint, sondern das Vorgehen eines guten Forschers: Dinge anschauen, Dinge ausprobieren, die Beobachtungen aufschreiben, die Ergebnisse durchdenken, Erklärungsmodelle entwerfen, diese Modelle durch Experimente überprüfen, neue Beobachtungen machen usw. Auf diese Weise kann man herausfinden, welche Möglichkeiten man alles hat und wie das sinnvollste und effektivste Vorgehen aussieht. Die Frage dabei ist stets: Was wirkt wirklich?

Es geht weder um das unbegründete „Glauben" der Religionen, noch um das Beharren auf einer bestimmten Weltsicht, wozu auch die rein naturwissenschaftlich-materielle Weltsicht gehört – es geht um Versuch und Irrtum und Erkenntnis und Anwendung.

Was ist Dein eigener Teufel?

9. Streben

Der neunte Tempel der Religionen ist der Tempel der Ideale.

Wann gibt es in Religion ein Streben? Wenn man erkannt hat, wohin Religion einen selber und das eigene Leben führen kann.

Jede Religion hat ein Ziel:

- In den vom Schamanismus und vom Totenkult geprägten „altsteinzeitlichen" Religionen ist das das Überleben und die Zugehörigkeit zur Sippe.

- In den durch die vielen Götter und die Mythen geprägten „jungsteinzeitlichen Religionen" ist dies der Einklang mit der Welt, also das Erlangen der „Richtigkeit".

- In den monotheistischen Religionen ist das Minimalziel das „in den Himmel kommen" nach dem Tod. Das Maximalziel ist das Erleben der Einheit mit Gott schon zu Lebzeiten. Dieser Zustand wird im Hinduismus „Samadhi" genannt, im Taoismus „Tê", im Buddhismus „Nirvana" (hier ist der Begriff ein wenig anders definiert), im Jainismus „Bodhi", im Judentum/Kabbala „Tikkun Olam", im Christenum „Unio mystika", im Zen „Satori", im Islam „Fanā" usw. Dieses Erlebnis der Einheit mit Gott – also die „Erleuchtung" – wird durch Gebete, Meditationen, Rituale u.ä. erreicht.

- Das Ziel im Materialismus ist ganz schlicht Gesundheit, Wohlstand und Reichtum und evtl. noch Ruhm.

- In der Epoche der Globalisierung ist ein stabiles Gesamtsystem der Menschheit, das dazu führt, dass der Planet Erde weiterhin bewohnbar bleibt und das Leben auf ihm für die Menschen angenehm ist, das vorrangige Ziel. Dafür sind jedoch noch viele Veränderungen notwendig, wie die deutliche Reduzierung der Weltbevölkerung, die Verminderung des CO^2-Ausstoßes, das Rohstoff-Recycling und noch einiges andere.

Diesen allgemeinen Ziele sind jeweils die individuellen Ziele untergeordnet bzw. in sie eingebettet.

Die Ziele früherer Epochen bleiben in den auf sie folgenden Epochen erhalten – auch im Zeitalter der Globalisierung ist es notwendig, sich um das eigene Überleben zu kümmern.

Daher haben wir heute in der Epoche der Globalisierung fünf allgemeine Ziele: das Überleben, das Leben in Richtigkeit, die Erleuchtung, den Wohlstand und das Bewahren der Erde.

Diese fünf Ziele sind keineswegs ein Widerspruch, sondern bauen aufeinander auf und ergänzen sich gegenseitig.

Der Priester in diesem Tempel der Ideale ist der Redner.

In den drei monotheistischen Religionen – Judentum, Christentum und Islam – liegt der Ideal-Zustand und der Ideal-Ort im Jenseits: das Paradies. Auch der Hinduismus und der Buddhismus kennen das Jenseits-Paradies, das bei ihnen aufgrund der Ansicht, dass es die Reinkarnation gibt, jedoch nur ein vorübergehender Zustand ist. Auch der Gegenpol zum Paradies – die Hölle – ist diesen Religionen bekannt.

Die Grundvorstellung ist dabei überall dieselbe: Wer sich an die Regeln hält, kommt in den Himmel, wer gegen sie verstößt, kommt in die Hölle. Die Ähnlichkeit mit dem Königtum ist nicht zu übersehen: Wer sich an die Gesetze hält, wird belohnt – wer gegen die Gesetze verstößt, wird bestraft. Aber ist Gott wirklich so etwas wie ein herrschsüchtiger König?

Auch die Religionen der Jungsteinzeit kennen solch ein Jenseits, das einem großen Garten – dem Paradies der Ackerbauern – gleicht: das Am-Duat der Ägypter, das Tir-nan-og der Kelten, das auch Avalon genannt wurde, das Walaskialf der Germanen, das Atlantis der Griechen usw. All diese Orte, in die man nach dem Tod gelangte, waren eine „Insel im Westen": der Ort, an dem die Sonne abends das Jenseits betrat.

Das Jenseits-Bild der Altsteinzeit entsprach vermutlich dem vieler Indianer-Völker in Nordamerika: die ewigen Jagdgründe.

Das „Land, in dem Milch und Honig fließen" der jungsteinzeitlichen Ackerbauern ist offensichtlich das Ideal der Diesseits-Lebensweise. Man darf zumindest bezweifeln, dass diese Paradiese und die dazugehörigen Höllen wirklich verlässliche Augenzeugenberichte über die Zeit nach dem Tod sind.

Andererseits sprechen aber die Geister in Spukhäusern (die keineswegs selten vorkommen), die Nahtod-Erlebnisse, die Erinnerungen von kleinen Kindern an ein früheres Leben dafür, dass nach dem Tod etwas anderes als nur „Nichts" kommen wird.

Das im Einzelnen genauer zu untersuchen, würde hier allerdings recht viel Platz benötigen und den Rahmen dieses Buches sprengen.

Die übrigen Ideale und Regeln der Religionen beziehen sich zum allergrößten Teil auf das Verhalten der Menschen im Diesseits und sollen zu einem weitgehend friedlichen und gerechten Zusammenleben führen.

Allerdings werden so gut wie immer auch Meditationen, Lebensweisen und Rituale beschrieben, durch die man schon zu Lebzeiten mit seiner Clan-Gottheit oder dem Einen Gott in Kontakt kommen kann und dadurch dann in einem ganz anderen Zustand lebt. Doch es gibt immer nur wenige, die sich ernsthaft die Mühe machen, diese andere Lebensweise und diesen anderen Bewusstseinszustand anzustreben und zu erreichen. Eigentlich wird Religion jedoch erst mit diesem Streben wirklich interessant …

Der Segen, den man von dem Redner in dem Tempel der Ideale erhält,
ist die Weitsicht.

Es ist notwendig, sich genügend Zeit zum Nachdenken zu nehmen, wenn man einem Redner, Lehrer, Propheten, Guru, Heiler usw. zugehört hat, um zu einer eigenen Ansicht zu diesen „Worten des Weisen" zu finden.

Generell kann man sagen, dass der, der keine Ziele hat, sie wahrscheinlich auch nicht erreichen wird … Oder anders gesagt: Wer nicht weiß, wo er hinwill, muss sich nicht wundern, wenn er ganz woanders ankommt.

Es ist also notwendig, sich darüber klar zu werden, wie man leben will und was man sein will. Zu diesen Zielen können die Religionen viele Anregungen geben und dazu auch noch etliche wertvolle Werkzeuge um diese Ziele auch zu erreichen.

Doch wo man hinwill, muss man selber ergründen und beschließen.

Wonach würdest Du im Tempel der Ideale fragen?
Worum würdest Du dort bitten?

Die zentralen Werte in der Altsteinzeit waren das Überleben und die Gemeinschaft; in der Jungsteinzeit waren dies die Richtigkeit und die eigene Clan-Gottheit; im Königtum waren dies Gottes Wille und der Gehorsam; im Materialismus waren dies Stärke und Reichtum; und in der heutigen Epoche der Globalisierung sind dies die Menschheit und ihr kollektives Überleben auf der Erde.

Diese Werte sind auch die kollektiven Werte, die die Menschheit als Ganzes anstrebt. Die vorliegende Buch-Reihe ist der Versuch, etwas zur Klärung dieser Werte, dieser Ideale und der Wege zur ihrer Verwirklichung beizutragen.

Der Weg zu dem Tempel der Ideale führt über die Brücke der Hoffnung und durch das Tor des Strebens.

In Gespräche mit Gott" heißt es: „Schaue zuerst, wo Du hin willst, und frage dann, wer mitkommt."

Das könnte man hier leicht abwandeln: „Schaue zuerst, wo Du hinwillst, und frage dann, welche Religion oder welche Religionen Dich dabei am besten unterstützen können."

Was sind Deine eigenen Ideale?

10. Beständigkeit

♑

Der zehnte Tempel der Religionen ist der Tempel der Götter.

Wann schenkt Religion einem selber Beständigkeit? Wenn man den lebendigen Kontakt zu den Göttern erlangt hat.

Das Wort „Religion" leitet sich von dem lateinischen „religio" für „Rückverbindung, Rückhalt" ab. Dieses Wort beschreibt eine wesentlich Aufgabe der Religion: Sie soll den Menschen Halt geben – Rückhalt bei den Göttern oder bei dem Einen Gott. Dies sollte die Religion jedoch nicht durch Vorschriften (und Angst vor dem Verstoßen gegen diese Vorschriften) zu erreichen versuchen, sondern dadurch, dass sie den Menschen Erlebnisse ermöglicht, die ihnen dann diesen Halt geben. Auch in anderen Sprachen gibt es diese Vorstellung der Religion bzw. der Götter als Rückhalt. So bedeutet z.B. das germanische Wort „bönd" zunächst einmal „Band" – es kann jedoch im Sinne von „Verbindung" auch als Bezeichnung für die Gesamtheit der Götter verwendet werden. Das Urbild für diese Rückverbindung und diesen Rückhalt ist die Nabelschnur.

Der Weg zu diesem Rückhalt bei den Göttern der Jungsteinzeit bzw. bei dem Einen Gott des Monotheismus führt zunächst zu der Selbsterkenntnis, von dort aus weiter zu der Erkenntnis seiner Clan-Gottheit und schließlich zu dem Einen Gott.

Eine andere Art von Rückhalt aus dem etwas weiter gefassten religiösen Bereich ist das eigene Horoskop, das das ganze eigene Leben über dasselbe bleibt. Es beschreibt den eigenen Stil, aber nicht die einzelnen Handlungen; es beschreibt die eigene Tonart, aber nicht die Melodien, die man in dieser Tonart spielt.

Schließlich gibt es noch die „drei Verbündeten", die in der Homöopathie oft als die „Konstitutions-Mittel" auftauchen, aber eigentlich aus dem Schamanismus stammen.

Man kann diesen drei Verbündeten auch auf Traumreisen, in Meditationen oder bei Familienaufstellungen begegnen. Diese drei Verbündeten sind:

- ein Tier, das der eigenen Art, sich zu bewegen und Dinge zu tun entspricht,

- eine Pflanze, die der eigenen Haltung entspricht; und

- ein Stein, der der eigenen bevorzugten Struktur entspricht.

Auch diese drei Verbündeten bleiben das ganze Leben über dieselben und können daher ebenfalls eine großen Rückhalt und eine sichere Identität geben.

Wenn man den Kontakt zu ihnen gefunden hat, kann man durch Meditationen, Traumreisen u.a. jederzeit erneut den Kontakt zu ihnen herstellen.

Der geübte Homöopath kann an dem Verhalten des Patienten erkennen, welche Art von Mittel er braucht:

- Wenn der Patient ständig aufbraust und sehr emotional ist, braucht er ein tierisches Mittel – Tiere bewegen sich;

- wenn er immer wieder ein bestimmte Haltung einnimmt oder eine bestimmte Geste wiederholt, braucht er ein pflanzliches Mittel – Pflanzen haben eine Haltung; und

- wenn er immer wieder auf einem bestimmten Zusammenhang beharrt, braucht er ein mineralisches Mittel – Steine haben eine Struktur.

Die Priesterin in diesem Tempel des Rückhalts ist die Leiterin der Rituale.

Die meisten Menschen brauchen einen sicheren Rückhalt und ein festes System. Das kann das Vertrauen in die eigene Kraft, Freunde, die Familie, ein Weltbild oder auch noch vieles andere sein – und auch die Religion. Für die Menschheit als Ganzes können dieselben Dinge den Rückhalt bilden, aber bei den Weltanschauungen und bei den Religionen sind zusätzlich auch noch die Toleranz und die Freude an der Vielfalt der Weltanschauungen und der Religionen nötig, da sonst nur allzu leicht Welt-anschauungs- und Religions-Kriege entstehen.

Jeder braucht das, was für ihn selber passt, aber er wird auch durch die Tradition der Familie und des Landes, in die er geboren wird, geprägt. Doch trotz dieser Tradition, die erst einmal der „natürliche Rückhalt" eines Menschen ist, sollte es doch auch immer den Freiraum und die Bereitschaft für eine Veränderung der eigenen Ansichten geben, wenn man grundlegend neue Dinge erkannt oder erlebt hat.

Das Fundament für diesen Rückhalt und diese Weltanschauung bzw. Religion ist in den fünf Epochen verschieden bzw. erweitert sich in jeder Epoche ein stückweit:

- Altsteinzeit: Alltags-Wissen

- Jungsteinzeit: Tradition

- Monotheismus: Gesetz/Dogma

- Materialismus: Naturgesetze

- Epoche der Globalisierung: Selbsterhaltung der Menschheit

Manchmal neigen die Menschen dazu, Widersprüche, die sie erkennen, nicht dazu zu benutzen, ihr bisheriges System zu überdenken, sondern etwas dazu zu erfinden, was den Widerspruch vermeintlich auflöst. Leider führt dieser Ansatz weg von einem Weltbild mit solidem Realitätsbezug ...

Das bekannteste Beispiel für dieses Verhalten ist das Jenseitsgericht:

- Im Monotheismus ist der Eine Gott allmächtig.

- Im Monotheismus erlässt der Eine Gott auch die Gesetze, nach denen die Menschen leben sollen

- Im Monotheismus ist dieser Eine Gott auch immer gerecht.

- Doch auf der Erde gibt es so viele Taten, die den göttlichen Gesetzen widersprechen, dass Gott entweder nicht gerecht oder nicht allmächtig sein kann – er kann unmöglich beides sein, denn dann müssten alle Übeltäter bestraft werden.

- Dieses offensichtliche religions-theoretische Dilemma führte dazu, dass das Jenseitsgericht eingeführt wurde, denn nur so konnte die These, dass der Eine Gott sowohl gerecht als auch allmächtig ist, aufrecht erhalten werden.

- In Religionen, die von einer Reinkarnation ausgehen – wie z.B. Hinduismus und Buddhismus – wurde zur Aufrechterhalten der vermuteten gerechten Allmacht des Einen Gottes bzw. der Gesamtheit der Götter das Karma erfunden, dass die Strafe für die Taten in diesem Leben teilweise in das nächste Leben verlegt hat.

Somit war das Problem durch die Einführung des Jenseitsgerichtes vorerst gelöst. Doch es gab immer noch kritische Denker, die sich die Sache genauer angeschaut haben und noch immer nicht ganz zufrieden waren. Allerdings waren das so wenige, dass sich die Religionen nicht die Mühe machten, zu diesem zweiten Einwand eine Entgegnung zu suchen.

- Der Eine Gott hat die Menschen erschaffen. Sie sollten also so sein, wie er sie haben wollte – sofern er wirklich allwissend und allmächtig ist.

- Doch dann sündigten die Menschen, d.h. sie taten nicht das, was Gott ihnen als Verhalten befohlen hat. Warum? War Gott nicht allmächtig? Oder hat er nicht gewusst, was er da schuf? Wenn er wirklich allmächtig und allwissend sein sollte, sollte es keine Menschen geben können, die nicht vollkommen in Einklang mit Gottes Willen handeln. Doch den von Gott verkündeten Gesetzen zufolge sind alle Menschen Sünder.

- Es gibt sogar die These, dass jeder Mensch in sich eine Ursünde, eine Erbsünde trägt, aufgrund derer er überhaupt nicht in der Lage ist, sündenfrei zu leben. Was hat Gott da bloß erschaffen und warum?

- Nun – er hat ja Christus geschickt, um die Sache wieder in Ordnung zu bringen und den Menschen zu zeigen, wo's lang geht. Doch man kann nicht behaupten, dass die Menschen seitdem sündenfrei leben würden. Auch dieser Versuch von Gott ist fehlgeschlagen – was heftig ist, wenn man bedenkt, dass Christus aufgrund des christlichen Dreieinigkeits-Prinzips ja selber Gott gewesen ist. Gott hat seinen Irrtum, den er als Gott-Vater bei der Erschaffung der Menschen begangen hat, offenbar auch als Gott-Sohn nicht wieder in Ordnung bringen können.

- Die kirchliche Theorie zu diesem Punkt ist, dass Gott keineswegs den Menschen anders erschaffen hat als er ihn erschaffen wollte, sondern dass er den Menschen die Freiheit gegeben hat. Doch warum gibt er den Menschen die Freiheit, wenn er sie dann doch anschließend bestraft, wenn sie ihm nicht mit jedem Willensimpuls, jedem Gefühl, jedem Gedanken und jeder Tat vollkommen gehorchen? Ist Gott etwa ein Sadist?

Diese Widersprüche bedeuten nun keinesfalls, dass es den Einen Gott nicht gibt, aber er ist offenbar nicht so etwas wie ein gerechter und allmächtiger König – denn das führt sofort zu eklatanten Widersprüchen.

Aber was ist er dann? Wer hat ihn schon mal gesehen oder erlebt? Die Mystiker, Rabbis, Kabbalisten, Yogis, Sufis, Lamas usw., die ihn durch Meditationen und Rituale schließlich gefunden und erlebt haben, berichten nie, dass sie einem herrischen, zornigen oder strafenden Gott begegnet wären. Sie erzählen über eine Einheit und über ein gleißend-weißes Licht, das in ihnen selber bei dieser Begegnung mit Gott Liebe und Ekstase ausgelöst hat.

Nicht die Vorstellung, dass es diesen einen-alles-einzigen Gott gibt, ist falsch, sondern nur die Vorstellung, dass er so etwas wie ein „allwissender, allgerechter und allmächtiger König im Himmel" ist.

Der Segen, den man von der Leiterin der Rituale in dem Tempel des Rückhalts erhält, ist die Sicherheit.

Was sollte man nun tun, wenn man erkannt hat, dass man für ein gutes Leben irgendeine Art von Rückhalt dringend notwendig braucht? Man kann sich ansehen, wann man von wem und warum verlässlich Rat und Hilfe erhält. Das ist schließlich das, wozu man den Rückhalt der Religion im Alltag benutzt.

Wenn man sich das näher anschaut, werden bei den „erfolgreichen Wünschen" fünf Elemente deutlich – egal ob man das Ganze nun als religiöse Bitte, magisches Herbeirufen oder Synchronizitäts-Vorgang betrachtet:

- Der Wunsch sollte eindeutig sein, also ein „Ja", das von ganzem Herzen kommt – also kein zögerliches „Ja, aber ...", das unter einer inneren Spannung steht.

- Man sollte ein Bild von dem, was man sich wünscht, haben – und dieses Bild sollte mit einem Gefühl verbunden sein – eine leise lächelnde Vorfreude auf das, was kommen wird.

- Der Wunsch sollte an eine Gottheit gerichtet sein, der man vertraut – das ist zwar nicht unbedingt nötig, aber für die meisten Menschen macht das das Wünschen deutlich einfacher.

- Der Wunsch sollte eingerichtet sein – das bedeutet nicht, dass man stundenlang ganz verkrampft auf das Wunschbild starrt, sondern nur, dass man auf den Wunsch ausgerichtet ist. Dieser Teil ist mit dem ersten Punkt – dem eindeutigen und widerspruchsfreien Wunsch – eng verbunden.

- Schließlich braucht der Wunsch Freiheit, damit er seine Wirkung entfalten kann – man kann der Gottheit vertrauen, an die man den Wunsch gerichtet hat; man kann den Wunsch nach dem Wünschen einfach wieder vergessen;

man kann etwas auch nur ganz entspannt so nebenbei wünschen …

Diese Art von Vertrauen kann man bei Christus deutlich sehen: Er bedankt sich erst bei Gott für dessen Hilfe und vollbringt dann erst nach seinem Danken für Gottes Hilfe das Wunder, bei dem ihm Gott hilft.

Diese Art des Wünschens findet man vor allem in Sekten, religiöse Kleingruppen, Magier-Orden und dergleichen mehr, also in Gruppen, die ein gleiches Weltbild und eine übereinstimmende „Wunsch-Methode" haben. Das bedeutet nicht, dass man nur als Gruppe auf diese Weise wünschen kann, sondern nur, dass es vielen Menschen in einer Gruppe leichter fällt, auf diese Weise zu wünschen.

Die „Jesus-People" setzen sich z.B. morgens zusammen und schreiben auf einen Zettel, was sie an diesem Tag alles brauchen: einen Schlafplatz, etwas zu essen, ein Fahrrad … Dann beten sie gemeinsam und bitten um das, was sie aufgeschrieben haben – und ganz zuverlässig sind die Dinge alle bis zum Abend bei ihnen angekommen. Das ist natürlich etwas, was man nur als ganz reale Möglichkeit erkennen kann, wenn man es selber mal erlebt hat.

Dieses religiös-magische Bitten um Hilfe ist ein schöpferischer Vorgang.

Wonach würdest Du im Tempel der Götter fragen?
Worum würdest Du dort bitten?

An wen wendet man sich in den verschiedenen Epochen, wenn man Rat und Hilfe braucht? Auf wen vertrauen die Menschen in den verschiedenen Epochen?

- In der **Altsteinzeit** wandte man sich an die Eltern oder an die verstorbenen Eltern – an die Ahnen. Diese Methode ist mittlerweile durch den Spiritismus und die Familienaufstellungen wiederbelebt worden. Möglicherweise wandten sie sich die Menschen damals auch noch an die „Große Mutter".

- In der **Jungsteinzeit** bat man die Götter und Göttinnen und vor allem die eigene Clan-Gottheit um Hilfe. Das Wiederentdecken der Gottheit, unter deren Schutz man steht, wird seit ca. 40 Jahren ganz allmählich wieder bekannter.

- In der Epoche des **Königtums** wandte man sich an den Einen Gott oder an seinen Propheten (Moses, Christus, Mohammed) oder einen Erleuchteten

(Buddha, die Heiligen) oder an einen Boten des Einen Gottes (Engel, Apsaras). Das ist im Rahmen der monotheistischen Religionen noch immer üblich.

- Im **Materialismus** gab es keine Möglichkeit, sich etwas „erfolgreich zu wünschen", da das Weltbild von der Kausalität geprägt war und es in der Kausalität keinen Platz für solche Vorgänge gibt. Daher war man in dieser Epoche ganz auf die schrittweise äußere Umsetzung von Wünschen angewiesen, bei der lediglich evtl. Verwandte, Freunde, Therapeuten u.ä. geholfen haben.

- In der **Epoche der Globalisierung** wenden sich die meisten entweder weiterhin an den Einen Gott oder an das Universum oder – etwas bescheidener – an Gaia als der Göttin der gesamten Erde.

Es ist zwar verschieden, an wen man sich bei diesem religiös-magischen Wünschen wendet, doch der Vorgang des Wünschens ist immer derselbe.

Der Weg zu dem Tempel der Götter führt über die Brücke der Aufrichtigkeit und durch das Tor der Prüfung.

In den einzelnen konkreten Religionen gibt es auch Rituale für dieses Wünschen, das von Kerzen-Anzünden und einem Gebet in einer Kirche über Weihrauch-Verbrennen und Opfergaben bis hin zu Talisman-Weihungen und ausgefeilte Rituale reicht.

Doch dieses Wünschen kann auch vollkommen formlos geschehen und ist ebenfalls in allen Religionen üblich. Eine besondere, formlose Variante des Wünschens ist das „Stoßgebet" in Notlagen.

Was sind Deine eigenen Götter?

11. Utopie

≋

Der elfte Tempel der Religionen ist der Tempel der Zukunft.

Wann machen Religionen eine Utopie deutlich? Wenn die Religion fest in der Realität verwurzelt ist und die Folgen der eigenen Handlungen deutlich geworden sind.

Die Religion muss zudem auch „zeitgemäß" sein, d.h. sie muss die aktuellen Probleme beschreiben und ein Vorbild für die Lösung dieser Probleme sein. Eine Religion verdient den Namen „Religion" – also „Rückverbindung, Rückhalt" – nur dann, wenn sie wirklich die Probleme der Menschen sieht und sie löst.

Wenn man die nun schon mehrfach beschrieben fünf Epoche betrachtet, wird deutlich, dass sich die Grundform der Religion jedesmal geändert hat, wenn sich die Grundform des Lebens der Menschen auf der Erde geändert hat: bei der Erfindung des Ackerbaus, bei der Entstehung der Königreiche, bei der Entwicklung des Materialismus, bei der Entstehung der Globalisierung der Menschheit …

Die Religionen haben also derzeit die Aufgabe, eine neue Form zu entwickeln, die maßgeblich dabei mithilft, die derzeitigen Probleme wie Überbevölkerung, Klimaerwärmung, Umweltzerstörung, Artensterben, Rohstoffknappheit, atomare, biologische und chemische Waffen, Kriege usw. dauerhaft zu lösen. Um das erreichen zu können, werden die Religionen nicht so bleiben können, wie sei derzeit sind.

Einige Punkte, die diese Religions-Utopie sehr wahrscheinlich enthalten wird, sind:

- die Ausrichtung auf die Erde als Ganzes;

- die Erhaltung der Erde als für den Menschen bewohnbaren Planeten;

- das Einhalten von Grenzwerten;

- das Verstehen der gegenseitigen Abhängigkeit von allem auf der Erde und auch der Kreisläufe und Fließgleichgewichte in diesen Verbindungen;

- die Auffassung der Erde und aller Lebewesen auf ihr als einen Gesamt-Organismus;

- die Auffassung von Gott als das Gesamtbewusstsein der Welt;

- die Auffassung von Gaia als das Gesamtbewusstsein der Erde;

- die Auffassung der Materie und des Bewusstseins als der Innenseite und der Außenseite derselben Sache;

- die Erkenntnis, dass nicht nur die Materie auf das Bewusstsein (Gestaltung der Umwelt) wirken kann, sondern auch umgekehrt das Bewusstsein auf die Materie (religiöse oder magische Wünsche);

- die Vorstellung eines organischen Aufbaus des Bewusstsein, das von dem Bewusstsein eines einzelnen Menschen über das Familien-Bewusstsein (wie es in Familienaufstellungen deutlich wird) und das Bewusstsein eines Volkes bis zu dem kollektiven Unterbewusstseins der Menschheit reicht; und dann weiter zu dem Gesamtbewusstsein aller Lebewesen auf der Erde und dem Gesamtbewusstsein der Erde („Gaia") und schließlich bis zu dem Gesamtbewusstsein der Welt („Gott");

- eine Synthese aus den bisherigen religiösen und wissenschaftlichen Erkenntnissen, die auch so etwas wie einen „Konzil der Götter aller Religionen" beinhaltet.

Dies sind nur ein paar wenige Eckdaten dieser „neuen Religionsform". Diese „Neue Religion" muss auch nicht erschaffen werden, sondern braucht nur entdeckt werden.

Menschen, die z.B. Traumreisen zu Göttern durchführen, sind oft davon überrascht, dass sie dabei z.B. Christus, Krishna, Buddha, Mohammed, Isis und die Dakota-Göttin Pte-san-win wie Freunde beisammen stehen sehen. Diese Menschen sind fast immer sehr erleichtert, wenn sie so ein „Götter-Treffen" erlebt haben – sie müssen sich anschließend nicht mehr für eine einzige Religion entscheiden, sondern können ganz entspannt zu den Göttern und Göttinnen aller Religionen gehen und in der Traumreise mit ihnen sprechen und sie um Rat und Hilfe und Weisheit bitten.

Die „Versammlung der Götter" ist daher nichts, was wir erschaffen müssten, sondern sie ist etwas, was schon immer da war und was wir lediglich nicht gesehen haben. Es gibt zwischen Göttern keinen Krieg – Religions-Kriege führen nur die Menschen …

Der Priester in diesem Tempel der Zukunft ist der Ökologe.

Wenn sich die im vorigen Abschnitt beschrieben Elemente der „Neuen Religion", die sich aus den alten Religionen und der derzeitigen Notwendigkeit eines anderen kollektiven Verhaltens der Menschen auf der Erde entwickelt, nach und nach entfalten und deutlicher werden, werden die Menschen in ihrem kollektiven Verhalten die Pubertät des Materialismus hinter sich lassen und sich wie Erwachsene verhalten. Dann wird sich die Menschheit als Ganzes wie eine große Familie verhalten – die Dringlichkeit eines solchen Verhaltens ist ja kaum zu übersehen.

Die Haltung in dieser Menschheits-Familie wird das Vertrauen des Einzelnen in diese Familie und die Verantwortung des Einzelnen für diese Familie sein.

Der Segen, den man von dem Ökologen in dem Tempel der Utopie erhält,
ist das Erhalten einer bewohnbaren Welt.

Angesichts dieser Verwandlung der bisherigen Weltsicht und der alten Religionen – die bisher allerdings nur in kleinen Ansätzen zu sehen ist – besteht die Notwendigkeit für jeden Einzelnen, sich die verschiedenen Religionen, Traditionen, Vorstellungen, Ansichten, Methoden usw. anzuschauen und sie kennenlernen, um sich dann das zusammenzustellen, was für einen selber am besten passt und womit man sich am wohlsten fühlt.

Die „ökologische Religion" und die „Versammlung der Götter" sind einerseits eine Kooperation und eine Synthese, aber andererseits ermöglicht das auch eine viel stärkere Individualisierung der Religion, weil jeder ein viel größere bewusste Wahlfreiheit darüber hat, in welcher Weise er sich an welche Götter anbinden und bei ihnen Rat und Rückhalt suchen will, also wie er selber „seine eigene Religion" gestalten will.

Es ist anzunehmen, dass durch diese Entspannung zwischen den verschiedenen Religionen und durch die Einsicht, dass ein ökologisches Verhalten notwendig ist, insgesamt der Umgang der Einzelnen mit der Religion sehr viel kreativer werden wird.

Wonach würdest Du im Tempel der Utopie fragen?
Worum würdest Du dort bitten?

In einem Weltbild, in dem die verschiedenen Religionen nicht als die „einzige Wahrheit" aufgefasst werden, sondern als Möglichkeiten, die Welt zu betrachten – also als eine von vielen möglichen Beschreibungen der Welt – wird der Einzelne sehr viel freier sein als bisher. Man kann dann schauen, was für einen selber bei einem bestimmten Vorhaben am besten passt.

Das könnt eine bunte Mischung sein:

- die Derwisch-Tänze der Sufis im Islam, um sich selber zu zentrieren,

- die Zen-Übungen der inneren Stille, um inneren Frieden zu finden,

- ein Gebet an Christus, um Hilfe im Alltag zu erhalten,

- die Sigillen-Magie, um sich etwas herbeizuwünschen,

- die Traumreisen, um die eigene Seele zu erkennen,

- der Lebensbaum aus der jüdischen Kabbala, um Zusammenhänge zu verstehen,

- das Gayatri-Mantra, um mehr Kraft zu erhalten,

- das tibetische Lam Rim als Meditations-Landkarte,

- die Schwitzhütte in der Dakota-Tradition, um das Urvertrauen wiederzufinden,

- die Anrufung des Pan, um sich wieder lebendiger zu fühlen,

- die Bitte an Freyr, um zu Wohlstand zu gelangen,

usw.

Diese größere stilistische und methodische Vielfalt wird zwangsläufig auch zu einer größeren Effektivität in allen religiösen Bestrebungen führen, da man die Dinge dann auf die eigene Weise machen kann – schließlich stehen einem in einem solchen „offenen Weltbild" viel mehr Möglichkeiten zu Verfügung als in einer einzelnen, nach außen hin abgeschotteten Religion …

Der Weg zu dem Tempel der Utopie führt über die Brücke der Kreativität
und durch das Tor des Aufbruchs.

Bislang gibt es drei Ansätze, die letztlich zu solch einer veränderten Religions-Auffassung führen werden:

267

- Die Notwendigkeit eines in umfassendem Sinne ökologischen Verhaltens der Menschen wird nach und nach auch die Religionen erreichen.

- Es gibt in zunehmendem Maße interreligiöse Treffen, die bisweilen auch gemeinsam zum Frieden aufrufen. Das steckt aber noch sehr in den Anfängen. Am auffälligsten ist in dieser Hinsicht der Dalai Lama, der immer wieder das Gespräch mit anderen Religionsführern und mit Wissenschaftlern sucht.

- Viele Einzelne fangen aus sich heraus an, mutiger und kreativer zu werden und verschiedene Dinge auszuprobieren. Daraus entsteht allmählich eine Art Bodensatz von soliden, auf ihre Wirksamkeit hin überprüften Methoden, die – da sie als wirksam erkannt worden sind – notwendigerweise auch Bestandteile der „Neuen Religion" sein werden.

Zu diesen Elementen zählen Yoga, Tarot, Astrologie, Meditation, Familienaufstellungen, die Traumreise zur eigenen Seele, das Wüschen, Schwitzhütten, Feuerläufe und dergleichen mehr.

Die „Neue Religion" hat sich noch nicht entfaltet, aber man kann schon sehen, dass ihre Wurzeln kräftiger werden.

Diese Entstehung einer „Neuen Religion" bedeutet auch nicht, dass die bisherigen Religionen zu existieren aufhören, sondern nur, dass sie in einen größeren Rahmen gestellt werden, der eine Kooperation zwischen allen Religionen und spirituellen Weltanschauungen und daher auch eine viel größere Kreativität ermöglicht.

Was ist Deine eigene Zukunft?

12. Grenzauflösung

H

Der zwölfte Tempel der Religionen ist der Tempel der Weite.

Wann löst Religion Grenzen auf? Wenn man aufrichtig nach dem Ursprung der Welt und des Bewusstseins sucht.

Die monotheistischen Religionen, der Hinduismus und der Buddhismus enthalten alle auch Anleitungen darüber, wie man die Einheit der Welt erleben kann – also Gott bzw. das Nirvana erleben kann. Auf dem Weg dorthin gelangt man den Beschreibungen der Rabbis, Mystiker, Sufis, Yogis und Lamas übereinstimmend zuerst in den Bereich der Lebenskraft, dann in den Bereich der Seele und anschließend in den Bereich der Götter und erst danach zu der Einheit hinter aller Vielheit. Diese Übereinstimmung in der Beschreibung des Weges zu diesem Erlebnis lässt vermuten, dass hier etwas tatsächlich Vorhandenes beschrieben wird – eine wirklich allen offen stehende Erlebnismöglichkeit.

Dieser Weg hat fünf Stufen, die allerdings oft noch weiter differenziert werden:

1. die materielle Welt,

2. die Lebenskraft,

3. die Seelen,

4. die Götter und

5. die Einheit (der Eine Gott).

Diese fünf Stufen werden auch als individuelle Bereiche erlebt, also Teile, aus denen man selber besteht und die den eben genannten fünf Bereichen entsprechen:

1. der eigene materielle Körper;

2. der eigene Lebenskraftkörper, zu dem die Erlebnisse der Astralreise, das Reiki, das Horoskop, die Akupunktur, die Familienaufstellungen, die Homöopathie und noch vieles mehr gehören;

3. die eigene Seele, die die eigene Essenz ist;

4. die eigene Clan-Gottheit, die die eigene Heimat ist; und

5. Gott, die die Einheit hinter aller Vielheit ist.

Das Erlebnis der eigenen Clan-Gottheit ist ein Auflösen aller Abgrenzungen. Götter haben zwar einen klar beschreibbaren Charakter, aber sie sind selber nicht abgegrenzt – schließlich können auch 1000 Menschen gleichzeitig zu Christus beten, sich auf einer Traumreise mit Isis unterhalten oder über Krishna meditieren.

Diese Abgrenzungslosigkeit ist auch ein wesentliches Merkmal der Epoche der Globalisierung, in der erkannt wird, dass alles einen Einfluss auf alles andere hat und dass man nichts isoliert betrachten kann. Daher ist anzunehmen, dass dieses Erlebnis der Abgrenzungslosigkeit auch in den Religionen der Epoche der Globalisierung, die vor 80 Jahren begonnen hat, noch eine größere Rolle spielen wird.

Dieses Erlebnis der Auflösung der eigenen Grenzen, das anscheinend allen Rabbis, Mystiker, Sufis, Yogis und Lamas bekannt ist, kann man zwar beschreiben, aber wirklich begreifen kann man es nur durch das eigene Erleben.

Die Priesterin in diesem Tempel der Weite ist die spirituelle Freundin.

Das allgemeine religiöse Weltbild wird sich durch mindestens zwei Impulse weiterentwickeln – zum einen durch die Notwendigkeit der Ökologie und der Kooperation auch zwischen den verschiedenen Religionen und zum anderen durch das Erforschen von dem, was in den Religionen und in den der Religion verwandten Bereichen wie Homöopathie, Astrologie, Magie, Geistheilen, Akupunktur usw. eigentlich wirkt.

Diese Entwicklungen und Forschungen werden vermutlich auch dazu führen, dass Traumreisen zu den Göttern und innere Gespräche mit ihnen deutlich normaler werden als sie heute noch sind. Bislang wurden diese intensiveren Kontakte „nach oben" allgemein den Priestern überlassen – in der Hoffnung, dass sie auch wirklich dazu in der Lage sind, diesen Kontakt zu den Göttern bzw. zu Gott herzustellen.

Es wäre auch denkbar, dass die Reinkarnation gründlicher erforscht wird, da auch sie ein Element ist, das die Grenzen des Einzelnen mit seinem einzelnen Leben auflöst.

Doch eine gründlichere Betrachtung dieser Themen würde den Rahmen dieses Booklets sprengen.

Der Segen, den man von der spirituellen Freundin in dem Tempel der Weite erhält, ist die Allverbundenheit.

Es ist anzunehmen, dass durch die in den bisherigen Kapiteln dieses Buches beschriebenen Entwicklungen die Religion insgesamt wieder viel stärker in den Alltag integriert werden wird. Das wird ganz einfach deshalb so sein, weil die gründliche Auseinandersetzung mit den Religionen und den spirituell-magischen Methoden deutlich machen wird, was man auf welche Weise alles mit einem geübten Bewusstsein erreichen kann.

… und ein gut funktionierendes Werkzeug spricht sich schnell herum und wird schon bald von vielen bei vielen Gelegenheiten benutzt werden.

Wonach würdest Du im Tempel der Weite fragen?
Worum würdest Du dort bitten?

Das wichtigste Erlebnis in der heutigen Epoche der Globalisierung wird die Auflösung der eigenen Grenzen sein. Das ist ein Zustand, der zwar Anfangs Angst machen kann, weil er so ungewohnt ist, der aber anschließend ausgesprochen angenehm ist und den man dann gar nicht mehr wieder verlassen will.

Diese Abgrenzungslosigkeit einschließlich der Angst vor ihr und auch einschließlich des Wohlbefindens, wenn man sie schließlich trotzdem erreicht hat, kann man auch in der Politik und in der Wirtschaft wiederfinden. Derzeit macht die Auflösung der Grenzen noch vielen Angst, wie man an der erstarkenden Fremden-feindlichkeit sehen kann. Oft soll nur das eigene Land vor den Migranten geschützt werden anstatt dass man die Ursachen der Migration behebt.

Diese Ursachen der Migration sind vor allem die Klimaerwärmung, die Armut in manchen Ländern und die Kriegen. Es ist also ein friedliches und ökologisches Verhalten notwendig, damit „Frieden auf Erden" entstehen kann. Dieser Frieden ist das kollektive Wohlbefinden, nachdem man gelernt hat, die Abgrenzungslosigkeit – die in der Politik und der Wirtschaft „Globalisierung" genannt wird – anzunehmen und vernünftig mit ihr umzugehen.

Der Weg zu dem Tempel der Weite führt über die Brücke der Abgrenzungslosigkeit und durch das Tor der Götter.

Bislang tragen die bestehenden Religionen noch recht wenig zu dieser Entwicklung bei, aber es bildet sich – wie bereits gesagt – bereits ein Bodensatz an religiös-spirituellen Erkenntnissen, die die derzeit nötige Weitung des Selbstverständnisses und der politischen und wirtschaftlichen Ansichten und Verhaltensweisen fördert.

Was ist Deine eigene Weite?

Die 12 Aspekte eines einheitlichen spirituell-physikalischen Weltbildes

Entwürfe für die Zukunft – Band 36

Inhaltsübersicht

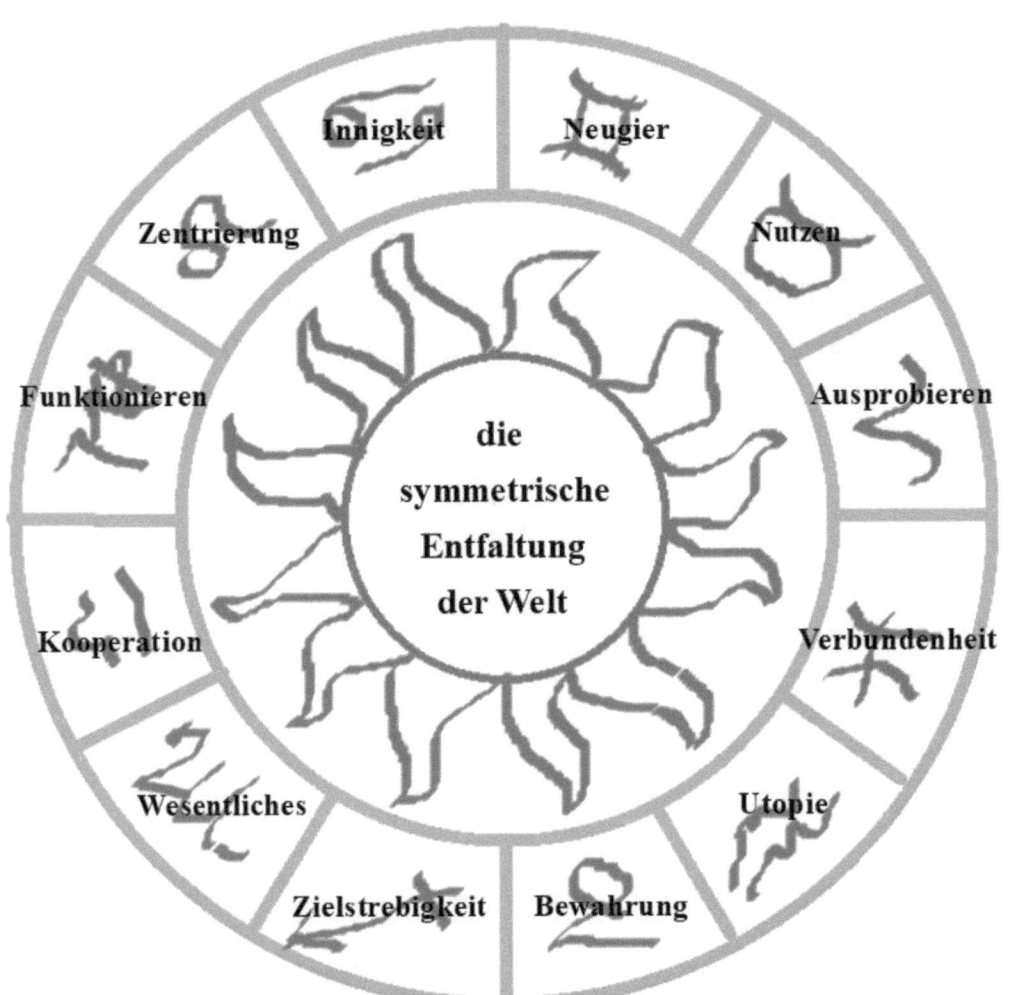

Innigkeit

Neugier

Zentrierung

Nutzen

Funktionieren

Ausprobieren

die
symmetrische
Entfaltung
der Welt

Kooperation

Verbundenheit

Wesentliches

Utopie

Zielstrebigkeit

Bewahrung

1. Ausprobieren

♈

Der Widder ist der, der beginnt, der erschafft, der anfängt, der gründet, der tut. Was macht der Widder bei der Frage nach der Spiritualität? Er prüft zunächst, ob da eigentlich etwas ist, worüber man reden kann. Er macht Experimente und schaut, was geschieht. Wenn er etwas findet, was solide und verlässlich ist, nimmt er es in sein Weltbild und in seinen Alltag auf. Er glaubt nicht, er prüft – und das, was seiner Prüfung standhält, nutzt er. Er ist der Pragmatiker – und deshalb nah an der Realität.

Recht einfach durch eigene Versuche nachweisbar sind zum Beispiel Telepathie, Telekinese und Orakel. Man kann auch Familienaufstellungen (kollektive Telepathie), Feuerläufe oder die Deutung des Geburtshoroskops als Einstieg empfehlen.

Derartige Fähigkeiten werden vor allem von Menschen erforscht und genutzt, die schon von Beruf wegen Pragmatiker sind wie Manager, Magier, Militärs und Heiler.

Dieser Nachweis von nicht-physikalischen Zusammenhängen und der Möglichkeit, sie für den eigenen Alltag zu nutzen, ist die Grundlage dafür, sich überhaupt mit Themen wie Religion, Spiritualität, Meditation, Astrologie, Magie, Homöopathie und dergleichen mehr zu beschäftigen. Es muss vollkommen klar sein, dass es da etwas gibt, das wirklich existiert und mit dem es sich zu befassen lohnt.

Ohne einen solchen Nachweis wäre die Auseinandersetzung mit diesen Themen müßig, da sie dann kein tragfähiges Fundament hätte. Wenn man noch keine Erlebnisse gehabt hat, die über den Rahmen des üblichen, rein materialistischen Weltbildes hinausgehen, und wenn man auch keine derartigen Versuche durchführen möchte, dann ist die Beschäftigung mit Schriften wie dem vorliegenden Büchlein letztlich Zeitverschwendung – dann sollte man lieber dieses Buch hier zur Seite legen und einen Spaziergang machen oder ein Eis essen gehen ...

*

Was sagen berühmte Widder, die sich mit spirituellen Dingen befasst haben?

Sie kommen direkt und ohne Umschweife auf den Punkt.

(Im Folgenden bedeuten Angaben wie „Widder/Krebs", dass der Betreffende seine Sonne im Widder und seinen Aszendent im Krebs hat.)

> *„Gott will, dass der Mensch seinen Spaß hat."*
>
> Sankt Theresa von Avila, Heilige (Widder/Fische)

> *„Kern des Lebensglücks ist das sexuelle Glück."*
>
> Wilhelm Reich, Psychologe (Widder/Wassermann)

> *„Die Vernunft ist gut, aber besser ist die Liebe."*
>
> Sankt Theresa von Avila, Heilige (Widder/Fische)

> *„Je ruhiger Du wirst, desto mehr kannst Du hören."*
>
> Ram Dass, Psychologie-Professor (Widder/Krebs)

> *„Das grundsätzliche Ausweichen vor dem Wesentlichen ist das Problem des Menschen."*
>
> Wilhelm Reich, Psychologe (Widder/Wassermann)

> *„Das größte Paradoxon: Sobald Du alles loslässt, kannst Du alles haben."*
>
> Ram Dass, Psychologie-Professor (Widder/Krebs)

> *„Similia Similibus – Gleiches heilt Gleiches."*
>
> Samuel Hahnemann, Begründer der Homöopathie (Widder/ Schütze)

*

Der Widder ist ein Taoist – er lebt ganz im Hier und Jetzt. Er entspannt sich ganz in das hinein, was gerade ist, und handelt dann dort seinen augenblicklichen Impulsen entsprechend. Diese Bereitschaft, ohne vorgefasste Meinung einfach mal genau hinzusehen, ermöglicht es ihm, die Welt klarer zu sehen. Diese Haltung ermöglicht es ihm auch, die nicht-materiellen Dinge der Welt deutlicher zu sehen – also das, was von den Religionen, den spirituellen Lehren, der Astrologie, der Magie, den vielen alternativen Heilweisen und ähnlichem mehr beschrieben wird.

Das ist die Haltung eines Kindes, das die Welt entdeckt. Das ist auch die Grundhaltung eines Forschers: anschauen, was da ist – und sich danach das nächste anschauen.

Das ist die Tat, die vollständig und hemmungslos durchgeführt und erlebt wird. Damit beginnt alles.

Dieses Entdecken und Erleben muss jedoch jeder selber tun – das kann man nicht in einem Buch lesen und nur durch Lesen erkennen …

*

Einige einfache Anregungen dazu, was man einmal ausprobieren könnte, um diese nicht-materielle Seite der Welt zu entdecken finden sich in: Harry Eilenstein – „Telepathie für Anfänger" und „Telekinese für Anfänger".

* * *

<u>Experimente – Teil 1</u>

<u>PSI-Wheel</u>

Bei youtube kann man sich unter dem Suchbegriff „PSI-Wheel" einen Versuch ansehen, bei dem ein Papierrädchen, das auf einer Nadelspitze liegt, nur durch die Vorstellung gedreht wird. Man sollte dieses Experiment aber nicht nur anschauen, sondern auch selber durchführen, um zu sehen, dass es wirklich funktioniert.

Schließlich sollte man mit seinen Füßen immer fest auf dem Boden der Tatsachen bleiben – und eigene Erlebnisse sind die solidesten Tatsachen.

<u>Postkarten-Versuch</u>

Für diesen Versuch, mit dem man die Telepathie nachweisen kann, braucht man fünf Personen – am besten eine ganze Schulklasse o.ä. Einer legt je ein Foto, eine Postkarte oder ein anderes Bild in je einen Briefumschlag und verschließt sie.

Dann erhält jede Vierergruppe einen Umschlag und legt ihn auf den Tisch zwischen sich. Nun blicken die vier Personen ca. 3 Minuten lang auf den verschlossen, undurchsichtigen Umschlag und schauen, welche Eindrücke sie von dem Bild, das in diesem Umschlag verborgen ist, erhalten können. Diese Eindrücke schreiben sie auf.

Anschließend vergleichen sie die Eindrücke, die sie gehabt haben, und bilden aus den Eindrücken, die bei drei oder vier von ihnen übereinstimmen, eine Bildbeschreibung, die dann durch die Dinge, die nur bei zweien gleich waren, ergänzt werden. Auf diese Weise können die telepathischen Wahrnehmungen (die bei mehreren gleich sind) weitestgehend von den reinen Assoziationen (die bei jedem anders sind) unterschieden werden.

Dieser Versuch ist natürlich am überzeugendsten, wenn ihn eine ganze Schulklasse o.ä. durchführt und man die verschiedenen Beschreibungen hören und anschließend die dazugehörenden Bilder, die nach der Beschreibung dem Umschlag entnommen werden, in einer ganze Reihe von Gruppen vergleichen kann. Das habe ich einmal in der Klasse meiner Tochter Susanna in einem Schamanismus-Vortrag gemacht – das ist gut angekommen ...

2. Nutzen

♉

Der Stier will genießen. Er nutzt das, was da ist, fördert das Angenehme und vermeidet das Unangenehme. Das, was der Widder entdeckt hat, wird nun von dem Stier angewandt.

Wenn es deutlich geworden ist, dass man mithilfe von Orakeln wie den Tarot-Karten hilfreiche Anregungen erhalten kann, wird man sie benutzen, wenn man mal nicht so recht weiterweiß. Wenn man erkannt hat, dass man mithilfe von Telepathie verlorene Gegenstände wiederfinden kann, wird man die Telepathie benutzen, wenn man seinen Autoschlüssel nicht wiederfinden kann. Wenn man erlebt hat, dass das Horoskop eines anderen Menschen einem dabei hilft, diesen Menschen zu verstehen, wird man die Astrologie zu Hilfe nehmen, wenn man mit jemanden größere Schwierigkeiten hat. Man nutzt, was nützlich ist.

Diese Haltung ist sehr schlicht. Wenn man bisher Nägel stets mit seinem Daumen in die Wand gedrückt hat und dann von einem Freund gezeigt bekommen hat, was man mit einem Hammer machen kann, wird man, wenn man das nächste Mal ein Bild aufhängen will, gleich nicht nur den Nagel, sondern auch den Hammer holen gehen. Spirituelle, magische, astrologische und ähnliche Dinge werden schlichtweg deshalb verwendet, weil sie hilfreich sind, weil sie das Leben einfacher machen.

Die Verwendung solcher Dinge ist zunächst einmal keine Weltanschauungsfrage, sondern nur ein Frage der Effektivität. Warum sollte man sein Leben nicht einfacher machen, wenn man doch die Möglichkeit dazu hat?

Die Frage nach dem Weltbild kommt erst sehr viel später an die Reihe – dann, wenn man jemand anderem etwas erklären will oder wenn man nach noch effektiveren Vorgehensweisen zu suchen beginnt. Dann wird ein Weltmodell hilfreich – doch zunächst einmal nutzt man einfach das, was nützlich ist.

Religion, Spiritualität, Magie, Astrologie und all die anderen Dinge sind zunächst einmal einfach nur Erleichterungen des Alltags. Und es gibt eine sehr große Vielfalt von solchen Alltags-Erleichterungen …

Diese Dinge sind nichts, was man irgendjemandem predigen muss, wovon man andere überzeugen muss – sie sind Dinge, die man einem Freund erzählt, die man einem Ratsuchenden erklärt … Sie sind einfach ein neues Werkzeug in dem eigenen Werkzeugkasten, ein neues Gewürz in dem eigenen Küchenregal, eine neuer Weg in der eigenen Nachbarschaft …

Was sagen berühmte Stiere, die sich mit spirituellen Dingen befasst haben?
Sie betonen das Gedeihen und das Genießen.

„Der Mensch ist eben ein unermüdlicher Lustsucher.“

Sigmund Freud, Psychologe (Widder/Skorpion)

„Wenn ihr ein Problem anpackt, wird es euch den Weg zeigen, es zu lösen.“

Rabindranath Tagore, indischer Dichter (Stier/Widder)

„Die Hauptaufgabe des Lehrers ist nicht, Bedeutungen zu erklären, sondern an die Tür des Geistes zu klopfen.“

Rabindranath Tagore, indischer Dichter (Stier/Widder)

„Die Natur ist die beste Apotheke.“

Sebastian Kneipp, Priester und Heiler (Stier/Steinbock)

„Die Frage heute ist, wie man die Menschheit überreden kann, in ihr eigenes Überleben einzuwilligen.“

Bertrand Russel, Philosoph (Stier/Skorpion)

„Wenn Du anfängst zu verstehen, was Du bist, ohne zu versuchen, es zu ändern, dann wird sich das, was Du bist, verwandeln.“

Jiddhu Krishnamurti, Philosoph und Theosoph (Stier/Wassermann)

„Die Zukunft hängt an der Liebe.“

Johannes Paul II, Papst (Stier/Jungfrau)

*

Der Stier ist ein Hedonist – er erkennt das, was wahr ist, daran, dass er es von Herzen genießen kann. Er integriert alles, was für ihn angenehm ist, in sein Leben, in sein Haus, in seinen Garten und gibt ihm dort einen Platz und holt es hervor, wenn er es gerade brauchen kann.

Die Erkenntnis, dass spirituelle, magische und religiöse Dinge ausgesprochen alltagstauglich und alltagserleichternd sein können, ist letztlich der einzige wirklich tragfähige Grund, sich mit ihnen zu beschäftigen.

*

Einige Anregungen zur Förderung des Gedeihens und des Genießens – und nebenher auch der Förderung der Ökologie und der Entwicklung eines neuen Wirtschaftssystems – finden sich in: Harry Eilenstein – „Von innerer Fülle zu äußerem Gedeihen".

* * *

Experimente – Teil 2

Sterntaler

Das Folgende ist ein Experiment zum Erleben der Mühelosigkeit: Bevor man eine Aufgabe angeht, stellt man sich vor, die eigenen Arme vor sich auszustrecken und die Hände aufzuhalten – so wie das kleine Mädchen in dem Märchen „Sterntaler".

Dann bittet man, dass all das kommt, was man jetzt brauchen wird und dass das Ganze einfach und mühelos laufen wird. Das Gefühl bei dieser Bitte ist Entspannung, Vertrauen, Loslassen und manchmal sogar eine gewisse Vorfreude. Diese Methode ist schlicht, aber wirksam.

3. Neugier

♊

Der Zwilling ist der, der sich die Vielfalt der Dinge anschaut, der sich darüber freut, wie bunt die Welt ist – er ist die Neugier persönlich. Das macht den Zwilling im Allgemeinen sehr flexibel und tolerant. Er schaut sich alles an und lässt es auch erst einmal so stehen. Das macht es ihm leicht, auch unerwartete Dinge und Möglichkeiten anzunehmen, wenn er sie als real erlebt. Er hat sogar Freude daran, sein eigenes Weltbild zu erweitern.

Der Zwilling schaut sich zum Beispiel die vielen verschiedenen Religionen wie das Judentum, das Christentum, den Islam, den Hindhuismus, den Buddhismus usw. an, ebenso die Klein-Religionen, die manchmal auch „Sekten" genannt werden, wie den Krishna-Kult, die Jesus-People, die Rastafari und ähnliche, weiterhin auch die verschiedenen Unterströmungen wie die Katholiken, die Sunniten, die Shivaiten und so fort, auch die Naturreligionen wie zum Beispiel die der Indianer, der Wiccas und der Aborigines, und schließlich auch noch die alten Religionen wie die der Ägypter, der Griechen oder der Hawaiianer. Für einen Zwilling kann das alles zwanglos nebeneinander stehen.

Diese Vielfalt ist für ihn eine Bereicherung, da diese vielen Religionen für ihn verschiedene Facetten der Welt darstellen, verschiedene Blickwinkel auf die Wirklichkeit, verschiedene Betonungen der Aspekte der Realität … Jeder kann sich die Sichtweise aussuchen, die für ihn passt und die ihm das Leben einfacher macht. Er erlebt die individuellen Unterschiede in der Sichtweise als Bereicherung und nicht als Hindernis.

Das führt auch dazu, dass er in der Lage ist, Dinge recht klar zu sehen. Er wird in der Regel zum Beispiel nicht den Fehler machen, die Reinkarnation als falsch abzulehnen, weil man sie von dem Gleichnis zwischen Mensch und Getreide ableiten kann: Aussaat = Zeugung; Keimen = Geburt; Wachsen = Leben; Ernte = Tod; Neuaussaat und Keimen = Wiedergeburt. Als Zwilling kann man die Dinge selber (Reinkarnation) und ihre Beschreibung (Mensch/Korn-Gleichnis) unterscheiden und wird immer die Sache selber prüfen wollen und nicht die Beschreibung dieser Sache.

Die Zwillinge bringen die Toleranz in die Betrachtung der Welt und in die Diskussion zwischen verschiedenen Weltanschauungen.

*

Was sagen berühmte Zwillinge, die sich mit spirituellen Dingen befasst haben?

Sie betonen die eigene Beweglichkeit und die Vielfalt der Möglichkeiten.

„Der menschliche Geist lebt durch Kreativität und er stirbt in Einförmigkeit und Routine."

> Pir Vilayat Khan, indischer Sufi-Meister (Zwillinge/Löwe)

„Unkraut nennt man die Pflanzen, deren Vorzüge noch nicht erkannt worden sind."

> Ralph Waldo Emerson, Philosoph und Schriftsteller (Zwillinge/Waage)

„Auch wenn Du sie vielleicht nicht ändern kannst, kannst Du trotzdem mit einer hässlichen Situation in Schönheit umgehen."

> Pir Vilayat Khan, indischer Sufi-Meister (Zwillinge/Löwe)

„Auch wer um die ganze Welt reist, um das Schöne zu suchen, findet es nur, wenn er es in sich trägt."

> Ralph Waldo Emerson, Philosoph und Schriftsteller (Zwillinge/Waage)

„Jede Disharmonie ist eine unverstandene Harmonie."

> Swami Narayananda, Vedanta-Philosoph (Zwillinge/Schütze)

„Hinter jeder Maske ist immer ein lebendiges Gesicht."

> William Butler Yeats, Autor und irischer Senator (Zwillinge/Wassermann)

„Es gibt nichts, was ein so großer Irrtum ist wie die Ansicht mancher Wissenschaftler, dass die Religion ein krankhafter Zustand der Psyche ist."

> Gopi Krishna, Yogi und Mystiker (Zwillinge/Wassermann)

*

Der Zwilling ist ein Spieler und Tänzer – er schaut sich die ganze Welt an. Dadurch wird er fast immer auch Dinge entdecken, die nicht durch das kausal orientierte wissenschaftliche Weltbild beschrieben werden – also durch Mengen und Maße – sondern die als Gleichnisse, Parallelen und Analogien sichtbar werden – also durch Qualitäten und Verhältnisse.

So ist ein Horoskop ein Gleichnis zwischen dem Planetenstand zum Zeitpunkt der Geburt eines Menschen und dem Charakter dieses Menschen.

So ruft ein in die Welt durch Imagination oder durch einen Talisman ausgesandter Wunsch in der Welt ein dem Wunsch entsprechendes Echo hervor.

So antwortet das Tarot-Orakel auf eine Frage stets mit Qualitäten und nicht mit Mengen oder mit „Ja" oder „Nein".

Der Zwilling ist in der Lage, auch einmal aus einer anderen Richtung her auf die Dinge in seinem Leben zu schauen …

*

Eine Beschreibung für einige Möglichkeiten, neue Aspekte des eigenen Bewusstseins zu entdecken und dadurch auch das eigene Weltbild und die eigenen Möglichkeiten zu erweitern, findet sich in: Harry Eilenstein – „Meditation für Anfänger".

* * *

Experimente – Teil 3

Stuhl-Versuch

Für diesen Versuch benötigt man fünf Personen. Einer setzt sich auf einen Stuhl, die anderen vier stehen um ihn herum. Die vier Personen halten ihre Hände waagerecht mit den Handinnenflächen nach unten nebeneinander, ballen die Finger zu zwei Fäusten und strecken dann nur die beiden Zeigefinger nach vorne, die dabei einander auf ihrer ganzen Länge berühren. Dann stecken die vier stehenden Personen ihre Zeigefinger unter die beiden Achseln und unter die beiden Kniekehlen des Sitzenden und versuchen ihn hochzuheben – was mit sehr großer Wahrscheinlichkeit nicht gelingen wird.

Als nächstes legen die vier Stehenden ihre Hände übereinander auf den Kopf des Sitzenden und singen ca. eine Minute lang zusammen einen Ton – einfach ein „a" auf einer beliebigen Tonhöhe. Danach wird das Heben des Sitzenden mithilfe der Zeigefinger wiederholt – was nun mühelos gelingt, da der Sitzende kein Gewicht mehr zu haben scheint.

4. Innigkeit

♋

Der Krebs ist der, der die Dinge verinnerlicht, der seine eigenen Erlebnisse durchfühlt, der alle Bilder in sich selber mit allen anderen Bildern in ihm verbindet und dadurch ein Gefühl für sich selber und für die Welt bekommt.

Der Weg des Lebens beginnt damit, dass der Widder etwas tut und es dadurch erlebt. Dann kommt der Stier und schaut, wozu es nützlich ist. Danach spielt der Zwilling damit und schaut, was man noch alles damit machen kann. Dadurch ist nun der Krebs in der Lage, sich anzuschauen, was all die Dinge, die da schon gefunden und erlebt worden sind, für ihn selber und für sein Leben und sein Erleben bedeuten. Der Krebs verbindet sich mit manchen Menschen und Dingen, während er andere Menschen und Dinge ablehnt. So erschafft er seinen eigenen Kreis, der von dem erfüllt ist, was ihm verwandt ist.

Was bedeutet das nun für die Betrachtung des kausal-materiellen Weltbildes und der eventuellen Ergänzungen zu diesem Weltbild?

Die ersten drei Schritte – Widder, Stier und Krebs – waren das Erforschen, Nutzen und Untersuchen der Welt. Nun kann der Krebs schauen, was von diesen neu entdeckten Dingen zu ihm passt, welcher Stil ihm zusagt, was sich verwandt und vertraut anfühlt, und was er gerne in seinem inneren Kreis haben möchte. Durch dieses Anbinden von einigen der neu entdeckten Dinge an sich selber – zum Beispiel die Astrologie oder das Aussenden von Wünschen in die Welt – werden diese Dinge zu einem Teil des Krebses, zu einem Teil seines Lebens, zu einem Teil seiner Umgebung.

Diese Dinge fangen daher an, ihm Rückhalt und Schutz zu geben und seine Wahrnehmungs- und Handlungsmöglichkeiten zu erweitern.

Wenn diese Dinge nicht nur bei einem Einzelnen, sondern in einer ganzen Gruppe in den Alltag integriert werden, entsteht eine Kultur, ein Kult, eine „Sekte" oder eine Religion. Damit sind nicht kollektive Vorschriften und Regeln gemeint, sondern Religion im wörtlichen Sinne: re-ligio = Rückverbindung, Rückhalt, Eingebundensein, Dazugehörigkeit, Geschütztsein. Die größte Form dieser Geborgenheit in dem Vertrauten, Verwandten und Zuverlässigkeit ist das Vertrauen in eine Gottheit oder in Gott.

Damit ist hier kein irrationales Glauben, sondern ein begründetes und zuverlässiges Vertrauen gemeint, dass auf Erfahrungen beruht. Diese Erfahrungen haben mit den Experimenten des Widders begonnen, der zunächst einmal ganz schlicht zum Beispiel die Realität von Telepathie, Telekinese und Astrologie nachgewiesen hat. Das bleibt bei all diesen Betrachtungen immer die Grundlage. In dem vierten Schritt – also durch den Krebs – werden diese Erfahrungen in das eigene Leben und in die eigene Psyche integriert.

*

Was sagen berühmte Krebse, die sich mit spirituellen Dingen befasst haben?

Sie betonen die Innenschau, die Verbundenheit und die Vertrautheit.

> *„Nicht der Mensch hat am meisten gelebt, welcher die meisten Jahre zählt, sondern der, der sein Leben am innigsten empfunden hat."*
>
> Jean Jacques Rosseau, Schriftsteller und Philosoph (Krebs/ Zwillinge)

> *„Meditation bedeutet, tief in uns hinabzutauchen."*
>
> Hazrat Inayat Khan, Gründer eines Sufi-Ordens (Krebs/Widder)

> *„Wenn wir die Welt durch die Augen eines Kindes sehen würden, wäre alles magisch und außergewöhnlich."*
>
> Akiane Kramarik, visionäre Malerin (Krebs/Zwillinge)

> *„Es gibt nichts auf der Welt, was für kontemplative Menschen nicht erreichbar wäre, wenn sie die Kontemplation verstanden haben."*
>
> Hazrat Inayat Khan, Gründer eines Sufi-Ordens (Krebs/Widder)

> *„Alle Natur, alles Wachstum, aller Friede, alles Gedeihen und Schöne in der Welt beruht auf Geduld, braucht Zeit, braucht Stille, braucht Vertrauen."*
>
> Hermann Hesse, Schriftsteller (Krebs/Schütze)

> *„Bleibe bei der Religion, die Du als Kind kennengelernt hast – wechsle sie nur dann, wenn Dir sehr deutlich wird, dass eine andere Religion wesentlich*

286

besser passt. "

Dalai Lama, Oberhaupt der tibetischen Buddhisten (Krebs/ Waage)

„Sich ernsthaft um andere zu sorgen, sowohl im privaten wie im öffentlichen Leben, würde uns der Welt, nach der wir uns so sehnen, sehr viel näher bringen."

Nelson Mandela, Präsident und Freiheitskämpfer (Krebs/ Schütze)

*

Der Krebs ist wie eine Mutter für sich selber – er behütet und schützt und wärmt sich selber und gibt sich selber Geborgenheit.

Das heißt keineswegs, dass er isoliert ist, sondern nur, dass er diese Dinge in sich trägt – der Krebs ist der emotionale Familienmensch. Er sucht die Gemeinschaft und erhält sie und fördert sie. Das wichtigste Bild für den Krebs ist daher die Muttergöttin.

Die Haltung des Krebses verändert die Betrachtung und die Einstellung zu den spirituellen, magischen, religiösen, „alternativen" Dingen, die man entdeckt hat: In den ersten drei Schritten – Widder, Stier und Zwilling – waren diese Dinge außen, doch nun werden sie zu einem Teil des Innen. Sie werden zu etwas Selbstverständlichem, zu etwas Vertrautem, zu etwas, worüber man nicht mehr nachdenkt, sondern was einfach da ist und was ein Teil des eigenen Lebens ist.

Jemand, der 50-mal für andere mithilfe von Telepathie verlorene Gegenstände wiedergefunden hat oder der schon 200-mal für andere Horoskope gedeutet hat, wird nicht mehr oft über Telepathie oder über Astrologie nachdenken, sondern sie einfach anwenden, wenn es hilfreich ist. Diesen Zustand des Integriertseins und des Zusammenwachsens erreicht man nur durch häufige Anwendung im eigenen Alltag – nur so kann man mit einer Sache vertraut werden. Das ist das, was der Krebs erreicht.

*

Für das Erlangen dieser Vertrautheit mit der Telepathie, der Astrologie, dem Feng Shui oder welcher Sache auch immer hilft es nicht, noch ein Buch zu lesen – man muss die Dinge selber tun – sehr oft tun – bis man weiß, wie sie wirken, was man mit ihnen tun kann, wie man ihre Wirkung abändern kann, bis sie selbstverständlich werden. Auf diese Weise lernt auch ein Kind laufen …

* * *

<u>Smilie-Versuch</u>

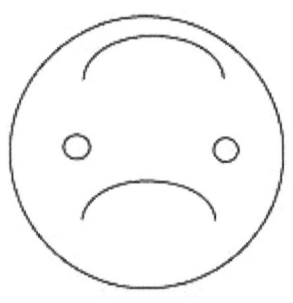

Für den „Smilie-Versuch" braucht man ein Blatt Papier, auf das der links abgebildete „Smilie" gezeichnet wird. Dieses Blatt mit der Zeichnung wird so an den Rand eines Tisches gelegt, das ein Mensch, der vor dem Tisch steht, dieses Bild (wie links abgebildet) sieht.

Nun stellt sich Person A vor den Tisch und breitet seine Arme nach links und rechts wie ein „T", d.h. wie ein Kreuz aus. A soll bei den folgenden Versuchen seine Arme möglichst in dieser Haltung halten und sie von B nicht nach unten drücken lassen.

Person B stellt sich hinter A und legt ihre rechte Hand auf den rechten Ellenbogen von A und ihre linke Hand auf den linken Ellenbogen von A. A blickt auf den Smilie und B drückt auf die Ellenbogen von A. Nichts passiert – B kann sich auf die Ellenbogen von A aufstützen und seine Füße in der Luft baumeln lassen.

Nun wird das Smilie umgedreht (siehe die Abbildung links) und der Versuch wird in derselben Weise wiederholt – und die Arme von A klappen kraftlos nach unten. A ist nicht in der Lage, seine Arme zur Seite hin ausgestreckt zu halten.

Was ist hier passiert? Offensichtlich hat der Blick auf das Bild eine größere Wirkung auf A als der bewusste Entschluss von A, seine Arme oben zu halten. Das innere Bild bzw. das Bild, auf das man blickt und das man folglich in seinem Inneren präsent hat, bestimmt, wieviel Kraft man zu Verfügung hat.

5. Zentrierung

Der Löwe strebt nach Selbsterkenntnis und nach Selbstausdruck – er beginnt fast jeden Satz mit dem Wort „ich". Sein höchster Wert ist die Individualität. Das ist zunächst einmal natürlich die eigene Individualität, doch mit ausreichendem Niveau des Löwen ist dies auch die Individualität aller anderen Menschen.

Bisher, also bei den ersten vier Schritten – Widder, Stier, Zwilling und Krebs – waren die neuen Erkenntnisse noch etwas, was eigenständig im eigenen Leben stand, also etwas anderes als das „Ich". Doch nun werden in dem fünften Schritt, also durch den Löwen, diese neu entdeckten Möglichkeiten und Fähigkeiten zu einem Teil des Selbstbildes und des Selbstverständnisses. Man macht nicht mehr nur Telepathie, sondern man ist selber telepathisch mit anderen verbunden; man kann nicht nur Horoskope berechnen, sondern man ist ein Astrologe; man kann nicht nur innerlich in der Meditation Kontakt zu einer Gottheit erlangen, sondern man ist ein Priester.

Das Wichtigste für den Löwen ist er selber. Folglich strebt er nach allem, wodurch er sich selber noch besser, tiefer, gründlicher, intensiver erleben kann – er will zu der Quelle des eigenen Lebens gelangen. Diese Quelle, die man durch Meditation, Traumreisen, Visionssuchen und ähnliches erkennen kann, ist die eigene Seele. Diese Form der intensiven und direkten Selbsterkenntnis ist in vielen spirituellen Systeme, Religionen, magischen Orden und dergleichen mehr eines der zentralen Ziele und Erlebnisse.

*

Was sagen berühmte Löwen, die sich mit spirituellen Dingen befasst haben?

Sie richten alles auf die Selbsterkenntnis und den ungehemmten Selbstausdruck aus.

„Deine erste Pflicht ist, Dich selbst glücklich zu machen. Bist Du glücklich, so machst Du auch andere glücklich."

Ludwig Feuerbach, Philosoph und Anthropologe (Löwe/ Zwillinge)

„Deine Visionen werden nur klar werden, wenn Du in Dein eigenes Herz schaust."

Carl Gustav Jung, Psychologe (Löwe/Wassermann)

„So lange der Mensch nicht im Höchsten frei, bei sich, selbständig ist, so lange kann er auch in Kunst und Wissenschaft nicht das Höchste erreichen."

Ludwig Feuerbach, Philosoph und Anthropologe (Löwe/ Zwillinge)

„Nur durch eine enge brüderliche Vereinigung der inneren Selbste der Menschen kann die Herrschaft der Gerechtigkeit und Gleichheit eröffnet werden."

Helena Blavatsky, Begründerin der Theosophie (Löwe/Krebs)

„Es spielt keine Rolle, wo jemand geboren wird, sondern zu was er heranwächst."

J. K. Rowling, Autorin (Löwe/Waage)

„Erlebnisse und Trance sind nützlich, wenn es darum geht, das (eigene) Wesen zu öffnen und vorzubereiten, aber die Verwirklichung ist erst dann im wahren Sinne unser Besitz, wenn sie im wachen Zustand dauerhaft geworden ist."

Sri Aurobindo, Yogi, Politiker und Philosoph (Löwe/Löwe)

„Der beste Weg, etwas für den Fortschritt der Menschheit zu tun, ist es schließlich, selber voranzuschreiten."

Sri Aurobindo, Yogi, Politiker und Philosoph (Löwe/Löwe)

*

Der Löwe ist wie eine Sonne – er will strahlen. Daher ist er zunächst einmal ein Egoist, weil er auf sich selber schaut. Sein wichtigstes Bild ist somit die eigene Mitte, die eigene Seele – und gleich danach das Bild des Sonnengottes. Dieser Egoismus ist letztlich eine Notwendigkeit – alles, was nicht in der Lage ist, sich selber zu erhalten, wird ganz schlicht nicht mehr weiterbestehen. Es kann also nur egoistische Wesen und Dinge geben – alle anderen sind raus aus dem Spiel … Bei dem Löwen wird der Egoismus lediglich offen, klar und selbstbewusst gezeigt und gelebt. Diese Fähigkeit des Löwen integriert alles in seinem eigenen Wesen zu einer Einheit – zu einer strahlenden Einheit.

Es ist nicht die Frage, ob etwas egoistisch ist oder nicht – schließlich ist der Egoismus lebensnotwendig und überlebensnotwendig – es ist die Frage, ob der Egoismus kurzsichtig oder weitsichtig ist. Ist er kurzsichtig, schafft er sich kurzfristigen Nutzen, aber mittel- und langfristig einen Schaden. Ist er jedoch weitsichtig, schafft er sich vielleicht kurzfristig etwas mehr Mühe, aber langfristig einen Nutzen – und vermutlich nicht nur für sich selber, sondern auch für andere. Ein intakter langfristiger Egoismus würde zum Beispiel niemals zulassen, dass sich das Klima auf der Erde auf so bedrohliche Weise wie derzeit erwärmt.

Der Löwe sieht nicht nur sich selber als eine von innen heraus strahlende Einheit, sondern auch alle anderen Menschen – und auch die Welt als Ganzes. Diese Einheit der Welt, die für den Löwen etwas vollkommen Selbstverständliches ist, erkennt er unter anderem – wenn er denn überhaupt einmal darüber nachdenkt und diskutiert – darin, dass sich überall dieselben chemischen Elemente und dieselben Naturgesetze finden. Die Welt muss also „aus einem Guss" entstanden sein.

Aus dieser Sicht ergibt sich ebenfalls, dass auch überall dieselben magischen, astrologischen und spirituellen Gesetze wirksam sein müssen. Da der Löwe jedoch aus seiner strahlenden Mitte heraus lebt und aus tiefstem Herzen heraus von sich selber überzeugt ist, sieht er zwar die Welt als eine Einheit an, aber für ihn besteht keinerlei Anreiz oder gar Notwendigkeit, das irgendjemandem zu beweisen oder gar ein Weltbild daraus zu formen … Schließlich weiß er ja, dass es so ist.

Was jedoch in diesem fünften Schritt im Tierkreis entsteht, ist das Bild eines zentrierten Bewusstseins in der ganzen Welt – analog zu dem Bewusstsein in dem Löwe-Menschen selber. Dieses Welt-Bewusstsein ist der Eine, Einzige, Allumfassende Gott des Monotheismus. Der Monotheismus ist die natürliche Religionsform der Löwen. Der Löwe sieht die Welt wie sich selber an: die eigene Seele im eigenen Leib – Gott als das zentrale Bewusstsein in der Welt als Gottes Leib.

*

Eine Sammlung von Möglichkeiten zum Erkennen der eigenen Seele findet sich in: Harry Eilenstein – „Selbsterkenntnis für Anfänger". Eine ausführlichere Darstellung der von der Astrologie ausgehenden Selbsterkenntnis wird in: Harry Eilenstein – „Horoskop und Seele" dargestellt.

* * *

<u>Experimente – Teil 5</u>

Der Licht-Stab

Person A streckt seinen Arm waagerecht aus. Person B legt ihre linke Hand auf den Bizeps des ausgestreckten Armes von Person A und drückt mit seiner rechten Hand die Hand von A nach oben – Kinderspiel …

Nun hält A seinen Arm ganz entspannt und stellt sich lediglich vor, einen Lebenskraft-Lichtstrahl in seinem Arm zu halten – das sieht ungefähr wie ein Lichtschwert aus „Star Wars" aus. B versucht wie zuvor, den Arm von A anzuwinkeln – keine Chance!

Shaolin & Co.

Um diese „Meister Yoda"-Möglichkeiten kennenzulernen, ist es am einfachsten, einen guten Lehrer in Shaolin, Karate, Systema o.ä. aufzusuchen.

Allerdings geschehen viele dieser fortgeschritteneren Magie-Formen nicht „auf Bestellung", sondern spontan in der Situation, in der sie gebraucht werden.

Der Licht-Ring

Das lässt sich noch steigern: Person A hält ihre Zeigefingerspitze auf ihre Daumenspitze. Person B versucht mit beiden Händen, den Daumen von A von dem Zeigefinger von A zu trennen, sodass der „Finger-Ring" geöffnet wird. Das ist natürlich nicht sonderlich schwer …

Nun stellt sich A vor, dass seine beiden Finger von einem Licht-Lebenskraft-Ring zusammengehalten werden. Daumen und Zeigefinger sind dabei entspannt. Nun versucht B wieder, diesen „Finger-Ring" zu öffnen – vergeblich.

6. Funktionen

♍

Die Jungfrau schaut genau hin, schaut auf das Detail und fragt sich, wie das alles aufgebaut ist, wie das zusammenhängt, wie das funktioniert, wie das eigentlich richtig wäre, wie das in Ordnung gebracht werden kann, wie das gereinigt werden kann – und wie man das nur alles schaffen soll …

Die Jungfrau ist der Forscher, der die Welt betrachtet und sie so beschreibt, dass man alles in ihr nutzen kann – Kräuterbücher, Betriebsanleitungen, Gebrauchsanweisungen, Kochrezepte, Werkzeugkisten … Der Jungfrau geht es nicht um ein abstraktes Modell, sondern um die Art von Sachkenntnis, die ein Handeln ermöglicht, das zum erwünschten Ziel führt. Dies ist die Haltung der Handwerker, Heiler, Therapeuten, Konstrukteure und ähnlicher Berufe.

Durch sie werden die bisherigen Erlebnisse, die über das derzeit dominierende naturwissenschaftliche Weltbild hinausgehen, genauer untersucht – nicht mit der Absicht, sie theoretisch zu beschreiben, sondern mit der Absicht, sie praktisch nutzbar zu machen. Die Jungfrau sucht stets nach dem „Know how", also nach Sachkenntnis. Sie ist diejenige, die dem strahlenden Willen des Löwen sagt, wie er seinen Willen am effektivsten in die Tat umsetzen und sein Ziel erreichen kann: Das Wollen alleine reicht schließlich nicht – das Wollen muss auch realisiert werden. Und für dieses Realisieren ist die Jungfrau zuständig.

Sie schaut sich alles genau an und weiß deshalb, was für die erfolgreiche Umsetzung notwendig ist – auch für die Telepathie, die Horoskopdeutung, einen Feuerlauf, die Bitte an eine Gottheit, die Auswahl des richtigen homöopathischen Kügelchens, die zu einem Problem passende Meditation und so weiter. Brauchst Du Rat – frage eine Jungfrau.

Die Jungfrau lernt vor allem durch die Anwendung – der Schuhmachermeister war erst ein Lehrling, dann ein Geselle, dann ein Meister und nun ist er der alter Schuster, der jedem Schuh sofort genau ansieht, was er mit ihm noch machen kann und ob er noch zu retten ist.

Die Jungfrau lernt vor allem durch Übung und Erfahrung, aber sie kann auch mal wie ein Forscher das Experiment benutzen, um etwas Neues herauszufinden, das sie gerade braucht. Dafür benutzt sie die altbewährte Folge von „Experiment – Analyse – Schlussfolgerung – Modell – neues Experiment". Sie ist der Empiriker unter den Sternzeichen – sie schaut einfach, was funktioniert und was nicht. Das ist auch schon alles … aber man ist oft froh, wenn man solch einen sachkundigen Menschen kennt, wenn man mal nicht mehr weiter weiß.

*

Was sagen berühmte Jungfrauen, die sich mit spirituellen Dingen befasst haben?

Sie sehen sich als Handwerker, die sich und die Welt reinigen und in Ordnung bringen.

> *„Leben im reinen Geist ist das einzig wirkliche ewige Leben."*
> Swami Sivananda, Yogalehrer (Jungfrau/Krebs)

> *„Jede Situation ist nur eine weitere Gelegenheit auszudrücken, wer Du bist."*
> Neale Donald Walsh, Autor und Journalist (Jungfrau/Löwe)

> *„Wir haben genug Zeit, wenn wir sie nur richtig verwenden."*
> Johann Wolfgang von Goethe, Dichter und Politiker (Jungfrau/Skorpion)

> *„Das Gleiche lässt uns in Ruhe, aber der Widerspruch ist es, der uns produktiv macht."*
> Johann Wolfgang von Goethe, Dichter und Politiker (Jungfrau/Skorpion)

> *„Gedanken sind wie Magneten, die Auswirkungen anziehen."*
> Neale Donald Walsh, Autor und Journalist (Jungfrau/Löwe)

> *„Frieden beginnt mit einem Lächeln."*
> Mutter Theresa, Nonne (Jungfrau/Schütze)

> *„Das Leben ist das, was wir daraus machen."*
> Grandma Moses, Malerin (Jungfrau/Steinbock)

*

Die Jungfrau ist ein Handwerker – sie macht aus den Entdeckungen des Widders von jedem allgemein anwendbare spirituelle, religiöse, magische, homöopathische, therapeutische usw. Methoden. Sie schreibt Anleitungen, weist auf Probleme hin, gibt Rat und Hilfe und entwickelt ihren Sachverstand ständig weiter.

Die Bereiche, die von der Jungfrau in dem hier betrachteten Zusammenhang erforscht und für die Allgemeinheit zugänglich beschrieben werden, sind das Deuten des Tarots, des I Gings und eines Horoskops; das Anleiten einer Familienaufstellung, des Rebirthing-Atems, eines Feuerlaufs, einer Schwitzhütte, eines Trancetanzes und einer Traumreise; das Heilen von Traumata, Psychosen und anderen psychischen Störungen; das Lehren der Astrologie, der Steinheilkunde, der Bachblütentherapie, der Homöopathie, der Schüssler-Salze, des Ayurveda und der Akupunktur ... Diese Liste ließe sich noch sehr lange fortführen.

Die Jungfrau macht die Entdeckungen des Widders allgemein verständlich, zugänglich und anwendbar.

*

Eine kurze Darstellung der meisten dieser Themen mit Anleitungen zum Selbermachen findet sich in der Reihe mit dem Titel „... für Anfänger" von Harry Eilenstein, die inzwischen 50 Bände umfasst.

* * *

Experimente – Teil 6

Shaolin-Versuch

Für den „Shaolin-Versuch" wird eine Tischplatte, ein Zaunpfahl oder etwas Ähnliches gebraucht, das eine glatte Fläche in ungefähr 1,20m Höhe hat.

Person A legt ihre rechte Faust auf diese Fläche. Person B und Person C ergreifen mit beiden Händen das Handgelenk und die Faust von A und halten sie auf der Fläche fest. Nun blickt A auf seine Faust, die von B und C festgehalten wird, und versucht sie fortzuziehen – vergeblich ...

Jetzt wird die Versuchsanordnung verändert: A wendet sich von B und C fort und blickt in seine linke Handfläche, die er mit leicht angewinkeltem Arm im Abstand von ca. 40cm vor seine Augen hält – und geht einfach fort und zieht B und C mühelos hinter sich her. Bei diesem Versuch ist die Geste, die den Unterschied macht, das Blicken in die eigene Hand und das „sich nicht um die beiden kümmern, die die Faust festhalten".

Die Geste und der Blick allein genügen natürlich noch nicht – man muss sich auch wirklich darauf konzentrieren, dass man jetzt einfach das macht, was man selber will, und dass man ganz wörtlich „den eigenen Weg geht". Der Blick in die eigene Handfläche ist ein Hilfsmittel, um einfacher in die Haltung der souveränen Eigenständigkeit zu gelangen.

Diese Haltung der Eigenständigkeit und der Konzentration auf das, was man selber will, kann man in jedem Lebensbereich brauchen. Das Praktische an diesem Experiment ist, dass es auf so direkte und einprägsame Weise die Wichtigkeit der eigenen Haltung bei dem, was man tut zeigt:

> *„Ich versuch's mal, aber viel Hoffnung habe ich nicht, denn die Hindernisse sind ja so groß ..."*

> *oder*

> *„Da will ich hin – also los!"*

7. Analogie

♎

Die Waage schaut auf Zusammenhänge, Harmonien und Beziehungen. Sie ist das erste der zwölf Tierkreiszeichen, das nicht nach innen, sondern nach außen hin schaut und das nach außen hin ausgerichtet ist.

Der Widder hat etwas Neues erschaffen oder erobert oder auf eine andere Weise erlebt; der Stier hat dieses Neue genutzt; der Zwilling hat es sich genau angeschaut; der Krebs hat es in seinen Kreis aufgenommen; der Löwe hat es integriert; die Jungfrau hat Sachkenntnis und Übung in seinem Gebrauch erworben; – und die Waage schaut nun, wo in der eigenen Welt dieses Neue am besten stehen sollte.

Die Waage richtet sich als erstes Tierkreiszeichen nach außen hin – das bedeutet, dass sie die Dinge nicht nur wie die Jungfrau genau und präzise angeht, sondern dass die Waage die Dinge auch anschaulich, gut verständlich und idealerweise auch noch auf eine schöne, ansprechende Weise darstellen will. Die Waage richtet sich an das Du und kommt dem Du entgegen …

Das anschauliche Darstellen ist nichts Nebensächliches, sondern etwas Wesentliches, da es den anderen Menschen das Verstehen von dem, was man darstellt, erleichtert. Der Physiker Richard Feynman hat 1965 seinen Nobelpreis nicht nur deshalb erhalten, weil er neue Entdeckungen in der Quantenelektrodynamik gemacht hatte, sondern auch, weil er die nach ihm benannten Feynman-Diagramme entwickelt hatte, mit deren Hilfe man die Vorgänge in der Teilchenphysik weit anschaulicher als zuvor darstellen kann.

Die Waage ist darum bemüht, Sachtexte wie ein Gedicht zu gestalten, damit sie zu „schwingen" beginnen und letztlich anmutig wie ein gutes Lied werden. Dabei helfen Zusammenfassungen, das Hervorheben von Kerngedanken, der gleiche Aufbau von mehreren Aussagen oder Kapiteln, und ähnliches mehr. Die Sprache, der Aufbau des Textes, die grammatische Form und das Layout dienen alle dazu, den Inhalt deutlicher werden zu lassen.

Diese von der Waage angestrebte Schönheit geht jedoch noch deutlicher weiter. So ist es unter den Mathematikern und Physikern inzwischen eine gut bekannte Weisheit, dass dann, wenn es – wie zum Beispiel in der Superstring-Theorie – eine große Anzahl von möglichen mathematischen Beschreibungen eines Sachverhaltes gibt, die einfachste, symmetrischste und schönste Möglichkeit in aller Regel auch die letztlich zutreffende Möglichkeit ist. Diese Qualität, nach der von diesen Wissenschaftlern geschaut wird, hat von ihnen mittlerweile den Namen „Eleganz" erhalten.

Aufgrund des Harmoniebestrebens der Waage will dieses Sternzeichen die Welt stets als ein Ganzes beschrieben, also als eine lebendig Einheit, in der alle Teile sich aus denselben Grundprinzipien herleiten lassen. Sie will daher – wenn sie sowohl das naturwissenschaftliche Weltbild als auch das magisch-spirituell-religiöse Weltbild als richtig und real und funktionierend erkannt hat – beides miteinander zu einer Einheit verbinden.

Doch wie soll das möglich sein?

Die Naturwissenschaften betrachtet die Entwicklung von Dingen im Verlauf der Zeit – sie beschreiben folglich die Kausalität.

Astrologie, Magie, Religion und ähnliches beschreiben jedoch Analogien, d.h. Gleichzeitigkeiten, Synchronizitäten, Entsprechungen – also „zeitlose" Zusammenhänge im Augenblick wie z.B. den Charakter eines Menschen und den Stand der Planeten zum Zeitpunkt seiner Geburt.

Dieser Unterschied wird noch ein wenig deutlicher, wenn man ihn einmal graphisch darstellt – siehe die nächste Seite. Die Magie, die Astrologie und ähnliches ist in der Gegenwart und schaut, welche Muster und Zusammenhänge sie sieht, die Physik betrachtet hingegen die Dinge im Verlauf der Zeit. Die Magie findet in dem Diagramm auf der waagerechten Gegenwartsachse statt – die Physik findet hingegen auf der senkrechten Zeitverlaufs-Achse statt.

Daraus ergibt sich, dass man das magische Weltbild nicht mit dem wissenschaftlichen Weltbild erklären kann – und genauso wenig das wissenschaftliche Weltbild mit dem magischen Weltbild erklären kann. Doch was soll man denn dann überhaupt anschauen, um herauszufinden, wie diese beiden Weltbilder zusammengehören? Und irgendwie müssen sie ja zusammengehören, da beide Weltbilder dieselbe Welt beschreiben …

Die Antwort ist einfach: Man kann die Strukturen vergleichen, die in dem naturwissenschaftlichen Weltbild und in dem magisch-spirituellen Weltbild auftreten. Die Ernte ist bei diesem Ansatz ausgesprochen reich, auch wenn sie hier nur sehr kurz skizziert werden kann.

1. Waage und Spiegel

Die Naturwissenschaften vergleichen Mengen und Maße. Das bedeutet, dass das Gleich-heitszeichen „=" das zentrale Element in dieser Sichtweise ist.

Dieses „=" ist wie eine Waage.

Mit ihrer Hilfe wird alles in den Naturwissenschaften betrachtet:

$$2kg + 1000g = 3kg$$
$$100m + 17m = 117m$$
$$5cm \cdot 20g = 10cm \cdot 10g$$
$$200 : 25 = 8$$
$$E = m \cdot c^2$$

Die magisch-spirituellen Systeme vergleichen jedoch keine Mengen und Maße, sondern Strukturen und Qualitäten. Das bedeutet, das ein Gleichniszeichen „||" gebraucht wird, das dann das zentrale Element dieser Sichtweise ist.

Dieses „||" ist wie ein Spiegel.

Mit seiner Hilfe wird alles in dem magisch-astrologisch-spirituellen Weltbild betrachtet:

Motor – Auto || Pferd – Kusche

Mensch – Augen || Roboter – Kamera

Mensch – Gehirn || Maschine – KI

Situation || kleines Ereignis (Omen)

Charakter || Planetenstand zum Zeitpunkt der Geburt

Bei der Betrachtung von Quantitäten braucht man das Gleichheitszeichen „=" und für die Betrachtung von Qualitäten muss man das Gleichniszeichen „||" neu einführen.

Dieses Gleichnis-Prinzip findet sich bei der Beschreibung von Qualitäten in vielen verschiedenen Formulierungen:

- Astrologie: Gleiches entwickelt sich gleich

- Homöopathie: Gleiches wirkt auf Gleiches

- Magie: Gleiches ruft Gleiches herbei

usw.

Quantitäts-Vergleich: **Mathematik**

$$1 + 2 + 3 = 6$$

zentrales Element: ***Gleichheitszeichen***
(beschreibt meistens die zeitliche Entwicklung)

Qualitäts-Vergleich: **Analogie**

Kutsche   Auto

| | || | |

Pferd   Motor

Zentrales Element: ***Gleichniszeichen***
(beschreibt meistens *die Gleichzeitigkeit)*

Das Denken in Analogien in dem magisch-astrologisch-spirituellen Weltbild ist die Entsprechung zur Mathematik im kausal-naturwissenschaftlichen Weltbild. Beide – also Mathematik und Analogien – sind gleich präzise und nützlich, aber sie betrachten andere Zusammenhänge – Quantitäten bzw. Qualitäten – und führen daher auch zu verschiedenen Erkenntnissen.

2. Winkel

Da die Naturwissenschaften zeitliche Entwicklungen analysieren und die magisch-spirituellen Wissensbereiche Gleichzeitigkeiten untersuchen, kann man bei der Suche nach möglichen Gemeinsamkeiten nur Strukturen betrachten.

Die kleinsten Struktur-Einheiten sind die Winkel. Die Qualitäten dieser Winkel sind in der Physik und in der Astrologie und auch in den Qualitäten der Kristallgitter der Steine in der Steinheilkunde identisch. Das Folgende ist eine sehr knappe Schilderung dieser Analogien:

Der Winkel von 0° ist die Einpolarität. Sie findet sich in der Physik als die einpolare Gravitation und in der Astrologie als der Konjunktions-Aspekt. Beides ist eine Identität. In der Steinheilkunde ist dies das monokline Kristallgitter.

Der Winkel von 180° ist die Zweipolarität. Sie findet sich in der Physik als die zweipolare elektromagnetische Kraft (+/-) und in der Astrologie als der Oppositions-Aspekt. Beides ist der Wechsel zwischen zwei Polen. In der Steinheilkunde ist dies das rhombische Kristallgitter.

Der Winkel von 120° ist die Dreipolarität (Dreieck). Sie findet sich in der Physik als die dreipolare Farbkraft (rot/blau/gelb) und in der Astrologie als der Trigon-Aspekt. Beides ist der feste Zusammenhalt. In der Steinheilkunde ist dies das trigonale Kristallgitter.

Der Winkel von 90° ist die Abgrenzung. Sie findet sich in der Physik als der Winkel zwischen der elektrischen Welle und der magnetischen Welle, die stets abwechselnd auf „Maximum" und auf „0" sind, und in der Astrologie als der Quadrat-Aspekt. Beides ist eine „formbildende" Trennung. In der Steinheilkunde ist dies das kubische Kristallgitter.

Der Winkel von 60° ist die Gruppe von gleichen Einheiten. Sie findet sich in der Physik als die Form der Schneeflocke, als die sechs stabilen Orte auf der Umlaufbahn eines Mondes um einen Planeten oder als die Winkel zwischen gleichgroßen Kugeln in einem Eimer, sowie in der Astrologie als der Sextil-Aspekt. Beides ist die Anordnung von gleichen Elementen auf engem Raum. In der Steinheilkunde ist dies das hexagonale Kristallgitter.

3. Elementarteilchen und Tierkreis

Neben den Winkeln als den kleinsten Struktur-Elementen gibt es auch größere Gesamtstrukturen:

So gibt es 12 Elementarteilchen, die aus vier Teilchen (up-Quark, down-Quark, Elektron und Neutrino) in jeweils drei Größen bestehen.

Im Tierkreis entspricht dies den vier Elementen (Feuer, Wasser, Luft und Erde), die in den drei Dynamiken (erschaffend, ausgestaltend und nutzend) auftreten.

4. Superstring und Tierkreis

Der kleinste Superstring ist der des Gravitons. Superstrings sind – bildlich gesprochen – kreisförmige Saiten, die als stehende Welle schwingen (Saite = englisch: string). Das heißt, sie haben zwölf gleichgroße Bereiche, die schwingen und dazwischen jeweils einen Punkt, der sich in Ruhe befindet.

Auch der Tierkreis ist ein Kreis, der aus zwölf gleichgroßen Bereichen besteht, die scharf voneinander abgegrenzt sind. Dieser Tierkreis enthält als Verhältnis zwischen den einzelnen Tierkreiszeichen, die bereits beschriebenen Winkel (astrologische Aspekte) als das Verhältnis zwischen den einzelnen Tierkreiszeichen.

Der zwölfgeteilte Kreis

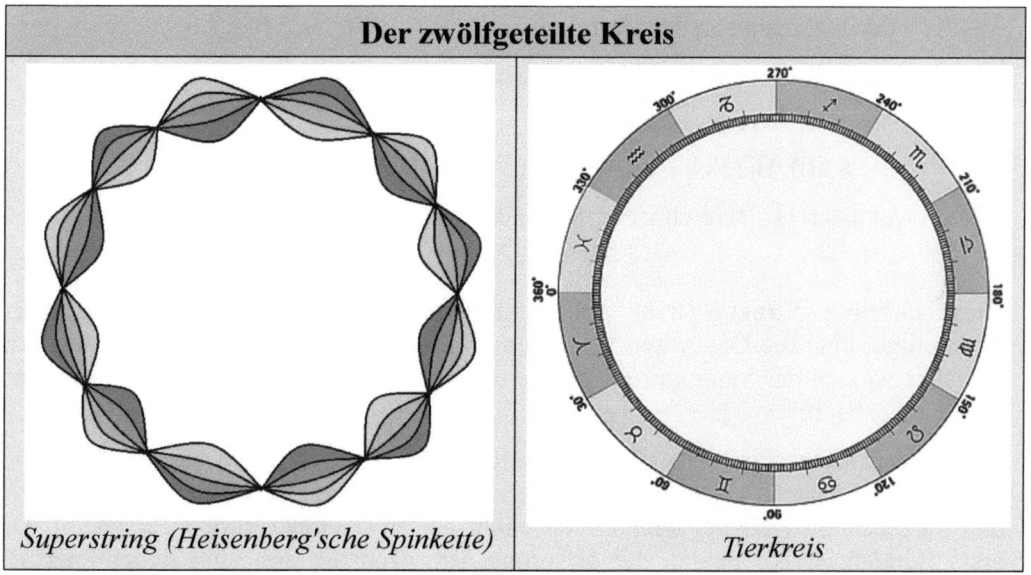

Superstring (Heisenberg'sche Spinkette)   *Tierkreis*

303

5. Superstringtheorie und Lebensbaum

(Diese Analogie wird hier nur sehr kurz geschildert, da eine ausführliche Darstellung sehr viel Mehr Platz benötigen würde – siehe den Buchhinweis am Ende dieses Kapitels.)

Die Superstring-Theorie wird durch ein mathematisches Modell mit elf physikalischen Dimensionen beschrieben.

- die 1. Dimension ist die Zeit;

- die 2.-4. Dimension sind die drei ausgedehnten Raum-Dimensionen;

- die 5.-10. Dimension sind sehr kleine Raumdimensionen (noch unter der Planck-Größe);

- und die 11. Dimension bildet die „Hülle" des Ganzen.

Der Lebensbaum aus der Kabbala ist eine Graphik, die ebenfalls aus elf Bereichen („Sephiroth") besteht.

- der 1. Bereich ist der Ursprung,

- der 2.-4. Bereich ist abgrenzungslos,

- der 5.-7. Bereich ist zentrierend,

- der 8.-10. Bereich ist beweglich,

- und der 11. Bereich ist einhüllend.

Diese elfteilige Struktur lässt sich in allen Dingen wiederfinden – von einem Staubsauger über die Deutschen Verfassung bis hin zum Aufbau einer Zelle. Auch die elf Dimensionen der Superstring-Theorie entsprechen genau diesen elf Bereichen auf dem Lebensbaum.

Die Superstringtheorie ist in 1-3-6-1 Bereich unterteilt. Der Lebensbaum ist in 1-3-3-3-1 Bereiche unterteilt. Der einzige Unterschied zur Superstringtheorie besteht darin, daß die Sechergruppe bei dem Lebensbaum als zwei Dreiergruppen erscheint. Der erste Bereich ist bei beiden der Ursprung, die nächsten drei sind unbegrenzt, die darauffolgenden sechs sind begrenzt, und der letzte, elfte Bereich ist einhüllend. Es ahndelt isch bei beiden Systemen offensichtlich um dieselbe Struktur.

Die Zeit entspricht auf dem Lebensbaum dem Ursprung; die drei ausgedehnten Raumdimensionen entsprechen auf dem Lebensbaum den drei abgrenzungslosen Bereichen auf dem Lebensbaum; die sechs kleinen Raumdimensionen entsprechen den drei zentrierenden und den drei beweglichen Bereichen auf dem Lebensbaum; und die einhüllende Raumdimension entspricht dem einhüllenden Bereich auf dem

Lebensbaum.

Der Lebensbaum integriert zudem auch noch die Astrologie: An den vier Übergängen zwischen diesen Bereichsgruppen auf dem Lebensbaum (die waagerechten Linien auf der Lebensbaum-Graphik) befindet sich jeweils der Tierkreis, d.h. die Orte an denen Horoskope entstehen.

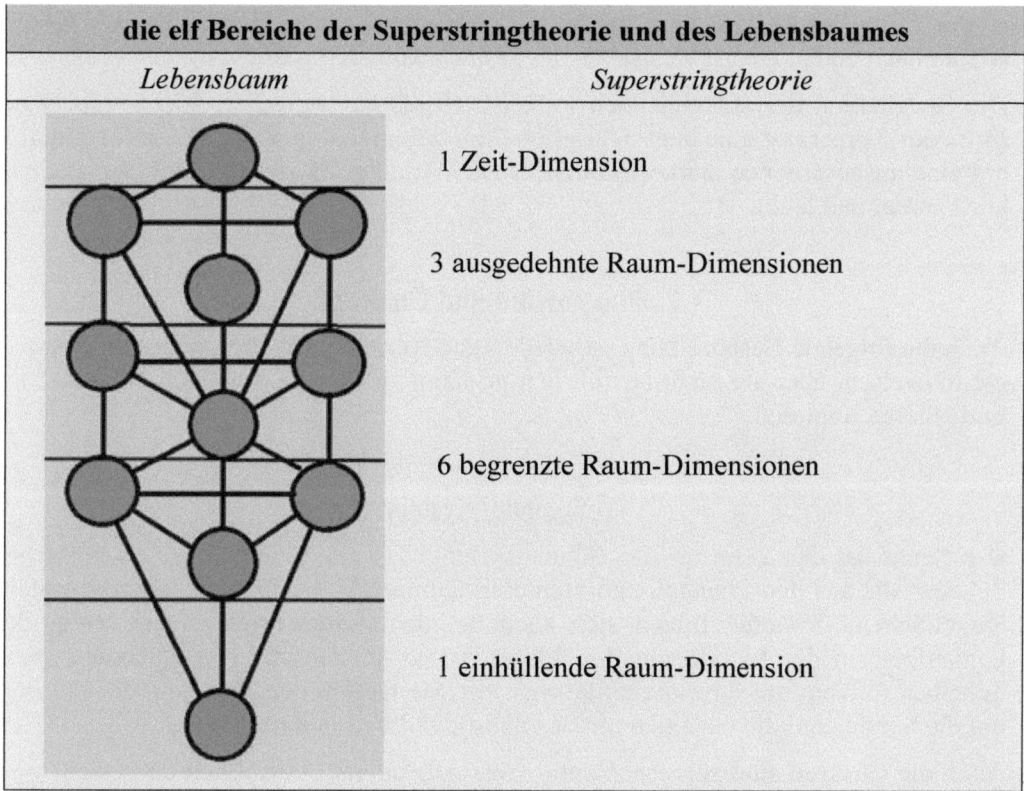

die elf Bereiche der Superstringtheorie und des Lebensbaumes	
Lebensbaum	*Superstringtheorie*
	1 Zeit-Dimension
	3 ausgedehnte Raum-Dimensionen
	6 begrenzte Raum-Dimensionen
	1 einhüllende Raum-Dimension

6. Superstrings und Kundalini

Ein Superstring ist im Wesentlichen einr schwingende „Kreis-Linie". Diese Form ist am deutlichsten bei den Gluonen zu sehen, die die drei Quarks im Proton und im Neutron zusammenhalten – die Quarks sind die Energiequanten der „Starken Wechselwirkung". Sie haben die Form eines Rings, in dem innen die Energie aufsteigt und außen wieder herabfließt.

Sehr wahrscheinlich sind auch die Photonen (Energie-Quanten der elektromagnetischen Kraft) und die Gravitonen (Teilchen der Schwerkraft) auf dieselbe Weise aufgebaut.

Diese Form der Bewegung („innen nach oben, außen nach unten") trägt im Allgemeinen den Namen „Konvektionsströmung". Diese Bewegung findet sich u.a. auch in einem Kochtopf, in dem die Suppe an manchen Stellen nach oben brodelt und an anderen Stellen wieder nach unten absinkt.

Diese Form hat u.a. dem Yoga zufolge auch die Lebenskraft im Menschen: Sie steigt in der Mitte des Leibes als „Kundalini" empor und fließt dann außen am Körper wieder nach unten. Dis ist sozusagen der „Lebenskraft-Kreislauf".

Die Imagination der aufsteigenden Lebenskraft als ein aufrechter Licht-Stab in der Mitte des Körpers ist eine der wichtigsten Grundübungen im Yoga. Diese Imagination hat eine ausgesprochen starke stabilisierende Wirkung, da sie den Fluß der Lebenskraft anregt und lenkt.

7. Sonnenwind und Chakren

Auch die folgende Beschreibung ist wieder eine Kurzfassung, die nur auf eine Analogie hinweisen, aber sie nicht ausführlich erklären soll (siehe die Buch-Hinweise am Ende dieses Kapitels).

rotierendes System

Die Sonne ist das Zentrum des Sonnensystem, das sie in der Form einer flachen Scheibe, die aus den Planeten und kleineren Himmelskörper besteht, umgibt. Solche Kugel/Scheibe-Systeme finden sich auch bei dem Saturn und seinem Ring, den Umlaufbahnen der Monde um ihre Planeten und der Gestalt von Galaxien. Diese Scheiben rotieren um ihren Zentralkörper: die Monde um den Planeten, die Planeten um die Sonne, und die Galaxien um das Schwarze Loch in ihrer Mitte.

Auch die Chakren sind scheibenförmig (weshalb sie als Lotusblüten dargestellt werden) und rotieren um ihre Mitte (weshalb sie auch „Chakra", d.h. „Rad" genannt werden).

der dreigeteilte Umraum

Der Umraum der Sonne hat einen komplexen Aufbau.

Der innere Bereich ist der sogenannte „Sonnenwind". In diesem Bereich hat die Sonne durch die von ihr abgestrahlten Photonen und Ionen alle Materie nach außen hin von sich fort geschoben.

Der Mittlere Bereich ist die „Stoßfront". In ihr hat sich die gesamte von der Sonne fortgeschobene Materie angesammelt. Sie befindet sich außerhalb der Umlaufbahn des Plutos. Sie hat in etwa eine Gesamtmasse, die der der Erde entspricht, doch sie ist nicht fest, sondern nur eine Hohlkugel-förmige Staubschicht.

Der äußere Bereich ist die sogenannte „Bugwelle". Da die Stoßfront immer weiter in das Weltall hinausgeschoben wird und sich dort bereits fein verteilte Materie befindet („Sternenstaub"), entsteht in dieser Materie eine Art Bugwelle.

Der Sonnenwind wird ganz von der Sonne geprägt. Er entspricht den vier erschaffenden Tierkreiszeichen (Widder, Krebs, Waage, Steinbock).

Die Stoßfront bildet eine feste Form. Sie entspricht den vier gestaltenden Tierkreiszeichen (Löwe, Skorpion, Wassermann, Stier).

Die Bugwelle ist eine Bewegung im Umraum. Sie entspricht den vier nutzenden Tierkreiszeichen (Schütze, Fische, Zwillinge, Jungfrau).

das Zentrum

Die Sonne ist die Mitte des Sonnensystems. In dem System der sieben Chakren, die man als die Organe des Lebenskraftkörpers ansehen kann, entspricht das Herzchakra in der Mitte, das die Identität enthält, der Sonne.

Das Sonnengeflecht unter dem Herzchakra und das Halschakra über dem Herzchakra sind die beiden Gefühls-Chakren. Sie entsprechen von ihrer Qualität dem Sonnenwind und den erschaffenden Tierkreiszeichen.

Das Hara unter dem Sonnengeflecht und das Dritte Auge über dem Halschakra sind die beiden Verstandes-Chakren. Sie entsprechen von ihrer Qualität der Stoßfront und den ausgestaltenden Tierkreiszeichen.

Das Wurzelchakra unter dem Hara und das Scheitelchakra über dem Dritten Auge sind die beiden Wahrnehmungs-Chakren. Sie entsprechen von ihrer Qualität der Bugwelle und den nutzenden Tierkreiszeichen.

die Rotationsachse

Die Sonne enthält elektrisch geladene Teilchen (Ionen). Da sich die Sonne dreht, entsteht durch diese Ionen ein Magnetfeld. Eine rotierende elektrische Ladung bündelt dieses Magnetfeld in der Drehachse der sich drehenden Körpers zu zwei Strahlen, die ihn nach oben und nach unten hin verlassen („Jets"). Diese oft leuchtenden Jets finden sich bei der Erde an den Polen als Nordlicht, bei der Sonnen und sogar bei ganzen Galaxien – selbst Schwarze Löcher haben solche Jets.

Von dem Herzchakra geht je ein Lebenskraft-Strahl („Sushumna") nach oben und nach unten, an dem sich die drei oberen und die drei unteren Chakren befinden. Auch das Herzchakra und alle anderen Chakren ebenso rotieren wie die Sonne – das indische Wort „Chakra" bedeutet „Rad". Diese Chakren werden zwar oft sekracht vorne auf dem Körper dargestellt, doch sie befinden sich eigentlich waagerecht im Körper – auch der Lebenskraft-Strahl ist die Rotationsachse der sieben Chakren.

die beiden Spiralen

Die beiden Jets (Magnetstrahlen) der Sonne beschleunigen Ionen, die dann in zwei sich in entgegengesetzte Richtung drehenden Spiralen von der Sonne fort fliegen. Die beiden Richtungen ergeben sich aus den beiden verschiedenen Ladungen der Ionen (+/-).

Um den Lebenskraftstrahl („Sushumna"), an den die sieben Chakren aufgereiht sind, kreisen zwei weitere Lebenskraftstrahlen („Ida" und „Pingala") in der Form von zwei Spiralen, die sich an jedem Chakra kreuzen. Dies wird auch als die beiden Schlangen am Hermesstab dargestellt.

das Gesamtsystem

Der Umraum der Sonne ist genauso aufgebaut wie das Chakrensystem, das ein zentrales Element der indischen Yoga-Lehre ist.

- Zentrum: Sonne – Herzchakra (Identität)

- Rotation: Sonne und Planeten um die Sonne – Chakren

- Scheibe: Planeten rings um die Sonne – „Blütenblätter" der Chakren

- Rotationsachse: Jets der Sonne – Lebenskraft-Stab (Sushumna)

- Spiralen um die Rotaionsachse: Ionen-Ströme – Ida und Pingala

- innerer Umraum: Sonnenwind – Sonnengeflecht und Halschakra (Ausdehnung, Gefühl)

- mittlerer Umraum: Stoßfront – Hara und Drittes Auge (Form und Gedanken)

- äußerer Umraum: Bugwelle – Scheitelchkara und Wurzelchakra (Kontakt und Erlebnis)

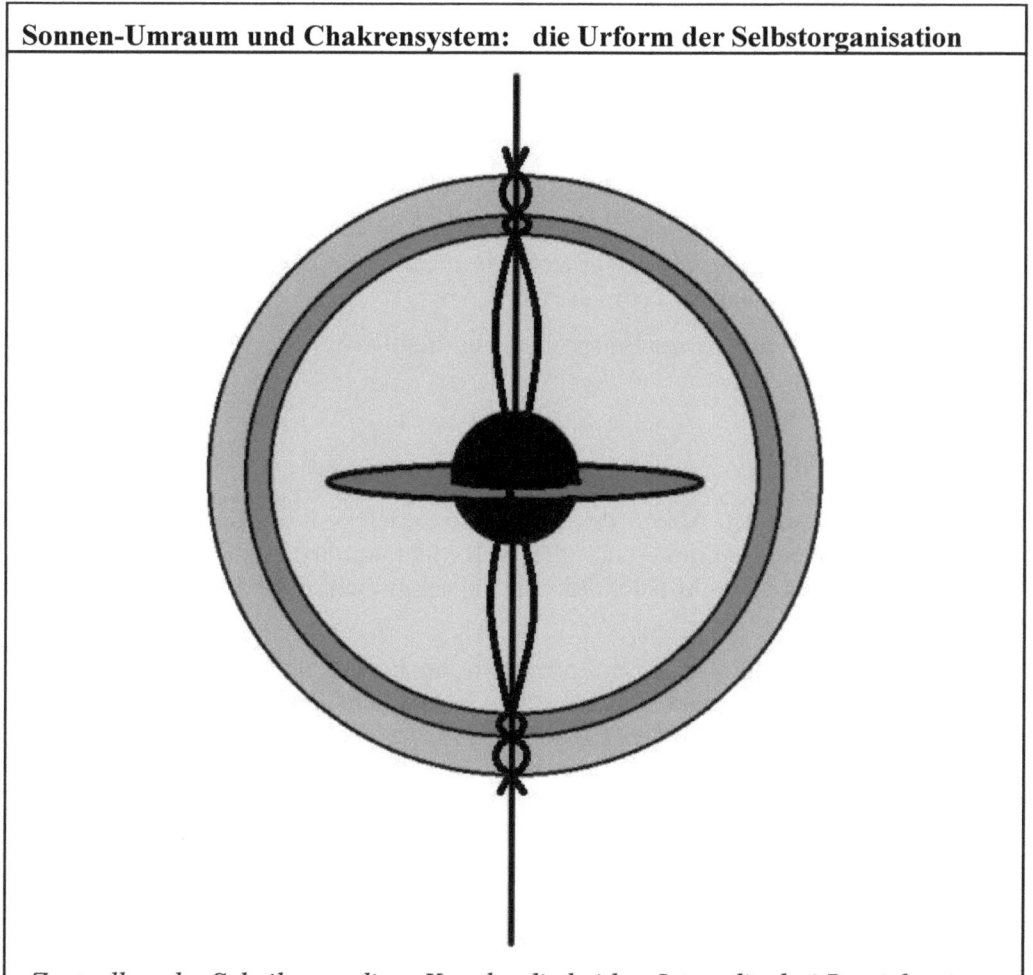

Zentralkugel – Scheibe um diese Kugel – die beiden Jets – die drei Bereiche rings um die Zentralkugel – die beiden Spiralen (hier als Bögen dargestellt)

8. Thermisches Gleichgewicht und Atomkerne

10.000 Jahre nach dem Urknall ereigneten sich genau gleichzeitig zwei Dinge. Zum einen endete das thermische Gleichgewicht, durch das es bis dahin überall im Weltall gleich dicht, gleich heiß und gleich hell gewesen war, und zum anderen bildeten sich die ersten Atomkerne.

Physikalisch gesehen gibt es – wie von den Physikern immer wieder betont wird – keinen Grund für diese Gleichzeitigkeit. Wenn man diese Vorgänge jedoch auf dem Lebensbaum betrachtet, finden sich diese beiden Vorgänge beide an derselben Stelle auf dem Lebensbaum und müssen daher auch gleichzeitig stattfinden.

Hier hat die Analogie den Ablauf der kausalen Entwicklung geprägt. Das lässt sich natürlich nur bei genauerer Kenntnis des Lebensbaumes plausibel nachweisen, sodass hier nur auf diesen Zusammenhang hingewiesen werden kann.

9. Quantenverschränkung

Bei der Quantenverschränkung verhalten sich – sehr vereinfacht gesagt – die beiden Teile eines Quants genau gleich, obwohl sie nicht mehr durch einen physikalischen Zusammenhang miteinander verbunden sind.

Dies kann man wie das vorige Beispiel als ein Sichtbarwerden der Analogie-Ordnung der Welt auffassen.

10. Symmetrische Entfaltung

Wenn man den kausalen Ablauf der Ereignisse in der Welt mit den Analogien in der Welt zusammendenkt, entfaltet sich die Welt nicht wahllos, sondern eben in Analogien. Daraus ergibt sich ein Bild, das eine „symmetrische Entfaltung" wie bei einem Kaleidoskop ist.

Ein weiteres Element, das diese „symmetrische Entfaltung" prägt, sind die Erhaltungssätze, die besagen, dass nichts aus dem Nichts heraus neu entstehen kann oder in das Nichts hinein verschwinden kann. Das bedeutet, das es zu jedem Ereignis auch seinen Gegenpol gibt („actio = reactio").

Die Grundaussage der Naturwissenschaften ist: *„Jede Begegnung zwischen zwei Dingen verändert diese beiden Dinge in vorhersehbarer Weise."*

Die Grundaussage der Analogien ist: „Gleiches wirkt auf Gleiches." oder etwas genauer gesagt: *„Analoge Dinge entwickeln sich analog zueinander."*

Die Grundaussage in dem hier betrachteten vereinheitlichten kausal-analogen Modell ist: *„Die Welt entfaltet sich auf symmetrische Weise."*

In beiden Weltbildern beginnt alles mit der Ur-Einheit: die Singularität bzw. Gott.

Dann folgt die Auflösung der Ur-Einheit: der Urknall bzw. die Schöpfung.

310

Dadurch entsteht der Ur-Gegensatz: der Urknall-Impuls und die Gravitation bzw. Yin und Yang.

Der erste Schritt in der Entstehung der Welt sieht in dem kausalen und in dem analogen Weltbild daher gleich aus. Man kann ihn wie folgt vereinfacht graphisch darstellen:

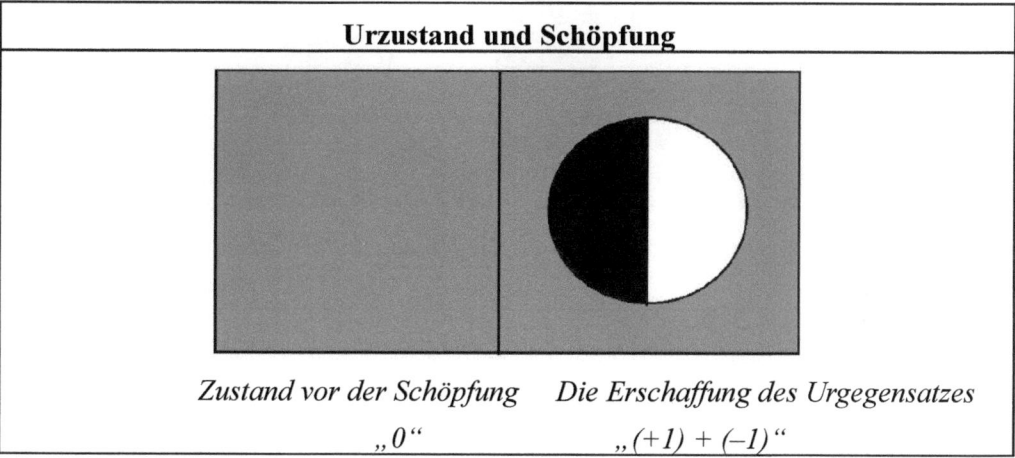

In den naturwissenschaftlichen Kausal-Weltbildern differenziert sich der Ur-Gegensatz auf „diffuse" Weise weiter, während die Differenzierung in den magisch-spirituellen Analogie-Weltbildern einem Gesamtmuster folgt, durch das ein Mandala entsteht, in dem jedes Teil einen sinnvollen Bezug zu allen anderen Teilen hat.

Dieser Unterschied zwischen den kausalen und den analogen Weltbildern in Bezug auf die fortschreitende Differenzierung der Welt lässt sich wieder auf einfache Weise graphisch darstellen:

Die Entwicklung

1. die Entwicklung im kausal-physikalischen Modell

Urzustand	Ur-Gegensatz	asymmetrische Differenzierung

2. die Entwicklung im analog-magischen Modell

Urzustand	Ur-Gegensatz	symmetrische Differenzierung

Das magisch-spirituelle Modell der Analogien steht also nicht im Widerspruch zu dem physikalischen Modell der Kausalität, sondern führt lediglich ein weiteres Element in die Beschreibung die Entwicklung der Welt ein: Die Ausdifferenzierung verläuft nicht zufällig-chaotisch, sondern symmetrisch-geordnet. In dem Analogie-Modell ist diese symmetrische Differenzierung nicht nur ein „ästhetischer Aspekt", sondern erschafft eine weitere, nicht-kausale Ordnung in der Welt.

Man kann diese Analogien auch in ihrem zeitlichen Aspekt beschreiben: *„Jedes Teil steht mit allen anderen Teilen mit derselben Qualität in einer Entwicklungs-Kopplung."*

Die Bedeutung dieses Satzes kann man am besten anhand der Astrologie erkennen: Die Planeten laufen auf festgelegten Bahnen mit festgelegten Geschwindigkeiten um die Sonne. Wenn man die Qualitäten der Planeten, der Winkel zwischen ihnen sowie der Tierkreiszeichen und der astrologischen Häuser herausgefunden hat, hat man ein Bezugssystem, das sich in vorhersehbarer Weise entwickelt und von dem man daher die zukünftigen Entwicklungen von Menschen, Tieren, Unternehmen usw. ablesen kann.

Der Unterschied zwischen der Entwicklung der Welt in den beiden Weltbildern der Physik und der Magie lässt sich durch die folgende Graphik noch etwas deutlicher veranschaulichen:

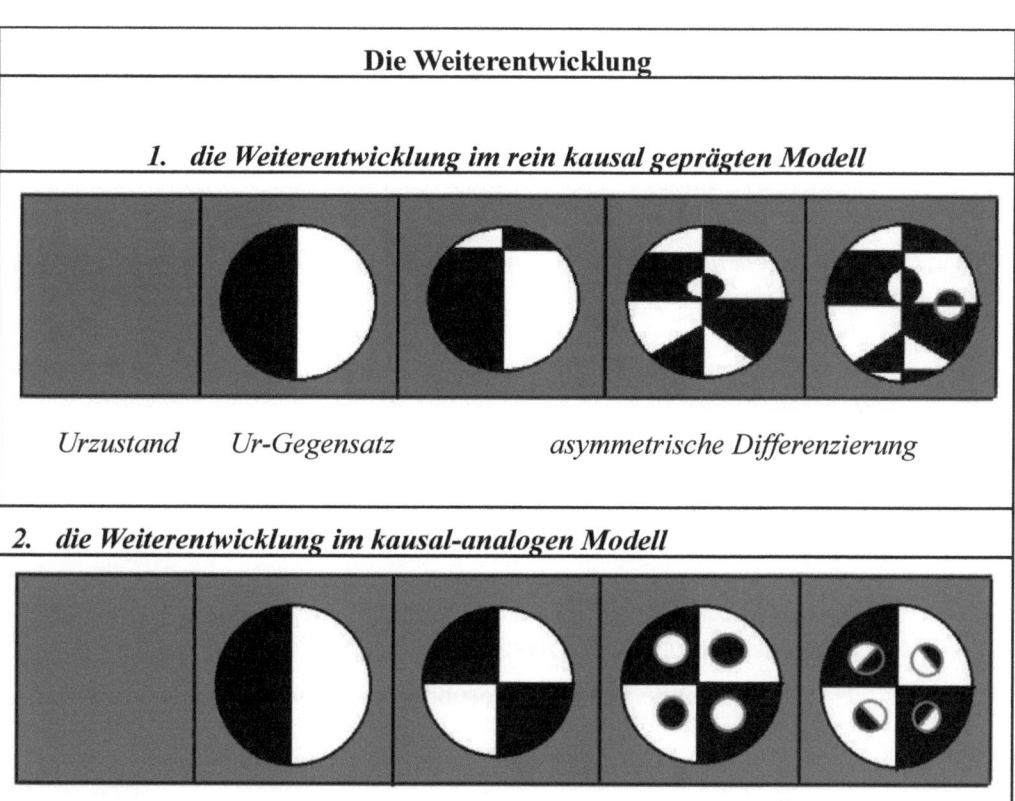

Aus diesen neun kurzen Betrachtungen zu den strukturellen Übereinstimmungen zwischen dem naturwissenschaftlichen Weltbild (das auf der Kausalität beruht und Quantitäten betrachtet) und dem magisch-spirituellen Weltbild (das auf Analogien beruht und Qualitäten betrachtet) ergibt sich, daß diese beiden Weltbilder keineswegs im Widerspruch zueinander stehen – sie sind lediglich zwei verschiedene Blickwinkel auf dieselbe Welt, die sich zu dem Bild der sich symmetrisch entfaltenden Welt verbinden lassen.

*

Was sagen berühmte Waagen, die sich mit spirituellen Dingen befasst haben?

Sie streben nach Widerspruchsfreiheit, Frieden, Harmonie und Schönheit.

> *„Das Gute ist stärker als das Böse, Liebe ist stärker als Hass, Licht ist stärker als Dunkelheit, das Leben ist stärker als der Tod."*
>
> Desmond Tutu, Priester und Menschenrechtler (Waage/Zwillinge)

> *„Die Religionen sind verschiedene Wege, die im gleichen Punkt münden. Was macht es, dass wir verschiedene Wege gehen, wenn wir nur das gleiche Ziel erreichen?"*
>
> Mahatma Gandhi, Rechtsanwalt und Politiker (Waage/Waage)

> *„Magie: die Methoden der Wissenschaft, die Ziele der Religion."*
>
> Aleister Crowley, Magier (Waage/Löwe)

> *„Derjenige, der meditiert, ist der, der keine Zeit vergeudet, der keine Energie verschwendet und der keine Gelegenheit verpasst."*
>
> Annie Besant, Theosophin und Autorin (Waage/Fische)

> *„Das Gegenteil einer kleinen Wahrheit ist eine Unwahrheit – das Gegenteil einer großen Wahrheit ist auch eine Wahrheit."*
>
> Niels Bohr, Nobelpreis-Träger für Physik (Waage/Schütze)

> *„Die Beziehungen, die Du in diesem Moment in Deinem Leben angezogen*

hast, sind genau die, die Du in diesem Moment in Deinem Leben brauchst."

Deepak Chopra, Heilungsforscher und Autor (Waage/Fische)

„Gewalt ist die Waffe des Schwachen, Gewaltlosigkeit ist die Waffe der Starken."

Mahatma Gandhi, Rechtsanwalt und Politiker (Waage/Waage)

*

Die Waage ist ein Schöngeist – sie strebt nach einer harmonischen Darstellung des Ganzen, nach Austausch und Ausgleich und Verbindung und Integration. Der Ansatz der Waage, also der Vergleich und das Gleichnis, ermöglicht es, das naturwissenschaftliche Weltbild mit dem spirituell-magischen Weltbild vollkommen zwanglos zu einem einheitlichen Weltbild zu vereinen, in dem beide Aspekte der Welt gemeinsam gesehen werden können.

Das Handwerkzeug in diesem neuen, einheitlichen Weltbild sind das Gleichheitszeichen „=" und das Gleichniszeichen „∥". Mit ihnen lassen sich sowohl die für die Kausalität wesentlichen Quantitäten als auch die für die Analogien wesentlichen Qualitäten systematisch und präzise erfassen.

Das umfassendste Analogie-System, das bisher bekannt ist, ist der Lebensbaum, der aus der Kabbala stammt.

*

Die Logik und die Genauigkeit der Analogie ist hier nur in sehr groben Zügen skizziert worden – doch zwei Dutzend Beispiele auch von komplexeren Analogie-Systemen würden den Rahmen dieser Betrachtung sprengen. Eine ausführliche und systematische Beschreibung sowohl der Analogien als auch des einheitlichen kausal-analogen Weltbildes dieser hier nur extrem kurz dargestellten Themen findet sich in: Harry Eilenstein – „Logik und Wirkung der Analogie".

Eine ausführlichere Herleitung und Darstellung dieses Lebensbaums findet sich in: Harry Eilenstein – „Blüten des Lebensbaumes I, II, III".

* * *

315

Experimente – Teil 7

Horoskope

Das Prinzip und die Richtigkeit von Analogien kann am ehesten durch das Kennenlernen der Horoskope von einem Dutzend verschiedener Personen gefördert werden.

Freundlichkeit

Wenn man einen Mangel, eine Angst oder eine Scham in sich kennt, kann man sich einmal hinsetzen und innerlich freundlich auf dieses alte Gefühl zugehen. Das ist dieselbe Haltung wie die, die man einem weinenden Kind gegenüber einnimmt, das sich die Knie gestoßen hat.

Wenn man sich in einer solchen Situation abwendet und dabei sagt: „Lass mich in Ruhe! Ich hab keine Zeit! Da ist doch gar nichts!", dann wird das Kind erst so richtig laut. Und auch dieses alte Gefühl im Keller der eigenen Psyche ...

Wenn man sich hingegen hinhockt, die Arme öffnet und sagt: „Komm mal her. Was ist denn passiert? Tut das arg weh?", dann beruhigt sich das Kind wieder, weil es gesehen und angenommen wird und seinen Rückhalt bei den Erwachsenen wieder spüren kann.

Das ist bei den eigenen alten „Gefühls-Konserven" nicht anders. Wenn man ihnen freund-lich begegnet und vielleicht ein inneres Gespräch mit ihnen beginnt, kann man sie kennenlernen und sie entspannen sich und man kann nach und nach zusammen mit ihnen herausfinden, wie diese alten Gefühle heilen können.

8. Durchsetzungsfähigkeit

♏

Der Skorpion will alle Dinge auf eine effektive Weise tun. Für ihn ist das schlüssige, einheitliche Weltbild, das die Waage formuliert hat, nur die Grundlage für sein Handeln. Die Waage skizziert die Landkarte – der Skorpion will darin wandern.

Der Skorpion sucht stets nach der wirksamsten Vorgehensweise, um ein Ziel zu erreichen. Dabei werden dann für die Informationsbeschaffung sowohl das Internet als auch Orakel verwendet, für die Werbung sowohl Anzeigen als auch Talismane, für die Selbstheilung sowohl Psychotherapie als auch Meditation usw. Es genügt nicht, nur zu wissen, dass es sowohl die Kausalität als auch die Analogie gibt, sondern man muss auch wissen, wann welche Methode wahrscheinlich am sichersten und schnellsten zum Erfolg führt – oder welche Kombinationen von Methoden.

In diesem Entwicklungsschritt auf dem Tierkreis wird auch erforscht, wozu die einzelnen kausalen und analogen Methoden in der Lage sind, wo man sie anwenden kann und vor allem auch, wie man sie noch effektiver gestalten kann. Hier geht es vom grundsätzlichen Verstehen des kausal-analogen Weltbildes – das die Waage erschaffen hat – zum Erkennen der möglichst wirkungsvollen Anwendung der kausalen und analogen Handlungsmöglichkeiten weiter.

Ein Blickwinkel dabei ist nicht nur die Effektivität, sondern auch die Macht im Sinne der Handlungsmöglichkeiten und Verwirklichungsmöglichkeiten.

Die Waage zeigt Möglichkeiten – der Skorpion entscheidet und handelt.

*

Was sagen berühmte Skorpione, die sich mit spirituellen Dingen befasst haben?

Sie suchen nach dem Wesentlichen, sie streben nach der Überwindung von Krisen, sie sind bereit für Verwandlungen.

„Sich hinsetzen und nachzudenken ist eine echte Knochenarbeit."

König Charles III (Skorpion/Löwe)

„Manche Dinge kann man nicht durch Nachdenken ergründen – man muss sie erfahren."

Michael Ende, Schriftsteller (Skorpion/Zwillinge)

„Mündig ist nicht, wer glaubt, Angst, Traurigkeit und Verzweiflung überwinden zu können, sondern wer sie zu durchleuchten vermag und daran wächst."

Karlfried Graf Dürkheim, Psychotherapeut und Autor (Skorpion/Steinbock)

„Nichts geht verloren. Alles wird nur verwandelt."

Michael Ende, Schriftsteller (Skorpion/Zwillinge)

„Das wahre Glück liegt in Dir."

Sai Baba, indischer Guru (Skorpion/Skorpion)

„Öffne das Herz eines Menschen und Du wirst darin eine Sonne finden."

Schwester Emmanuelle, Nonne (Madelaine Cinquin) (Skorpion/Schütze)

„Das Wissen, das der Beherrschung der Welt dient, entwickelt sich stetig weiter. Aber das Wissen eines Laotse ist eine Weisheit, die heute so gültig ist wie zu seiner Zeit. So gibt es ein Welt-Wissen, das sich im Fortschritt entwickelt, und ein Ur-Wissen um das Wesen und seinen Weg, das zeitlos ist."

Karlfried Graf Dürkheim, Psychotherapeut und Autor (Skorpion/Steinbock)

*

Der Skorpion ist ein Tänzer – er sucht nach der Intensität, nach dem Wesentlichen und nach der ständigen Weiterverwandlung zu dem, was er im Innersten ist.

Mit einiger Wahrscheinlichkeit wird er sich auf die intensiveren magisch-spirituellen Erlebnismöglichkeiten konzentrieren: auf die Astralreise (die Seele verlässt vorübergehend den materiellen Leib), das Erwecken der Kundalini (das freie Fließen der Lebenskraft im eigenen Körper), den Feuerlauf, die Trancetänze und ähnliches.

Durch den Skorpion entstehen die wirklich wirksamen Werkzeuge …

*

Eine ausführlichere Anleitung zum Beispiel für das Erlernen der Astralreise findet sich in: Harry Eilenstein – „Astralreisen für Anfänger".

* * *

Experimente – Teil 8

Die Drachenklaue

A streckt seinen Arm nach vorne hin aus. B stellt sich vor ihn, legt seine Hand auf den Ellenbogen von A und versucht den Arm hinunterzudrücken – was ihm sehr wahrscheinlich nicht gelingen wird.

Nun hebt B seinen rechten Arm in die Höhe, ballt die Hand zu einer Faust, streckt den Zeigefinger nach oben und krümmt ihn wie einen Angelhaken und sagt mit Nachdruck: „Drachenkralle!"

Dann berührt er A leicht an dessen Drittem Auge, also an der Stelle zwischen den Augenbrauen, und drückt noch einmal auf den Arm von A – mit vollkommen anderem Ergebnis als zuvor.

Im Grunde zeigt dieser Versuch dasselbe wie der „Shaolin-Versuch": Wenn man weiß, was man will und davon überzeugt ist, dass man das Ziel erreichen wird, hat man weit mehr Kraft als wenn man ständig an sich selber und an der Erreichbarkeit seines Zieles zweifelt.

Diese beiden Versuche und auch der „Smilie-Versuch" zeigen noch etwas anderes Wichtiges: Wenn man zulässt, dass man von der Meinung und den Absichten der anderen geprägt wird, hat man schon verloren. Wenn ich wie bei dem „Shaolin-Versuch" nur darauf schaue, dass mich die anderen festhalten, bin ich gefangen. Wenn ich mich wie bei dem „Drachenklaue-Versuch" von einer eindrucksvollen Geste fesseln lasse, ordne ich mich dem anderen und seinem Willen unter. Wenn ich mich wie beim „Smilie-Versuch" in eine hoffnungslose Sicht einsperren lasse, gelingt mir nichts mehr. Das ist unbewusste „Alltags-Selbsthypnose".

Der Schutz dagegen und die Heilung davon ist Eigenständigkeit: „Wer bin ich?" und „Wo will ich hin?" und „Los geht's!".

Mit dieser Haltung schafft man auch Dinge, die unmöglich scheinen – das ist Magie.

Feuerlauf

Man kann diese Einsgerichtetheit auf verschiedene Weisen kennenlernen: durch erfüllenden Sex, durch Angst, durch Schmerz, durch tiefe Meditation usw.

Eine einfache und effektive Methode ist die Teilnahme an einem Feuerlauf. Dort kann man barfuß über glühende Kohlen gehen, die 700°C bis 800°C heiß sind – obwohl bereits bei 300°C jedes Schnitzel anbrennt ... Man kann auch kreativ werden und in der Glut stehenbleiben, sie mit den Händen nehmen und sie in die Luft werfen, sich nackt in die Glut legen, mit Glutstückchen Kirschkernspucken spielen, einige Glutstückchen aufessen – obwohl das kein kulinarischer Genuss, sondern ziemlich trocken ist.

Wenn man erleben will, dass man Naturgesetze auch mal erfolgreich ignorieren kann, ist der Feuerlauf das geeignetste Experiment.

Das ist alles wirklich möglich – ich habe alles selber ausprobiert, was ich eben aufgezählt habe.

9. Entwicklung

Der Schütze sieht, was ist, und er sieht sofort auch, wozu es werden können. Er hat stets das Ideal im Blick und strebt danach, alles in diesen Idealzustand zu bringen. Er wird daher unter anderem auch danach schauen, welche Dinge in der heutigen Zeit am wichtigsten sind: Das Beenden der Kriege, das Beenden des Hungers, das Beenden der Klimaerwärmung, das Beenden des Artensterbens und dergleichen mehr.

Wenn der Schütze auch magisch-spirituelle Erfahrungen gesammelt hat, wird er wahrscheinlich auch solche Hilfsmittel wie Meditation und Magie für das Erreichen seiner Ziele einsetzen. Er verändert nicht mehr das Weltbild wie die Waage und er erschafft auch keine neuen und effektiveren Methoden wie der Skorpion, sondern wendet die jeweils effektivsten Methoden auf die drängendsten Ziele an, um einen besseren Zustand zu erreichen.

Der Schütze hat auch das Talent, mitreißende Reden zu halten und andere für die Mitarbeit in seinem Projekt zu begeistern. Dadurch werden die von der Waage entdeckten Möglichkeiten, die von dem Skorpion zu effektiveren Werkzeugen geformt worden sind, nun eingesetzt, um die Welt zu verändern und zu verbessern.

*

Was sagen berühmte Schützen, die sich mit spirituellen Dingen befasst haben?

Sie streben nach dem Besseren.

„Will das Bewusstsein in Unbekanntes vordringen, muss es 'Selbstverständlichkeiten' überwinden.“

Thomas Ring, Astrologe, Maler und Dichter (Schütze/Krebs)

„Die Frage ist nicht, ob es ein Leben nach dem Tod gibt. Die Frage ist, ob Du vor dem Tod lebendig bist.“

Baghwan (Osho), Guru (Schütze/Zwillinge)

„Auch das lauteste Getöse großer Ideale darf uns nicht verwirren und nicht hindern, den einen leisen Ton zu hören, auf den alles ankommt."

Werner Heisenberg, Physiker (Schütze/Zwillinge)

„Es gibt an dieser Welt nichts zu verbessern, aber sehr viel an sich selbst."

Thorwald Detlefsen, Psychologe, Esoteriker und Autor (Schütze/Steinbock)

„Wir wollen Männer und Frauen des Friedens sein, wir wollen, dass in dieser unserer Gesellschaft, die von Spaltungen und Konflikten durchzogen wird, der Friede ausbreche! Nie wieder Krieg! Nie wieder Krieg!"

Papst Franziskus I (Schütze/Krebs)

„Meditation bedeutet, sich zu erfreuen, einfach still zu sitzen und nichts zu tun, glücklich, sich ohne Ursache zu erfreuen, denn alle Ursachen kommen von außen. Du triffst eine schöne Frau, und du bist glücklich, du triffst einen schönen Mann, und du bist glücklich – aber der Meditierer ist einfach glücklich. Sein Glück hat keine äußere Ursache, sein Glück wallt von innen in ihm auf."

Baghwan (Osho), Guru (Schütze/Zwillinge)

„Der erste Trunk aus dem Becher der Naturwissenschaften macht atheistisch; aber auf dem Grund des Bechers wartet Gott."

Werner Heisenberg, Physiker (Schütze/Zwillinge)

*

Der Schütze ist ein Idealist – er entwickelt das kausal-analoge Weltbild nicht weiter, aber er zeigt, was sowohl mit den kausalen, naturwissenschaftlichen Methoden als auch mit den analogen, spirituellen Methoden getan werden muss.

*

Die erstrebenswerten Ideale muss jeder für sich selber entdecken …

* * *

Experimente – Teil 9

Hepp-Versuch

Person A legt sich mit dem Bauch auf die Erde und legt ihre Arme neben ihren Körper oder neben ihren Kopf. Person B legt sich mit ihrem Bauch quer über die Waden von Person A. Beide Personen zusammen sehen nun ungefähr wie ein „T" aus.

Person A versucht nun, Person B mit ihren Beinen hochzuheben – was in aller Regel nicht gelingen wird. Dabei sollte Person A auf ihre Beine achten und sich nicht durch eine verbissene Überanstrengung eine Muskelzerrung zuziehen.

Dann stellt sich Person A vor, dass von ihrem Kopf bis in ihre Füße ein weißer Lichtstrahl fließt, der sich in ihrem Gesäß in zwei Strahlen aufteilt. Dann stellt sich Person A vor, das Person B nur ein kleines Kissen ist, das leicht wie ein Federwölkchen ist. Nun sagt Person A innerlich „Hepp!" und hebt dabei Person B mühelos mit ihren Waden hoch – und Person B wird aller Wahrscheinlichkeit nach mit einigem Schwung über den Rücken von Person A kullern ...

Es gibt etliche Fälle mit vielen Augenzeugen, in denen ein Mensch einen Gegenstand hochgehoben hat, der so schwer ist, das ihm dies normalerweise vollkommen unmöglich gewesen wäre. Ein solcher Fall ist z.B. die Mutter, die einen LKW anhebt, um ihr Kind, das halb unter eines der Räder des LKWs geraten ist, zu befreien.

Ein ähnlicher Fall ist das beliebte Kinderspiel „sich schwer machen". Durch dieses „sich schwer machen" wird es sehr schwierig bis unmöglich, das betreffende Kind hochzuheben. Diese Methode wird gelegentlich auch in der Kampfkunst angewendet. Was die Kinder bzw. die Kämpfer dabei innerlich tun, lässt sich kaum beschreiben – sie wollen schwer sein und sind es dann auch. Diese Technik wird z.B. im Aikido benutzt.

Der „Hepp-Versuch" ist ein einfaches Experiment, bei dem die Körperkraft durch Telekinese deutlich verstärkt wird.

10. Selbsterhaltung

♑

Der Steinbock strebt nach Sicherheit und Beständigkeit. Daher schaut er, was verlässlich ist, wer in einem bestimmten Bereich die größte Autorität ist, was gründlich erprobt und seit langer Zeit bewährt ist … und er schaut sich die Geschichte der Menschheit an, um die Gegenwart zu verstehen.

0. Evolution – ungeborenes Kind

Von der „Ursuppe" bis zu den ersten Menschen vor 1,5 Millionen Jahren war es ein langer Weg.

Diese Entwicklung entspricht dem Heranwachsen eines Kindes im Leib seiner Mutter.

Astrologisch gesehen entspricht diese Phase dem Planeten Erde.

1. Altsteinzeit

In der Altsteinzeit lebten die Menschen als Teil der Natur in der Natur. Die Mutter war das zentrale Bild wie die vielen Mutter-Statuetten aus dieser Zeit zeigen.

Das Baby lebt in fester Symbiose mit seiner Mutter, die das Wichtigste für das Baby ist. Das Baby nimmt alles in den Mund, es grenzt sich nicht ab. Dies wurde von Freund „orale Phase" genannt.

Das Ordnungssystem der Altsteinzeit und der ersten, untersten Schicht der Psyche ist die Assoziation. Aus ihr ergibt sich die „Lebenskraft-Magie", bei der Lebenskraft übertragen wird.

Der Mensch erlebt sich als Teil des Ganzen – als Lebenskraft und mit den Menschen und den Tieren verbunden.

Daraus ergibt sich ein magisches Weltbild.

Astrologisch gesehen entspricht diese Phase dem Mond.

Die Essenz dieses Entwicklungsschrittes ist das „Ja".

- - -

Die schon mehrfach erwähnte „Lebenskraft" ist ein Wahrnehmungsphänomen, das weltweit ausgesprochen einheitlich beschrieben wird:

1. Sehen: ein milchigweißes Licht mit einem leichten Blauschimmer („Nebel", „Rauch")

2. Tastensinn: Vibrieren (6Hz)

3. Wärmewahrnehmung: verschiedene Formen der Hitze (Maximum: das im Körper aufsteigende Kundalini-Feuer)

4. Geruchssinn: warmer, weicher Duft (Vanille, frisch gebackenes Brot)

5. Hören: ein extrem tiefer Baß (wie der tibetische Baßgesang)

6. Geschmackssinn: unbekannt

Das Lebenskraft-Phänomen scheint also weltweit in dieselben Wahrnehmungen des physischen Körpers „übersetzt" zu werden.

2. Jungsteinzeit

In der Jungsteinzeit begannen die Menschen mit dem Ackerbau und der Viehzucht und erschufen dadurch die Insel der Kultur in dem Meer der Natur. Die Kultur-Insel wird durch den Korngott dargestellt – die Natur durch den Wildnisgott, der der Bruder des Korngottes ist. Sie finden sich noch in der Bibel als Kain und Abel.

Das Kleinkind, das zu laufen und zu sprechen gelernt hat, benutzt ausgiebig das Wort „Nein!", um sich gegen das abzugrenzen, was ihm nicht gefällt. Dies wurde von Freund „anale Phase" genannt.

Das Ordnungssystem der Jungsteinzeit und der zweituntersten Schicht der Psyche ist die Analogie. Aus ihr ergeben sich Götter und Mythen als die Urbilder, also die Essenzen der Analogien.

Der Mensch erlebt sich als zwischen zwei Polen stehend und als mit einer bestimmten Gottheit verbunden.

Daraus ergibt sich ein magisch-mythologisches Weltbild.

Astrologisch gesehen entspricht diese Phase dem Merkur und der Venus.

Die Essenz dieses Entwicklungsschrittes ist das „Nein!"

3. Königtum

Im Königtum wurde alles auf ein Zentrum hin ausgerichtet: auf den König und auf den Einen Gott. Alles wird von einer Mitte aus gestaltet.

Das Kind entdeckt das Wort „ich" und erlebt sich als eigenständiges Wesen mit einem eigenen Willen. Dieses „Ich" entspricht dem König. Dies wurde von Freund „phallische Phase" genannt.

Das Ordnungssystem des Königtums und der dritten Schicht der Psyche ist das Prinzip, also das Gesetz, die formale Regel, die in der Vielfalt Ordnung schafft. Aus ihr ergibt sich das Denken in Prinzipien, in dem alles von einer ersten Ursache abgeleitet wird: die Philosophie.

Der Mensch erlebt sich als Einheit und als mit Gott verbunden.

Daraus ergibt sich ein monotheistisch-philosophisches Weltbild.

Astrologisch gesehen entspricht diese Phase der Sonne.

Die Essenz dieses Entwicklungsschrittes ist das „Ich!!!"

4. Materialismus

Im Materialismus wird ganz nach außen auf die Welt geblickt und die Welt analysiert und durch Eroberungen, Technik und Industrie genutzt.

Der Jugendliche schaut nach außen und sucht nach einem Beziehungspartner und nach seiner Stellung in der Welt. Dies wurde von Freund „genitale Phase" genannt.

Das Ordnungssystem des Materialismus und der vierten Schicht der Psyche ist die Analyse. Aus ihr ergibt sich das wissenschaftliche Denken in Prinzipien, das alles von den Eigenschaften der kleinsten Teilchen herleitet.

Der Mensch erlebt sich als Einzelnes in einer Welt, die aus lauter Einzelnem und Einzelnen besteht – also nicht mehr als Subjekt, sondern als Objekt.

Daraus ergibt sich ein materialistisches Weltbild, das ganz auf Zahl und Maß und daher auf der Kausalität aufgebaut ist.

Astrologisch gesehen entspricht diese Phase dem Mars und dem Jupiter.

Die Essenz dieses Entwicklungsschrittes ist das „Du?"

5. Globalisierung

Im Globalisierungs-Zeitalter gibt es keine abgegrenzten Einheiten mehr, da alle Menschen, alle Völker und alle Staaten der Erde aufeinander wirken und weil alles, was an irgendeiner Stelle auf der Erde getan wird, auch Auswirkungen auf alle anderen Stellen der Erde haben kann (Internet, Kriege, Klimaerwärmung usw.)

Der Erwachsene lebt als Teil einer Familie und kann nicht unabhängig von seiner

Familie leben und glücklich sein. Dies kann „adulte Phase" genannt werden.

Das Ordnungssystem der Globalisierung und der fünften Schicht der Psyche ist die Wechselwirkung. Aus ihr ergeben sich Abhängigkeiten, Zusammenhänge, Kreisläufe, Grenzwerte und als überlebensnotwendige Handlungsmaxime die Kooperation.

Der Mensch erlebt sich als bewusster und eigenständiger Teil des Ganzen, der das Ganze in Verantwortung trägt und der von dem Ganzen in Vertrauen getragen wird. Hier wird die Auffassung des Menschen als Subjekt der Königtums-Phase mit der Auffassung des Menschen also Objekt der Materialismus-Phase zu der Auffassung des Menschen als Teil des großen Ganzen vereint.

Daraus ergibt sich ein Kontinuums-Weltbild, das in der Kernphysik schon weitgehend ausformuliert worden ist: Alles kann sich in alles andere verwandeln.

Astrologisch gesehen entspricht diese Phase dem Saturn.

Die Essenz dieses Entwicklungsschrittes ist das „Wir."

6. Zukunft I

In der Zukunft I wird ein stabiler Zustand von Bevölkerungsdichte, Rohstoffverbrauch, Energieerzeugung, Wohlstandsverteilung usw. erreicht worden sein. Dieser stabile Zustand kann durch neue Entdeckungen und Entwicklungen immer wieder verändert werden ohne dabei jedoch seine Stabilität zu verlieren.

Der ältere Mensch, dessen Kinder erwachsen geworden sind, kann neue Dinge erlernen und erleben und auch selber lehren. Er hat eine größere Freiheit als in der vorigen Phase erlangt. Dies kann „tutorale Phase" genannt werden.

Das Ordnungssystem der Zukunft I und der sechsten Schicht der Psyche ist die Variation und die Wahlmöglichkeit. Aus ihr ergibt sich eine Vielfalt von Lebensmöglichkeiten.

Der Mensch erlebt sich als deutlich freier und entdeckt neue Lebens-Möglichkeiten.

Daraus ergibt sich ein Weltbild der Entwicklung einer großen Vielfalt.

Astrologisch gesehen entspricht diese Phase dem Uranus und dem Neptun.

Die Essenz dieses Entwicklungsschrittes ist das „Anderes …"

7. Zukunft II

In der Zukunft II werden die Lebens-Möglichkeiten auf der Erde erforscht worden sein und es wird sich daraus eine Verwandlung zu etwas grundsätzlich Neuem ergeben.

Der alte Mensch wird weise und geht allmählich seinem Tod entgegen, der die größte aller Verwandlungen im Leben ist. Dies kann „geronte Phase" genannt werden.

Das Ordnungssystem der Zukunft II und der siebten Schicht der Psyche ist die Hingabe. Aus ihr ergibt sich die Bereitschaft zur grundlegenden Verwandlung.

Der Mensch erlebt sich Wanderer durch das eigene Leben.

Daraus ergibt sich ein Weltbild der ständigen Verwandlungen.

Astrologisch gesehen entspricht diese Phase dem Pluto.

Die Essenz dieses Entwicklungsschrittes ist das „Alles".

- - -

Die Entwicklung sowohl des einzelnen Menschen als auch der Menschheit kann durch sieben Worte beschrieben werden:

„ja" – „Nein!" – „Ich!!!" – „Du?" – „Wir." – „Anderes ..." – „Alles"

Zur Zeit – genauer gesagt seit ca. 1945 – stehen wir am Beginn des Zeitalters der Globalisierung. Die letzten 500 Jahre waren vom Materialismus geprägt, dem in der individuellen Biographie die Pubertät entspricht. Der Übergang von der Pubertät zum Erwachsensein ist eine der schwierigsten Phasen im Leben eines Menschen – und entsprechend groß sind auch die kollektiven Schwierigkeiten der Menschen auf der Erde bei dem Übergang von der pubertären Haltung des Materialismus zu der Erwachsenen-Haltung der Epoche der Globalisierung …

Doch wir stehen nun einmal an dieser Stelle in der Geschichte der Menschheit und müssen schauen, wie wir diesen Übergang ohne größere Schäden bewerkstelligen können.

*

Was sagen berühmte Steinböcke, die sich mit spirituellen Dingen befasst haben?

Sie schauen auf den großen Entwicklungsbogen und betonen die Notwendigkeit der Ernsthaftigkeit, der Beständigkeit und des Gottvertrauens, um etwas Gutes aufbauen zu können.

„Ich habe einen Traum ..."

Martin Luther King, Priester und Bürgerrechtler (Steinbock/Stier)

„Der Mensch ist wie eine Marionette. Die Fäden seiner Gewohnheiten, Emotionen, Leidenschaften und Sinne lassen ihn nach ihren Wünschen tanzen."

Yogananda, Guru und Autor (Steinbock/Löwe)

„Erkennen Sie sich selbst, bevor Sie sich über das Wesen Gottes und der Welt Gedanken machen."

Ramana Maharishi, Guru und Autor (Steinbock/Waage)

„Wer nicht an sich selber glaubt, ist ein Atheist."

Vivekananda, Guru und Autor (Steinbock/Steinbock)

„Die größte Liebe aber könnt ihr erfahren, wenn ihr euch in der Meditation mit Gott vereint. Die Liebe zwischen Seele und Geist ist die vollkommene Liebe – die Liebe, die ihr alle sucht."

Yogananda, Guru und Autor (Steinbock/Löwe)

„Geh doch nicht die mühsame Treppe der Furcht zu Gott herauf. Nimm den bequemen Aufzug der Liebe."

Sankt Therese von Lisieux (Steinbock/Waage)

„Sei wie ein Kind – klar, liebend, spontan, unendlich flexibel und in jedem Augenblick bereit sich zu wundern und ein Wunder anzunehmen."

Mother Meera, Guru und Autorin (Steinbock/Schütze)

*

Der Steinbock ist ein Realist – er schaut sich die Menschen und die Dinge genau an und prüft, was sie eigentlich sind und was sie wollen. Danach prüft er seine Möglichkeiten und entscheidet dann, auf welchen Weg er seine ganze Kraft und seinen ganzen Fleiß ausrichtet, damit er in seiner langsamen, aber gründlichen Art letztlich Dinge erreichen kann, die anderen unmöglich erscheinen.

*

Eine ausführliche Darstellung dieser hier nur umrisshaft beschriebenen analogen Entwicklung des Einzelnen und der Menschheit – also Geschichte und Biographie – findet sich in: Harry Eilenstein – „Die Sieben Schritte des Lebens".

* * *

Experimente – Teil 10

Die Sushumna

Im Yoga und in der Meditation ist der Lebenskraft-Strahl, der vom Herzchakra in der Mitte der Brust nach oben bis zum Scheitel und nach unten bis zu den Genitalien reicht, ein sehr wichtiges Element. Man kann ihn als das Rückgrat des Lebenskraft-körpers ansehen.

Wenn man einmal aus irgendeinem Grund nervös, verwirrt oder ängstlich sein sollte, kann man in seinem Körper einen milchig-weiß leuchtenden Lichtstrahl visualisieren, der von den Genitalien bis hinauf zum Scheitel reicht – das ist schon alles. Die Wir-kung davon ist immer wieder beeindruckend.

Wenn man nicht warten will, bis man mal wieder nervös oder im Stress ist, um die Wirksamkeit dieser Imagination zu testen, kann man auch den folgenden Versuch durchführen: A stößt B gegen die Schulter und schaut, wie B darauf reagiert: Schwankt er, stolpert er, tritt er einen Schritt zurück oder fällt er gar um?

Dann stößt B gegen die Schulter von A und beobachtet dessen Reaktion.

Nun visualisiert B den Lichtstab in seinem Körper und wenn er fertig ist, stößt A wieder B gegen die Schulter und vergleicht die Reaktion mit der ersten Reaktion „ohne Lichtstrahl".

Zum Schluss visualisiert auch A den Lichtstab in sich und B stößt A gegen seine Schulter und schaut nach seiner Reaktion.

Diese Visualisierung lässt sich vielfältig verwenden: als Vorbereitung für einen Sprung, für ein Referat, für eine Balance-Übung, für einen Judo-Wettkampf, für die Forderung nach einer Gehaltserhöhung, für ein schwieriges Gespräch, für einen Bühnen-Auftritt usw.

In der Magie findet sich dieser Lichtstab auch als „Weltenbaum", „Mittlere Säule" und noch unter einigen anderen Namen mehr.

Bindhu

Das Bindhu ist das Gegenstück zu der Kundalini:

> *- Die Imagination des Lichtstrahles vom Herzchakra über das Wurzelchakra zu der glühenden „Mitte der Erde" ruft Kraft empor – das ist die Kundalini.*

> *- Die Imagination des Lichtstrahles vom Herzchakra über das Scheitelchakra oben auf dem Kopf zu dem „Herzen der Sonne" ruft Integration herab – das ist das Bindhu.*

Das Bindhu ruft man daher, wenn man traurig oder depressiv ist, wenn man die Orientierung verloren hat, wenn man einen Schock erlebt hat o.ä., also wenn man die Integration der Psyche bzw. ihre Re-Integration benötigt.

Die Kundalini gibt Kraft, das Bindhu gibt Lächeln.

11. Utopie

≋

Der Wassermann sieht, was alles noch nicht so ist, wie es am besten sein sollte, und entwirft daher eine Utopie. Solch eine Utopie geht weiter als das Ideal des Schützen, der einfach zwei oder drei Schritte zu einem besseren Zustand gehen will. Der Wassermann schaut jedoch sehr viel weiter in die Zukunft und entwirft sozusagen die Grundzüge eines „Goldenen Zeitalters". Daher ist der Wassermann immer auch ein wenig ein Revolutionär.

In vielen Fällen enthält diese Utopie Elemente aus vielen verschiedenen Weltanschauungen und Religionen – in den meisten Fällen sind diese Utopien daher auf Toleranz und Weltbürgertum aufgebaut. Es gibt jedoch fast immer auch vollkommen neue Elemente in dieser Utopie, die der Wassermann selber erschaffen hat.

Das, was all diesen Utopien gemeinsam ist, ist der Blick auf das Große Ganze, die Gesamtschau der Welt. Es gibt etliche solche Entwürfe für das ideale Zusammenleben der Menschen. Drei der bekannteren sind die um ca. 420 v.Chr. durch Plato verfasste Atlantis-Schilderung in seinem Werk „Timaios", das Augustinus um 413-426 n.Chr. geschriebene Buch „Der Gottesstaat" und das 1943 veröffentlichte Werk „Das Glasperlenspiel" von Hermann Hesse.

Es wäre erfreulich, wenn auch in der heutigen Zeit ein solches Werk erscheinen und bekannt werden würde – doch vermutlich wird die derzeitige Entwicklung eher eine Graswurzel-Revolution werden, an der sehr viele Einzelne an sehr vielen verschiedenen Stellen mitwirken und ihren Anteil beitragen.

Man kann zumindest vermuten, dass dabei einige der „Werkzeuge" aus dem magisch-spirituellen Analogie-Weltbild eine größere Rolle spielen werden. Zu diesen Werkzeugen könnten die Astrologie, der kabbalistische Lebensbaum, das Chakren-System sowie das Ba Gua aus dem chinesischen Feng Shui und das indische Vastu Purusha gehören, die alle komplexe Analogie-Systeme sind.

In dieser Utopie werden Bewusstsein und Materie recht sicher die beiden gleichberechtigten Seiten der einen Realität sein – die Innenseite und die Außenseite der Welt. Durch diesen Zusammenhang kann sowohl die Materie das Bewusstsein prägen als auch das Bewusstsein die Materie lenken.

Wenn der Wassermann auch magisch-spirituelle Erfahrungen gesammelt hat, wird er wahrscheinlich auch solche Hilfsmittel wie Meditation, Magie und das Erschaffen von kollektiven Bildern für das Erreichen seiner Ziele einsetzen. Die bekannteste

Beobachtung zu diesem Vorgehen ist der berühmte „100. Affe": Wenn genügend Affen (oder eben auch Menschen) etwas gelernt und angewendet haben, wird das Wissen bzw. das Bild dieses neuen Verhaltens so stark, dass es sich (telepathisch) auch auf Affen bzw. Menschen überträgt, die keinerlei Kontakt mit den Erfindern dieser Neuerung hatten.

*

Was sagen berühmte Wassermänner, die sich mit spirituellen Dingen befasst haben?

Sie beschwören die Verwirklichung ihrer Utopie herauf.

„Wir müssen uns davor hüten, in den fürchterlich weit verbreiteten Irrtum zu verfallen, dass das, was wir sehen, alles ist, was es da zu sehen gibt."

> Charles Leadbeater, Priester und Theosoph (Wassermann/ Stier)

„Der Mystiker und der Wissenschaftler kommen zu denselben Schlussfolgerungen – der eine beginnt bei dem inneren Reich, der andere in der äußeren Welt. Die Übereinstimmung ihrer Ansichten bestätigt die alte indische Weisheit, dass Brahman, der die letztendliche äußere Realität ist, mit dem Atman, das die letztendliche innere Realität ist, identisch ist."

> Fritjof Capra, Physiker, Philosoph und Ökologe (Wassermann/Stier)

„Ich schaue in mich selbst. Ich sehe die Welt draußen kaum. Meine Augen blicken nach innen. Es ist mir egal, was die Menschen tun oder sagen – ich jedenfalls suche die wahren Dinge."

> Bob Marley, Musiker (Wassermann/Schütze)

„Versuche die Einheit von allem zu verstehen – es gibt einen Gott und alle sind eins in ihm."

> Charles Leadbeater, Priester und Theosoph (Wassermann/ Stier)

„Die Befreiung ist nichts, was Du erschaffen musst – die Befreiung ist in Dir."

Situ Rinpoche, tibetischer Lama (Wassermann/Jungfrau)

„Die Größe eines Menschen hängt nicht davon ab, wie viel Reichtum er erlangt, sondern von seiner Fähigkeit, andere in seinem Umfeld positiv zu beeinflussen.“

Bob Marley, Musiker (Wassermann/Schütze)

„Soviele Seelen, soviele Pfade zu Gott.“

Ramakrishna, Mystiker und Guru (Wassermann/Wassermann)

*

Der Wassermann ist ein „verrückter Professor“ – er erforscht die Welt, sucht nach der Weltformel, entwirft eine Utopie und versucht andere dafür zu begeistern, diese Utopie zu verwirklichen. Und er ist ein Theoretiker …

Doch gegen Theorien ist ja nichts einzuwenden – wie mein Freund Jörg Wichmann einst gesagt hat: „Nichts ist praktischer als eine gute Theorie.“

*

Eine ausführliche Skizze der derzeit notwendigen Utopie findet sich in dem bereits angeführten Buch: Harry Eilenstein – „Die sieben Schritte des Lebens“.

* * *

Experimente – Teil 11

Familienaufstellung

Bei einer Familienaufstellung hat ein Teilnehmer ein Problem, bei dessen Lösung er Hilfe braucht. Der Leiter schaut, welche Personen an dem Problem beteiligt sind, und bittet dann verschiedene Teilnehmer, diese Personen darzustellen. Das können z.B. die Mutter, die Schwester und der Großvater des Ratsuchenden sein. Diese Teilnehmer stellen sich dann z.B. auf einen großen Teppich, der sozusagen die Bühne für die Familienaufstellung ist.

Sobald die Teilnehmer auf dieser Bühne sind, verhalten sie sich wie die Personen, die sie darstellen, obwohl sie nichts über diese Personen wissen. So verhält sich z.B. der Mann, der den Großvater des Ratsuchenden darstellt, auf einmal völlig cholerisch und hinkt auf dem linken Bein – so wie der reale Großvater, von dem der Teilnehmer diese Eigenschaften jedoch noch nicht gewusst hat.

Das Gefühl, dass man dabei hat, lässt sich durch Worte nicht vermitteln – das muss man selber erleben.

12. Bewusstsein

H

Die Fische haben keine feste Grenze zur Welt – sie erleben sich als einen Teil der Welt. Daher sind sie es, die die magisch-spirituellen Erkenntnisse und Möglichkeiten in den Alltag tragen und dadurch ihr eigenes Leben und das der andren auf meist recht unscheinbare, unauffällige und bescheidene Weise verbessern. Für sie sind Toleranz und Freude an der Vielfalt in der Welt eine natürliche Selbstverständlichkeit.

Die Fische sind die, die letztlich alle neuen Entdeckungen erden und zu einem selbstverständlichen, normalen Bestandteil der Welt und des Lebens machen.

Für die Fische sind auch solche Entdeckungen wie der Teilchenzerfall in der Physik, der keinen festen kausalen Regeln folgt, sondern nur eine statistische Wahrscheinlichkeit hat, nichts, was sie in ihrem Weltbild stört. Ihr Weltbild ist eher ein fließendes Spüren als klare Regeln. Sie können diese „statistische Kausalität", die beim Teilchenzerfall sichtbar wird, gut mit ihrer Sicht auf die Dinge vereinen – schließlich sehen sie die Welt als ein Kontinuum an.

Wenn man nun die Welt im ganz Kleinen betrachtet, sieht man nur noch Bruchstücke der eigentlichen Vorgänge – die im einzelnen Zerfall nicht festgelegte Zerfallsart eines Teilchens erscheint nur deshalb als unberechenbar und nur durch eine Zufalls-Wahrscheinlichkeit definiert, weil man nicht weiß, welche Ecke eines Vorganges man sieht, der eigentlich in einem größeren Rahmen betrachtet werden müsste.

*

Was sagen berühmte Fische, die sich mit spirituellen Dingen befasst haben?

Sie sprechen über sich als Teil der Welt und über Lebensweisheit.

„Der Mensch erfand die Atombombe, doch keine Maus der Welt würde eine Mausefalle konstruieren."

Albert Einstein, Physiker (Fisch/Krebs)

„Der Horizont vieler Menschen ist wie ein Kreis mit Radius Null. Und das nennen sie dann ihren Standpunkt."

Albert Einstein, Physiker (Fisch/Krebs)

„Zwei Dinge sind unendlich, das Universum und die menschliche Dummheit, aber bei dem Universum bin ich mir noch nicht ganz sicher."

Albert Einstein, Physiker (Fisch/Krebs)

„Der Weg zur 'Weisheit' oder zur 'Freiheit' ist der Weg zu Deinem inneren Wesen. Dies ist die einfachste Definition der Metaphysik."

Mircea Eliade, Religionswissenschaftler (Fische/Wassermann)

„Ein Freund ist ein Mensch, der die Melodie Deines Herzens kennt und sie Dir vorspielt, wenn Du sie vergessen hast."

Albert Einstein, Physiker (Fisch/Krebs)

„Das Schönste, was wir erleben können, ist das Geheimnisvolle."

Albert Einstein, Physiker (Fisch/Krebs)

„Versuch zu erkennen, dass es alles in Dir ist – niemand anders kann Dich dazu bringen, Dich zu verändern."

George Harrison, Gitarrist der Beatles (Fische/Waage)

*

Der Fisch ist ein Menschenfreund – er ist ein Träumer und ein Tagträumer, der spüren kann, woher der Wind weht und wie er daher am besten das Segel seines Schiffes ausrichten sollte. Daher braucht der Fisch im Grunde keine Welterklärung – er kann die Welt und die Möglichkeiten in ihr spüren.

*

An dieser Stelle sollte man nicht noch mehr lesen, sondern eher etwas erleben – sich das eigene Horoskop deuten lassen, sich die Tarotkarten legen, an einer Schwitzhütte teilnehmen oder irgendetwas anderes in dieser Art. Das wird die Realität der magisch-spirituellen Analogie-Ordnung in der Welt deutlicher machen als noch ein weiteres

Buch …

* * *

<u>Experimente – Teil 12</u>

Die Silberschnur

Wenn man einen Wunsch hat, kann man von seinem Sonnengeflecht aus (kurz unter dem Brustbein) ein Dutzend milchig-weiß leuchtende Lebenskraft-Lichtschnüre („Silberschnüre") zu den erwünschten Dingen in der Welt aussenden.

Dieses schon erwähnte Verfahren kann man auf einen Beziehungswunsch, auf ein vergriffenes Buch, auf einen Arbeitsplatz, auf eine Wohnung, auf einen Lehrer und auf alles mögliche andere anwenden.

Anschließend an diese Wunsch-Aussendung wird dann „Genosse Zufall" dafür sorgen, dass man das Gewünschte erhält.

Oft tritt die Wunscherfüllung schon nach einer halben Stunde ein oder zumindestens der erste Schritt für diese Wunscherfüllung.

So habe ich mir mit 25 Jahren einmal das Buch „Ossian" von MacPherson gewünscht, das so teuer war, dass ich es mir nicht leisten konnte. Da kam mein Schwager zu mir, der vor der Godesberger Post zwei Eintrittskarten für ein Konzert von Leonard Bernstein in Bonn gefunden hatte. Er hat sie mir gegeben, weil er mit Klassik nichts anfangen kann. Da habe ich dann ein bisschen Detektiv gespielt und herausgefunden, wem diese Karten gehören. Als ich es wusste, bin ich dann zu der Adresse gegangen – die Karten gehörten einer alten Frau. Sie wollte mir unbedingt etwas für diese Karten geben. Als ich dann gesagt habe, dass ich mir gerade eigentlich nur das Buch „Ossian" wünsche, griff sie in ihr Bücherregal und hat den „Ossian" herausgeholt und ihn mir geschenkt.

So macht das „Genosse Zufall" mit der Wunscherfüllung …

Die 12 Dynamiken der Verwandlung

Entwürfe für die Zukunft – Band 37

Inhaltsübersicht

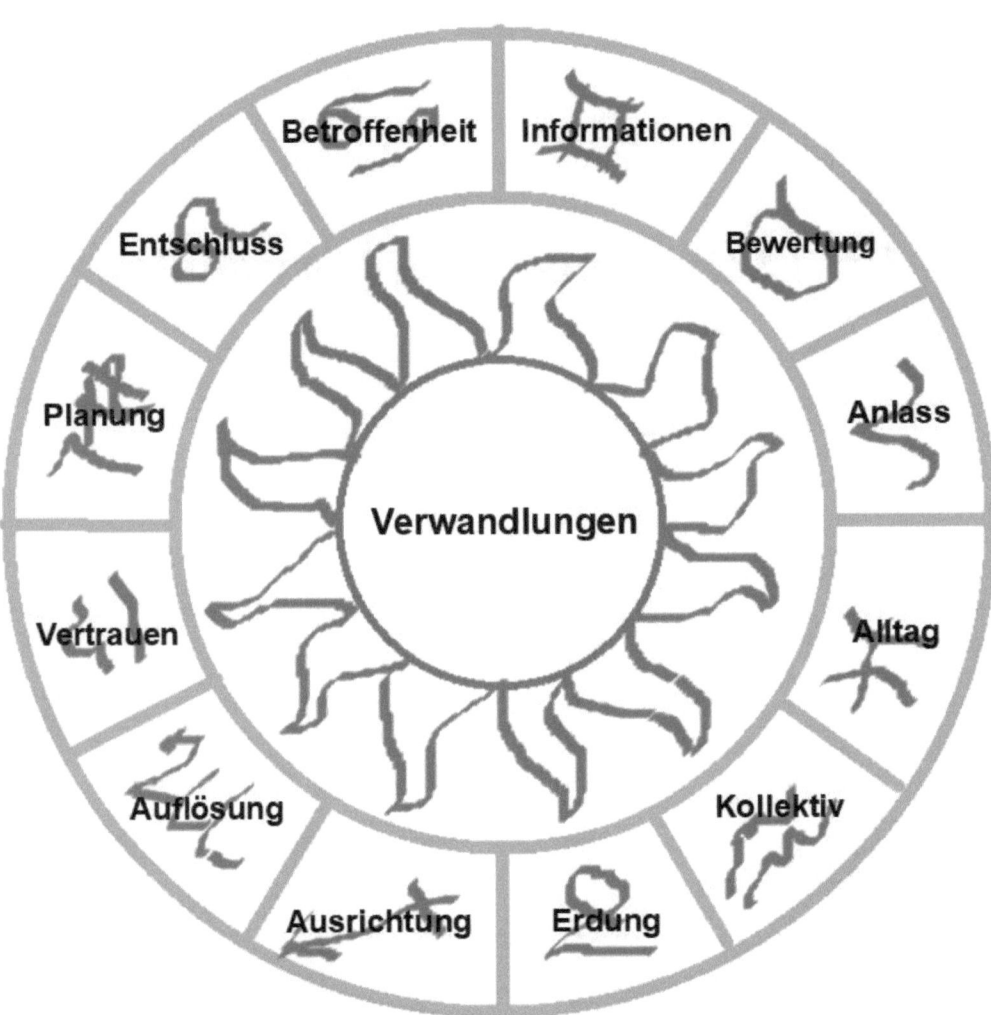

1. Anlass

♈

Allgemeine Dynamik

Jede Veränderung und jede Verwandlung beginnt damit, dass es einen Grund, einen Anlass für eine Veränderung gibt. Dies kann entweder das Streben nach etwas Besserem sein (was relativ selten ist) oder das Vermeiden von etwas Schmerzhaftem (was der häufigere Fall ist). Als Drittes kann es noch äußere Ursachen geben, die eine Veränderung herbeiführen, die niemand aktiv angestrebt hat.

Wenn alles gut ist, so wie es ist, gibt es keinen Grund, etwas zu verändern.

Individuelle Verwandlungen

Auch ein einzelner Mensch strebt nur dann eine Veränderung an, wenn er eine Not vermeiden oder etwas besonders Verlockendes erreichen will. Diese Not kann z.B. seine Armut sein und das Verlockende der Reichtum. Es können aber auch innere Zustände sein wie Depressionen oder ein Burnout, den der Betreffende heilen will, oder andere, glückliche Bewusstseinszustände, die er z.B. durch Meditation erreichen will.

Auch hier ist ein kraftvoller Ansporn notwendig, damit jemand sich von dem Ort und aus der Lage, an der er derzeit ist, fortbewegen will.

Paar-Verwandlungen

Bei Paaren gibt es am Anfang das Streben nach gemeinsamem Erleben – also die „zu etwas hin"-Motivation. Am Ende einer Beziehung steht hingegen die „von etwas weg"-Motivation. Dazwischen – also während der Beziehung – können beide Motivationen auftreten. Die „positive Motivation" besteht aus Liebe, Sex, Gemeinschaft, Austausch, Familie, Abenteuer, Sicherheit, Heim und noch einigem mehr, was man gemeinsam erleben möchte. Die „negative Motivation" besteht aus Streit, Eifersucht, Mangel, Eingesperrtsein, Überforderung, Gewalt, Langeweile – die vollständige Liste dieser Gründe wäre ziemlich lang …

Es gibt natürlich auch noch den Fall, dass in einer Beziehung noch eine zweite oder dritte „positive Motivation" auftritt, die nicht mit der Beziehung vereinbar ist, wie ein Umzug ins Ausland, die ständige berufliche Abwesenheit, ein Seitensprung und dergleichen mehr.

Wenn der Druck in der Beziehung zu groß wird, hält die aktuelle Form der Beziehung diesem Druck nicht mehr stand und es kommt zu einer Verwandlung – manchmal zu einer Verwandlung in einer gewollten und angestrebten Weise, öfter jedoch in einer eher schmerzhaften und unberechenbaren Weise.

Gemeinschafts-Verwandlungen

Auch in Gemeinschaften kann es zu Veränderungen kommen: in der Familie, in der Sippe, in einem Verein, in einem Unternehmen, in einer Partei usw. Die Gründe können hier recht vielfältig sein: eine Krise, in der die Gemeinschaft nicht mehr wie gewollt funktioniert; das Streben nach Macht eines Einzelnen in dieser Gemeinschaft; das gemeinschaftsschädigende Verhalten eines Einzelnen oder mehrere Gemeinschaftsmitglieder; unterschiedliche Vorstellungen darüber, wozu die Gemeinschaft da ist und was ihre Mitglieder tun sollen; der Tod eines prägende Mitglieds der Gemeinschaft; usw.. Auch hier ist die Zahl der möglichen Gründe für eine Verwandlung sehr groß.

Wie bei einer Beziehung kann sich die Gemeinschaft in solch einer Krise zu etwas Neuem verwandeln, sich von einzelnen Mitgliedern trennen, sich in mehrere Gruppen aufspalten oder sich als Ganzes auflösen. Wenn der Druck groß genug geworden ist – also in der Regel unterschiedliche Bestrebungen bei den Gemeinschafts-Mitgliedern – kann die alte Form diese Mitglieder nicht mehr zusammenhalten und es kommt zu einer Veränderung.

Gesellschafts-Verwandlungen

Auch ganze Gesellschaften können sich verwanden. Manchmal geschieht dies still und leise und fast ungewollt und unbemerkt wie z.B. durch die Einführung des Fernsehens, das in den Haushalten an die Stelle des Hausaltars getreten ist – sowohl von dem Platz in der Wohnung als auch von der Aufmerksamkeit her. Auch die Handys, I-Phones und das Internet haben die Kultur und das Leben grundlegend verändert, wobei es fraglich ist, ob irgendjemand all die Wirkungen dieser Neuerungen vorhergesehen und auch genau so gewollt hat. Es gibt also auch Verwandlungen, die sich einfach also aus dem Fortschritt der Technik ergeben und die in ihren Auswirkungen nicht geplant und gewollt waren.

Die positiven Motivationen sind eher selten – der Regelfall ist die negative Motivation: Aufstände wegen großer Armut und Hungersnöten; Kriege wegen der Machtgier oder dem Größenwahn von Einzelnen; Befreiungsversuche von Diktaturen; Umsturzversuche aufgrund neuer Ideologien; usw. Meistens sind es ganz schlicht Notwendigkeit wie großer Hunger oder andere Bedrohungen, die in einer Gesellschaft zu grundlegenden Veränderungen führen.

Leider sind Gesellschaften oft nicht sehr weitsichtig, sondern eher ausgesprochen kurzsichtig, was ihre Motivationen angeht. Ansonsten würden wir uns Menschen anders verhalten und hätten schon vor 50 Jahren verhindert, dass es überhaupt zu einer menschengemachten Klimaerwärmung kommt.

System-Verwandlungen

Schließlich gibt es noch die äußeren Gründe für Verwandlungen. Die heftigsten von ihnen sind die gewesen, die auch zu den fünf bisherigen Massensterben auf der Erde geführt haben: 1. Einschläge von großen Meteoriten, 2. große und langandauernde Vulkanausbrüche, und 3. das Driften der Kontinente zu den Polen, wodurch sie vereisen, der Meeresspiegel sinkt und sich die Lebensbedingungen auf der Erde grundlegend verändern.

Bei diesen fünf Katastrophen in der Erdgeschichte sind jedesmal 30% bis 70% aller Arten von Lebewesen ausgestorben – vor allem die größeren, die an der Spitze der Nahrungspyramide standen wie die großen Saurier. Die Würmer und die Insekten und die Einzeller hatten es leichter, Katastrophen zu überleben …

Heute arbeiten die Menschen (leider!) emsig daran, ein sechstes Massensterben aus-zulösen, was dazu geführt hat, dass bereits 28% aller Arten von Lebewesen gefährdet sind – und diesmal stehen nicht die Saurier, sondern wir Menschen ganz oben an der Spitze der Nahrungspyramide. Wie Eckard Hirschhausen zutreffend bemerkt hat, ver-halten wir uns derzeit kollektiv so, dass wir gleichzeitig die Saurier und der Meteorit sind, der die Saurier vernichtet hat …

Es wird dringend Weitsicht und ein darauf beruhendes Handeln gebraucht. Doch es gibt offensichtlich leider auch Fälle, bei denen es einen ausgesprochen großen Grund zum Handeln und zu einer Verwandlung gibt, doch wo die Weitsicht und die Einsichtsfähigkeit nicht ausreichen, um daraus eine ausreichend große „negative Motivation" entstehen zu lassen, die dann auch zu einem effektiven Handeln führt.

Doch das ist schon das Thema eines späteren Kapitels dieses Buches.

Essenz

Keine Wirkung ohne Ursache. Keine Verwandlung ohne Grund für diese Verwand-lung.

2. Bewertung

♉

Allgemeine Dynamik

Es gibt immer eine Wunschvorstellung, wie etwas sein sollte. Das führt – vereinfacht gesagt – zu einer Mauer zwischen dem, was als angenehm empfindet und daher im Innen haben will, und dem, was man als unangenehm empfindet und was man daher im Außen lassen will. Dies ist ein schlichter Schutz vor dem, was man nicht will, und die Förderung von dem, was man will.

Individuelle Verwandlungen

Der Schutz von dem, was man gut findet, und der Schutz gegen das, was man schlecht findet, ist eine grundlegende Notwendigkeit. Sie ist ein Ausdruck des eigenen Lebens- und Überlebenswillens, ohne den man recht bald sterben würde. Nur das, was für das eigene Überleben sorgt, wird auch weiterleben.

Die schlichte Reaktion „Alles was ich nicht will, halte ich von mir fern!" ist zunächst einmal ausgesprochen sinnvoll. Es allerdings notwendig, sich in einem zweiten Schritt auch die Gesamtlage und die möglichen langfristigen Konsequenzen der eignen Handlungsmöglichkeiten anzusehen. Wenn dies nicht geschieht, kann das dazu führen, dass man nahende Ereignisse nicht sieht, die man derzeit noch einfach vermeiden könnte, die aber später sehr viel Stress machen würden.

Wenn aus diesem Schützen ein Isolieren wird, entstehen daraus schließlich psychische Krankheiten mit autistischen Aspekten. Das ist von Pink Floyd in „The Wall" anschaulich beschrieben worden.

Diese schlichte Selbstschutz-Reaktion sollte jedoch nicht dazu führen, dass man Dinge einfach nicht beachtet, sie aktiv ignoriert oder sie unbewusst verdrängt, weil sie so unangenehm sind – denn die Realität wird einen einholen …

Oder – um mit Michail Gorbatschow zu sprechen: „Wer zu spät kommt, den bestraft das Leben."

Paar-Verwandlungen

Beziehungen sind zunächst einmal das Bestreben, gemeinsam ein Innen (eben die Beziehung) zu erschaffen, das man genießen kann. Dann ist eine Beziehung aber auch ein Schutz gegen das Außen, das stören könnte. Allerdings kann auch im Außen etwas (oder jemand) auftauchen, das Genuss-versprechend sein kann.

Was tun? Das Bestehende bewahren? Das Neue probieren? Alles beim Alten lassen? Einen Neuanfang wagen? Wie süßt sehen die Kirschen in Nachbars Garten aus? Oder ist einem der Spatz in der Hand lieber als die Taube auf dem Dach? Auch hier kann es dazu kommen, dass man den Mangel, den man spürt oder die auch die Verlockung, die man sieht, so lange ignoriert, bis die Beziehung „ausgetrocknet" ist oder ein kleiner Anlass zu einem großen Streit führt, der dann die schöne Fassade zusammenbrechen lässt.

Man sollte stets aufrichtig hinschauen, abwägen, die Möglichkeiten sehen und dann entscheiden, was man tun will und ob eine Verwandlung ansteht. Doch auch das ist schon wieder das Thema von späteren Kapiteln.

Gemeinschafts-Verwandlungen

In einer Gemeinschaft gibt es sehr oft die allgemeine Tendenz, alles beim Alten zu lassen – die jedoch in der Regel von einigen „Unruhestiftern" gestört wird. Das Bewahren des Bestandes ist eine sinnvolle Haltung, denn das Bisherige hat ja einigermaßen funktioniert und Veränderungen sind ja nur sinnvoll, wenn man dadurch zu etwas Besserem gelangt.

Es gibt also auch in Gemeinschaften eine gewisse „bewahrende Trägheit", die allen Veränderungen entgegenwirkt. Das ist durchaus sinnvoll, denn dadurch müssen die, die etwas verändern wollen, die Notwendigkeit für diese Veränderungen deutlich, klar und überzeugend darlegen.

Es kommt natürlich trotzdem vor, dass eine Veränderung eigentlich dringend notwendig wäre, aber dass die, die sie durchführen müssten, einfach zu bequem dazu sind und diese Mühe anderen überlassen wollen oder die Notwendigkeit für die Veränderung schlicht ignorieren.

Das kann dann jedoch dazu führen, dass diese Gemeinschaft schließlich als Ganzes scheitert und durch die äußeren Umstände oder die inneren Notwendigkeiten, die vorher ignoriert worden sind, zerstört wird.

Gesellschafts-Verwandlungen

Auch ganze Gesellschaften haben diese Neigung zum Bewahren und Beschützen, was dann u.a. die konservativen Richtungen in der Politik ausmacht.

Oft schützen sich Gesellschaften auch gegen andere Gesellschaften mit einem anderen System. Das führt dann nicht nur zur Aufrüstung, sondern auch ganz konkret zu Mauern, Stacheldraht und Minenfeldern wie bei der „Berliner Mauer", dem „Eisernen Vorhang" beim Kalten Krieg zwischen West und Ost, d.h. zwischen der BRD und der DDR, die geplante Mauer zwischen den USA und Mexiko, der Grenze zwischen Nordkorea und Südkorea und Ähnlichem mehr. Zunächst einmal ist die Abgrenzung gegen das Unerwünschte natürlich sowohl sinnvoll als auch notwendig, aber wenn das zu Kriegen führt, ist schließlich nichts mehr übrig, was beschützt werden könnte. Das Abgrenzen muss also durch das Gespräch miteinander und durch die Bereitschaft zu einer Veränderung ergänzt werden.

Noch deutlicher ist die Notwendigkeit des Aufrechterhaltens des Realitätskontaktes – der in dem Bunker der kurzsichtigen Selbsterhaltung schon mal verloren gehen kann – bei solchen Themen wie Naturschutz, Artensterben, Umweltschutz. Wenn man hier die Mauern der Ignoranz stehen lässt, werden irgendwann die Konsequenzen dieser Gleichgültigkeit von Außen her durch diese Mauern in das eigene Heim brechen, denn jeder ist – egal wie hoch und wie dick der Zaun um das eigen Grundstück auch sein mag, auch ein Teil des gesamten Lebens auf der Erde.

Schutz des Eigenen ist gut, aber er muss stets mit der Weitsicht, die die Gesamtsituation erfasst, verbunden sein, da man sonst notwendige Veränderungen nicht sieht – geschweige denn sie durchführt.

Doch wenn dies nicht geschieht, werden die Kinder und Enkel dieser Menschen die Folgen des Nicht-Handelns ihrer Eltern und Großeltern tragen müssen …

System-Verwandlungen

Auch ganze Systeme haben eine Neigung zur Bewahrung des bestehenden Zustandes – allerdings gibt es in ihnen auch die ständige Verwandlung und Weiterentwicklung. Es gibt Tierarten wie z.B. viele Insekten, die auch schon vor 150 Millionen Jahren fast genauso wie heute ausgesehen haben und die mehrere Massensterben überlebt haben. Andere Arten wie z.B. die Menschen gibt es erst seit 1 Millionen Jahre und ungefähr so wie heute sehen sie erst seit ca. 50.000 Jahren aus – wobei sie erst in den letzten 500 Jahren die heutige Größe erreicht haben.

Ganze System haben eine andere Entwicklungstendenz als Menschen und menschliche Systeme, weil natürlich System wie z.B. die Gesamtheit der Lebewesen auf der Erde keine Ignorieren der Realität und auch keine Verdrängung von Tatsachen kennen, sondern sich so weiterentwickeln, wie es sich aus den allgemeinen Einflüsse und Möglichkeiten ergibt.

Menschen haben zudem ein Ziel – ganze Systeme wie das Leben auf der Erde entwickelt sich nicht auf ein Ziel hin, sondern entwickelt sich gemäß den vorhanden Einflüssen wie Nahrung, Wetter, Fressfeinde, Krankheiten, Naturkatastrophen usw.

Die Verwandlungen in ganzen Systemen sind nichts, was dieses System anstrebt, sondern sie sind einfach Teil der Entwicklung dieses Systems. Allerdings hat der Mensch als Teil des „Systems Erde" die Möglichkeit, die Lage in seinem System bewusst zu überschauen, die Konsequenzen seiner verschiedenen Handlungsmöglichkeiten

346

einzuschätzen und dann sinnvoll zu handeln. Leider machen wir Menschen von dieser eigentlich sehr erfreulichen Möglichkeit nicht allzu regen Gebrauch ...

<u>Essenz</u>

Bewahrung und Schutz sind gut – sie sind wie eine Haut. Aber man sollte sie durch Augen, die alles sehen, und durch ein Gehirn, das alles bedenkt, ergänzen.

3. Informationen

Ⅱ

Allgemeine Dynamik

Alles was man will und was man tut, hat als Grundlege die Informationen über das, was da ist, und über das, was gerade vor sich geht. Das, was man nicht weiß, kann man weder bedenken noch benutzen.

Im Zustand der Unwissenheit brechen die Verwandlungen über den Unwissenden herein – im Zustand des Wissens kann der Wissende die Verwandlungen herbeiführen und in seinem Sinne lenken.

Individuelle Verwandlungen

Was will ich? Welche Möglichkeiten sehr ich? Welche neuen Möglichkeiten kann ich erschaffen? Nach welchen Möglichkeiten kann ich suchen? Wen kann ich danach fragen? – Sprechen und Denken erweitern die eigenen Handlungsmöglichkeiten und zeigen und ermöglichen auch die wünschenswerten Verwandlungen.

Um mit diesem Fragen und Denken zu beginnen, muss natürlich erste einmal eine positive oder negative Motivation für eine Veränderung vorhanden sein (Kapitel 1) und man muss zu dem die Bereitschaft haben, sich die Dinge wirklich anzuschauen anstatt sich hinter der Hecke rings um den eigenen Garten zu verschanzen (Kapitel 2).

Diese „Ich sehe nichts!"-Haltung hat die Band „Supertamp" sehr anschaulich auf dem Cover ihrer CD „Crisis? What Cirsis?" dargestellt.

Paar-Verwandlungen

Auch als Paar muss man die Möglichkeiten sehen, um über Veränderungen nachdenken zu können, d.h. sich zu etwas anderem als dem, wie es gerade ist, hingezogen fühlen zu können. Generell gibt es in Beziehungen diejenigen, die die Beständigkeit suchen und die daher an der Beziehung festhalten, und diejenigen, die das Beste suchen und daher eine Beziehung auch beenden können.

Eine Besonderheit bei Beziehungen ist, dass sie nur so lange halten, wie das beide wollen – wenn einer der beiden die Beziehung nicht mehr weiterführen will, ist die Beziehung zu Ende.

Gemeinschafts-Verwandlungen

Auch hier prägen die Möglichkeiten, die die Einzelnen für diese Gemeinschaft sehen, die Verwandlungen dieser Gemeinschaft. Diese Verwandlungen können solidarische Gründe haben, d.h. sich auf die Förderung und die Weiterentwicklung der Gemeinschaft beziehen, aber sie können auch rein egoistische Gründe haben und sich nur auf den eigenen Vorteil beziehen und evtl. aus einer „Plünderung" der Gemeinschaft bestehen.

Gesellschafts-Verwandlungen

Gesellschaften können sich ebenfalls nur dann weiterentwickeln, denn vielen in der Gesellschaft eine Möglichkeit bewusst wir und wenn diese Vielen sich auch als eine Gemeinschaft innerhalb der Gesellschaft wahrnehmen. In der Regel geschieht dies, wenn es ein dringendes Problem gibt (Kapitel 1) und diese Problem nur durch eine Veränderung beseitigt werden kann (Kapitel 2) und schließlich jemand dazu ein Buch schreibt, Reden hält oder sonstwie Lösungen für dieses Problem eine großen Gruppe von Menschen deutlich macht. Dabei entstehen in der Regel auch Schlagworte, Fachbegriffe, Programme, Gründungsurkunden und dergleichen mehr.

Die Grundlage dafür ist das Erkennen von zukünftigen Probleme, das Forschen sowie die klare Darstellung von Problemen, Möglichkeiten und Lösungswegen. Idealerweise erden die anderen durch die Klarheit der Darstellung zu der Einsicht in die Notwendigkeit des Handelns gebracht.

System-Verwandlungen

Systeme brauchen keine Information in Form von Worten – die Informationen werden durch Tatsachen und Konsequenzen übertragen und verbreitet. Das kann ein zu großes anwachsen einer Bevölkerung oder der Population einer Tierart sein, die zu Hungersnöten führt; das kann ein Vulkanausbruch sein; oder die Klimaerwärmung und noch vieles andere. Die Welt ringsum verändert sich und führt dazu, dass sich das Leben für alle Lebewesen in diesem System ändert – oder ganz schlicht endet …

Essenz

Wachheit und Wissen sind förderlich für Verwandlungen, die die Lage verbessern.

4. Betroffenheit

♋

Allgemeine Dynamik

Es genügt nicht, dass ein Problem gesehen, erkannt und verstanden wird – aus einer Erkenntnis wird nur eine Handlung, wird man auch sieht, welche Wichtigkeit dieses Thema für einen selber hat. Nur die eigene Betroffenheit führt dazu, dass man sich erhebt und die Sache anpacken und ändern will.

Oft sind Bilder, Beispiele, Vergleiche oder bildhafte Umschreibungen notwendig, damit die Botschaft des Redners oder Schreibers (Kapitel 3) bei den Hörnern bzw. Lesern (Kapitel 4) ankommt.

Nur dann, wenn jemand ein Thema an sich heranlässt und es nicht abwehrt und verdrängt, können der Drang zu einer Veränderung und die Bereitschaft zu einer Handlung entstehen.

Individuelle Verwandlungen

Auch der einzelne Mensch reagiert nur dann mit einer Handlung, wenn er die Wahrnehmung des Problems (Kapitel 1) an sich heranlässt, über den eigenen Gartenzaun hinausschaut (Kapitel 2) und die Informationen und Überlegungen, die er zu diesem Problem hat, als Tatsachen akzeptiert. Doch wenn er dies tut, wird automatisch ein Gefühl aufsteigen, das die das Unangenehme beseitigen und das Angenehme erreichen will – es entsteht in ihm eine Motivation, die etwas verändern will.

Wenn das geschieht, öffnet er Tür und Fenster und schaut nach draußen und sucht nach konkreten Möglichkeiten.

Paar-Verwandlungen

Dieselbe Dynamik findet sich auch in Beziehungen – wobei es da in der Regel nur einer der beiden ist, der diese Beziehung oder eine bestimmte Dynamik, Belastung oder Einschränkung in dieser Beziehung nicht mehr aushält. Auch in diesem Menschen ist das ein Gefühl, ein Bedürfnis, ein Verlangen, ein Schmerz oder Ähnliches, das ihn zu der Suche nach einer Veränderung treibt. Tatsachen sind zunächst einmal einfach nur da (Kapitel 1).

In einem zweiten Schritt kann man ihre Wirkungen auf das eigene Leben sehen (Kapitel 2).

Man kann dann über diese Tatsachen nachdenken und sie und die eigenen Handlungsmöglichkeiten besser verstehen – doch Gedanken zeigen zunächst einmal nur Formen und Strukturen (Kapitel 3).

Doch das Erkennen der Bedeutung der Tatsachen für das eigene Leben führt zu Betroffenheit, zu Gefühlen und zu Motivationen. Die Gefühle haben eine Kraft und eine Richtung und drängen zur Tat (Kapitel 4).

Gemeinschafts-Verwandlungen

In einer Gruppe sind es in der Regel einer oder mehrere Einzelne, die sich dem Problem öffnen und den Stand der Dinge, wie sie gerade sind, nicht mehr aushalten können und ihn verändern wollen. Sie werden von den anderen zunächst einmal als Unruhestifter angesehen, bis es immer mehr werden, die die Notwendigkeit zu der Veränderung, auf die diese „Unruhestifter" hinweisen, einsehen und sich daher von dem Thema betroffen fühlen. Erst wenn es eine Mehrheit oder zumindest einen großen Anteil an der Gemeinschaft gibt, die dieses Problem sieht, als dringend empfindet und etwas unternehmen will, gibt es die Chance, dass sich diese Gemeinschaft verändert.

Gesellschafts-Verwandlungen

Dasselbe wie für die Gemeinschaft gilt auch für die Gesellschaft: Auch hier müssen zunächst einmal Einzelne oder kleine Gruppen auf das Problem hinweisen und genügend Menschen müssen ihnen zuhören und erkennen, dass das, was da gesagt wird, auch ganz konkret sie selber betrifft, bevor sich in einer Gesellschaft etwas in Bewegung setzen kann.

Solch eine Einzelne ist z.B. Greta Thunberg, die die „Fridays for Future"-Bewegung in Gang gebracht hat und schließlich sogar vor der UNO gesprochen hat: „Wie könnt ihr es wagen …!"

Manchmal gründen sich auch aufgrund eines großen Problems neue Parteien wie dies bei den Grünen in Bezug auf die Umweltzerstörung und bei der AfD in Bezug auf das ungelöste Problem der Migration der Fall gewesen ist – wobei sich die AfD erst nach und nach zu einer „Anti-Migranten-Partei" entwickelt hat.

In einigen Fällen gibt es auch eine Art Arbeitsteilung wie zwischen Karl Marx und Friedrich Engels, bei der der eine (Marx) die Lage analysiert und die Möglichkeiten darlegt (Kapitel 3) und der andere (Engels) die Menschen aufrüttelt und ihre Gefühle und somit den Drang, etwas zu verändert weckt (Kapitel 4).

An dieser Stelle der Entwicklung ist es notwendig, dass sich diejenigen, die alle von demselben Problem betroffen sind, dasselbe Gefühl und dasselbe Ziel haben, als eine Gruppe wahrnehmen können – erst dann können diese Menschen gesellschaftlich wirksam werden. So hat sich z.B. bei einer 1985 in den USA durchgeführten Umfrage herausgestellt, dass 40% der erwachsenen Amerikaner eine Weltsicht haben, die als „Culture Creatives" umschrieben worden ist. Doch diese 40% – immerhin ein Viertel der Erwachsenen in den USA – glauben alle, dass sie mit ihrer Weltsicht und mit ihren Zielen weitgehend alleine dastehen. Daher ist aus diesen „Culture Creatives" damals keine große Bewegung oder Partei geworden.

System-Verwandlungen

Systeme brauchen keine Betroffenheit oder Gefühle, um sich zu ändern – das ist etwas, was auf einzelne Lebewesen oder auf Gruppen von Lebewesen in einem System beschränkt ist. Wenn auf der Erde eine Eiszeit anbricht, weil z.B. die Kontinente zu den Polen driften, betrifft das alle Lebewesen auf der Erde, doch das System selber – also die Erde – hat keinerlei Motivation, daran irgendetwas zu verändern.

Essenz

Einsichten helfen, die Situation zu verstehen, doch erst Gefühle führen zu Motivation, auch etwas zu verändern.

5. Entschluss

♌

Allgemeine Dynamik

Wenn sich die Lage geändert hat (Kapitel 1), man die möglichen Vor- und Nachteile sieht (Kapitel 2), man die Möglichkeiten ergründet hat (Kapitel 3) und so betroffen von all dem ist, dass man etwas tun will (Kapitel 4) gelangt man zu dem Entschluss, etwas bestimmtes zu tun, um etwas Angenehmes zu erreichen oder um etwas Unangenehmes zu vermeiden.

Dieser Entschluss bündelt den Willen, der vorher wie das diffuse Licht einer Kerze gewesen ist, zu einem Willen, der einsgerichtet wie ein Laserstrahl ist. Nur mit diesem Entschluss, dieser Ausrichtung und dieser Bündelung kann der Wille wirklich wirksam werden.

Individuelle Verwandlungen

Wenn man etwas als Einzelner in seinem Leben erreichen will, braucht man ebenfalls diese Einsgerichtetheit. Sie lenkt die eigenen Fähigkeiten, die eigene Kraft, das eigen Bewusstsein und die eigene Lebenskraft auf ein Ziel aus. Erst durch diesen Entschluss wird es möglich, mit den eigenen Taten auch Erfolg zu haben.

Im vorigen Schritt (Kapitel 4) ist zwar die Betroffenheit entstanden, aber diese Gefühle sind noch vielfältig und haben keine klare Quelle und kein klares Ziel – erst durch den Entschluss werden die Gefühle fest mit dem Ich verbunden – und dieses Ich fasst dann einen Entschluss: „Ich will!"

Paar-Verwandlungen

Auch ein Paar kann solche Entschlüsse fassen: zusammen sein, heiraten, Kinder bekommen, eine Paar-Therapie beginnen, sich trennen und noch vieles mehr. Auch dazu sind Entschlüsse notwendig.

Bei allem, was beide gemeinsam tun wollen, müssen beide diesen Entschluss fassen – bei allem, was nur einer tun will oder was eine Trennung bedeutet, kann dieser Entschluss auch von nur einem der beiden gefasst werden.

Erst der Entschluss bringt die Entwicklung und die Veränderung in Gang.

Gemeinschafts-Verwandlungen

353

In einer Gemeinschaft sind es in der Regel wieder ein Einzelner oder ein kleine Gruppe, die den Entschluss fasst, etwas zu verändern. Die anderen können dann mitmachen oder nicht – und dieser Einzelnen oder diese Gruppe wird dann mit der Gemeinschaft den Entschluss umsetzen oder eben aus der Gemeinschaft austreten und es alleine tun oder eine andere Gruppe suchen.

Solche Entschlüsse innerhalb einer Gemeinschaft werden oft als Revolution innerhalb der Gemeinschaft empfunden und führen des Öfteren zu einer Spaltung dieser Gemeinschaft – aber es gibt natürlich auch die Möglichkeit, dass die Entschlüsse der Einzelnen die gesamte Gemeinschaft überzeugen können.

Gesellschafts-Verwandlungen

In einer Gesellschaft werden solchen neuen Entschlüsse oft zu Forschungsgemeinschaften, Vereinen, Unternehmen, NGOs oder Parteien, da sie eine offizielle Form brauchen, um wirksam werden zu können und vor allem auch, um zu einer großen Bewegung anwachsen zu können, der sich viele Menschen anschließen.

In aller Regel führt dies dann zu Auseinandersetzungen zwischen den verschiedenen Werten und Ansichten in dieser Gesellschaft – wobei es oft nicht gerade einfach ist, sie zu einem gemeinsamen Vorgehen zusammenzufassen. Das ist besonders bei den Diskussionen und manchmal geradezu Feindschaften zwischen Parteien zu beobachten, die dann „Unvereinbarkeits-Beschlüsse" u.ä. fassen und allgemein bekannt machen.

System-Verwandlungen

Systeme fassen wieder keine Beschlüsse, sondern entwickeln sich aus ihrer Eigendynamik heraus weiter.

Diesen „Entschlüssen" kann man noch am ehesten das Entstehen neuer Strukturen oder das Auflösen alter Strukturen in einem System vergleichen.

Essenz

Die Gefühle der Betroffenheit müssen mit der lenkenden und entscheidenden Instanz (bei dem Menschen also mit dem Ich) verbunden werden, damit sie zu einem Entschluss werden können, der dann eine Handlung in Bewegung setzen kann, die schließlich zu einer Veränderung führt.

6. Planung

♍

Allgemeine Dynamik

Der Entschluss richtet die den Willen, das Bewusstsein und die Kraft auf ein Ziel aus, aber das Ziel kann erst erreicht werden, wenn auch ein Weg zu diesem Ziel erkundet und beschrieben worden ist.

Dies ist der nächste Schritt: Man muss wissen, wo man anfangen kann, was man für den Weg braucht, und worauf man achten muss.

Individuelle Verwandlungen

Wenn man etwas Gutes erreichen oder etwas Schlechtes vermeiden will, ist Sach-kenntnis sowohl über das Gute bzw. Schlechte als auch über das eigene Verhältnis diesem Guten bzw. Schlechten und über den Weg dorthin bzw. von ihm fort erfor-derlich.

Diese Sachkenntnis ist stets erforderlich. Manchmal hat man diese Sachkenntnis bereits, aber in anderen Fällen muss man sich erst einmal kundig machen. Wie funk-tio-niert dieses PC-Programm? Was will dieser Mann von mir? Welche Vorlieben hat diese Frau? Welche Regeln gibt es in diesem Verein? Welcher Beruf passt am besten zu mir?

Die wichtigste Sachkenntnis dabei ist natürlich die Selbsterkenntnis, denn wenn man sich nicht selber recht gut kennt, kann es passieren, dass man mit viel Energie und Beharrlichkeit Ziele anstrebt, die sich dann, wenn man sie erreicht hat, als gar nicht so erstrebenswert herausstellen.

Paar-Verwandlungen

Auch ein Paar braucht diese Sachkenntnis – jeder muss sich selber erkennen und verstehen und beide dann auch noch den anderen. Das ist schon im Alltag wichtig, aber noch mehr, wenn man eine Veränderung anstrebt. Daher kann es förderlich sein, sich Hilfe von jemandem zu holen, der sich gut mit den Dynamiken und Möglich-keiten innerhalb von Paar-Beziehungen auskennt.

In diesem Zusammenhang werden die eigenen inneren Bilder wichtig. Jeder trägt ein Selbstbild in sich und zudem auch noch ein Suchbild – der innere Mann und die innere Frau. Solange die eigene Psyche weitgehend heil ist, sind diese beiden Bilder ausreichend klar erkennbar.

Wenn man jedoch heftige Dinge erlebt und noch nicht verarbeitet und geheilt hat, kann es sein, dass sich diese beiden inneren Bilder polarisiert haben und zu „Süchtiger und Asket", zu „Täter und Opfer" oder zu Angeber und Schüchterner" geworden sind. Diese Polarisierung geschieht dann mit beiden Bildern – also mit dem innen Frauenbild und dem inneren Männerbild.

Ein Mann, der z.B. schüchtern ist, spielt dann die Rolle des Schüchternen, aber es wird in seinem Leben auch den Angeber geben – und ebenso die Schüchterne und die Angeberin. Wahrscheinlich wird er sich eine Angeberin für seine Beziehung suchen, einen anderen Schüchternen als Freund, einen Angeber als Feind und eine Schüchterne als Vertraute. Daraus baut er dann das eigene Lebensdrama mit dem Titel „Wo ist nur meine Selbstliebe geblieben?", denn das, was dieses Schauspiel prägt, sind die Selbstzweifel, die entweder zu der „zu lauten" Angeberei oder zu der „zu leisen" Schüchternheit führen.

Gemeinschafts-Verwandlungen

Auch eine Gemeinschaft muss sich erst einmal diese Sachkenntnis über das Thema, bei dem man etwas erreichen will, erwerben, bevor sie etwas tun kann.

Zudem muss jeder Einzelne klar erkennen, was die eignen Stärken und Fähigkeiten sind und an welcher Stelle in dieser Gemeinschaft er am besten stehen sollte. Der zuverlässige Kassierer ist nicht unbedingt auch für das Halten von Reden vor großem Publikum geeignet und den geniale Erfinder sollte man in den meisten Fällen lieber nicht an die Buchhaltung heranlassen.

Gesellschafts-Verwandlungen

In einer Gesellschaft bildet sich diese notwendige Sachkenntnis meist nur zögerlich, da es in ihr immer viele gibt, die alles beim Alten lassen wollen und die jede Veränderung als einen Verlust ansehen. Daher muss die Sachkenntnis zu einem Thema schon sehr klar und deutlich und überzeugend dargestellt werden und zudem die Nachteile des Nicht-Handelns offensichtlich werden, damit etwas geschieht.

Doch selbst dann wird es noch immer Gegenwehr geben, weil manche fürchten, dass sie ihre Vorteile verlieren oder für etwas bezahlen sollen, was anderen zugutekommt und dergleichen mehr.

Veränderungen in einer Gesellschaft rufen eigentlich immer Gegenwehr hervor. Das liegt zum einen daran, dass die einen eine Maßnahme als dringend und für alle verbindlich erforderlich einschätzen, während die anderen sie für eine riesige Bedrohung der Menschen halten.

Ein drastisches Beispiel dafür ist das Impfen während der Coronakrise: Während die einen nicht schnell genug einen Mundschutz erhalten und geimpft werden konnten, weil sie Angst um ihr Leben hatten, wehrten sich die anderen nach Leibeskräften gegen das Impfen und den Mundschutz, weil sie Angst um ihre Freiheit hatten.

Wegen dieser verschiedenen Sichtweisen, die sich unvereinbar gegenüber stehen und sich gegenseitig hochschaukeln können, sind gesellschaftliche Veränderungen fast niemals einfach …

System-Verwandlungen

Die System-Verwandlung braucht keine Sachkenntnis, denn ein System sucht sich seinen Weg durch die Evolution, also durch den Umgang der Einzelnen in diesem System mit den veränderten Umständen.

Das Leben auf der Erde hat sich so entwickelt, wie es sich entwickelt hat, weil es eben genau die Möglichkeiten gab, die es gab, und weil genau die Umstände auf der Erde geherrscht haben, die damals da gewesen sind.

Ein System entwickelt sich nicht durch bewusste Entscheidungen und durch Sachkenntnis, sondern durch physische Veränderungen, durch viele kleine Ursachen und Wirkungen.

Ein System entwickelt sich nicht bewusst auf ein Ziel hin, sondern physikalisch aus der Kausalität heraus.

Essenz

Die Sachkenntnis zeigt den Weg zum Ziel – das sinnvolle Vorgehen bei der Verwandlung.

7. Vertrauen

♎

Allgemeine Dynamik

Es gibt noch einen wichtigen Faktor, der eine Veränderung ermöglicht. Der erste wichtige Punkt (Kapitel 1) war das Vorhandensein von etwas, was man ersehnt oder von etwas, was man fürchtet. Der zweite wichtige Punkt war die Betroffenheit, durch die man erlebt, dass ein Thema für einen selber wichtig ist (Kapitel 4). Nun kommt noch hinzu, dass man das ersehnte Ziel für erreichbar hält (Kapitel 7). Nur dann, wenn man einen Weg sieht und es für möglich hält, diesen Weg auch bis zu dem eigenen Ziel zu gehen, wird man aufbrechen und die Veränderung anstreben können.

Es wird also allgemein das Vertrauen in die Welt und speziell das Vertrauen in die Erreichbarkeit des Zieles gebraucht.

Individuelle Verwandlungen

Jeder Einzelne braucht, um losgehen zu können, das Vertrauen darin, an das Ziel gelangen zu können. Dabei gibt es zwei Dynamiken, die wichtig sind.

Die erste Dynamik besteht darin, dass man erkennt, ob man eine Rolle spielt, und wenn ja, welche. Solange man z.B. in der Rolle des Süchtigen oder des Angebers gefangen ist und nicht ganz bei sich selber ist, wird auch das eigene Leben durch die Rolle des Süchtigen bzw. durch die Rolle des Angebers geprägt sein. Um eine Verwandlung zu erreichen, wird es daher notwendig sein, diese Rolle aufzulösen und die eigene Psyche von den dieser Rolle zugrundeliegenden Gefühlen zu heilen. Bei dem Süchtigen und dem Asketen ist dies der Mangel – die verlorene Fülle; bei dem Täter und dem Opfer ist dies die Angst – die verlorene Kraft; und bei dem Angeber und dem Schüchternen ist dies der Selbstzweifel – die verlorene Selbstliebe.

Die zweite Dynamik besteht darin, dass man dann, wenn man klar auf eine Ziel ausgerichtet ist und es sich bildlich vorstellt, eine Resonanz in der Welt zu diesem Bild hervorruft, die dann einem dann als „sinnvoller Zufall" hilft, das eigene Ziel zu erreichen.

Paar-Verwandlungen

Verwandlungen in einer Beziehung beginnen – wenn es sich bei diesen Verwandlungen um Heilungen handelt – oft damit, dass man die Bilder und Gefühle, die man auf den anderen projiziert hat, wieder zu sich zurücknimmt.

Das bedeutet für den gierigen Süchtigen, dass er sieht, dass er immer wieder einen hilfsbereiten Asketen in sein Leben zieht – und für den Asketen, dass er ständig einen Süchtigen in sein Leben zieht. Den Streit um die Fülle, der das Leben der beiden prägt, können beide schließlich nur gemeinsam aufführen.

Dadurch, dass der Süchtige erkennt, dass er auch einen Asketen in sich trägt, und dass dieses Bild des Asketen ein Teil seiner eigenen Psyche ist, kommt er der Ursache des Leidens in seinem Leben und in seinen Beziehungen einen großen Schritt näher: Er sieht den eigentlichen Streit nun nicht mehr im Außen in seiner Beziehung, sondern zwischen zwei Bildern in seinem Inneren.

Dasselbe gilt auch für den Asketen, der das Bild des Süchtigen in sich selber wiederfindet, das ihn ständig im Außen auf Süchtige treffen lässt. Diese Dynamik gibt es auch bei dem Täter und dem Opfer und ebenso bei dem Angeber und dem Schüchternen – beide kennen ihren Gegenpol nur allzu gut, weil sie dessen Bild in sich tragen.

Gemeinschafts-Verwandlungen

In Gemeinschaften ist es gibt es oft mehrere Gruppen, die verschiedene Charaktere, Vorgehensweisen und Ziele haben. Um effektiv zu sein, muss sich eine Gemeinschaft jedoch auf ein Ziel und eine Vorgehensweise einigen – zu der dann jeder gemäß seiner eigenen Veranlagung und seiner eigenen Talente und Fähigkeiten etwas beitragen kann.

Wenn dies erreicht werden kann, kann diese Gemeinschaft trotz widriger Umstände und mangelnder Finanzen u.ä. trotzdem mithilfe des „sinnvollen Zufalls" die eigenen Ziele erreichen.

Gesellschafts-Verwandlungen

In einer Gesellschaft gibt es anstelle der Gruppen vor allem die Parteien, die verschiedene Dinge anstreben. Auch hier können die Verwandlungen primär vor allem durch eine grundlegende Einigkeit im Ziel und dann sekundär auch durch die Hilfe des „sinnvollen Zufalls" ihre Ziele erreichen.

Hier wäre eine Regierungsform, die deutlich mehr als die heutigen Regierungsformen von Kooperation geprägt ist, ausgesprochen hilfreich. Wenn alle die Notwendigkeit einer Veränderung einsehen und an ihr mitarbeiten, wird diese Verwandlung deutlich einfacher vonstattengehen.

System-Verwandlungen

System-Verwandlungen haben die Eigenheit, dass sie in der Regel durch eine grundlegende Veränderung eingeleitet werden, die dann auf alle Bereiche des Systems in gleicher Weise wirkt – wie z.B. die Vereisung der Kontinente, als sie vor 430 Millionen Jahren deutlich näher an den Südpol der Erde gedriftet waren.

Essenz

Für eine friedliche Verwandlung ist eine weitgehende Einigkeit notwendig – und eine solche Einsgerichtetheit ruft den „sinnvollen Zufall" als Resonanz zu dieser Einsgerichtetheit herbei.

8. Auflösung

♏

Allgemeine Dynamik

Bei Veränderungen und Verwandlungen kann man häufig Polaritäten beobachten: Reich und Arm, der eine Staat und der andere, das eine politische System und das andere, die Konservativen und Progressiven, die Vertreter der Freiheit und die Vertreter der Solidarität, usw. Diese Polarisierungen sind eine „entweder oder"-Polarität, bei denen beide Pole jeweils nach dem Sieg über den anderen Pol streben.

Es gibt auch neutrale Pole wie Tag und Nacht, Sommer und Winter, Südpol und Nordpol, Ebbe und Flut, und dergleichen mehr. Sie bewirken die Entstehung von Zyklen.

Dann gibt es die schöpferischen Pole wie Mann und Frau, wie Anima und Animus bei C.G. Jung, wie Yin und Yang bei den Chinesen, Feuer und Eis bei den Germanen, Sulphur und Mercurius bei den Alchemisten und so weiter. Sie sind die beiden Pole, die dazu führen, dass sich etwas entfaltet.

Weiterhin gibt es die Art von Polaritäten, die die beiden auseinandergebrochenen und polarisierten Hälften eines ursprünglichen Ganzen sind: Über-Ich und Verdrängtes bei Sigmund Freud; Licht und Schatten bei C.G Jung; Asket und Süchtiger, die aus dem Verlust der Fülle entstehen; Täter und Opfer, die aus dem Verlust der Kraft entstehen; und Angeber und Schüchterner, die aus dem Verlust der Selbstliebe entstehen. Sie sind Gegensätze, die nach einer Heilung suchen.

Die Heilung dieser polarisierten Gegensätze hat fünf Schritte: 1. das Erkennen der Polarisierung; 2. das Erkennen dass man diese Polarisierung in sich trägt; 3. das Annehmen seines Gegenpols; 4. die Auflösung der Polarisierung; und 5. die Neuentstehung des ursprünglichen Ganzen.

Der 4. Dieser fünf Schritte ist der schwierigste Teil, aber auch der, der letztlich die Heilung der krankhaften Polarisierung ermöglicht. Diese Auflösungsphase wird in der Psychologie „Krise" genannt – bei den Alchemisten hat sie den etwas poetischeren Namen „Rabenkopf", weil in dieser Phase alles schwarz wird wie Humus, aus dem dann anschließend das Neue entsteht. Diese Auflösung entspricht der Verpuppung bei den Insekten, die dabei von der Made oder Raupe zum Insekt oder Schmetterling verwandeln.

Individuelle Verwandlungen
361

Diese Verwandlung wird in einem einzelnen Menschen durch die Hingabe an etwas Höheres, Besseres möglich – man lässt das Alte los, damit das Neue entstehen kann. Dieses Neue ist in den meisten Fällen die eigene Seele oder das „eigene Wahre Selbst" – für diese Essenz des eigenen Wesens gibt es viele Namen.

In Mysterien und Mythen wir dieser Vorgang als Reise in die Unterwelt beschrieben und in den dazugehörigen Ritualen auch wie eine Bestattung und eine Auferstehung dargestellt. Dabei lösen sich die beiden polarisierten Hälften in diesem Menschen („Licht" und „Schatten") auf und die Einzelteile dieser beiden Polen können sich wieder in der heilen Form als die ursprüngliche Mitte zusammensetzen C. G Jung nennt diesen Vorgang in Anlehnung an die Alchemie „Mysterium conjunctionis", („Geheimnis der Vereinigung").

Das wesentliche Element bei diesem Prozess ist das Loslassen des Alten – wie sollte es sonst Platz für etwas Neues geben können?

Paar-Verwandlungen

Auch das Ende von Beziehung sind solche Krisen, bei denen man das Alte loslässt und dadurch Raum für etwas Neues erschafft – auch wenn man noch nicht weiß, was da kommen wird und ob da überhaupt noch etwas kommen wird.

Man braucht auch hier den Mut zu dem Sprung ins Ungewisse.

Gemeinschafts-Verwandlungen

Wenn sich ganze Gemeinschaften verwandeln, besteht die Gefahr, dass sie ganz auseinander fallen. Solche Verwandlungen können jedoch auch heilsame Reinigungen und sinnvolle Neuausrichtungen sein, die dann ein effektiveres Handeln ermöglichen.

Dabei gibt es in Gemeinschaften jedoch vieles, was zum einen die Krisen herbeiführen kann und was auch während der Krisen geschehen kann: Irrtümer, Rückschlägen, Putschversuchen, Angriffen, Gegnern, Sabotage, Trittbrettfahrer, Schmarotzer, das lenken in ungewollte Richtungen, Ausnutzung durch andere mit anderen Motivationen, und noch einiges mehr.

In Gemeinschaften kann es zu einer Vielfalt an Auseinandersetzung kommen, die eine einzelner oder ein Paar in dieser Weise nicht erleben wird. Die Lösung ist daher nicht immer nur die Auflösung, sondern manchmal auch die Reduzierung der Mitglieder, die Aufspaltung der Gemeinschaft in mehrere Gruppen, der Ausschluss von Mitgliedern u.ä., durch die die Einheitlichkeit der Werte, Absichten und Bestrebungen wiederhergestellt werden kann.

In Firmen ist diese Krise meistens nicht die Auflösung, sondern ein Gesundschrumpfen, die Besinnung auf das Kerngeschäft, die Konkursanmeldung und

Ähnliches. Damit das auf erfolgreiche Weise geschieht, ist en Sachlichkeit, Entschlossenheit und ein klares Ziel notwendig – und angenehm wird solch eine Verwandlung so gut wie nie sein … und sie wird wahrscheinlich auch nicht allen Beteiligten gefallen.

Gesellschafts-Verwandlungen

Innerhalb einer Gesellschaft kann das Alte oft nur durch eine Phase des Chaos überwunden werden – die allmähliche, besonnene Entwicklung zu etwas Besserem ist eher selten. In diesem Prozess gibt es oft Zyklen, bei dem die Entwicklung zwischen den beiden beteiligten Polen oder ganz einfach zwischen Alt und Neu hin- und herschwingt.

Diese „Zyklen bei einer Verwandlung" kann man gut bei der französischen Revolution betrachten: Königtum – Republik – Schreckensherrschaft – Napoleon – Republik – Napoleon – Republik … und das ist nur die Kurzfassung …

Die größeren Verwandlungen in ganzen Gesellschaften neigen leider dazu, entweder zu einem Krieg oder zu einem Bürgerkrieg zu werden. Das ist die leidvollste Form der Auflösung einer alten Ordnung, die dem Aufbau einer neuen gesellschaftlichen Ordnung fast immer vorausgeht.

Nach dem zweiten Weltkrieg wurde als neue Ordnung die UNO aus dem alten, losen Völkerbund weiterentwickelt.

Der Zusammenbruch der alten Ordnung entsteht in vielen Fällen jedoch nicht dadurch, dass eine neue, bessere Ordnung angestrebt wird, sondern dadurch, dass ein Einzelner mit viel Einfluss oder eine Gruppe mit Machtgier und Größenwahn andere Länder zu erobern versucht oder auf sonst eine vergleichbare Weise sich selber die Krone aufsetzen und „unsterblichen Ruhm" ernten will.

System-Verwandlungen

Es gibt diese Auflösungsphase auch bei ganzen Systemen, die bei einem heftigen Impuls von außen oft weitestgehend zusammenbrechen, wobei auch viele Teile des Systems sterben. Die drastischsten Beispiele dafür sind fünf Massensterben auf der Erde, die durch Vulkane, Meteoriten und die Vereisung der Kontinente hervorgerufen worden sind.

Essenz

Die Essenz der Veränderung ist der Wille, Erfolg zu haben, etwas zu verändern und etwas zu bewirken, wofür das Loslassen der alten Form in Kauf genommen wird. Leider ist diese Auflösung in vielen Fällen mit Gewalt verbunden.

Aber wir Menschen sind ja zum Glück lernfähig …

9. Ausrichtung

Allgemeine Dynamik

In der vorigen Phase der Verwandlung (Kapitel 8) wurde das Alte aufgelöst. Dadurch haben die einzelnen Bestandteile, die vorher in einer verzerrten Form miteinander verbunden gewesen sind, nun die Möglichkeit, sich in einer reinen und heilen Form neu zu formieren.

Dies ist die Phase des Aufbruchs, in der ein neues Ziel angestrebt wird. Die erste Hälfte der Verwandlung ist vorüber, in der die Notwendigkeit einer Verwandlung erkannt wurde und in der das Alte aufgelöst worden ist. Nun kommt die Formierung des Neuen.

Dabei ist Das, was C.G. Jung das „Selbst" nennt und was im Allgemeinen als „Seele" bezeichnet wird, die Orientierung. Diese Neue, das nach der Verwandlung erscheint, wir in der Alchemie „Roter Löwe" genannt. Dies entspricht auch dem, was Rudolf Steiner als die „Lucifer-Phase" bezeichnet: die meist ein wenig chaotische, expandierende Gründungsphase, in der vieles noch ungeordnet ist, aber alle mit ihrer ganzen Kraft zu einer Neuschöpfung drängen.

Individuelle Verwandlungen

Auch im Leben eines einzelnen Menschen folgt diese Gründungsphase auf die Phase der Auflösung des Alten: Man zieht evtl. um, sucht eine neue Arbeit, geht eine neue Beziehung sein, richte sich auf neue Lebensziele aus usw.

Während die Auflösungsphase (Kapitel 8) die alten Strukturen auflöst, gestaltet die Gründungsphase (Kapitel 9) die neuen Strukturen.

Paar-Verwandlungen

Bei einem Paar ist nach einer Krise auch eine Neuausrichtung notwendig – oder eben eine Trennung. Wenn beiden ihre wichtigsten Werte klar geworden sind, können sie auch schauen, ob sich diese beiden Werte besser gemeinsam oder alleine bzw. mit anderen leben lassen. Daraus ergibt sich dann die Entscheidung, ob man weiter zusammen bleibt oder ob man sich trennt.

Natürlich läuft das nicht so sachlich ab wie es hier gerade geschildert worden ist, sondern ist mit vielen Gefühlen verbunden.

Gemeinschafts-Verwandlungen

In Vereinen, Unternehmen, Parteien usw. werden an dieser Stelle oft Reden gehalten. Die alten Formen sind weitgehend aufgelöst und die Reden die nun gehalten werden, sollen die neuen Ziele und die Formen, die sich daraus ergeben, klar und deutlich machen und alle für diese Ziele begeistern, sodass alle an einem Strang ziehen und in dieselbe Richtung wollen.

Für diese Neuausrichtung sind nicht nur Reden notwendig, sondern auch das Verfassen der verschiedensten Schriften, Manifeste, Pamphlete, Aufrufe, Weckrufe und dergleichen mehr. Es ist auch ein Motto oder Slogan notwendig, also ein kurzer Satz, der das Ziel zusammenfasst und immer wieder benutzt wird. Solche Sätze sind z.B. „Proletarier aller Länder – vereinigt euch!" von Karl Marx und Friedrich Engel, „Ich habe einen Traum ..." von Martin Luther King oder „Yes, we can!" von Barak Obama.

Gesellschafts-Verwandlungen

In einer Gesellschaft gibt es dieselbe Dynamik wie in einzelnen Gemeinschaften. Auch hier wird von Einzelnen ein Weg gezeigt und Reden gehalten, um diesen Weg allgemein bekannt zu machen und die nötige Begeisterung für das Ziel zu wecken.

Bekannte Redner, die solch ein Ziel angestrebt haben sind u.a. Martin Luther, Mahatma Gandhi, Martin Luther King, Michail Gorbatschow und Nelson Mandela.

So gut wie alle Redner und Politiker, die ein großes Ziel verfolgen, streben es durch die Überzeugung der Mehrheit an und nicht durch militärischen Druck oder andere Repressionen. Sie wollen die Menschen begeistern und mitreißen und deren eigenen Ideale wecken und ihnen zeigen, dass diese Ideale verwirklicht werden können. Daher streben diese Redner eine konstruktive Politik und eine kooperative Durchsetzung an und lehnen dabei Gewalt ab.

Redner und Politiker, die für Veränderungen Gewalt benutzen, wollen so gut wie immer vor allem ihren Willen durchsetzen, aber haben streben kein übergeordnetes Ziel an, das das Wohlergeben von allen fördern soll.

System-Verwandlungen

In einem System ist auch diese Phase der Verwandlung kein bewusster Vorgang, sondern eine Eigendynamik: Es zeigt sich, welches Vorgehen am effektivsten ist – und dieses Vorgehen setzt sich dann letztlich auch durch. So sind nach dem durch einen Meteoriten ausgelösten Massensterben, das die Saurierzeit beendet hat, die Säugetiere diejenigen gewesen, die der neuen Situation am besten angepasst waren, sodass sich damals die Säugetiere und nicht die Reptilien oder die Amphibien auf der Erde durchgesetzt haben.

Essenz

Das ist das Ziel! Kommt alle mit! Volle Kraft voraus!

10. Erdung

♑

Allgemeine Dynamik

Die 4 wichtigsten Schritte bei einer Verwandlung sind 1. das Auftreten eines Problems oder einer Verlockung (Kapitel 1), 2. die Betroffenheit durch diese Neue (Kapitel 4), 3.das Vertrauen, dass ein besserer Zustand erreicht werden kann (Kapitel 7) und nun als 4. Der erste Schritt, in die Richtung des Ziels (Kapitel 10).

In der Astrologie entsprechen diese vier Schritte den vier schöpferischen Sternzeichen, die etwas Neues beginnen – was ja auch das Wesen einer Veränderung ist: Widder – etwas Neues; Krebs – Betroffenheit; Waage – Vertrauen; und Steinbock – Konkretisierung.

Rudolf Steiner nennt diese Phase „Arhiman". In ihr werden feste Formen geschaffen, Regeln aufgestellt, alles im Detail durchdacht und festgelegt und die neue feste Form erschaffen. Diese Phase ist der Gegenpol zu der ersten Phase, also zu der „hyperaktiven" Gründungsphase, die Steiner als „Lucifer" bezeichnet.

Hier bekommt das, was angestrebt wird und was man als „Selbst" oder als „Seele" oder allgemeiner als „Ziel" und „Ideal" gefunden und ausgewählt hat, eine konkrete Gestalt.

Durch das Vertrauen (Kapitel 7) und durch die Erdung der eigenen Absicht, die durch das Gehen des ersten Schrittes in Richtung Ziel erfolgt, entsteht in der Welt eine Resonanz: Man tut was und es entsteht ein Echo zu dieser Tat, sodass der sinnvoller Zufall erscheint. Er ist der verlässlichste Helfer.

Individuelle Verwandlungen

Dieser erste konkrete Schritt in die Richtung des Zieles erdet auch bei einem einzelnen Menschen das Streben nach einem Ziel. Man muss losgehen und man braucht dabei nicht den ganzen weg zu kennen. Das Losgehen macht die Veränderung konkret und verankert sie. Während man den ersten Schritt tut, ahnt man vielleicht den zweiten und den dritten, aber wenn man den ersten Schritt getan hat, seht man an einem neuen Ort und kann dann schauen, welcher Schritt nun am sinnvollsten erscheint.

Es ist nicht wichtig, den gesamten Weg zu kennen, sondern es ist wichtig, loszugehen und überhaupt einen Schritt in die richtige Richtung zu tun – und es gibt so gut wie immer einen nächsten Schritt in die richtige Richtung. Wie dann der gesamt Weg zu dem Ziel aussehen wird, wird sich nach und nach zeigen.

„Auch der längste Weg beginnt mit dem ersten Schritt." (Konfutse)

Paar-Verwandlungen

Wenn ein Paar bereits erkannt hat, dass es dieselben Werte oder zumindest sehr ähnliche Werte verfolgt, kann es zusammen einen Schritt tun, um diese Ziele Wirklichkeit werden zu lassen. Das kann eine heiße Nacht sein, eine Reise oder auch eine Verlobung.

Dieses gemeinsame Handeln ist die Erdung der Beziehung.

Gemeinschafts-Verwandlungen

In Gemeinschaften werden in diesem Schritt eine gemeinsame Unternehmung begonnen, die Vereinsstatuten beschlossen oder über die Parteisatzung abgestimmt. Natürlich gibt es das auch in Kleinen bei der Planung einer Einzelaktion, bei der Namensänderung eines Vereins oder der Festlegung des Slogans für den nächsten Wahlkampf.

Auch hier wird das allgemeine Ideal, das diese Gemeinschaft verfolgt, durch ganz konkrete Handlungen geerdet.

Gesellschafts-Verwandlungen

In einer Gesellschaft werden in dieser Phase Gesetze erlassen und allgemeine Projekte beschlossen und begonnen. Dies kann die Verabschiedung eines Handelsabkommens zwischen zwei Staaten sein, die Änderung einer Form der Steuererhebung, eine Ergänzung der Straßenverkehrsordnung oder sonst eine Form der Festlegung und Umsetzung.

Diesen gesellschaftlichen Festlegungen sind die neun Phasen der ersten 9 Kapiteln als notwendige Vorstufen vorausgegangen: 1. Neues, 2. Bewertung, 3. Möglichkeiten, 4. Betroffenheit, 5. Entschluss, 6. Wege, 7. Kooperation, 8. Loslassen und 9. Ziele. Die auf diese Weise schrittweise gewachsenen Handlungsentschlüsse werden nun zu einer konkreten Handlung, die neue Tatsachen schafft.

System-Verwandlungen

In einem System ist es die Kausalität, die die neuen Formen schafft. Die einzelnen Wesen haben zwar ein Bewusstsein und steuern ihr eigene Entwicklung mehr oder weniger bewusst, doch die Gesamtentwicklung eines Systems entwickelt sich durch ihre Eigendynamik.

Essenz

Die erdende Tat macht das Ziel zur Wirklichkeit.

11. Kollektiv

~~~

Allgemeine Dynamik

Der erste Schritt (Kapitel 10) ruft nun eine Wirkung in der Welt hervor wie ein ins Wasser geworfener Stein die Kreise auf der Wasseroberfläche entstehen lässt. Aus dem Neuerschaffenen wird nun ein System und eine „Bewegung", die das gesamte System beeinflusst und prägt und bei der möglicherweise viele Menschen mitmachen.

Diese Phase einer Veränderung wird von Rudolf Steiner als „Christus-Phase" bezeichnet. In ihr entwickelt sich ein elastischer Rhythmus zwischen den beiden Polen der beiden vorigen Phasen (Expansion und Festlegung), der nun auf elegante Weise auf die jeweiligen Umstände eingeht und sie im eigenen Sinne nutzt.

Diese Ausweitung der Veränderung auf ein Gesamtsystem ist mit dem Konzept des kollektiven Unterbewusstseins von C.G. Jung verbunden: Es entsteht in dem Gesamtsystem ein Bild von der neuerschaffenen Struktur. Die Verwandlung ist nun in dem gesamten System angekommen und prägt und lenkt die Vorgänge in ihm.

Individuelle Verwandlungen

Auch bei einem einzelnen Menschen zieht der erste Schritt in die neue Richtung weitere Schritte in dieselbe Richtung nach sich, wodurch nach und nach ein neues System aufgebaut wird. Dadurch bildet sich eine neue Lebensweise aus, die auf alle Handlungen einen Einfluss hat.

Der Einzelne strebt danach, alle seine Handlungen so zu koordinieren, dass sie sich gegenseitig fördern statt behindern – der einzelne handelt also aus einem Gesamtkonzept heraus. Dieses Konzept muss nicht unbedingt bewusst sein, aber es ist stets wirksam. Dieses Gesamtkonzept, diese Grundhaltung eines Menschen lässt sich am einfachsten durch das Horoskop des betreffenden beschreiben.

Die verschiedenen Verwandlungen in dem Leben eines einzelnen Menschen haben stets das Ziel, dass dieser Mensch das, was er im Innersten ist, voller und lebendiger als vorher ausdrücken kann.

Paar-Verwandlungen

Bei einem Paar tritt diese Phase ein, wenn sich beide schon eine Weile kennen und herausgefunden haben, wie der andere „tickt" und sie erkannt haben, wie sie am besten miteinander umgehen können. Durch diese Erkenntnis und das dem entsprechende Verhalten können die beiden ihre Beziehung zu der größtmöglichen Bereicherung für sich werden lassen.

Gemeinschafts-Verwandlungen

In einer Gemeinschaft wird nun ein neues Selbstverständnis erreicht, d.h. die Verwandlung ist in allen Bereichen angekommen und hat sich dort fest etabliert. Die Verwandlung wird nun nicht mehr als Verwandlung, sondern als der neue Standard wahrgenommen, an dem sich nun alle orientieren.

Gesellschafts-Verwandlungen

In einer Gesellschaft bilden sich nach großen Krisen wie Kriegen und Wirtschaftskrisen und auch nach anderen Verwandlungen neue Wertesysteme und neue Verhaltensweisen heraus. Zum Teil sind diese neuen Normen bewusst entschieden worden (wie z.B. das Grundgesetz der BRD), aber zu einem anderen Teil entstehen diese Verhaltensweisen auch unbewusst (wie die spiritualitätsferne Nüchternheit in der BRD nach dem Zweiten Weltkrieg).

System-Verwandlungen

Nach großen Krisen wie den Massensterben der Tier- und Pflanzen-Arten in der Erdgeschichte bilden sich nach eine Weile neue stabile Ökosystem aus, die sich nach der turbulenten Anfangsphase gleich nach der Krise lange Zeit nur wenig weiterentwickeln.

Essenz

Das in die Realität gebrachte Ziel prägt nun das ganze System.

12. Alltag

H

Allgemeine Dynamik

Die letzte Phase einer Verwandlung ist das Ankommen im Alltag. Wenn diese Phase erreicht worden ist, denkt kaum noch jemand über die vorangegangene Verwandlung nach, da sie zu einer Selbstverständlichkeit geworden ist, die nun alle Bereiche des Alltags prägt.

Das, was in den vorigen 11 Schritten angestrebt worden ist, ist nun gelebte Wirklichkeit geworden.

Individuelle Verwandlungen

Dieser Effekt, dass die Verwandlung allmählich unbewusst wird, wenn sie umgesetzt worden ist, gibt es auch bei einem einzelnen Menschen. Wenn der Umzug gelungen ist und man sich eingerichtet hat, wenn man eine neue Arbeit gefunden hat und sich mit den Kollegen angefreundet hat, oder wenn man eine neue Beziehung gefunden hat und miteinander vertraut geworden ist, denkt man zwar vielleicht noch manchmal an den Weg zu diesem neuen Zustand, doch das ist nur noch eine Erinnerung und kein Suchen oder Planen mehr.

Paar-Verwandlungen

Dasselbe gilt auch für ein Paar: Wenn man erst einmal eine Weile zusammen ist, denkt man nicht mehr so oft an die Suche in der Zeit bevor man sich begegnet ist. Die Verwandlung von der vorigen Beziehung bzw. von der Einsamkeit zu der jetzigen Beziehung ist schon eine Weile abgeschlossen und man lebt nun in dieser Beziehung, die zu dem eigenen selbstverständlichen Alltag geworden ist.

Gemeinschafts-Verwandlungen

Auch bei Gemeinschaften ist die Verwandlung dann abgeschlossen, wenn der Gewöhnungseffekt an das Neue eingetreten ist. Zunächst wird man sich des Neuen bewusst, dann schaut man es sich in verschiedenen Zusammenhängen an, aber schließlich wird es zu etwas Selbstverständlichem, über das auch kaum noch einer spricht.

Gesellschafts-Verwandlungen

Wenn ein Thema in einer Gesellschaft erfolgreich verwandelt worden ist, tritt mit großer Sicherheit sofort das nächste Thema auf, das geklärt werden muss – ein Politiker ist niemals mit seiner Arbeit fertig, auch wenn er den einen oder anderen Schritt vollendet und ein Projekt abgeschlossen hat.

Zudem kann es sein – und das ist sogar recht wahrscheinlich – dass sich zu dem abgeschlossenen Projekt schon bald wieder jemand meldet, der dieses Thema doch noch ein wenig anderes geregelt haben will.

System-Verwandlungen

Ganze Systeme bleiben manchmal über lange Zeiten recht stabil und ändern sich nur wenig. Über diese Zeiten gibt es dann rückblickend auch nur wenig zu berichten.

Essenz

Wenn die Verwandlung als Selbstverständlichkeit im Alltag angekommen ist, ist diese Verwandlung vollendet.

Bücher von Harry Eilenstein

Magie für Anfänger
- Telepathie für Anfänger (60 S.)
- Telepathie für Fortgeschrittene (52 S.)
- Telekinese für Anfänger (52 S.)
- Analogien für Anfänger (56 S.)
- Omen und Orakel für Anfänger (52 S.)
- Lebenskraft für Anfänger (60 S.)
- Meditation für Anfänger (56 S.)
- Kundalini für Anfänger (100 S.)
- Hypnose für Anfänger (56 S.)
- Kampfmagie für Anfänger (172 S.)
- Auto-Movement für Anfänger (56 S.)
- Chakra-Magie für Anfänger (148 S.)
- Astralreisen für Anfänger (56 S.)
- Astrologie für Anfänger (120 S.)
- Astrologische Quadrate für Fortgeschrittene (72 S.)
- Partnerhoroskope für Anfänger (100 S.)
- Silberschnüre für Anfänger (52 S.)
- Zaubersprüche für Anfänger (60 S.)
- Ritual-Magie für Anfänger (56 S.)
- Mandalas für Anfänger (68 S.)
- Geldzauber für Anfänger (56 S.)
- Liebeszauber für Anfänger (52 S.)
- Invokationen für Anfänger (52 S.)
- Evokationen für Anfänger (60 S.)
- Geister für Anfänger (52 S.)
- Elfen für Anfänger (56 S.)
- Magie-Forschung für Anfänger (140 S.)
- Magie-Romantik für Anfänger (60 S.)
- Selbsterkenntnis für Anfänger (52 S.)
- Einweihungen für Anfänger (60 S.)
- Drogen-Kabbala für Anfänger (216 S.)
- Zahlensymbolik für Anfänger (60 S.)
- Die Sprache des Mondes – für Anfänger (116 S.)
- Zaubergesänge für Anfänger (100 S.)
- Zukunftschau für Anfänger (60 S.)
- Schamanismus für Anfänger (52 S.)
- Schwitzhütten für Anfänger (52 S.)
- Magische Gegenstände für Anfänger (68 S.)
- Übertragungen für Anfänger (68 S.)
- Zaubertränke für Anfänger (64 S.)
- Magie-Gesten für Anfänger (252 S.)
- Da'ath-Magie für Anfänger (64 S.)
- Magie-Heilungen für Anfänger (68 S.)
- Kornkreise für Anfänger (348 S.)
- Feng Shui für Anfänger (96 S.)
- Tao für Anfänger (112 S.)
- Magie für Anfänger – Sammelband   I (696 S.)
- Magie für Anfänger – Sammelband   II (664 S.)
- Magie für Anfänger – Sammelband   III (580 S.)
- Magie für Anfänger – Sammelband   IV (700 S.)
- Magie für Anfänger – Sammelband   V (676 S.)
- Magie für Anfänger – Sammelband   VI (640 S.)

Magie
- Handbuch für Zauberlehrlinge (408 S.)
- Wie man das Pentagramm-Ritual zum Leben erweckt (308 S.)
- Tarot (104 S.)
- Physik und Magie (184 S.)
- Die Synthese von Physik und Magie (200S.)
- Die Magie-Formel (156 S.)
- Schwarze Löcher in der Magie (56 S.)
- Krafttiere – Tiergöttinnen – Tiertänze (112 S.)
- Schwitzhütten (524 S.)
- Mythen und Magie der Harfe (116 S.)
- Drei Adeptus Major Rituale (192 S.)
- Drei Adeptus Exemptus Rituale (120 S.)
- Zwei Infans Abyssi Rituale (128 S.)

Traumreisen
- Traumreisen zu Heilpflanzen (700 S.)
- Traumreisen zum kabbalistischen Lebensbaum (132 S.)

Meditation
- Der Lebenskraftkörper (230 S.)
- Die Chakren (100 S.)
- Das Chakren-System mit den Nebenchakren (296 S.)
- Organe und Chakren (64 S.)
- Die platonischen Körper in den Chakren (156 S.)
- Meditation (140 S.)
- Drachenfeuer (124 S.)
- Kundalini I (676 S.)
- Kundalini II (672 S.)
- Reinkarnation (156 S.)
- einsgerichtet (140 S.)

Astrologie
- Astrologie (496 S.)
- Photo-Astrologie (428 S.)
- Die astrologischen Aspekte (88 S.)
- Horoskop und Seele (120 S.)

Kabbala
- Kursus der praktischen Kabbala (150 S.)
- Eltern der Erde (450 S.)
- Blüten des Lebensbaumes:
  1. Die Struktur des kabbalistischen Lebensbaumes (370 S.)
  2. Der kabbalistische Lebensbaum als Forschungshilfsmittel (580 S.)
  3. Der kabbalistische Lebensbaum als spirituelle Landkarte (520 S.)
- Logik und Wirkung der Analogie (700 S.)

Eilenstein, Frater V.D., Knecht, Büdenbender
- Magie heute – Berichte aus der Praxis (288 S.)

Büdenbender, Eilenstein
- Chaos, Alk und Magic (436 S.)

Germanen

nicht Teil der Germanen-Reihe:

Kelten

Inder

Griechen

die „Anfänger"-Reihe

- The Synthesis of Physics and Magic (192 p.)
- Telepathy for Beginners (60 p.)
- Telepathy for Advanced Learners (52 p.)
- Telekinesis for Beginners (56 p.)
- Life Force for Beginners (76 p.)
- Kundalini for Beginners (104 p.)
- Astral Projection for Beginners (60 p.)
- Meditation for Beginners (60 p.)
- Prophecy for Beginners (60 p.)
- Ritual Magic for Beginners (64 p.)
- Magic Chant for Beginners (108 p.)
- Invocations for Beginners (52 p.)
- Evocations for Beginners (62 p.)
- Auto-Movement for Beginners (60 p.)
- Elves for Beginners (56 p.)
- Hypnosis for Beginners (56 p.)
- Love Magic for Beginners (52 p.)
- Money Magic for Beginners (60 p.)
- Magic Objects for Beginners (64 p.)
- Shamanism for Beginners (52 p.)
- Chakra-Magic for Beginners (148 p.)
- Language of the Moon – for Beginners (128 p.)
- Self Knowledge for Beginners (60 p.)
- Da'ath-Magic for Beginners (64 p.)
- Astrology for Beginners (112 p.)
- Number Symbolism for Beginners (64 p.)
- Mandalas for Beginners (76 p.)
- Crop Circles for Beginners (344 p.)
- Feng Shui for Beginners (96 p.)
- Magic Research for Beginners (140 p.)
- Magic for Beginners – Anthology I (636 p.)
- Magic for Beginners – Anthology II (616 p.)
- Magic for Beginners – Anthology III (684 p.)
- Magic for Beginners – Anthology IV (580 p.)

Eilenstein, Frater V.D., Knecht, Büdenbender

- Living Magic (261 S.) (= „Magie heute")

sonstige englische Ausgaben

- The Biography of the Devil (140 S.)
- The Synthesis of Physics and Magic (192 S.)
- The Chakra-System with the Minor Chakras (304 S.)